KB068796

SCIENCE OF PROSPERITY

번영학

행복추구를 위한 정치경제학

이형구

박영books

머 리 말

2008년 4월 졸저 '번영의 조건'을 출간하면서, 대한민국이 선진국이 되기 위한 번영을 담아갈 조건들을 여러 측면에서 검증하여 보았다. 정치경제학적 조건, 역사적 조건, 사회문화적 조건 그리고 이런 조건을 포괄하여 발전을 지향하였던 경제정책의 흐름과 이를 바탕으로 한 번영의 조건들을 정리하여 보았다.

여기서 조건이라 함은 흐름과 지향성이 담겨질 이상을 종합한 것으로 해석하고, 그것의 현실적 귀결점이 번영으로 수렴된다고 저자는 해석하고자 하였다. 그렇다면 번영과 우리네 삶과의 관계는 어떻게 표현될 수 있을까? 삶의 지향점은 행복이라는 가치가 되고, 번영은 행복으로의 통로가 된다는 것이 저자의 논리이다.

따라서 번영의 조건들을 제시한 저자는 언젠가 그것의 귀결점인 행복가치와 그것으로의 통로인 번영의 가치를 국정운영의 지향가치로 제시하기로 마음먹었다. 그런데 그 시점이 예상보다 빨리 당도하여 그 답을 2016년 초 '번영학'이라는 이름으로 세상에 내놓고자 한다.

두 가지 계기 때문이다. 하나는 2008년 리만 브라더스 사건이고,

다른 하나는 2012년 대한민국 대통령선거 캠페인 중에 나타난 경제민주화 구호 때문이다. 리만 브라더스 사건이 가져온 미국의 자금살포 정책을 통한 시장의 왜곡이 신자유주의 경제논리를 망가뜨렸고, 한국의 경제민주화는 복지의 이름으로 정부가 시장경제의 기본을 망가뜨리는 논리를 가져왔다.

번영학의 학문적 기초는 개발경제학의 '경제하려는 의지'와 신자유주의의 '경쟁을 바탕으로 한 시장논리'를 결합한 경제학의 한 분파 학문으로 정립하고자 하였다. 이를 바탕으로 번영을 가져오기 위한 정책논리를 개발하고, 이 논리에 입각하여 세계 속에 대한민국의 위상을 점검하고 이를 토대로 번영의 국정운영 전략을 모색하고자 하였다.

이러한 번영의 국정운영은 어디까지나 국민행복을 최우선 지향가치로 설정하였다. 이때 국민행복이라는 주관적 가치를 어떻게 객관화하고 현실정책에 담아낼 것인가 하는 것이 어려운 과제이고 새로운 접근이라고 평가한다. 개방과 관용, 상대방의 인정 그리고 빈곤, 질병, 교육 등이 국정운영의 우선순위로 부상하게 된다.

졸저의 구성은 1, 2편에서 우선 번영학의 학문적 기초와 번영이 가지는 정책적 의미를 정리하였다. 천학비재한 저자가 하나의 분파학문이지만 번영학을 감히 세상에 제시하는 것은 앞으로 대한민국 국정운영 전략의 기본을 번영학으로 삼아보고자 함이다.

다음 3, 4편에서 한국경제의 발전수준을 정리하고, 세계경제의 판도변화와 그 위에 그려지는 한국경제의 위상변화를 세계적인 전문가와 전문연구기관의 연구결과를 바탕으로 정리하였다. 한국경제의 오늘과 내일에 대한 의사(醫師)적 진단 같은 것으로 이해하면 합당할 것이다.

그리고 5, 6, 7편에서는 한국경제의 어제와 오늘을 정리하여 보았다. 정부에서 30년 넘게 이 일과 관련된 일을 담당하였던 경험을 솔직하게 정리하여 보았다. 경제우선의 개발경제시대, 시장우선의 시장경제시대, 정치우선의 정치민주화시대 그리고 혼돈의 국정운영시대로 구분한 것은 저자의 자의에 따른 것이지만, 각도에 따라 다른 구분과 평가도 있을 수 있을 것이다.

마지막 8편에서는 번영학을 토대로 한 국정운영 전략을 정돈하였다. 국민행복가치 추구를 국정우선순위로 하고 이를 위한 국정의 혁신방향을 나름대로 정리, 제시하였다. 특히 지속가능한 경제발전을 위한 전략과 행복가치 추구전략을 구체적으로 정리하였다.

범 그리려다 고양이도 그리지 못한 꼴이 되었을지 모른다. 그러나 이제 절대빈곤에서 벗어났던 1960년대와 70년대 그 절박했던 상황을 회고하면서, 개발경제에서 시장경제로 전환되어갈 때 대한민국 전문관료들의 눈물과 함께한 헌신을 생각하면서 그리고 정치민주화 과정에서 몇 년밖에 안 되는 시장경제운영의 공든 탑이 무너지는 모습을 회상하면서, 저자 생애의 마지막 작품이라고 생각하면서 원고를 정리하였다.

많이 부족한 저서이지만 이것이나마 해 낼 수 있었던 것은 물론 주위의 도움에 의지하였기 가능하였다. 무엇보다 언제나 옆에서 좋은 충고와 지원을 하여준 장석준 교수를 비롯한 옛 경제기획원 동료들에

게 감사하고 싶다. 또한 그동안 여러 권의 저서들을 낼 때마다 앞서
도와준 박영사 안종만 회장께도 감사한다.

　　무엇보다 졸저를 위해 지난 3년여의 집필생활을 하는 동안 이것
이 가능하도록 만들어준 내 가족들에게 감사한다. 그리고 2010년,
2016년 부족한 자식에 대한 가르침을 놓고 타계하신 아버지, 어머니
영전에 삼가 이 책을 바친다.

2016년 3월

汝中齋에서

저자

차 례

제 2 편　번영의 정책적 의미

제3편 번영의 국정운영 측면에서 본 한국경제의 발전수준

제 4 편 세계경제 판도변화와 한국경제

제 6 편 시장경제운영의 출발

제 7 편 정치민주화와 혼돈의 국정운영(1987~2015)

제 1 편

번영학(Science of Prosperity)의 학문적 기초

제 1 장 ▮ 번영학의 탄생
제 2 장 ▮ 번영학을 탄생케 한 연원

번영학의 탄생

일반경제학의 분과학문으로서 번영학이 성립될 수 있나? 개발경제학, 신자유주의 경제학 또는 복잡계 경제학처럼 번영학이 하나의 학문 분야로서 탄생될 수 있을지를 곰곰이 생각해 보자.

번영학이 분과학문으로 성립되기 위해서 갖추어야 할 최소한의 필요조건은 무엇일까? 어떤 주제나 과제가 하나의 학문분야가 되기 위해서 갖추어야 할 최소한의 일반론적인 조건이 있을 것이다. 무엇보다도 그 주제나 과제가 지향하는 가치가 뚜렷이 존재해야 할 것이다.

제1절) 번영학의 가치체계

번영이라는 화두(話頭)가 지향하는 가치는 무엇보다 번창, 영예, 행복 등과 연관되며, 객관적으로 경제적 수준이 향상되는 현상을 상정할 수 있을 것이다. 경제단위로서 수요와 공급이 원활하게 일어나 시장이 활성화 되고, 토지, 노동, 자본, 기술 그리고 이런 생산요소의 융합과 활동이 원활히 일어나는 상태가 유지되고, 앞으로 전망되는 상태를 상정할 수 있다.

경제단위 구성원 입장에서는 풍족한 소득수준이 보장되고, 구성원으로서 그 존재가치가 뚜렷하고 영예스러워야 할 것이다.

사회는 구성원의 존재가치를 인정하고 존중하고 보호하는 책임을 지고 구성원은 그 사회구성원으로서 긍지와 행복을 느끼는 상태가 번영학의 가치가 될 것이다.

다음 번영학이 하나의 학문으로 성립되기 위해서는 이런 번영의 가치와 연관하여 현재 제기되는 당면과제가 무엇인지를 제시할 수 있어야 할 것이다.

물론 가장 중요하다고 생각될 수 있는 당면과제는 일반론적으로 소득수준을 향상시키는 일일 것이다. 특히 경제발전이 늦게 시작되었거나 아직도 수요와 공급구조가 제대로 발전되지 못한 경제에서는 소득수준을 향상시키는 과제가 가장 시급한 과제로 등장하게 된다.

제2차 세계대전 이후 절대빈곤의 퇴치는 후진국 경제운영의 가장 긴박한 당면과제가 되었다. 절대빈곤의 수준을 넘어서도 인간의 존엄과 행복을 보장하기 위한 추가적인 소득수준의 향상 또한 중요한 과제로 등장하였다. 뿐만 아니라 상당수준의 소득이 객관적으로 이미 보장되어 있는 경제단위라 할지라도 개인의 최대행복을 보장하기 위한 추가적인 소득수준의 향상은 언제나 제기되는 중요한 정책과제가 될 것이다.

다음 생각할 수 있는 당면과제는 공정거래의 문제라 할 수 있다. 번영의 주제는 객관적인 기준뿐만 아니라 주관적으로 구성원 각기 사회에서 공정한 거래를 할 수 있는 조건을 보장받기를 원한다. 사회는 구성원의 공정한 거래와 경쟁이 보장되도록 해야 한다. 그래서 능력에 맞는 활동을 보장해 주어야 한다.

한편 경쟁탈락자에 대한 사회적 보장책이 강구되도록 하는 것 또한 중요한 당면과제가 될 것이다. 사회보장제도, 의료, 고용 등 중요한 정책과제가 연관되어 요구된다.

여기서 한 걸음 더 나아가 경제단위 구성원 개개인의 행복가치가 최대한 보장되도록 하는 것 또한 최근 중요한 과제로 등장하고 있다.

20세기 말~21세기 초 금융자본의 획기적인 발전과 함께 파생금융상품(derivatives) 등의 발달이 금융시장과 더 나아가 자본시장 전체에 큰 변화를 가져오고 있다. 금융시장 발전의 속도와 변화의 폭이 상상을 초월할 정도로 크게 시장에 현실로 다가오고 있다. 이를 통한 자본성장률과 국민소득 증가율의 격차가 다시 확대되어 가고 있다. 자본성장률이 일반 경제성장률을 앞질러가는 속도가 크면 클수록 자본가에게

부의 집중이 일어나고 일반 노동자는 상대적 빈곤을 감수하게 된다.

프랑스의 앙시앙 레짐 시대에 존재하였던 소수 자본가의 부의 집중에 따른 국민소득 구성의 왜곡은 당시 비단 프랑스뿐만 아니라 영국, 독일 등 유럽 그리고 미국 등 선진경제의 일반적인 현상이었다. 그 후 제1차 그리고 제2차 세계대전을 겪으면서 부의 집중은 완화되고 거의 왜곡에서 벗어나는 모습이 1950년에서 1970년대 사이에 나타났다. 이러한 국민소득의 균형상황은 1980년대 미국의 레이건 정부에서부터 시작된 소위 신자유주의의 출발과 함께 다시 깨어지기 시작하여 오늘날 선진경제의 부의 집중이 다시 옛날 수준으로 회귀되고 있다.

이러한 변화는 칼 맑스 이후 크게 제기되었다가 일반의 관심권 밖으로 멀어졌던 자본소득과 노동소득의 신장격차가 다시 관심사가 되면서 이제 시장은 '상대적 빈곤감'이 하나의 절실한 관심사로 부상하고 있다. 상대적 빈곤감이 개인의 행복가치에 추가되는 조건으로 등장하게 된 것이다.

제 2 절) 번영학의 접근방식

마지막으로 번영학이 하나의 학문으로 성립되기 위해서는 이런 당면 과제나 문제들의 해결을 위한 새로운 접근방식(방법론)과 지속성장(sustainable growth)을 위한 경제운영의 접근방식을 제시해야 한다. 공정거래를 보장하는 제도적 장치는 무엇이며, 경제적 우위자와 열위자 사이에서 유발될 수 있는 부당한 관계를 불식시킬 제도적 장치가 강구되어야 한다. 더 나아가 사회가 구성원의 행복한 미래를 보장할 수 있는 제도적 장치도 발전되어야 할 것이다.

태생적으로 정치슬로건으로 시작된 한국의 경제민주화는 공정거래제도를 토대로 한 것이고, 이는 정치민주주의와 함께 시장의 바탕을 경제주체간에 공정한 경쟁을 가져오게 하는 인프라를 만드는 데 목적이 있다. 그러나 이런 경쟁의 인프라를 갖추는 것은 경쟁을 보다 원활하게 한다는 의미는 있지만, 그것이 곧 국민의 행복을 가져오는 수단이 될 수는 없다고 할 것이다. 정치민주화가 평등선거를 담보로 하는 것처럼 경제민주화가 공정한 경쟁체제를 담보로 한 것이다. 경제민주화와 공정한 경쟁체제는 경제학적으로는 동의어라고 할 수 있다. 다만 경제민주화는 정치적 용어의 개념으로 보아야 할 것이다.

그러나 경제민주화를 통한 공정한 경쟁이 모든 국민의 행복을 가져다 줄 수 있나? 경쟁은 경쟁탈락자를 전제로 한다. 그렇다면 경쟁탈락자 문제는 어떻게 되어야 하나? 이것이 경제민주화가 번영학의 접근방법에서 배제되어야 할 이유이다. 그렇다면 경쟁탈락자의 지원이나 보호 그리고 더 나아가 국민 개개인의 행복을 담보할 수 있는 접근방법은 어떻게 정리되어야 하나? 경쟁탈락자에 대한 지원의 일차적인 접근은 복지정책이고, 개인의 행복을 담보하는 접근은 헌법 제10조에 명기된 '국민의 행복추구권'이 되어야 할 것이다.

그러나 헌법 제10조에 명기된 국민의 행복추구권은 개인의 국가에 대한 적극적인 행복추구 요구권이라기보다는 헌법에 명시된 개인의 기본권인 자유권을 보완하는 소극적 의미의 행복추구권으로 해석하는 것이 헌법재판소나 법률학계의 다수설이라고 할 수 있다.[1]

그렇다 할지라도 시간이 갈수록, 또 학계의 연구가 진행될수록 국민의 행복추구권은 적극적으로 해석되어가고, 이에 따라 국가의 국민행복 부양의무는 확대된다고 해석할 수 있다.

이상에서 번영학이 경제학의 분과학문으로서 검토될 수 있는 학문적 기초가 어떤 것들이어야 하는 지를 논의하였다. 오늘날 왜 번영학을 우리가 추구하는 가치체계이어야 하고, 우리의 발전전략이어야 하고, 어떻게 그 목표를 달성해 갈 것인지를 답해야 한다. 그 해답을 말하기 전에 번영학을 탄생하게 한 연원을 먼저 살펴볼 필요가 있다.

---

1 김일환: 행복추구권의 기본권체계적 해석에 관한 고찰

제 2 장

번영학을 탄생케 한 연원

1945년 제2차 세계대전이 연합국의 승리로 막을 내렸다. 그 이후 국가경제운영 전략과 관련하여 두 갈래의 큰 흐름이 있었다고 분석할 수가 있다. 미국을 비롯한 선진국들이 맞게 된 전후 경제운영의 변화 흐름과 후진국 경제개발에 대한 종합적인 대응노력이 등장하게 되었다. 전자가 신자유주의경제학의 탄생이고 후자가 개발경제학의 탄생이다.

제1절 신자유주의의 탄생

승전국의 리더 격인 미국경제가 큰 변화의 흐름을 맞이하게 된다. 제2차 세계대전이 끝난 이후 미국경제는 수요의 변화와 성장의 후퇴로 실업, 인플레이션, 빈곤 등의 문제가 부각되어 큰 어려움을 겪게된다.

물론 이러한 변화는 1930년대 대공황의 연장선상에서 볼 수도 있다. 대공황에서의 탈출이 시도되는 과정에 세계대전 후의 수요의 급격한 변화까지 상승작용을 하는 모습이 전후 미국경제의 상황이라고 할 수 있을 것이다.

마침 영국의 존 메이나드 케인즈(John Maynard Keyens)의 '일반이론(The General Theory of employment, interest, and money)은 미국경제 문제 해답을 위한 관심의 대상이 되었다. 1930년대 대공황 당시 케인즈의 일반이론은 문제해결의 지침서적인 역할을 하였다.

정부기능 확대의 논리적 지원을 바탕으로 32대 미국 대통령 루스벨트(Franklin Delano Roosevelt 1932~45 4차에 걸친 대통령재임)는 뉴딜(New Deal)정책을 수립 추진하였다. '새로운 운영방식'이라는 이름대로 뉴딜정책은 몇몇 대형사업이 정부주도로 추진되었다. 초기 화려한 이름과 함께 출발한 뉴딜은 그러나 전후 급격한 환경변화와 함께 뚜렷한 성과를 기대할 수 없게 되었다.

세계대전 이후 루스벨트에 이어 트루먼(Truman), 아이젠하워(Eisenhower), 케네디(Kennedy), 존슨(Johnson), 닉슨(Nixon), 포드(Ford), 그리고 카터(Carter) 대통령에 이르기까지 30여 년 동안 미국의 역대정부는 케인즈와 고전경제학의 대부격인 하이에크(Friedrich August von Hayek, 1899~1992)를 오가며 정부지출과 세율의 인상 여부를 결정하는 데 주안점을 둔 경제정책을 추진하였다.

물론 정책대상은 실업문제와 인플레이션 대책이 중심을 이루었다. 이러한 지루한 오락가락하는 경제정책의 변화흐름에 따라 미국경제는 큰 흐름의 변화 가닥을 잡지 못하고 결과적으로 경기의 변동흐름에 따라 부침을 계속하고 있었다고 평가할 수 있다.

그러던 미국경제가 1981년 40대 대통령에 취임한 레이건(Ronald Reagan, 1911~2004)의 레이거노믹스에 이르러 미국의 경제정책대상과 수단이 바뀌기 시작한다. 정부지출이나 세율에 크게 의존하였던 정책수단에 통화, 금리 등의 정책변수가 편입되고 또 강조되었다. 국가기능도 밀튼 프리드먼을 중심으로 한 '작은 정부'가 제창되기 시작하였다. 이러한 공급중심(supply side economics)의 경제운영은 클린턴 정부에 이르러 경제가 활성화되고, 신자유주의를 표방하면서 1990년대 그리고 2000년대 초반 경제발전의 꽃을 피우게 된다. 신자유주의경제학(Economics of Neoliberalism)의 탄생이다.[1]

제 2 절) 개발경제학의 탄생

제2차 세계대전 이후 경제정책 흐름의 두 번째 변화는 개발경제학의 탄생에서 찾아야 할 것이다. 전후 세계의 관심 중의 하나는 후진국들의 경제개발이었다. 절대빈곤의 퇴치를 당면과제로 하고, 지속가능한 경제개발을 추구하는 정책으로서 종합적인 '경제개발(economic development)' 문제

---

1 Herbert Stein Presidential Economics, Simon and Schuster. New York

가 국제사회에 관심사로 떠올랐다. 개발경제학(Economics of Development)
의 탄생이다.

　　개발경제학을 탄생하게 한 연원은 브레튼우드 체제에서 찾아야
할 것이다. 제2차 세계대전 과정과 대전 후에 제기되었던 국제유동성
의 부족과 외환통제의 보편화 등은 국제통화질서를 위기로 몰고 갔다.
이를 수습하고 해결책을 강구하고자 1944년 7월 미국의 뉴햄프셔에서
연합국 44개국이 모여 협의한 결과 탄생한 것이 브레튼우드 체제이다.
　　이 체제의 이행으로 1945년 12월 30개국이 서명하여 탄생시킨
기구가 국제부흥개발은행(International Bank for Reconstruction and
Development: IBRD)과 국제통화기금(International Monetary Fund)이다.

　　이와 별도로 전후 각국들은 교역을 증진시켜 세계경제의 부흥을
기해야 한다는 문제인식을 갖게 되었다. 이에 따라 1947년 스위스 제
네바에서 23개국이 모여 '관세 및 무역에 관한 일반협정(General
Agreement for Tariff and Trade: GATT)'을 체결하여 소위 가트 체제를 출
범시켰다. 가트 체제는 출범 이후 제네바 라운드를 시작으로 우루과이
라운드까지 무역자유화를 위한 여러 형태의 다자간 무역협상을 이끌어
냈다. 우루과이 라운드를 마지막으로 가트 운영체제는 1995년 집행력
을 갖춘 세계무역기구(World Trade Organization: WTO)로 개편되었다.
세계경제를 부흥시키고자 출범된 이들 3대 지원체제는 오늘날까지 그
기본이 유지·발전을 거듭하면서 세계경제운영의 중심축이 되고 있다.
이 세계경제운영의 중심기구 중 하나인 국제부흥개발은행(IBRD)을 중
심으로 후진국의 절대빈곤의 퇴치가 이 기구의 핵심과제로 등장하고
이를 계기로 경제성장을 중심으로 하는 개발경제학이 탄생되었다.

1. 개발경제학의 학문적 기초

개발경제학의 학문적 기초는 '경제성장'으로 집약할 수 있다. 경제성장을 토대로 국민총생산(GNP)의 절대량을 늘리고 이를 토대로 절대빈곤(absolute poverty)을 퇴치할 수 있는 기초를 마련하는 것이다.

개발경제학은 구체적 정책수단으로 '산업개발정책'을 선호한다. 일반산업, 특별산업, 전략산업 등의 이름으로 산업지원을 통하여 개발초기 경제성장을 추구하게 된다. 불균형성장의 기초다. 이러한 산업의 특별지원을 위하여 투자확대가 이루어져야 한다. 이를 뒷받침하기 위하여 저축증대, 경제개발원조, 무역확대 등의 전략이 추진된다.

이러한 개발전략을 효율적으로 추진하기 위한 수단으로 많은 개발도상국가들은 '경제개발계획(Economic Development Plan)'을 선호하게 되고, 오늘날까지도 많은 개발도상국가들이 '3개년계획', '5개년계획' 또는 '10년계획' 등의 이름으로 이러한 집약된 경제개발계획을 수립 및 추진하는 것을 선호하고 있다.

2. 신흥국의 탄생과 경제지도의 변화

세계대전 이후 70년의 세월이 흐르는 가운데 개발도상국에 속해 있던 일부 국가는 선진대열로 부상하고, 일부는 신흥시장으로 분류되는 신흥국으로 격상되었다. 그러나 아직도 많은 개발도상국가가 지구상에 남아있고, 절대빈곤도 세계경제 속에 존재하고 있다. 물론 절대빈곤의 수나 개발도상국가의 수는 상대적으로 줄어들고 있다고 할 수 있다.

반면 개발도상국에 대칭되는 소위 선진국들의 수도 점차 늘어가고 있다. 2015년 10월 현재 세계경제에서 34개국이 소위 선진경제대열에 합류한 OECD 국가로 분류되어 있다. 한국경제의 경우 1996년 OECD에 가입하여 지금은 이들 OECD 가입경제들 중에서도 그 존재감이 크게 향상된 모습이라고 평가할 수 있다.

3. 선진국들의 변화된 모습

2008년 미국의 리먼 브라더스 사의 몰락에 따른 금융파탄이 세계경제에 몰고 온 영향은 엄청났다. 그 중 세계경제에 가장 인상 깊게 부각되어 나타난 것은 소위 '선진국'이라고 일컬어지던 경제들이 어려움을 겪는 모습을 세계 모든 나라들이 거의 동시에 보게 되었다는 점이다.

선진국이라고 언제나 선망의 대상이 되어 왔던 이들 경제들이 경제위기 앞에 겪게 되는 적나라한 모습을 세계는 볼 수 있었다. 그리스를 필두로 이탈리아, 스페인, 프랑스, 영국, 아일랜드 그리고 일본 등 많은 선진국들 경제가 각기 다른 모습으로 그 어려움을 겪는 모습을 연출하였다. 언제나 개발도상국가들의 선망이고 롤 모델이었던 이들 선진경제의 벌거벗은 모습은 개발경제에 많은 시사점을 준 계기가 되었다고 할 수 있다.

제3절) 신자유주의 경제학이나 개발경제학이 잉태한 가치체계의 혼돈

미국을 중심으로 1990년대 세계경제는 경제운영의 중심축을 작은 정부와 함께 시장중심의 신자유주의에 두고 있었다. 자연스럽게 미국의 월스트리트는 세계경제운영의 중심점으로 부상되었다.

그러나 아담 스미스의 '보이지 않는 손(invisible hand)'은 언제나 정교함을 전제로 하지만 현실은 반드시 이를 증명해 보이지 못하는 경우가 있다. 2008년 리먼 브라더스사의 침몰은 세계경제를 다 함께 침몰직전으로 몰고 갔고, 각국은 각기 경제운영의 상태에 따라 세계시장의 간극은 확대되어가고 있다.

국가별로는 그리스, 이탈리아, 스페인 등 선진경제국들은 외부의 도움 없이는 지탱되기 힘든 모습을 연출하고 있고 영국경제는 장기 휴면상태에 들어가 있다. 2015년 10월 현재 그리스 좌파정권의 대응은 이를 쳐다보고 있는 세계인들에게 조롱의 대상이 되기 충분하게 밑바닥으로 전락하였다. 그래도 아일랜드나 스페인 그리고 최근 이탈리아 등에서는 이제 더 이상 노동조합 중심의 인기영합적 정책에 매달릴 수 없다는 정치적 선언과 함께 많은 변화를 시도하고 있는 모습이 나타나고 있다. 아일랜드 경제는 2015년 10월 현재 연 5%, 스페인은 3%에 가까운 경제성장 움직임이 보인다는 소식이 전해지고 있다. 인기영합정책에 익숙한 EU국가들 중에서 일부 국가에서 일부 보수우경화 현상이 나타나고 있다는 이야기이다.

다른 나라가 이렇게 하면 세계경제를 망친다고 호들갑을 떨기에 충분한 미국의 경제 회복을 위한 FRB의 '양적 완화(quantitative easing)'는 6년의 시간이 지난 2014년에 이르러서야 겨우 '자금줄 잡기(tapering)'가 시작되었다. 미국의 자금완화정책이 미국경제를 비롯하여 세계경제에 어떤 영향을 줄지는 지금으로서는 속단할 수는 없다. 미국의 이런 경기부양은 엄밀한 의미에서 신자유주의에 역행하는 것임은 말할 것도 없다.

더욱 가관인 것은 일본정부의 미국 따라하기다. 2013년 일본 아베 정부는 미국과 같은 양적 완화와 함께 환율의 인위적인 절하(depreciation) 정책을 취하고 있다. 이렇게 대놓고 인위적인 환율조작을 하는 일본경제는 그 불가피성을 IMF조차도 인정하는 제스처를 보이고 있고, 이를 대놓고 비난하는 선진국도 없다. 하기야 선진국들이 모여 있는 EU 국가들이 같은 짓을 하고 있기 때문이다. 누가 이들 선진국들의 시장간여를 비난하고 나서겠나?

기타국가의 입장에서 더욱 부아가 치미는 것은 미국 FRB의 세계경제를 향한 제스처이다. 2015년 10월 미국은 금리인상을 놓고 갑론을박을 하고 있다. 미국이 지난 9월 금리를 인상하고자 하는데 중국 등 미국 이외의 경제들이 어려움을 겪고 있어 신중을 기해야겠다는 발표를 FRB가 하였다. 병 주고 약 준다는 말이 그대로인 미국의 제스처이다. 그리고 10월이 오자 FRB는 미국경제의 회복세가 불확실하여 금리인상이 2015년 연말이나 2016년으로 미루게 될지 모르겠다는 뉘앙스를 발표하였다.

미국 이외의 세계는 마치 무슨 로또복권 발표를 보는 모습으로 미국을 주시하고 있다. 왜 미국은 세계경제를 향하여 이런 짓거리를 하고 있나? 미국으로서는 할 말이 있을 수 있다. 억울하면 너희도 우리처럼 하라고 할 수도 있다. 우리가 하면 불감당이 될 것이 뻔하다는 논리다. 그러나 그리스가 철부지 어린아이의 몽니를 부리듯 하는 모습이나, 미국이 부잣집 늙은이 이웃 죽는 것은 생각하지 않고 제 잇속 챙기는 것이나 도덕적으로 무엇이 다를까?

그런 미국이 2014년 그리고 2015년 한국보고는 환율을 인위적으로 조절하고 있다고 지적한다. 참 기막힌 일이다. 물론 중국은 처음부터 미국의 환율조정 비판을 외면하며 제 갈 길을 가고 있다. 승자의 논리이고 힘의 논리이기도 하다. 가치체계의 모순이다.

개발경제학의 가치체계 역시 혼란스럽기는 마찬가지다. 개발경제학에서 추진된 전략산업개발은 그 자체가 많은 성공사례를 만들어냈고, 이를 토대로 많은 개발도상국가들이 경제도약의 발판이 되었지만, 전략산업에 참여한 그룹과 참여하지 못한 그룹 간에 자연스럽게 발전의 간극이 확대되는 결과를 보여주었다.

한 나라 안에서도 생산성향상이 빠른 산업과 생산성향상이 느린 산업 간에는 전략산업개발로 함께 추진되더라도 발전성과는 단기적으로 큰 차이가 일어날 수 있다. 예를 들어 농업과 제조업, 제조업 내에서도 전통제조업과 신기술제조업 사이에서 발생하는 발전격차는 매우 크다고 할 수 있다. 더군다나 전략산업에 포함되어 개발에 참여한 그룹과 그렇지 못한 그룹의 발전 간극은 매우 크게 나타나는 것은 당연할 것이다.

산업발전의 괴리는 산업간, 한 산업 내에서도 개발에 참여한 그룹과 그렇지 않은 그룹 간에는 자연 소득의 불균형이 확대되고 이것이 소위 '있는 자와 없는 자'로 이원화되는 사회문제가 제기되기 시작하였다. 절대 빈곤뿐만 아니라 상대적 빈곤 문제가 개발경제학의 새로운 가치로 대두되기 시작한다.

반면 사회적 불평등의 확대는 경쟁탈락자에 대한 사회적 배려가 중요한 정책가치로 부상되고, 이에 따라 소득분배, 복지 등이 개발경제학의 중요한 한 분야로 제기되었다. 이러한 개발경제학의 지평확대는 더 나아가 '개인의 행복' 문제까지도 경제학이 추구해야 하는 중요한 가치로 점차 부상하게 만들어가고 있다.

그러나 개인의 행복추구는 그것이 주관에 몰입될 경우 사회가 개개인의 행복가치끼리 그 기준 대상 등에서 상호충돌하게 되는 결과를 초래할 수 있게 된다. 상호충돌을 제도적으로 막아보자는 시도는 곳곳에서 나타난다. 그러나 이것을 제도적으로 접근하기에는 다른 많은 문제를 야기할 수 있음을 알아야 한다.

대한민국 헌법 제119조에서 제기한 '경제민주화' 같은 것이 바로 그런 시도의 발단이라고 할 수 있다. 논리성과 현실성과의 괴리의 문제이다. 또한 개인의 행복추구가치가 주관에 몰입될 경우 사회가 개개인의 행복가치끼리 상호충돌하는 모순을 제기하게 된다. 이를 해결하기 위한 공정한 '게임의 룰'을 분명하게 천명하여야 한다. 이렇게 될수록 사회는 게임의 룰 위에서 보다 공정한 경쟁이 이루어지게 된다.

그러나 경쟁은 경쟁탈락자를 만들게 된다. 경쟁탈락자의 문제는 다른 차원의 대응과제가 된다. 따라서 정부 경제운영의 목표도 경쟁체제 운영과 함께, 국민의 복지증진과 개인의 행복가치 증진으로 두 가지 목표에 중점을 둔다는 점을 분명하게 천명하여야 한다. 이와 연관하여 행복이 번영학의 중요한 정책가치로 등장하게 되는 이유이다.

21세기 초반 세계경제의 큰 변혁 앞에 경제학의 분과학문으로서의 신 자유주의 경제학이나 개발경제학은 지금까지 나름대로의 가치체계 위에 세계경제발전에 기여를 하였다고 할 수 있지만 이제 그 수명을 다해가고 있다고 해야 할 것 같다.

21세기 초 세계경제의 침몰 앞에 작은 정부는 더 이상 자기정당성만 고집할 수 없게 되었다. 아니 이미 정부의 시장간여는 일어나고 있는 현실이다. 절대빈곤을 처리하기 위한 성장정책보다는 상대적 빈곤과 형평, 복지 그리고 개인의 행복도 이에 못지않은 중요한 정책가치로 부상하고 있다.

이제 신자유주의 경제학이나 개발경제학은 혼자 설 자리가 없다. 번영학의 설 자리이다.

제4절) 번영학이 지향하는 가치체계

신자유주의 경제학이나 개발경제학을 뛰어 넘는 경제학의 분과학문으로서 번영학이 지향하는 가치체계는 무엇이어야 할까? 번영학이 추구하는 가치체계는 한마디로 지속가능한 경제발전전략을 만들어가는 것이라고 할 수 있다.

경제발전은 경제성장을 토대로 소득수준을 향상시키고, 경제구조를 심화·발전시켜 지속가능한 성장이 이루어지도록 하는 것이다. 동시에 개인의 자유, 평등, 행복을 최대한 보장하는 사회를 지향하는 것이다.

이러한 가치체계의 발전을 위한 수단으로서 번영학은 기존의 개발경제학을 통한 경제성장 전략을 심화·발전시키고, 시장의 능률을 전제로 신자유주의를 계승·발전시켜 나간다. 시장의 능률을 바탕으로 경제구조가 심화·발전되어 경제성장으로 연결되는 발전전략이 중심이 되고, 여기에 개인의 자유, 평등, 공정 그리고 행복의 가치가 함께 추구되는 복합된 가치체계를 번영학이 지향하는 가치체계로 정리되어야 할 것이다.

제5절) 번영학이 제시하는 이론의 틀과 그 변화

번영학이 추구하는 가치체계를 달성하기 위한 접근방법은 학문적 이론체계 중심의 논리보다는 현실적이고 실사구시적인 정책대안의 제시가 중심을 이루어야 할 것이다. 이를 바탕으로 번영학이 추구하는 이론의 틀을 다음과 같이 제시할 수 있을 것이다.

① 신자유주의의 중심축인 시장의 능률을 경제정책의 기본가치로 하

여야 한다. 시장의 간섭은 말할 것도 없고 시장규제도 최소화해야
한다.

② 반면 무조건적인 작은 정부의 추구보다는 정부기능의 재정립을 요
구한다. 번영학은 시장규제의 필요성이나 한계를 제시하는 정부기능
의 재정립을 요구한다. 작은 정부가 힘 없는 무기력한 정부를 뜻하
는 것은 아니다.[2] 주요정책변수를 보다 능동적으로 활용하여 시장의
무기력이나 과속, 지나침에 브레이크를 걸 수 있게 하여야 한다. 정
부는 개발경제학의 토대 위에서 국민생활의 기본수요를 책임져야
한다. 적정한 성장, 안정, 고용 그리고 국민 생활의 기본수요가 정부
책임하에 달성될 수 있도록 해야 한다.

③ 시장탈락자에 대한 정부지원은 행복추구권적 논리로 격상되어 추구
되어야 한다. 21세기 정부기능은 이 부문에 보다 집중되어야 할 것
이다. '가난은 나랏님도 못 구한다'는 우리 속담에서 벗어나 가난은
나랏님(정부)이 구하는 자세를 가져야 한다.

④ 질서의 유지는 21세기 정부의 지상의 책무이다. 개인의 행복추구가
독선과 아집으로 연결되어 법질서를 파괴하거나 법질서 유지를 어렵
게 하는 것은 절대 용납되어서는 안 된다. 또한 경제적 우위자와 열
위자 간에 생길 수 있는 부당행위는 법질서유지 차원에서 엄격하게
집행하여 공정거래질서가 확립하도록 해야 한다. 다시 말해서 공정
한 게임의 룰이 확립되는 사회를 추구해야 한다. 경제우위자의 부당
행위는 말할 것 없고 막무가내기 식 자기이익만 주장하는 행위는 게
임의 룰 위반자로 처리되어야 한다.

⑤ 새로운 세계경제질서의 확립을 위하여 기존의 브레튼우즈 체제를 재
정립할 것을 추진해야 한다. IBRD, IMF, WTO의 기능이 새로운 세
계질서 수립에 알맞게 조정되어야 한다. 브레튼우즈 체제가 몇몇 승
전국이 중심이 되어 전통산업 중심의 발전전략을 기축으로 만들어진

---

2 Francis Fukuyama : State Building

국제체제라고 전제한다면, 이제 세계경제질서는 그 규모나 구조 모
두 엄청난 변화 앞에 직면하고 있다.

전후 70년의 세월이 흘러 34개 OECD 가입 선진경제권이 생겼고
많은 신흥시장이 생겨나고 있다. 기술과 속도의 발달과 자원의 개발로
세계경제의 이합집산은 엄청난 속도의 변화 속에 수직적 통합이 시도
되고 있다고 할 수 있다. 지역적으로 전통산업 중심으로 경제적 이익
에 따라 수평적 이합집산이 이루어진 것이 전후 지금까지의 세계경제
질서의 흐름이었다면 이제 그 흐름의 변화가 나타나고 있다. 이 변화
의 흐름에 맞게 새로운 브레튼우즈 체제가 모색되어야 한다.

우리 귀에 익숙한 '선진국'이나 '선진경제권'은 더 이상 세계경제
발전의 견인차나 후진국에 대한 시혜 제공자가 아니다. 일부 선진경제
들은 세계경제질서에 큰 부담만 주는 존재로 전락하고, 일부는 부모
덕에 잘 살던 부잣집 자식이 내보이는 철없는 몽니만 부리는 모습으
로 세계경제질서에 다가오고 있다.

절대빈곤의 퇴치에 모든 능력을 집중하던 개발도상국들도 이제 일
부는 선진경제권으로 일부는 신흥시장이라는 이름으로 새롭게 그루핑
되고 있다. 아직도 천연자원에만 의존하여 게으름 피우는 후발경제권이
있는가 하면, 지금까지 부담(liability)으로만 여겨지던 인구(population)나
인력(man power)의 여유를 가지고 경제운영에서 소비력과 경쟁력을
자랑하는 후발 경제권도 생겨나고 있다. 반면 기술개발에 온 힘을 쏟
고 있는 일부 개도국경제권은 신기술의 개발과 융합을 통하여, 일부는
선진기술과의 수직적 통합을 이루며 쉽게 선진경제권을 제치고 앞으

로 나아가고 있다.

이런 엄청난 '변화의 시대에는 알맞는 새로운 브레튼우즈 체제를 모색해야 한다. GATT가 집행력을 담보로 변신하여 WTO가 생겨났듯 이 IBRD나 IMF도 거듭나는 변화를 시도해야 할 것이다. 아니 이뿐 아니라 브레튼우즈 체제 자체가 거듭나는 변화를 수용해야 한다.

제6절) 국가경제운영 전략으로서의 번영학의 위치

이상에서 번영학의 가치체계와 접근방법을 국가경제운영의 전략 차원에서 정리하여 보았다. 역사적으로 제1차 세계대전(1915) 이후 100여 년의 세월 속에서 부침하였던 경제이론은 나름대로 시대성을 반영하면서 수명을 다 하였다고 할 수 있다.

정부기능 조정을 놓고 벌려왔던 케인즈와 하이에크의 경제논리, 부 (富)의 집중에 반항하는 칼 맑스의 자본론, 제2차 세계대전 후 후진국경제 에 불을 비추어준 개발경제학 그리고 금융시장의 발달과 함께 미국의 월스 트리트로 상징되는 신자유주의 등등 이런 모든 학문체계들이 나름대로의 순기능과 역기능을 하면서 세계경제운영에 영향을 주었다고 할 수 있다.

절대빈곤 속에서 경제주체들은 자본가에게 저항도 해 보았고, 스 스로의 의식주를 해결하기 위하여 온갖 뼈를 깎는 노동을 감수하기도 하였다. 전 국가적으로 빈곤타파를 위한 여러 개발전략들이 제시되고 나라에 따라 이를 활용하는 나라와 그렇지 못한 나라가 나뉘어가게 되었다. 월스트리트를 중심으로 한 금융태풍은 그것을 알든 모르든, 더군다나 이 일과 관련이 없는 모든 지구인들에게 하늘에서 떨어지는 운석들처럼 당황을 몰고 왔다.

이 앞에 개발경제학이니 신자유주의니 하는 논리들은 스스로 설 자리를 잃고 말았다. 경제주체들도 국가의 발전, 자기가 속한 조직의 발전보다도 '나'라고 하는 개인의 가치를 더 중요시하는 세계로 다가 가고 있다. 국가경제의 발전이나 자기회사의 발전보다 나의 '경제지위 격상'과 '개인의 행복'이 주요한 가치로 등장하고 있다.

'변화의 시대는 변해야 산다'[3]는 논리답게 이제 국가경제운영이 개발경제학이나 신자유주의에서 벗어나 보다 국민에게 행복을 여는 '번영학'의 토대 위에 이루어져야 할 시대로 변하였다.

이상에서 번영학이 경제학의 한 분파학문으로서 그 존재가치에 대한 검증을 해 보았다. 신자유주의나 개발경제학을 포괄 수용하여 이 를 한 단계 뛰어넘는 현대국가의 경제운영기조를 어떻게 잡아가야 할 지가 우리의 과제라고 하겠다. 번영학을 토대로 하여 한국경제가 번영 에 이르게 되는 길을 어떻게 찾아가게 될 지를 번영학은 보여주어야 한다.

---

3 이형구 : 21세기 경제정책의 대전환, 고려원

제 2 편

번영의 정책적 의미

제 1 장

번영의 의미

　번영의 의미를 다음(Daum) 한글사전에서 찾아보면 '번성하고 발전하여 영화롭게 됨'으로 풀이한다. 다른 한글사전에서도 일반적으로 '번성하고 영화롭게 잘 됨' 등으로 풀이하여 번영에 '번성(繁盛)'과 '영화(榮華)' 두 단어를 사용하고 있음을 볼 수 있다.

　영어에서 번영으로 표현되는 prosperity도 한글사전과 비슷한 해석을 한다. Wikipedia 사전 해석에서도 prosperity는 번창과 유사한 flourishing, thriving, good fortune 등으로 해석하고, 우리의 영화로움과 비슷하게 social successful status를 추가하고 있다. Latin어의 prosperare는 to make happy의 의미이다. 즉 우리의 영화와 비슷한 개념으로 해석할 수 있을 것 같다.

　번성과 영화는 사실 같은 의미의 동어반복(同語反覆) 비슷하다고 할 수 있다. 그러나 그 뜻을 굳이 해석하여 본다면 번성은 보다 객관적 상황, 즉 번창하고 풍성한 상황을 설명한다고 할 수 있다. 주변이 활발하고 넓게 확장되어 가고, 먹을 것, 입을 것들이 넉넉한 상황을 상상하게 된다. 경제학적 의미의 풍요로운 객관적 상황을 설명하는 의미로 해석할 수 있을 것 같다.

다음 번영은 번성하고 그리고 '발전하여' 영예를 가져다주는 개념이므로 이것은 현재의 풍요뿐만 아니라 미래까지 아우르는 풍요의 개념으로 해석할 수 있다. 학문적으로는 지속가능한 경제성장(sustainable economic growth)이 여기에 가까운 개념이 될 것 같다.

영화(榮華)는 영예스럽고 호화로움을 느끼는 것을 뜻한다고 할 수 있다. 어떤 객관적 상황에서 연유된 것이라고 설명할 수 있지만 영화는 각자가 주관적으로 느끼는 상황에 가까운 개념으로 풀이할 수 있을 것 같다. 스스로 영예스럽게 느끼고 호화롭다고 느끼는 상태이기 때문에 사람에 따라 그리고 상황에 따라 주관적 느낌은 달리 나타날 수 있을 것이다.

총괄적으로 이것은 주관적으로 '행복한 상태'를 의미한다고 할 것이다. 다른 말로 하면 이 개념은 객관적인 경제적 의미보다는 사회적 의미의 주관적 상황이라고 할 수 있을 것이다. 사회학에 보다 가깝게 연계되는 복지, 소득분배, 형평 그리고 질서 등이 이에 가까운 개념이며, 여기서 한 걸음 더 나아가면 개인의 '행복'과도 연계되는 개념이 될 것이다.

따라서 번영은 경제학적으로 풍부(plenty)한 객관적 상황과 함께 사회학적으로 개개인의 영예로움, 행복함(happiness)을 포괄한다고 할 수 있다. 개인의 주관적 행복을 언제나 보장해 주는 일반적 조건은 행운(fortune)과 성공(social successful status)이 함께할 때 보다 가능하고,

이런 상황이 되는 일반조건은 사회전체가 안정되고, 풍요롭고, 미래가
보장될 때 이루어지기 쉽다고 해설할 수 있을 것이다. 개인의 영예와
행복까지 포괄하는 개념으로 '번영학'이 아울러야 하는 가치가 된다는
해석이 가능하다.

제 2 장

번영을 가능케 하는 세 가지 조건[1]

번영의 의미는 국가든, 도시든, 민족이든 하나로 뭉쳐진 공동체가 객관적으로 풍부함을 충족하게 할 조건들이 이루어진 상태를 뜻한다고 할 수 있다. 무엇보다 공동체가 지속적으로 번창하는 객관적 상태는 보다 경제정책적 의미를 담고 있다. 번창하는 조건을 갖추는 것은 지속적으로 발전할 수 있는 조건을 의미한다고 할 수 있다. 높은 경제성장, 빠른 소득신장과 연결된 높은 소득수준, 주택, 도시, 도로 등 자연공간의 효율성을 극대화하는 사회간접자본의 구축 등 보다 경제적인 의미의 조건들이 여기에 해당할 것이다.

그러나 이런 객관적 상황만으로 번영의 조건이 모두 갖추어졌다고 할 수는 없다. 객관적 환경에 못지않게 중요한 조건이 공동체 구성

---

1 이형구 : 번영의 조건, 박영사

원의 행복감을 극대화하는 것이 될 것이다. 무엇이 행복을 가져다줄
까? 물론 소득수준 향상에 따른 부(富)가 중요한 조건 중 하나가 되고,
다음은 개개인이 오늘의 상황에 대하여 스스로 영예롭게 느껴지게 만
드는 것이 이와 관련된 조건이 될 것이다. 이는 주관적인 측면이 강하
다고 할 수 있지만 오늘 내가 속해 있는 공동체의 존재가 최소한 나를
수치스럽게 만들면 안 될 것이다. 도둑의 소굴에서는 부의 조건은 갖
추어질 수 있지만, 그 구성원을 영예롭게 만들지는 못할 것이기 때문
이다.

　내가 그 공동체에 속한 것이 자랑스럽고(proud of), 나의 행동이
그 공동체에 보탬이나 기여(dedication)가 되는 조건이 이루어져야 영
예롭고 행복을 느끼게 된다고 할 수 있다.

　이러한 개별 구성원의 주관적 조건을 가능하게 해주는 가치로
일반화하면 그것은 '사회적 안정'이라고 평가한다. 사회전체가 안정될
때 경제적 풍요가 가능해지고, 법질서가 안정되고, 내 가족이 안전하
게 살아갈 수 있는 조건이 충족된다고 할 수 있다. 이러한 경제적 풍
요와 안정 그리고 사회에의 기여들이 개개인의 행복을 가져오는 조건
이 된다.

　그러나 번영학에서 논의하는 행복의 조건은 오늘의 번창이 한걸음
더 나아가 계속 발전하여 지속될 때 가능해진다고 할 수 있다. 인간은 오
늘과 연관하여 미래를 예측하고, 계획하고, 준비하는 본성을 가지고 있다.
오늘의 조건만으로 행복을 보장받을 수 없다. 그래서 오늘의 번창이 미래
에도 보장되고 또 지속·발전될 것이라고 믿는 상황이 오늘의 행복을 보
장하게 만든다고 할 것이다. 미래의 발전은 미래의 안정과 그것을 믿는
확신(confidence)이 있을 때 가능해진다. 오늘날 공동체 구성원의 최대 행

복조건은 '오늘의 안정과 미래에 대한 확신'이라고 할 수 있다.

　　결국 번영이 가능하기 위한 조건을 세 가지로 집약할 수 있다. 첫째, 번영과 연관된 객관적 경제상황, 둘째, 개인의 행복과 연관된 풍요와 안정 그리고 영예가 함께하는 조건, 셋째, 이런 상황이 현재에 이어 미래에도 가능함을 기대할 수 있게 하는 발전의 지속가능성과 이에 대한 확신이 있을 때 번영은 가능해진다.

제 3 장

번영의 정책적 의미

    정책의 사전적 의미는 '정치적 목적을 실현하기 위한 방책'으로 풀이한다. 정부 또는 정치단체가 그들의 정치적·행정적 목적을 앞으로 실현하기 위하여 마련한 방책이나 방침으로 해석하는 사람도 있다. 여기에 공공정책이라고 할 경우 정부 또는 공공기관이 공적 목표(공익)를 달성하기 위하여 마련한 행동지침 등으로 해석할 수 있을 것이다.

    정책의 성격을 설명하는 데는 학자들에 따라 정책의 당위성이, 미래지향성이 또 정책시행에 따라 오게 되는 이익과 불이익이 공존하는 양면성 등을 강조하기도 한다.

    번영의 정책적 의미는 번영을 실생활에 나타나게 하기 위한 수단으로서 그 의미를 찾는다면 실로 다양하게 풀이될 수 있을 것이다. 번영을 가져오게 하는 정치, 경제, 사회, 문화 등 제반 분야의 정책들이 모두 이에 해당할 것이다. 물론 번영이라는 화두와 가장 가깝게 일상에 와 닿는 현실정책은 경제와 사회부문의 정책들이라 할 것이다.

제1절 경제정책으로 풀어본 번영과 관련된 정책

경제정책을 생각할 때 ① 지배구조가 어떤 형태인지 ② 방법론적 입장에서 거시 또는 부문별 경제정책인지 ③ 유인을 위한 정책변수의 운용인지 시장의 간여정책인지 ④ 개방과 국제협력체제인지 내수 중심의 경제정책인지 ⑤ 작은 정부를 토대로 시장의 간섭은 최소화하고 경쟁을 극대화하는 소위 신자유주의 논리에 입각한 경제정책인지, 아니면 복지와 개발의 그늘을 보다 적극적으로 감싸 안는 정부기능 변화 시도인지 등이 그 논의대상이 될 것이다.

1. 지배구조

지배구조의 입장에서 단위경제로서 국가의 지배구조가 경제정책을 좌우하게 된다. 우선 자유민주주의 시장경제체제인가 공산주의 또는 사회주의 계획경제체제인가, 즉 국가의 지배구조에 따라 경제정책은 확연이 구분된다.

제2차 세계대전 후 1991년 구 소련체제의 몰락이 올 때까지 지구상에 한 국가의 지배구조로 존재하여 왔던 계획경제나 사회주의 경제체제에서는 원칙적으로 시장과 정부는 동일시되었다. 따라서 정부의 경제정책에 따라 시장은 따라오게 되어 있다는 가정하에 출발하게 된다. 정부의 경제정책이 바로 시장을 간섭하고 관여하여 시장의 기능이 바로 정부정책으로 흡수되도록 한다. 그러나 구 소련의 몰락 이후 지금 계획경제체제는 북한 등 극히 소수의 국가에 그 형체만 남아있을 뿐, 지구상에서 사라져가고 있다. 특히 번영과 관련된 정책이 될 수 없다고 이미 결론이 난 상태라고 할 수 있다.

현재 대다수 국가의 운영체제는 자유민주주의 시장경제체제이다. 이 체제에서는 자유민주주의의 기본질서 위에서 시장경제운영을 기본으로 하기 때문에 경제정책은 자연 시장의 기능을 보완·발전할 수 있도록 영향을 주는 정책으로 국한한다. 여기서 말하는 시장이라 함은 실제 존재하는 상품시장과 같은 그런 것이 아니라 추상적 의미의 경제활동을 하는 바탕을 말하는 것이다. 따라서 시장은 수요와 공급을 통한 경쟁으로 효율을 생산한다. 계획경제에서는 경쟁이 아닌 정부의 경제정책이 효율을 담보한다는 논리로 출발한다. 한국경제의 경제정책은 물론 국가의 정체성에 따라 자유민주주의 시장경제체제이므로 경쟁의 원리에 따른 경제정책을 그 대상으로 하고 있다.

2. 거시 또는 부문정책

방법론적으로 경제정책이 단위경제 전체를 대상으로 하여, 경제이론의 일반론적 입장에서 시장에 수요와 공급을 적절하게 유지 개선하여 시장의 기능이 보다 효율적으로 작동되도록 하는 것을 주요대상으로 하는 경제정책과, 어느 특정 상황이나 문제와 관련하여 집중적으로 문제를 제기하고 해결책을 강구하는 정책으로 구분할 수 있다. 전자를 거시경제정책(macro economic policy)이라고 일반적으로 부르고, 후자를 미시 또는 부문별정책이라고 부른다.

거시경제정책에서 일반적으로 많이 다루는 것이 총수요관리(aggregate demand control)와 관련된 정책이라 할 수 있다. 경기과열이나 후퇴와 관련된 경기조절이나 물가안정 등이 그 대상이 된다. 미시 또는 부문경제정책에서는 어떤 특정현상에 국한하여 정책을 마련하는 것이라고 할 수 있다. 부동산투기 등 소비행태, 물가안정대책, 투자유인, 수출촉진, 불공정거래 등 여러 분야의 특수상황이 이 정책대상이 된다고 할 수 있다.

매크로정책이 경제의 큰 흐름을 잡아주고, 중장기적으로 경제가 가야 할 방향을 제시하여 주는 조타수역할을 한다는 면에서 매우 중요한 정책적 의미를 가진다고 할 수 있다. 경제가 성숙된 구조로 발전되어 갈수록 매크로정책의 중요도는 더 요구된다.

그러나 경제발전 초기 정부의 경제정책은 보다 부문정책에 치우치기 쉽다. 나타난 현상만 처리하면 시장 전체가 다 해결될 것으로 치부하기 쉽기 때문이다. 특히 정부 내의 관계부처나 기관에서는 독자적인 관심분야에 보다 집착하게 되므로 매크로보다는 부문정책에 더 관심을 갖기 쉽다. 매크로의 망각은 경제를 만성질환자로 만들기 쉽다. 그렇다고 매크로에만 집중하면 물론 부문별 인센티브의 호기를 잃게 되는 우를 범하기도 한다. 결국 매크로와 부문 정책의 균형을 잡아가는 일이 중요한 정부기능의 하나라고 할 것이다.

3. 시장유인과 시장간여

시장의 유인을 위한 정책(incentive system)인지, 시장에 대한 간여 (interception) 정책인지를 가지고 경제정책을 구분할 수 있다. 시장경제하에서 경제정책은 그 수단에 따라 시장에 간접적인 영향이 미치기를 기대하여 정부가 사용하는 정책변수 운용과 시장의 수요와 공급에 직접적인 영향을 주는 정책들로 구분될 수 있다.

후자는 시장에 어느 정도 직접 영향을 준다는 면에서 제한적이고 가능하면 최소화해야 하는 정책이라고 할 수 있다. 생산량 제한이나 수입금지와 같은 극단적인 정책들은 시장의 공급을 직접적으로 규제하게 된다는 점에서 시장경제운영과 거리가 있게 된다.

경제가 발전되어 성숙된 단계에서는 정부는 시장에 간접적인 영향을 준다고 할 수 있는 유인을 위한 정책변수(policy variables)를 주된 정책수단으로 사용하게 된다. 세율, 금리, 환율, 통화량, 재정지출 등 정부가 사용하는 정책변수는 다양하고 광범위하다.

이러한 정책변수의 운영은 제2차 세계대전 이후 경제정책의 국제협력체제가 갖추어짐으로써 보다 효과를 확대해 가고 있다고 할 수 있다. 특히 IMF나 IBRD를 통하여 선후진국을 막론하고 정책변수의 운용지침 등이 제시되고 있다. 1985년 플라자합의에 따라 일본의 환율을 대거 조정함으로써 환율 같은 정책변수의 운용도 국제간의 협력체제로 만들어갈 수 있음을 보여주게 되었다.

이러한 경제정책의 국제협력체제는 세계경제 전체적으로는 합리성을 갖게 되지만 개별 특수환경을 외면한 무차별성으로 개별국가의 입장에서는 어려움으로 다가오기도 한다. 특히 후발주자의 경제운영은 실제로 많은 제약을 받게 된다. 더군다나 선후진국간의 힘의 논리에 따라 때로는 선진국들이 이러한 일괄규제에서 예외가 되는 것을 보게 되기도 한다.

개념적으로 시장에 대한 직접규제냐 간접규제냐 하는 것도 시대와 상황에 따라 해석을 달리하게 되는 경우도 존재한다고 할 수 있다. 현대국가의 경영에서 시장의 직접규제는 범죄나 전쟁과 같은 특수상황을 제외하고는 거의 존재한다고 할 수는 없다. 그러나 정책운용의 뉘앙스에 따라 다른 해석도 나오게 될 수 있다.

2008년 금융위기 후 많은 선진국들에게 국가부도를 막기 위하여 엄청난 정부보조나 구제금융지원이 이루어졌다. 미국의 경우 천문학적인 통화량 살포가 이루어졌다. 물론 해석에 따라 이런 정책들이 시장의 직접규제는 아니라고 주장할 수 있겠지만 사실상 시장의 직접규제와 이들 정책변수의 오남용으로 생기는 시장영향은 그 영향과 파급효과에서 큰 차이를 발견하기 힘들다고 평가할 수도 있다.

다른 한편 경제구조가 심화·발전되어가고, 기술개발 등으로 정책환경에 변화가 오는 경우 정책변수의 운용에 보다 기술성과 시의성이 요구된다고 할 수 있다. 이를 위하여 정책변수 운용자들의 전문성과 결단성 등이 보다 요구되는데 실제로는 주저하고, 주저하다 보니 정책의 크기도 왜소해 지기 쉽다. 주저하게 되고 자신감이 없기 때문이다. 그럴수록 정책변수운용의 경직성이나 실패가능성이 커지게 마련이다.

미국경제의 경우 금융위기 이전에는 정책변수운용이 고작 금리의 미세한 조정에 한정되는 경우가 많았다. 반대로 금융위기 이후 미국은 통화량의 살포를 여름철 소나기 퍼붓듯 해댔다. 전자는 너무 소극적이고 시간만 끌어서, 후자는 돈 홍수를 만들어서 경제를 운영한 결과이다. 전자는 너무 시장을 경직화시켜서, 후자는 시장을 좌지우지 간섭하는 경제정책을 쓴 결과가 되었다. 그러나 미국의 돈 풀기정책을 평가하여 본다면 근거의 합리성이 전연 없는 것도 아니고, 세계경제 전체를 볼 때 더욱 합리성을 찾을 수 있는 면도 있다.

그러나 만일 이 일을 프랑스나 영국이 나서서 해 댔다면 세계는 어떤 반응이었을까? 영국은 기축통화국이니까 주장의 합리성을 내세울 수도 있을지 모르지만 그런 큰 변화를 영국경제가 감내할 수 있었을까? 프랑스는 말할 것도 없다. 그러나 EU 단위로는 미국처럼 돈 풀기(통화증발)를 정책으로 내놓고 있다. 그런데 이번에는 일본이 미국을 본 따 통화량을 풀고 한걸음 더 나아가 엔화를 대폭 절하하는 정책을 선택하였다. 이에 대하여 IMF조차도 그 부당함을 지적하지 않고 오히려 불가피성을 인정하는 듯한 태도를 취하고 있다.

마이너스 금리상태에서 환율을 대폭 절하하고 돈을 풀어대는 일본의 경제운영을 한국이 하였으면 IMF 등 각국의 반응이 어땠을까? 미국 재무성은 한국이 2013년 원화의 절상을 더 빨리하지 않았다고 환율간섭경제로 폄하하고 있다. 오히려 미국의 환율간섭 비난을 받고 있는 중국은 이를 무시하고 오히려 절하를 하고 있는데 거기에 대하여 미국은 아무 대책이나 비난도 없다.

이것이 힘의 논리이다. 금융위기 이후 그리스나 이탈리아, 스페인 등이 취한 적자재정운영과 임금인상 등의 경제운영을 한국 같은 나라가 시행하였으면 국제기관에서는 어떤 반응을 하였을까? 결론은 이제

경제정책 운영에서 경제논리는 그 논리성이나 설득력을 잃어가고 있다는 점이다. 힘 있는 자의 논리가 더 부각되고 있다. 이렇게 상황이 변화되면 될수록 경제논리에 의한 정책변수의 운용은 퇴색되어가고 시장에 충격을 주는 과격한 정책변수운용이나 시장에 직접 간섭하는 정책을 만들고자 하는 유혹이 선후진국을 막론하고 점점 커져가게 된다. 구제금융 등이 그 예가 된다.

세계경제운영에서 개발에 늦게 참여한 국가들의 경제정책 중 가장 비난의 대상이 되는 시장의 직접간여정책들을 후진성이라는 이름으로 폄훼하고 비난하던 국제기관이나 선진국들이 이제 이런 유혹에 말려들어가고 있다.

선진국들의 시장 간여정책은 규모가 작고 세계경제비중이 별것이 아닌 후참개발도상국의 경우보다 세계경제에 미치는 영향과 폐해가 훨씬 크다고 할 수 있다. 국제적으로 불공정거래가 발생하고 시장은 더 왜곡되어 세계경제는 장기적인 불황으로 접어들게 될 가능성이 발생한다고 할 수 있다.

다음으로 경제정책은 GDP의 구성측면에서 수요와 공급의 정책대상을 구분하여 정리할 수 있다. 수요측면에서 국민경제는 소비, 투자, 수출, 수입으로 구분할 수 있다. 소비와 관련하여 물가정책, 공정거래정책 등이 대표적인 예이고, 투자와 관련하여서는 여러 투자유인정책 그리고 수출입과 관련된 지원정책 등이 그 대상이 된다. 공급관련 경제정책은 인력공급과 관련된 교육정책, 외국인 고용정책, 기술개발정책, 사회간접자본 확충정책 등이 그 대상이 된다.

4. 개방과 내수중심 경제운영

경제정책은 경제운영이 개방되고 국제협력체제인지 내수중심 (inward looking)의 체제인지에 따라 그 접근과 방법을 달리한다고 할 수 있다. 오늘날 단위경제가 외부와의 접촉을 막아놓고 문을 걸어 잠근 채 내수 중심으로만 경제를 운영하는 경우는 거의 없다고 해도 과언이 아닐 것이다. 기술개발과 정보의 교환 그리고 물자의 교류가 없는 순수한 의미의 내수중심 경제운영은 실제로 불가능에 가까운 것이 현실이다.

그러나 제2차 세계대전 이후 개발도상국의 발전과정과 관련된 이론에서 소위 '종속이론(dependence theory)'이 후진국경제론에서 큰 반향을 일으킨 때가 있었다. 1930년대 대공황 이후 라틴아메리카의 내수확대정책이 종속이론의 시작이 되었고 칼 맑스의 공산주의 이론과도 유사점이 있어 개방경제에 대한 대항이론으로 많은 관심을 끌기도 하였다. 그러나 비교우위론(theory of comparative advantage)을 내 세운 개방경제이론이 대세를 이루면서 종속이론에 입각한 내수중심개발은 점차 관심이 줄어들어 가고 있다고 할 수 있다. 이 문제는 개발전략의 선택과정과 관련된 부문에서 상세하게 다루어보겠다.

특히 제2차 세계대전 이후 브레튼우즈 체제가 만들어지고 GATT에 이은 WTO체제가 만들어졌다. 1985년 플라자협약으로 정책변수인 환율조차도 국제적인 협의로 조정을 이룬, 좋게 보면 경제운영에서 개방을 넘어 국제협력체제가 만들어졌다고 할 수 있다.

한국의 경제개발정책에서도 1960년대 초기 소위 경제운영의 기본전략을 내수중심으로 할 것인지 개방전략으로 할 것인지를 놓고 많은 논의와 토론을 거쳐 대외지향적 경제개발체제를 채택하였다. 지금으로서는 당연한 선택이라고 누구나 이야기하겠지만 당시로서는 많은 우려와 논란이 있었던 정책의 선택이었다. 1960년대 중반 외자도입정책을 선택하는 과정에서 더 많은 찬반논란이 제기되었고, 이런 외자도입정책은 그 후 10여 년의 논란 시비가 이어진 정책의 발전과정을 겪었다고 할 것이다.

5. 자유시장 경제운영과 복지중심경제운영

경제정책이 1990년대 말부터 맞게 된 미국의 경기호황이 월스트리트를 중심으로 신자유주의 경제운영의 꽃을 피우게 하였던 그런 경제정책인지, 아니면 경제운영의 결과 발생하는 발전의 그늘을 보다 적극적으로 대응하기 위한 정부기능의 조정을 강조하는 경제정책인지를 가지고 경제정책의 기본 칼러를 구분해 볼 수도 있다.

밀튼 프리드만의 '작은정부론'과 통화변수 중심의 경제운영은 물론 너무 지나칠 경우 오히려 논리적부작용이 발생할 수 있다. 그러나 현대국가의 발전, 특히 금융이나 자금 중심의 시장이론에 입각한 경제운영이 미국경제의 호황과 함께 설득력을 얻어가고 파생금융상품(derivatives)이 힘을 얻어 시장으로 뻗어나갈 때 실은 그 파급이나 영향이 어디까지일지를 가늠하기 어려운 일이었다.

그러던 2008년 미국의 금융회사인 리먼 브라더스가 파산하게 된다. 그 파급영향은 실로 어마어마하였고 이에 따라 세계의 돈 흐름은 요동을 치기 시작하였다. 이것이 미국의 돈 살포, 연이은 EU 등 선진 경제국들의 몰락과 과잉지원 그리고 일본, 중국 등의 억지를 부리는 경제정책들이 현실화되면서 이제 신자유주의는 빛을 잃기 시작하였다.

신자유주의에 대한 비판은 분배구조의 왜곡과 함께 자연스럽게 경제의 그늘을 보살피는 정부기능 조정 정책들을 강조하는 분위기로 전환되기 시작하였다. 복지, 사회정의, 공정거래 등이 강조되고, 더 나아가 행복의 가치가 기본권적 시각에서 행복추구권으로 발전하여 관심의 중심에 섰다. 단위경제 구성원의 가난의 문제를 정부가 책임을 지는 수준으로 정부기능이 조정되기를 요구받고 있다. 경제정책과 사회정책이 동일선상으로 격상되고 있다.

더 나아가 한국경제의 경우 헌법 제119조 제2항에 의한 '경제민주화'가 현실정치의 화두로 등장하였다. '국가는 균형 있는 국민경제의 성장 및 안정과 적정한 소득의 분배를 유지하고, 시장의 지배와 경제력의 남용을 방지하며, 경제주체간의 조화를 통한 경제의 민주화를 위하여 경제에 관한 규제와 조정을 할 수 있다'라고 명기한 헌법조문을 근거로 '경제민주화'가 무소불위의 정책으로 화두가 되었다.

사실 '경제주체간의 조화를 통한 경제의 민주화를 위하여'가 현실적으로 갖는 정책적 의미가 무엇인가? 경제주체간의 조화나 경제민주화가 정책적으로 어떻게 해석되어야 하나? 조화라는 막연한 표현이나 민주화라는 표현 모두가 정책적으로 개념정립을 할 수 없다고 평가한다. 말 장난 같은 이 문구가 혼란을 불러온다. 이 제119조 제2항의 문구를 꼼꼼히 읽고 따져보면 사실 시장의 자율성을 국가는 필요에 따라 얼마든지 제한할 수 있을 것으로 해석할 수 있을 것이다.

1987년 이 헌법개정안이 발의되고 토의될 때가 한국의 정치민주화가 꽃을 피울 때다. 따라서 제119조 제1항의 '창의와 경제활동의 자유' 보장의 가치보다는 어떻게 하면 경제적 약자에게 도움을 줄 것인가 하는 가치를 정부기능에 보완하는 데 보다 관심을 둔 것으로 볼 수 있다. 따라서 포괄적 시장규제 논리보다는 보다 세세하게 '자유'보다는 '규제'의 조건을 기술하였다고 볼 수 있다. 이러다 보니 명쾌하지 않은 긴 문장으로 제119조 제2항은 나열되었고, 이를 토대로 훗날 경제민주화가 마치 절대의 가치인 것처럼 정치이슈화한 것으로 해석할 수 있다. 경제이슈의 정치화가 이루어진 것이다.

제 2 절) 사회정책으로 풀어본 번영의 정책적 의미

여기서 말하는 사회정책은 학문적 의미의 사회학의 대상영역이라기보다는 정부 경제정책과 관련하여 경제운영의 그늘이라 할 수 있는 영역을 기준으로 하고자 한다. 이와 관련하여 정부기능의 변화를 어떻게 할 것인지에 대한 총괄적인 접근을 해 보고자 한다.

정치의 요체는 국리민복(國利民福)으로 요약될 수 있다. 국가가 부흥하고 만백성이 잘 사는 사회를 건설하는 것이 국가를 다스리는 정치의 기본임은 동서고금을 막론하고 진리일 것이다. 정치의 담임자인 정부의 제1의 임무는 백성을 잘 살리는 정치를 하는 것이라고 풀이된다.

백성을 잘 살리는 길은 물론 국방을 잘하여 국민을 외적(外敵)으로부터 잘 보호하는 것이고, 안으로는 치안을 잘하여 누구나 불법으로부터 자유롭게 만드는 것이 될 것이다. 정치적으로 독재자나 독재 권력을 막아주고, 국민의 재산권을 보호해 주어야 한다. 한국국민들의 경우 국민의 재산권보호나 국내치안을 위한 정부 서비스는 비교적 높은 수준이라고 평가할 수 있을 것이다.

그러나 현대 발전된 나라가 일반적으로 향유하는 외적(外敵) 공포로부터 어느 정도 자유로운 상황은 아직 만들지 못하고 있다. 한국정부는 북한으로부터 받게 되는 전쟁공포로부터 국민들을 자유롭게 만들지 못하고 있다. 또한 설령 전쟁이 당장 일어나지 않는다 하더라도 전쟁을 막고 현상을 유지시키기 위한 엄청난 부담을 한국경제가 짊어지고 있다. 또 그 부담이 얼마나 크게 그리고 언제까지 가지고 가야 하는지 알 수가 없다. 북한의 남한 침공에 대비한 국방비 부담은 실로 엄청나다.

그래도 1950년 이후 유엔과 미국이 직접 간접적으로 한국의 국방비를 분담하여주어 왔기 때문에 어려웠던 시기 한국경제가 침몰되지 않고 다시 발전하였다고 평가할 수도 있다. 이러한 한국의 방위비 부담이 김대중, 노무현 정부 들어 두 가지 측면에서 한국경제에 부담을 가중시키고 있다. 하나는 햇볕정책에서 비롯된 터무니없는 북한 퍼주기 지원부담이고, 다른 하나는 노무현 정부 들어 노골화된 자주를 내세운 미국정부와의 마찰과 이에 수반된 미군 주둔비 부담의 증가이다. 노무현정부의 섣부른 주한미군의 작전권이양 천명으로 한국정부는 군비부담을 더 요구받게 되었다.

원고를 집필하고 있는 2014년 5월 현재 북한의 김정은 체제는 더욱 천방지축 불안정하고, 핵무기를 앞세운 이들의 직간접적인 대남 위협은 확대일로에 있다. 햇볕의 효과는 어디 갔나? 이런 상황 앞에 이명박 정부를 지나 박근혜정부에 이르기까지 남북문제의 비폭력적 해결을 위한 소위 '6자회담'은 그 존재감이 더 흐려지고 앞으로의 전망도 불투명하다.

　결국 노무현정부가 추진하였던 작전권이양의 유예문제가 한국정부와 미국정부간에 다시 심각하게 제기되었고 양국정상 간에 이미 어느 정도 이해의 접근을 얻어가고 있다. 김정은의 위협이 현실적으로 외면할 수 없을 정도로 확대되고 있는 마당에 섣부른 작전권의 이양은 불가하다는 것이 피할 수 없는 현실이라고 평가된다.

　한국정부의 요구로 작전권이양이 추진되는 과정에서 자연 주한미군의 주둔비용 부담이 증가되는 것은 불가피했을 것이다. 이제 다시 작전권 이양 유예를 한국정부가 요구하게 됨으로써 비용부담은 다시 이중으로 더 크게 요구될 것은 뻔한 노릇이다. 이런 추가비용 부담 앞에 미국을 원망할 수 있을까? 아니다. 그런 철딱서니 없는 작전권이양 요구를 한 노무현정부가 욕먹어야 하는 것은 당연하다. 이런 일이 없더라도 한국의 방위비 부담은 전쟁이 나면 말할 것도 없지만, 전쟁이 나지 않더라도 한국사람의 어깨를 짓누른데 노무현 정부의 잘못으로 한국인들의 어깨는 더 무거워지고 짓눌린다고 할 수 있다.

　여기서 잠시 이웃 일본을 쳐다보자. 일본은 1945년 연합국에 항복한 패전국가가 되면서 연합국의 요구로 군대를 가질 수 없고, 따라서 방위비도 자연 없는 나라가 되었다. 그러던 차 1950년 한국전쟁이 일어났고 일본은 자연스럽게 연합국의 한국전 지원을 위한 전진기지가 되었다. 폭발적인 전쟁관련 경제수요 앞에 일본경제는 1950년대 초 패전복구와 함께 엄청난 경제발전을 이룰 수 있었다. 그것도 한 푼의 전비부담 없이 그야말로 공짜로(free rider) 경제발전을 이루었고, 이 덕택으로 전후 가장 빠른 속도로 개발도상국경제에서 선진경제로 승격한 나라가 되었다.

한국경제가 다른 발전된 나라 사람들이 가지고 있지 아니한 방위비 부담을 안고 앞으로 선진국 소리를 들으려면 최소 현재보다 두 배 이상의 경제규모가 되어야 선진국 소리를 들을 것이다. 2014년 기준으로 1인당 국민소득이 약 5만 달러 수준은 되어야 한다. 이를 달성하기 위해서는 산술적으로 연 7%의 성장을 한다 해도 10년의 세월이 흘러야 가능하다는 계산이 나온다.

그러나 지금 한국경제의 잠재성장률이 고작해야 3% 수준인데 어떻게 7% 성장을 이룰 수 있으며, 어떻게 10년 연속 성장을 한단 말인가? 한국경제는 지난 1999년 IMF를 맞은 이후 15년 동안 경제성장의 동력을 잃고 말았다. 엄밀하게 따져본다면 한국의 정치민주화운동이 꽃을 피우던 1988년부터 계산하면 한국경제가 성장동력을 잃게 된 것은 26년의 세월이 흘렀다고 계산해야 맞을 것이다. 발전 잠재력 망실의 어두운 시기라고 평가해야 할 것이다.

일본이 1980년대 말 소위 '잃어버린 10년'이라는 어려움을 겪어왔고 그 후 약 30여 년의 세월이 흐를 때까지 일본경제의 발전 잠재력은 살아나지 않고 있다. 일본인의 자존심을 상하게 만들었다. 그 불명예를 지금 한국경제가 재탕하고 있는 것이다.

그런데 더 심각한 문제는 이런 엄중한 상황을 한국인들은 모르고 있다는 점이다. 그동안 역대 정부치고 큰소리 안 친 정부가 없었다.

　　IMF와 대기성차관(standby credit) 협정을 맺은 후 반년 만에 전년의 반등효과로 나타난 일시적인 고성장 수치를 가지고 김대중 대통령은 'IMF 졸업'을 선언하였다. 당시 IMF와 한국정부가 내세웠던 개혁과제들을 내팽개치고, 거꾸로 북한에 햇볕정책을 앞세워 엄청난 돈을 퍼다 준 김대중 대통령을 한국 사람들은 어처구니없게 훌륭한 경제운영자로 평가한다.

　　한국경제가 당시 IMF를 맞게 된 것은 불행한 일이지만 IMF와 대기성차관 협정을 하면서 만들어진 정부개혁, 기업개혁, 노동개혁, 금융개혁 등 개혁과제들을 IMF 졸업선언과 함께 내팽개친 김대중 대통령을 어떻게 훌륭한 경제운영자로 평가할 수 있단 말인가? 어찌 보면 천재일우의 기회를 내다버린 김대중 대통령은 한국경제발전사에서 보면 하나의 죄인에 불과하다. 그를 이어받은 노무현 대통령은 '형평한 분배 없이 7% 성장만 하면 무엇 하느냐?'고 고성장불필요론을 제기하였다. 그는 한 걸음 더 나아가 부담능력도 생각 안 하고 자주국방이라고 작전권 이양만 외쳐댔다. 철없는 어린 아이 같은 행동이다.

　　실패한 두 대통령을 이어 경제대통령으로 기대되었던 이명박 대통령은 재임기간 중 기대와 달리 역대대통령 중 가장 낮은 경제성장률을 기록한 경제운영 실패 대통령이 되었다. 전략적 접근이 없었던 이명박 대통령은 좌고우면하다가 모든 것을 잃고 말았다. 박근혜 대통령이 7% 성장을 이룰 수 있을까? 못할 것이다. 기껏 잘 되어야 5%대 성장을 기대하는 것도 지나칠 것이다. 그렇다면 한국경제가 앞으로 언제 5만 달러 소득국가가 된단 말인가? 이렇게 가면 2030년대나 잘 되면 될 것이다.

그래도 재임기간 중 4만 달러대의 국민소득을 이루는 노력을 하겠다는 박근혜 대통령의 논리는 환율 절상 등 산술적인 계산을 토대로 한 것이다. 이것은 아이들의 논리이지 우리가 알아야 할 것은 2014년을 기준으로 불변가격으로 다시 말해서 경제구조적으로 4만 달러이던, 5만 달러대의 경제라고 이야기를 하는 것이 의미가 있는 것이지, 미래의 경상가격으로 이야기하는 것은 전문가적인 이야기가 아니다. 물론 현 정부의 정책목표가 처음부터 거짓말이라는 이야기는 아니다. 이렇게라도 해야 국민이 용기와 희망을 가지고 갈 수 있기 때문이다. 그러나 이런 것들이 오늘의 고통어린 노력요구를 외면하자는 이야기와는 다른 것이다.

그러나 이것을 정부보고 이루어내라고 한국국민이 말할 자격이 있나? 국방비부담은 날로 가중되는데 아직도 북한에 대한 종속의 미몽에 사로잡혀 있는 인사들이 얼마나 많은가? 사회운동가랍시고, 지식인이랍시고 누가 저의들에게 이런 권위를 인정하였다고 '원로 원탁회의'니 뭐니 하면서 엉뚱한 수작이나 하는 한심한 인사들이 우리 주변에 얼마나 많은가?

한국의 국회와 각 지방의회 등 정치권은 더욱 한심한 부류이다. 국민세금만 파먹는 존재로 전락되었다. 한마디로 민주주의를 지키는 수문장이 아니라 민주주의를 생떼나 부리고 제 잇속이나 챙기는 그런 아수라장으로 전락시킨 장본인들이 한국의 정치권이다. 애국가를 안 부르고 태극기를 인정하지 않는 국회의원도 금배지만 달면 일 년에 수억원의 국민세금을 얻어먹고 얼마나 많은 그 외의 이익을 누리며 떵떵대고 살고 있는가?

기업인이라고 다를까? 물론 많은 훌륭한 기업인이 있다. 그러나 더 많은 기업인들은 부정과 편법과 제 잇속에 익숙해져 있다. 한심한 전교조의 작태는 생각만 해도 우리를 화나게 만든다. 그렇게 북한이 좋으면 그곳으로 가든지 하지, 왜 이곳에 남아 천진한 아이들을 망치려고 하는지 모르겠다. 전교조 교원이 제 자식에게도 이런 종북을 가르치는지 궁금하다. 종교계는 안 그런가? 말하기 어렵지만 허구한 종교인, 그중에서도 소위 크게 발전한 분들일수록 일반인보다 못한 처신을 하는 것을 우리는 본다. 한국의 노동단체는 정치단체 뺨친다.

사실 이런 지적이 어떻게 보면 비논리적이다. 정확한 통계자료도 출처도 대지 않으면서 이런 소리를 해대는 것 자체가 억지가 있다고 인정한다. 그러나 이런 모습들이 현실에 너무 많이 보이는 것 또한 사실 아닌가? 이런 정부, 이런 국민들에게 선진경제를 만들 수 있다고 확신할 수 있나? 없다.

1. 2014년 망연자실한 한국사회

2014년 5월 15일 현재 한국에서 일어난 엄청난 사고 앞에 한국인들은 망연자실하고 있다. '세월호' 여객선의 침몰로 엄청난 수의 사람이 그것도 대부분이 천진무구한 중학교학생들이 수학여행을 하다 이런 변을 당했다. 문제는 이런 사고가 물론 나지 말아야 하지만, 사고가 난 후 그 처리과정에서 선장에서부터 선박회사 그리고 이를 돕는 해경, 군 등 관련기관 그리고 해양수산부, 행정자치부, 검찰, 청와대 모두 국민의 시선에 너무 모자라는 모습을 보이고 있는 점이다. 국격이 땅에 떨어지고, 온 세상이 캄캄한 먹구름으로 가득 차 있는 느낌이다. 국리민복을 따질 계제가 아닌 듯싶다.

맞다. 대한민국은 지금 더할 수 없는 좌절과 비통 속에 빠져있다. 여기가 아마도 바닥이겠지. 더 내려갈 곳도 없다. 이제 이 비통함과 참담함을 딛고 일어나야 한다. 누구만 원망하고 누구만 책임지라고 할 수 있나? 우리 모두의 책임인 것을. 마찬가지로 한국경제의 침잠도 지금 누구누구가 무엇을 잘못하였다고 외치기보다 오히려 우리 모두 잘못을 인정하고 다시 일어나야 한다.

그런데 한국 국민들은 엄청난 착각 속에 빠져있다. 그 착각 중의 하나는 한국이 엄청난 발전을 이루고 엄청난 부를 형성한 것으로 착각하고 있는 점이다. 물론 지난 50여 년의 성공스토리가 한국인의 자긍심을 심을 만하게 하였다. 그러나 아직 대한민국이 선진국이라는 소리를 듣기에는 민망한 점이 많다. 경제구조나 기술개발 등은 선진권에 있다고 할 수 있다.

그러나 사회의식이라고 할까, 일반시민들의 마음은 아직도 한참 뒤에 처져 있다. 남에게 의지하고, 자기는 나서지 않고, 남 욕이나 하고 자기는 잇속이나 챙긴다. 정치권은 여야를 막론하고 민주주의를 발전시키고 공의를 책임지는 자세가 없다. 과거 김대중, 김영삼 대통령과 같은 정치직업인들을 따라다니던 사람들이 가장 잘 하는 것은, 저는 안 하면서 남 잘못만 탓하는 일이다. 제 잇속 챙기는 것은 여야가 없다. 이 땅에 민주주의를 정착시키고 공의를 살리려는 시도는 찾아보기 어렵다.

아직도 김정은은 호시탐탐 남쪽을 위협하고 있다. 중국의 부강이 우리로서는 반길 면도 있고 경계해야 할 면도 있다. 역사적으로 중국이 흥할 때 한반도가 흥했나? 대개 그 반대였음을 알 수 있다. 미국과 일본은 이해가 맞아 짝짜꿍이 되어 가는데 한국은 중국과 미국 그리고 일본 사이에서 어정쩡한 관계를 유지하고 있다. 아니 김정은 폭탄을 머리에 이고 아직도 전전긍긍 살아야 하는 것이 2014년 한국정부나 한국국민이 받아들여야 하는 현실문제들이다.

이런데도 우리가 선진국이라고 자존망대할 만한 상황이라고 할 수 있을까? 그렇기 때문에 우리 한국국민들은 지금 누구만 탓하거나 원망할 일이 아니라 빨리 주변을 정돈하고 발전의 속도를 높여야 한다. 한국이 선진국 소리를 들으려면, 아니 살아남으려면 우선 높은 성장을 이루어서 부를 축적해 가야 한다. 이 길만이 지금 살 길이다. 이 길만이 북한 김정은의 위협으로부터 이길 수 있는 길이고, 일본이나 중국과의 현실 이해 앞에 기죽지 않고 살아 이기는 길임을 한국국민 모두 재인식해야 한다.

2. 한국의 소득분배정책 발전과정

동서고금을 막론하고 성장은 태생적으로 성장의 그늘을 잉태한다. 그것이 자본주의 시장경제체제이든 사회주의 계획경제체제이든 마찬가지이다. 번영의 사회정책적 의미는 바로 이 성장의 그늘이라고 할 수 있는 저소득층을 대상으로 어떤 정책을 펴나가야 하는 지를 논의하는 것이라고 할 수 있다. 결론은 그늘의 당사자인 저소득층이나 국민경제 전체가 모두 장기적 발전을 할 수 있는 정책이 무엇인가를 다루는 일이 시급하다고 평가한다. 경제학의 한 분과로도 생각하는 소득분배정책과 같은 맥락이라고 할 수 있다.

경제사적으로 보면 한국경제의 경우 1970년대 중반에 이르러 소득분배 문제가 경제정책의 중심과제로 떠오르기 시작하였다고 볼 수 있다. 마침 1977년부터 시작되는 제4차경제개발5개년계획[1]의 실무작업이 본격화된 1970년대 중반, 계획의 기본이념을 '성장, 능률, 형평'에 두고, 계획의 목표를 '자력성장구조를 확립하고 사회개발을 통하여 형평을 증진시키며 기술을 혁신하고 능률을 향상하는데 둔다'고 천명함으로써 소득분배의 정책가치가 부상하게 되었다.

당시 경제개발5개년계획에 형평을 기본이념으로 할 것인지를 놓고 정부 안에서 많은 논의가 있었다. 당시 경제기획국 종합기획과장으로서 실무적으로 경제계획 작업을 총괄하던 저자도 내부토론에 매번 참여하였다.

두 가지 부문에 토론의 초점이 맞추어져 있었다. 하나는 당시 경제발전수준으로 사회개발을 앞세워 형평을 강조할 경우 필요성장을 과연 달성할 수 있을 것인가에 대한 의문이었다. 두 번째 토론은 당시 정부가 '중화학공업개발계획'을 추진하고 있었는데 난데없이 형평을 이야기하면 상호 간의 이념상충이 온다는 형평 반대논리가 제기되었다. 특히 중화학공업개발은 당시 청와대 비서실에서 이니셔티브를 쥐고 추진하던 전략이었기 때

---

1 대한민국정부 : 제4차경제개발5개년계획(1977~1981)

문에 현실적으로 이들과 맞서는 논리를 제기하기 어려운 형편이었다.

그러나 이러한 문제와 관련해서 형평이 한국경제개발에 처음 시도되는 이념으로 걱정도 되지만, 형평 앞에 내세운 능률을 강조하는 이념이 있기 때문에 이들 능률과 형평 두 이념을 조화롭게 강조하여 간다면 균형을 맞출 수 있다고 당시 경제기획국 직원들은 판단하였다.

또 한국경제가 더 이상 형평의 문제를 뒤로 미루고 갈 수는 없다고 주장하였다. 당시 경제기획국 앞에는 경제기획원 내 중화학공업개발에 참여하고 있던 고위직들의 거센 반발이 제기되기도 하였다. 그러나 당시 경제부총리를 지내던 고 남덕우 부총리께서 여러 차례에 걸친 내부 토론을 주관하시면서 경제기획전문가들의 의견이 탈락되지 않도록 이끌어주었다.

경제개발계획의 3대 목표중의 하나인 형평을 증진시키는 정책은 자연 소득분배정책으로 귀결될 수밖에 없었다. 소득분배정책은 논리적으로 1차적 소득분배와 2차적 소득분배로 나누어 생각할 수 있다. 1차적 소득분배정책은 소득원(所得源)을 함양하는 정책으로 풀이될 수 있다. 무엇보다 고용이 우선이고, 그 다음이 교육, 보건, 주택 등 개인의 생산성을 높여 소득원을 함양해 갈 수 있는 정책이라고 할 수 있다. 빈곤의 탈출을 돕는 정책이다. 다음 2차적 소득분배는 그야말로 소득 재분배에 해당하는 정책을 말한다. 세제, 재정 등을 통하여 소득의 이전을 시켜주는 정책이라고 할 수 있다.

미국경제의 경우 레이건의 공급측면의 경제정책이 나오기까지 50여 년 동안 경제정책의 제1번은 고용, 2번은 반 인플레, 3번은 재정지출이었다고 할 수 있다. 정부의 재정정책 중 무게를 실었던 누진소득세제들이 시대의 변화흐름에 따라 강조되어 왔다. 결국 2차적 소득분배에 보다 역점을 둔 경제운영이었다고 평가할 수 있다.

그러던 미국경제운영이 빌 클린턴 대통령 이후 누진제도에 의한 종합소득세제의 소득분배효과에 회의를 갖기 시작하였다. 다단계 누진율 체계가 행정의 복잡성과 함께 누진율의 소득분배효과가 투입되는 비용을 감안하여 그리 크지 않다는 점을 각국은 인식하기 시작하였다. 다단계누진율에 의한 소득세체계를 단순화하고 더 나아가 획일화(flat)하는 방향으로 변화시켰다. 미국을 비롯한 선진소득세체계의 일반적인 현상으로 변화되었다.

결국 세제에 의한 소득분배정책 다시 말해서 종래의 2차적 소득분배정책은 그 효과를 인정받지 못하게 되었다. 미국뿐만 아니라 많은 국가들이 이제 소득세체계를 단순화하고, 오히려 부가가치세 등 소득분배에 역진적인 세제를 중심세원으로 삼고자하는 변화를 시도하는 추세라 할 수 있다. 따라서 소득분배는 2차적 소득분배에서 1차적 소득분배로 무게변동이 일어나는 것이 요즘 시장경제운영의 경향이고 옳은 접근이라고 평가할 수 있다.

소득분배정책의 변화흐름과 함께 다음으로 생각해야 할 것은 현대국가의 경제정책이 어디에 역점을 두든 간에 정부의 경제운영은 '효율성과 안정'의 확보가 가장 중요한 정책가치로 인식된다고 저자는 평가한다. 소득분배나 사회적 형평을 위한 어느 정책도 성장이 파탄나고 인플레가 일어나 투기가 발생하는 상황에서는 그 의미를 상실하게 된다. 이런 상황하에서는 경제적 취약계층이 상대적으로 더 어려워지게 되기 때문이다.

따라서 발전된 형태의 경제운영은 섣부른 분배정책에 앞서 경제의 안정을 최우선으로 하여 사회전체가 경쟁을 통한 효율이 극대화되도록 하는 전략을 선택하여야 한다. 그 다음으로 정부는 저소득층 경쟁력취약계층들을 위한 1차적 소득분배정책에 역점을 두어가야 한다.

그러나 이러한 경제학, 사회학의 전통적 학문영역들은 현대의 복잡한 사회현상과 함께 더욱 새로운 방향으로 정책의 지평을 넓혀 가고 있다.

최근 초고속통신기술의 발전은 사회를 크게 변화시키고 있다. 인터넷도구는 와이브로 무선망 인터넷의 발전과 함께 인간생활에 밀착되어 가고 있다. 인간의 두뇌와 함께 인터넷도구는 인간에게 머리 다음으로 제2의 정보원천이 된다고 할 것이다. 정보화가 단순한 기술개발의 영역을 넘어 속도가 가져온 인간생활의 변화를 수반하고 있다. 이 부문이 번영의 새로운 사회정책 대상으로 되어가고 있다.

번영의 사회정책은 현대사회가 안고 있는 환경오염, 질병, 테러 등 복잡한 현상들도 그 대상이 되어가고 있다. 현대경제학의 한 학파가 되어버린 소위 '복잡계경제학'에서는 환경, 질병 등이 그 학문의 주요대상이 되고 있음과 같은 이치라고 하겠다.

다음으로 민족(races), 종교 등 영역의 논리들이 번영과 연관된 사회학의 대상으로 떠오르고 있다. 제2차 세계대전 이후 첨예화 되어 있던 이념갈등은 구 소련의 멸망으로 사라져버렸지만, 대신 테러와 같은 충돌이 지구촌을 위협하고 있다. 이러한 현상이 헌팅턴의 문명의 충돌인지, 문화의 차이인지는 그리 중요하지 않은 것 같다. 문제는 나타난 현상을 어떻게 대처할 것인지 그 대처방안을 찾는 것이다. 여기에는 물론 국가 단위로 대응책을 찾아가는 것이 일반적이겠지만 현대사회에서는 이와 관련하여 정부보다 민족의 개념이 부상된다고 할 수 있다.

민족의 정체성으로 일반적으로 나타나는 종교 등 전통 문화가 현실적인 대응책이 되고 또 학문의 대상으로 등장하고 있다. 이러한 현상과 관련하여 후쿠야마는 '사회적 자본(social capitals)'[2]이 제3의 생산요소로서 의미를 갖게 된다고 강조한다. 토지, 노동, 자본 등 생산의 3요소 외에 현실 사회에서 중요한 가치로 등장하는 것이 기술이다. 그리고 다시 제3의 생산요소로 생각되는 것이 문화, 종교 등 사회적 자본이라고 후쿠시마는 주장한다. 이 또한 번영과 관련된 사회정책 대상이 될 것이다.

이상에서 예시한 사회현상의 변화로 나타나는 현상들이 번영과 연관 된 사회정책 대상으로 부상하고 있음을 인식해야 한다. 번영의 사회학적 정책대상이 날로 그 지평을 넓혀가고 있음을 인식할 필요가 있다. 이러한 사회현상의 변화와 함께 수요자의 입장에서 국민은 번영과 연관된 다양한 요구를 정부에 하게 된다. 그 많은 요구 중 가장 현실적이고 정치문제화한 것이 경제민주화라고 할 수 있다. 하기에 따라 번영의 큰 대문이 될 수도 있고, 번영을 어렵게 하는 장애가 될 수도 있는 경제민주화가 번영의 사회학적 정책가치로 부상하고 있다.

제 3 절 정치구호화한 경제민주화의 정책적 의미

대한민국 헌법 제119조는 두 항으로 구성되어 있다. 1948년 제헌

---

2 Francis Fukuyama : The end of history and the last man

헌법이 만들어진 후 네 번째의 개정으로 1987년 만들어진 헌법 제119조는 다음 두 항으로 구성되어 있다.

대한민국 헌법 제119조 본문

① 대한민국 경제질서는 개인과 기업의 경제상의 자유와 창의를 존중함을 그 기본으로 한다.
② 국가는 균형 있는 국민경제의 성장 및 안정과 적정한 소득의 분배를 유지하고, 시장의 지배와 경제력의 남용을 방지하며, 경제주체간의 조화를 통한 경제의 민주화를 위하여 경제에 관한 규제와 조정을 할 수 있다.

제1항은 경제질서의 기본원칙을 선언한 조항이고, 제2항은 국가의 경제에 관한 규제와 조정을 할 수 있도록 규정한 조항이라고 할 수 있다. 헌법 제119의 해석과 관련하여 당장 네 가지 문제가 제기된다.

첫째, 제1항과 제2항의 상호관계를 어떻게 해석해야 하나? 제2항은 제1항의 종속개념인가, 아니면 대등 관계인가?

둘째, 복지정책이 경제민주화를 대변하는 것인가, 아니면 경제민주화는 여러 경제상황, 즉 성장 안정 경제주체간의 균형 등의 가치를 모두 포함하는 것인가?

셋째, 제119조 제2항의 한글 문법적 해석을 어떻게 해야 하나? 경제민주화가 … 하고 … 하며 … 통한을 아우르는 전체의 경제민주화인가, 아니면 마지막부문인 '경제주체간의 조화를 통한'에 국한한 경제의 민주화인가를 명확하게 해석해야 할 것 같다.

넷째, 국가는 '경제민주화를 위하여 경제에 관한 규제와 조정을

할 수 있다'라는 해석은 다른 기본권 제한에 대하여는 법률로 제한을
하게 되어 있는데, 제119조 제2항은 법률로 제한하기보다는 국가의
필요에 의하여 폭넓게 경제를 규제, 조정할 수 있다는 이야기가 된다.
그렇다면 그 폭(tolerance)을 어떻게 해석해야 하는지를 검토해야 할
것이다.

제119조의 해석과 관련하여 미리 분명하게 말하여 둘 것은 저자
는 헌법학자도 아니고, 헌법을 법률적으로 제대로 해석할 능력이 없
다. 다만 경제전문가 입장에서 경제민주화 해석의 방향과 그리고 이
조문이 끼어들게 된 정치적 이유에 관하여 저자의 판단을 언급하고자
한다.

1. 헌법 제119조 제1항과 제2항과의 관계

제119조 제1항과 제2항의 관계에 대한 해석은 헌법학회 그리고
법원의 판결에서도 신중한 입장을 취하고 있다. 제1항이 자유주의 시
장질서를 보장한 것이고 제2항은 시장에 대한 정부의 개입을 인정하
는 조항인 것은 분명하다. 문제는 이 두 조항을 어떻게 연관지어 해석
해 가야 하는지에 있다.

자유주의 시장질서는 개인과 기업의 '경제상의 자유와 창의를 존
중함을 기본으로 한다'고 하였으니 이러한 경제질서를 존중하지 않는
것은, 즉 제한하는 것은 자유와 창의를 훼손하는 결과가 된다는 해석
이 된다. 이와 동시에 제2항에서는 국가는 '경제의 민주화를 위하여
경제에 관한 규제와 조정을 할 수 있다'고 언명하였다. 경제질서를 제

한할 수 있음을 인정하는 조항이다. 그렇다면 서로 상충된 이 조문들을 함께 가지고 있는 제119조의 해석은 어찌해야 하나?

법학계와 헌법재판소의 의견을 종합하여 정리하여보면 기본적으로 제1항과 제2항을 분리해서 해석하지 말고 둘을 합쳐 경제질서의 기본원칙으로 하자는 의견이다. 법학계의 다수설은 제1항을 원칙규정으로, 제2항을 예외규정으로 보고 있다. 그럴 경우 시장의 자율성은 절대적인 가치가 되고, 시장의 실패 시 보충적으로 국가가 개입할 수 있는 여지를 인정하자는 논리로 발전할 수 있다.

경제논리로 풀어보면 자유시장 경제질서를 기본가치로 하고, 시장의 실패 시 보충적 방법으로 국가의 개입을 인정하는 이론이 성립된다. 전자를 신고전학파의 논리에서 그리고 후자를 케인즈적 논리로 풀이할 수 있을 것이다. 시장을 신자유주의와 정부통제주의로 양극화할 때 그 중간 어디에 선을 그을 수 있는 형태 그것을 법학자들이 좋아하는 '사회적 시장경제질서'라고 표현한다면 아마도 제119조는 이를 염두에 둔 조항으로 해석하고자 한 것 아닐까 판단한다.

사회적 시장경제 모델은 시장의 자율성을 존중하면서도 필요시 국가의 개입을 적절하게 인정하자고 한다. 운용과 해석에 따라 운용의 스펙트럼도 매우 넓게 할 수 있을 것이다. 해석에 따라 이런 사회적 시장경제질서가 권위주의정부에서 단기간 내 고속성장을 가능하게 한 요인이 되었다고 해석하는 학자도 있다.

만일 지금 정치권에서 선호하는 제1항과 제2항을 대등관계로 보고, 이를 토대로 경제민주화는 '보편적 복지'가 되어야 한다고 주장하는 정치논리도 존재한다. 특히 2012년 대통령선거 때 달궈졌던 경제민주화의 정치논리는 여야를 막론하고 자기 것으로 만들려는 경쟁논리로 한국경제현실을 더 어지럽게 만들었다고 할 수 있다.

2. 경제민주화의 연원과 한국 헌법 제119조 제2항

우선 경제민주화라는 말이 어디서 유래되었는지를 따져보아야겠다. 경제민주화의 유래는 가깝게는 제2차 세계대전 이후 패전국 일본을 처리하는 과정에서 나타났던 용어이다. 점령군(미국)은 일본에 3대 개혁을 시행한 바 있다. 농지개혁, 노동개혁과 함께, 패전 일본이 다시 전쟁의 야욕을 갖지 못하는 제도적 장치로서의 정치개혁을 마련하였다.

이를 위하여 전비를 부담하고 전쟁을 부추겼던 소위 재벌들을 개혁하면서 경제민주주의라는 용어를 사용하였다. 재벌을 해체하면서 나온 용어가 경제민주화인데 이때의 경제민주화는 사실 일반 경제적 취약계층을 돕거나 지원하기 위하여 취해진 조치라기보다는 오히려 재벌들을 해체하여 재벌의 정치관여를 방지하고, 경제시스템을 자본주의 질서에 보다 적합하게 변혁하는 데 그 주 목적이 있었다고 할 것이다. 현재 한국헌법이 사용한 경제민주화와 상이한 개념이다.

제1차 세계대전 이후 독일의 사회민주당이 사용한 경제민주화(Wirtschaftsdemocratie)는 기업의 소유나 경영에 노동자 참여를 목적으로 종업원지주제나 노사공결정제 같은 제도를 도입하기 위해 사용한 용어라고 할 것이다. 이때의 경제민주화 개념은 경제민주화라는 용어의 어원은 될 수 있을지 모르지만 현재 한국정치에서 사용하고자 하는 포괄적 의미의 취약계층지원을 위한 정치행위와는 거리가 있다고 해석된다. 기업경영에 노동자를 참여시키고자 하는 오히려 시장질서에 사회성을 가미하고자 한 용어의 선택이 아니었나 생각한다.

이보다 먼저 영국에서 사용하였던 산업민주주의(industrial democracy)도 경제민주화와 비슷한 용어라고 할 수 있으나 이것 역시 현재 사용하는 경제민주화와는 달리 산업간의 균형발전을 시도한 것이라고 해석된다.

따라서 역사 속의 경제민주화 용어는 각기 당시 상황을 개선하기 위해 만들어진 용어이지만 그 목적하는 바는 서로 다르다고 해석할 수 있겠다. 다만 상호간의 동의성을 찾아본다면 어찌 되었든 '균형'이라는 개념에 초점을 맞춘 것이 아닐까 해석해 본다.

한국에서의 경제민주화는 1987년 헌법 개정에서 처음 사용한 용어이다. 한국의 정치민주화가 오랜 노력 끝에 결실을 맺어가고, 소위 군사정권이 막을 내리는 과정에서 만들어진 헌법 개정이기 때문에 한국의 민주주의를 위하여 이 헌법 개정은 중요한 의미를 가진다고 할 수 있다.

개정된 헌법 제119조는 제1항에서 '대한민국의 경제질서는 개인과 기업의 경제상의 자유와 창의를 존중함을 기본으로 한다'로 되어 있다. 이는 1962년 헌법 제111조 제1항과 같은 내용이다. 다만 당시에는 '개인의'만으로 표시하여 기업이 제외되어 있었다. 여기에 기업의 법인격을 분명히 하여 기업이 개인과 마찬가지의 경제주체로서 시장질서의 주역임을 분명히 한 것이다. 따라서 새로 개정된 내용과 사실상 차이는 없다고 할 것이다.

다만 1962년 헌법 제111조 제2항은 '국가는 국민에게 생활의 기본적 수요를 충족시키는 사회정의의 실현과 균형 있는 국민경제의 발전을 위하여 필요한 범위 안에서 경제에 관한 규제와 조정을 한다'로 되어 있다. 경제에 관한 규제나 조정을 위한 조건을 '사회정의의 실현과 균형 있는 국민경제의 발전'으로 하였다.

이 규제와 조정에 관한 조항을 1987년 헌법 제119조 제2항에서 세 가지 조건으로 발전하였다. ① 균형 있는 국민경제의 성장 및 안정과 적정한 소득의 분배를 유지하고 ② 시장의 지배와 경제력의 남용을 방지하며 ③ 경제주체간의 조화를 통한 경제의 민주화를 위하여 시장을 규제하고 조정할 수 있도록 하였다. 1962년 헌법보다 훨씬 적극적이고 구체적인 조건으로 시장을 규제하고 조정할 수 있는 권한을 국가에 위임한 규정이라고 할 수 있다. 이러한 범위를 토대로 시장을 규제하기로 하면 시장경제는 정부의 의도에 따라 규제와 조정을 받을 수밖에 피할 길이 없어 보인다.

1962년 헌법은 시장의 규제나 조정의 조건을 사회정의의 실현이나 균형 있는 국민경제의 발전이라고 하는 포괄적 의미의 조건을 달았지만, 그래서 시장을 간섭하는 조건이 그리 선명하지 않은 대신 개념적으로 좀처럼 시장 간여가 일어날 수도 없는 조건을 제시하였다. 그러나 1987년 헌법은 해석에 따라 거의 모든 경우 국가의 시장 간여가 가능하게 보다 구체화되어 있다.

생각해 보자. 우선 성장과 안정 그리고 적정한 분배가 언제 그리 만족스럽다고 평가될 수 있나? 이 대목만 가지고도 언제나 국가의 시장 간여 논리는 가능할 것으로 평가된다.

시장의 지배나 경제력 남용 방지의 조건도 사실 계량화하기 어려운 과제다. 그 대상이 언제나 대기업이 되고 그 대기업이 시장지배나 경제력 남용을 한다는 조건은 물론 공정거래법 같은 데서 보다 상세하게 나오겠지만 헌법적 정신으로 보면 정부는 언제나 시장을 간섭하고 조정할 수 있는 가능성이 열려있다고 할 수 있다.

다음 경제주체간의 조화를 시장규제나 조정의 조건으로 하기로 한다면 구체적으로 경제주체간의 조화를 어떻게 판단하여 시장 간여를 한단 말인가? 정부의 판단기준은 언제나 ① 경제력 우위자와 열위자를 놓고 ② 그 시장의 지배, 경제력 남용 그리고 ③ 경제주체간의 조화가 판단기준이 되는데 이때 정부는 누구 편을 들 것인가? 당연히 경제 열위자 편을 들게 되고 경제 우위자 입장에서 보면 정부의 시장 관여나 조정이 된다고 해석하게 될 것이다.

헌법 제119조 제2항의 불합리성이라고 아니 할 수 없다. 다만 그것은 당시 승리감에 도취된 민주화세력과 이를 등에 업은 정치권의 흥분이 이 조항의 문구 하나하나에 배어 있는 기분이다.

3. 복지정책이 경제민주화의 모두인가?

2012년 대통령 선거 당시 한국의 정치판은 경제민주화가 모두인 것 같은 분위기였다고 해도 과언이 아니다. 여야를 막론하고 경제민주화를 내 세우며 다다익선의 복지프로그램을 내놓았다. 야당 쪽에서 복지정책공약을 내놓으면, 여당에서는 그보다 좀 더 많은 시혜의 복지공약을 내놓는 그런 복지경쟁 상황이었다.

보편적 복지냐 선별적 복지냐 하는 해괴한 논리도 등장한다. 수

혜자 입장에서는 물론 보편적 복지를 선호하게 되는 것은 당연하다. 그러나 대부분의 경우 보편적이냐 선별적이냐의 기준이 복지개념의 옳고 그름을 따지는 것이 아니라 현실적으로 보편적 복지를 할 수 있는 재원 마련이 가능하냐의 여부이다. 따라서 재정형편이나 담세능력 그리고 앞으로의 경제전망 등이 그 판단기준이 되어야 하는데 정치판에서는 무책임하게 복지확대에만 관심이 있게 된다.

복지정책만이 경제민주화의 모두인가 하는 우문과 관련하여 제119조 제2항 첫 문장에서 국가는 균형 있는 국민경제의 성장과 안정을 위하여 시장을 규제하고 조정하도록 되어 있음을 상기해야 한다. 다시 말해서 경제민주화는 복지뿐만 아니라, 복지확대가 가능하도록 사전적으로 균형 있는 국민경제의 성장과 안정이 이루어지도록 시장을 규제하고 조정해야 한다고 해석해야 할 것이다. 복지확대에 앞서 균형 있는 성장과 안정이 경제민주화의 전제조건임을 명시한 것으로 해석해야 할 것이다.

4. 경제민주화의 정책적 의미

민주주의는 원래 정치 분야에서 유래된 용어이다. 정치적 민주주의의 기본가치는 '평등권'이다. 1인 1표제로 대표되는 정치민주화는 오랜 역사 속에서 '평등'의 가치를 확보하였다. 그렇다면 경제민주화의 가치는 어떻게 되어야 하나? 자본주의 시장경제에서 민주화의 가치는 평등이 아니라 '경쟁'이라고 해야 할 것이다. 시장경제에서 평등을 생각한다면 그것은 이미 시장경제가 아니다. 시장은 자율과 경쟁을 전제로 한다. 다만 공정한 경쟁(fair trade)이 이루어지도록 노력해야 한다.

경제민주화의 조건은 무엇이어야 하나? 첫째는 기회의 균등이 보장되어야 한다. 모든 사람이 공정한 조건 위에서 경쟁을 할 수 있는 기회가 보장되어야 한다. 정치민주화가 참정권의 균등성, 즉 평등이 보장되어야 하듯 경제민주화에서는 시장에서 공정한 경쟁을 할 수 있는 기회의 균등이 보장되어야 한다. 둘째는 경쟁의 결과로 패자가 생기게 되어 있다. 불가피하게 발생하는 시장경제운영의 결과인 불평등에 대해 국가는 불평등을 해소 또는 완화해주어야 한다. 이것이 경제민주화가 설 자리이다.

경쟁의 결과 사후적으로 발생되는 불평등에 두 가지 접근방법이 존재한다. 첫째는 적극적으로 불평등의 발생을 예방할 목적으로 시장에서의 경쟁 자체를 없애거나 경쟁을 과도하게 제한하고자 하는 노력을 들 수 있다. 일반적으로 정치권이 선호하는 방식이라고 생각할 수 있다. 왜냐하면 경제적 약자의 입장에서는 처음부터 경쟁이 없거나 크게 제한되는 정책이 훨씬 유리하고 설득력이 있게 마련이다.

둘째는 정부가 공정경쟁을 확보하여 누구나 같은 조건하에 경쟁에서 이기도록 노력하게 하고, 경쟁제한이 불가피할 경우에도 이것이 최소화되도록 하여야 한다. 경쟁의 결과 사후적으로 불가피하게 발생된 불평등에 대해 여러 정책수단을 동원하여 이를 완화시켜주는 노력을 하는 것은 국가의 몫이다. 물론 자본주의 시장경제하에서 경제민주화가 취해야 하는 접근이라고 평가한다.

헌법 제119조의 해석도 이런 시각에서 정리해야 한다. 시장의 자유와 창의의 보장을 기본으로 한다는 자유시장경제의 원칙을 천명한

제1항이 제119조의 기본이고 제2항에 우선하는 조항이 된다. 그리고 제2항은 제1항의 보완규정으로 보는 것이 일반적인 법적해석이라고 할 것이다. 다른 견해는 어차피 시장의 불완전성과 불평등성이 전제되는 것이므로 이를 사전적으로 정부가 깊숙이 시장에 개입하여 시정하는 것이 옳다고 주장한다.

전자의 시장개입은 공정경쟁의 확보를 전제로, 정책변수의 활용이나 일반경제정책 등을 통한 보완적 시장개입이라 한다면, 후자의 시장개입은 격차를 사전적으로 해소한다는 전제하에 사전예방, 원인 제거적 시장개입이라고 해석할 수 있다. 한국의 정치현실은 시장경제기본원리에 대한 논리의 정돈 없이 인기 영합적 방법으로 경제민주화를 접근하고 또 시행해 가고 있다고 할 수 있다. 한국의 경제민주화는 당연히 시장에 대한 사전적 정부 관여를 전제로 한 정치활동으로 나아갔다.

2012년 한국의 대통령선거에서 제기되었던 경제민주화와 관련된 정치공약을 살펴보면 한국사회의 무지막지성을 쉽게 찾아볼 수 있다. 시장경제질서 속에서 경쟁탈락자에 대한 사후 보완책을 강구하는 경제민주화와는 거리가 먼 정책들이 활개를 치고 나왔다.

첫째, 순환출자가 그 대표적인 예이다. 당시 민주당이나 진보계열의 정당들은 한 입으로 순환출자를 금지하는 정책을 들고 나왔고, 새누리당에서는 새로운 출자만을 금지하자는 대안을 들고 나왔다. 일반의 입장에서 보면 재벌기업의 오너가 불과 5~10%의 주식을 가지고 지주회사 등을 통하여 계열기업에 순환하여 출자함으로써 지배주권을 확보하는 모순을 가지고 있다고 비판한다. 맞는 말이다. 그러나 이 제도를 단숨에 없앨 경우 재벌들의 계열기업에 대한 기존의 경영권 확보가 어렵게 된다.

결국 그러면 내놓으면 되는 것 아니냐 하는 질문이 당연히 제기된다. 경제우위자의 이익을 내어놓으라는 논리가 합리성을 갖게 된다. 이럴 경우 기존 경영권기반이 취약함이 국제자본에 노출되어 기업의 경영권이 외국으로 넘어가는 계기를 만들게 된다는 문제를 발생시킨다. 결국 새누리당에서 제기하는 과거 출자분을 제외한 신규순환출자를 제한하자는 정책은 이런 시각에서 제시된 문제의 해결책이라고 평가할 수 있다.

얼핏 새누리당에서 제시한 과거출자분에 대한 예외 인정은 사실 논리성이 옹색하다고 할 수 있다. 앞으로의 것을 인정하지 않으려면 과거의 것도 어떤 방법으로든지 보정이 되도록 해야 할 것이다. 여기에 논리성의 다툼이 개입될 수 있다고 보인다.

둘째, 출자총액제한제도도 같은 맥락이다. 1980년대 중반 계열기업을 거느린 대기업들이 주력기업과 계열기업의 재무구조 개선노력보다는 문어발식 시장 확장에 보다 관심을 갖게 된 상황이 일반화되자 이에 대한 원천적 규제가 필요하다는 논리가 제기되었다. 정부는 공정거래법을 활용하여 자산총액 일정규모 이상의 기업집단이 순자산규모 일정비율 이상을 초과하여 다른 회사에 출자하는 것을 규제하게 되었다. 물론 그 이전에도 금융당국은 대규모 여신집단의 타 회사 출자를 규제하고자 하였지만 별 성과를 이루지 못하자 이제 공정거래법을 활용하는 실효성 있는 제재를 들고 나왔다고 평가하고 있었다.

그러나 공정거래법상 출자규제는 시장지배자에 대한 균형논리와 시장상황 간에 서로 마찰이 발생하게 된다. 우리나라의 경우에도 1987년 도입된 출자총액제한제도가 경제상황과 인식의 변화에 따라 폐지와 제한규모 축소 등의 내용변경을 거듭하였다. 드디어 2009년 출자총액제한제도는 폐지되고 기업집단의 출자 현황공시제도만 남아 있다. 물론 많은 선진경제권의 시장운영에서 이런 직접적인 출자총액 제한제도 같은 제한제도는 존재하지 않고 있고, 이 또한 자유시장논리에 부합하는 것으로 평가되고 있다.

대규모기업집단의 소유지배구조 왜곡을 시정하기 위한 규제는 이외에도 여러 가지가 존재한다고 볼 수 있다. 산업자본의 금융기관의 소유제한은 금융의 사금고화방지책이라고 할 수 있다. 기타 대기업이나 재벌기업의 불공정한 일감몰아주기, 대기업의 중소기업에 대한 업종제한, 골목상권 제한 같은 것들이 경제민주화의 대상으로 떠오르고 있다.

이상과 같은 경제민주화 정책들이 현실 정치논의에서 큰 관심을 갖게 되고 선거의 가장 중요한 이슈로 되어가고 있다. 무엇보다 시장에서의 우위자인 대기업이나 재벌기업을 주요 대상으로 규제하고, 심지어 결정적인 조정을 할 수 있도록 한 헌법 제119조 제2항은 선거에서의 가장 유용한 도구가 되기 때문이다. 선거에서 경제적 약자를 보호하고 시장실패자를 지원하는 정책이나 전략은 다다익선이 된다고 할 수 있다.

결론적으로 시장의 불균형노출을 사전적으로 보정하고자 하는 노력으로 경제민주화를 정치논리로 제기하면 할수록 시장경제는 망가지고 번영은 멀어지는 결과를 가져오게 될 것이라는 것이 경제민주화의 정책적 의미가 된다고 할 수 있다.

5. 헌법 제119조 제2항의 국어 문법적 해석

제119조 제2항을 국어 문법적으로 해석해보자. 조문을 국어 문법적으로 기술하여 보면 다음과 같다.

국가는
균형 있는 국민경제의 성장 및 안정과 적정한 소득분배를 유지하고,
시장의 지배와 경제력의 남용을 방지하며,
경제주체간의 조화를 통한
경제의 민주화를 위하여
경제에 관한 규제와 조정을 할 수 있다.

<해석 1>

국가는 경제의 민주화를 위하여 경제에 관한 규제와 조정을 할 수 있다. 이때의 경제민주화는 '경제주체간의 조화를 통한'에서 수단을 찾아야 한다. 경제주체간의 조화가 무엇인가? 경제주체는 대기업, 중소기업 또는 기업, 가계 또는 법인, 개인 등으로 구분하여 이들 주체 간에 조화가 이루어지도록 하고 이를 통하여 경제민주화가 이루어지도록 한다. 이를 위하여 필요할 경우 국가는 규제와 조정을 할 수 있다.

포인트는 '조화'가 무엇인가다. 경제주체간의 조화는 균형인가? 그렇다면 조화가 다시 균형이 아닌 조건은 무엇인가? 이것은 마치 1962 헌법에서 '사회정의의 실현'과 같이 매우 추상적이고 국가가 그 조건을 정형화할 수 없는 개념이 될 것이다.

<해석 2>

경제민주화의 조건을 '① 균형 있는 국민경제의 성장 및 안정과 소득의 분배를 유지하고 ② 시장의 지배와 경제력의 남용을 방지하며 ③ 경제주체간의 조화를 통한'까지를 모두 아우르는 개념으로 해석하여 이 세 가지 모두에서 경제민주화의 조건을 찾아야 한다는 해석이다. 성장, 안정, 분배, 시장지배, 경제력남용, 경제주체간의 조화, 모두를 그 조건으로 한다면 국가는 경제민주화를 위하여 경제에 관한 규제와 조정을 할 수 있다.

그 조건이 광범위하고 어떻게 보면 어느 경우에도 국가는 시장을 간여할 수 있다고 해석할 수 있을 정도로 광범위하다고 해석할 수 있다. 시장경제운영의 괴멸이다.

국어문법적으로는 <해석1>이 더 정확한 해석 같고, 경제논리로 보면 <해석2>가 경제민주화의 조건에 가까울 것으로 보인다. 결론적인 이야기는 1987년 헌법 개정 당시 참여자들의 소홀함이 드러나고 더 나아가 당시 민주화에 지나치게 흥분했던 결과라고 짐작된다.

6. 경제민주화 정책의 범위(tolerance)

'경제민주화를 위하여 국가는 경제에 관한 규제와 조정을 할 수 있다'는 규정의 해석은 그 규제나 조정의 범위를 놓고 얼마나, 어떤 조건으로 할 수 있는지에 대한 해답이 중요하다고 평가한다. 국가가 시장경제질서하에서 얼마나 규제와 조정을 할 수 있을지의 범위를 검토해야 할 것이다.

그 범위를 넓고 크게 잡는다면 시장경제운영은 존재하지 않을 것이다. 그렇다고 너무 좁게 잡는다면 경제민주화를 이루는 조건이 너무 제한되어 정책의 효과를 보지 못하게 될 것이다.

국가의 시장개입을 국민의 기본권 제한적 개념으로 본다면 당연히 국가는 법률로 그 범위를 제한했어야 옳았을 것이다. 자유시장 경제질서하에서 국가의 시장경제 간여는 사실 국민의 기본권시각과 같은 차원으로 보아야 하는 것 아닌가 하는 해석을 해본다. 경제학적 측면으로 보면 그렇다는 이야기이다. 헌법 제119조는 이런 제한이 없다. 그렇다면 굳이 공정거래법을 헌법 제119조의 제한관련 법률로 볼 수 없는 것인가?

아무튼 헌법 제119조에 의한 경제민주화가 갖는 정책적의미를 특히 사회정책측면에서 검토하여 보았다. 결론적인 이야기를 정책측면에서 해본다면 헌법 제119조 제2항은 잘못 만들어진 법률조문이고, 이것으로 인하여 많은 정치적 부작용이 발생할 빌미를 마련한 조항이라고 평가한다. 또 당시의 졸속이나 무식의 소치만을 비난하기보다는 오히려 적당한 절차를 거쳐 수정·보완하는 작업을 하는 것이 옳은 방향이라고 평가한다.

제 4 절) 행복추구권을 토대로 한 번영의 국정운영과 그 정책적 의미

1. 경제민주화의 역설

앞서 논의한 바와 같이 헌법 제119조 제2항에 의한 경제민주화는 그 문장구조의 문제나 해석의 복잡성이 존재한다고 할 것이다. 그러나 이 조문이 주장하는 기본 취지는 경제운영의 기본을 시장경제체제의 토대 위에 합리적인 경쟁구조를 만들어가는 것이라고 할 것이다. 시장경제운영과 경쟁체제의 유지를 경제운영의 기본 목표로 하고 있다. 경제민주화가 이루어지면 시장의 왜곡에서 유래되는 경제력강자의 부당한 시장지배가 불식되고, 모든 경제주체들이 공정한 경쟁을 하도록 하는 것을 전제로 한다.

경쟁체제에서 유발되는 경쟁탈락자나 경쟁취약자의 보호문제는 그 일부가 경제민주화의 결과물이 될 수는 있지만 이것은 경제민주화의 대상영역에서 벗어난다고 할 수 있다. 경제민주화는 공정경쟁질서를 만드는 것이 주 목적이지 헌법 제119조 제2항의 정부의 시장 간여를 통한 경쟁탈락자나 취약계층의 지원을 목적으로 하지 않고 있다.

시장간여를 전제로 한 제119조 제2항은 애당초 잘못된 법조문임을 앞에서 논의하였다. 한국의 정치권이 들고 나오고 있는 경제민주화가 마치 취약계층의 보호를 위한 수단으로 이해하고 그것을 선심정책으로 국민의 지지를 얻고자 이용하고 있는 것은 잘못된 접근이라고 할 수 있다.

물론 합리적인 경쟁체제가 부당한 경쟁위치에 있던 경제주체들을 합리적으로 활동하게 함으로써 결과적으로 경제력 취약계층의 발전을 돕는 결과가 있을 수 있지만, 이는 경제민주화의 하나의 사후적 결과물이라고 해석해야 할 것이다.

경쟁탈락자나 경제력 취약계층에 대한 보호나 지원은 시장경제운영의 산물이므로 이는 정부가 복지사업으로 지원에 나서야 한다는 논리가 된다. 그리고 발전된 현대국가의 기능 측면에서 볼 때 그 지원의 법적 근거를 오히려 헌법 제10조에 명시되어 있는 국민의 행복추구권에서 찾아야 한다는 것이 본 서의 논리이다. 이것이 번영학을 토대로 한 국정운영의 기본철학이라고 할 것이다.

오히려 경제민주화로 대기업이든 작은 기업이든 공정한 게임의 룰 위에서 경쟁을 해야 하기 때문에 논리적으로는 경쟁력 우위자나 경쟁력 열위자 간에 생길 수 있는 보호나 시혜는 더 사라지게 될 것이다. 물론 해석에 따라서 그동안의 경쟁력 우위자 들이 정부의 지원혜택이 컸을 것이기 때문에 그 지원이 경제민주화로 줄어들게 될 경우 경쟁력 우위자가 경쟁력 열위자에게 줄 수 있는 보호나 지원이 단기적으로 오히려 줄어들게 될 수 있다. 이렇게 될 경우 경제민주화가 경쟁력 열위자를 보호하는 수단이 되지 못하게 될 것이다. 국민의 지지를 받고자 내건 정치슬로건으로 경제민주화를 생각한다면 그것은 오히려 주소가 잘못되었다고 할 수 있다.

오히려 치열한 시장의 경쟁 속에서 단기적으로 경제적 취약계층의 숨막히는 신음소리를 더 크게 만들 것이다. 단순한 정치논리로 국민의 지지를 받고자 하는 경제민주화의 역설이다.

2. 헌법 제10조 행복추구권의 해석

1980년 헌법개정시 처음 반영된 제10조 '행복추구권'은 '모든 국민은 인간으로서의 존엄과 가치를 가지며, 행복을 추구할 권리를 가진다'라고 규정하고 있다. 이 규정에 대하여 많은 학자들은 그 내용의 모호성 때문에 불필요한 규정이라고 지적하기도 한다. 그럼에도 불구하고 행복추구권이 자유의 신천지를 개척한 미국의 '버지니아 권리장전'에 처음 수록되었고, 제2차 세계대전 이후 미국의 영향하에 만들어진 일본헌법에도 등재되었다.

한국 헌법의 경우 그동안 유지되어 왔던 개발경제에 입각한 정부지도(政府指導)의 틀을 벗어나 보다 적극적으로 시장경제운용 쪽으로 방향을 전환하는 1980년대 시점에서 국민의 행복추구권을 헌법에 반영한 것은 그 시사하는 바가 있다고 평가한다.

역사적으로 행복추구권은 버지니아 권리장전과 미국의 독립선언에서 처음 등장하였다. 미국이나 한국의 주류법학은 행복추구권의 기원과 의미를 존 로크적 자유주의 틀 안에서 접근한다. 행복추구권에 대하여 국가의 적극적 의무를 배제한다는 뜻이다(이재승 민주법학 38권). 한국의 헌법재판소의 판례도 이러한 소극적 의미의 행복추구권을 대체로 인정하는 판례를 남기고 있다.

행복추구권은 개인의 행복을 적극적으로 공권력이나 타인에게 요구하기보다는, 개인의 행복이 공권력이나 타인의 부당한 간섭으로부터 자유롭게 되기를 요구하는 소극적인 권리로 해석되는 것이 일반적이라고 할 수 있다. 한국헌법학계의 대체적인 의견이고, 헌법재판소의 의견도 이와 비슷한 것으로 이해한다.

그러나 경제의 발전과 더불어 소극적 의미의 자유권적인 행복추구권은 점차 보다 적극적으로 국가나 공권력이 지켜주고 형성시켜 나갈 것을 요구하는 방향으로 그 해석이 확대되어가고 있다는 주장이 제기된다. 복지의 개념과 범위, 교육, 보건, 의료 등의 한계와 범위를 보다 적극적으로 요구하여 가고 있는 것이 일반적 추세라는 논리이다.

신자유주의에 영향을 받아 악화되기 시작한 지나친 부(富)의 왜곡이나 소득의 편재, 절대빈곤으로 몰락하는 고립노인을 위한 생활보호, 의료혜택의 일반화, 교육기회의 형평한 제공 그리고 주택, 도로, 생활환경의 개선 등 이런 일들이 소극적 의미의 행복추구권으로는 부족한 시대가 되었다고 평가할 수도 있다. 경제민주화를 통하여 공정한 경쟁을 보장하되 경쟁에서 탈락되거나 경쟁취약계층에 대하여 국가는 적극 나서야 한다는 논리이다. 그 근기는 헌법 제10조에 기초를 두어야 한다는 논리이다. 세제와 재정 그리고 사회적 지원을 통하여 국민의 행복추구권이 보장되도록 해야 한다.

그러나 국민의 행복추구권이 적극적 의미의 경제적 지원과 함께 개인 개인의 행복가치가 최대화되도록 하다 보니 개인의 행복추구권이 서로 충돌이 발생할 가능성이 존재한다. 이런 충돌의 사전적 제어장치와 실행이 없을 경우 개인의 이해는 계속 충돌하게 되고 이것은 개인의 행복추구에 역행하는 결과를 초래할 수 있게 된다. 사회질서의 엄격한 유지와 상호 존중 등의 보장을 국가가 행복추구권적 시각에서 보장해야 한다는 논리이다.

번영학은 이러한 행복추권이 국민의 자유권적 시각에서 격상되어 국가의 책무가 보다 경제적 사회적 수요에 접근시켜 가도록 하고, 경제운영의 기본철학도 행복추구권이 우선순위로 추구되도록 하는 논리를 개발·발전시켜 나가야 한다.

개발경제학이나 신자유주의경제학을 넘어 번영학의 태동이 필요하듯이 21세기 경제운영과 국정운영의 기본 틀도 행복추구권을 토대로 다시 정돈해야 할 것으로 평가한다.

3. 번영학을 토대로 한 국정운영에 대응한 한국경제의 발전수준

문제는 행복추구권을 토대로 한 번영의 국정운영이 한국경제의 현 발전수준으로 볼 때 받아드릴 수 있는 수준이며, 이를 토대로 국정운영을 할 수 있는 환경이 갖추어져 있느냐 하는 것이 먼저 검토되고 그에 대한 긍정적인 답변이 얻어져야 될 것이다.

아무리 국정운영의 기본을 국민의 행복추구에 기반을 두고자 하여도 이를 받아들일 수 있는 수준이 아니면 이는 과욕이 되거나 오히려 부작용 만 더 키우는 국정운영이 될 것이기 때문이다. 한국의 발전수준이 어느 정도인지에 대한 본격적인 분석은 다음 장에서 하기로 하고 이에 따라 국정운영의 결론을 준비하는 것이 본 서의 집필 목적이 될 것이다.

국민의 행복추구권을 토대로 한 번영의 국정운영을 할 수 있는 국가인지 여부를 가늠하기 위해서는 경제발전 수준과 기타 일반 정치, 사회,

환경 등의 조건들을 따져보아야 될 것이다. 이를 보다 구체적으로 연구한 내용은 물론 다음 장에서 상세하게 검토하고 그에 따른 결론을 제시할 것이다. 여기서는 우선 그 결론을 가지고 답변을 하고자 한다. 이에 대한 본 연구의 답변은 '할 수 있다'이다. 아니 하지 않을 경우 대한민국의 번영은 다시 후퇴 되는 결과를 가져올 것이라는 것이 저자의 판단이다.

▐ 번영학을 토대로 한 한국경제의 발전과정과 저자의 참여 ▌

이상에서 번영학이 경제학의 한 분과학문으로서 정립될 수 있는 학문적 기초를 정리하고, 이를 토대로 번영학의 가치체계와 이를 위한 접근방법을 제시하였다. 이어 번영학의 정책적의미를 경제정책측면과 사회정책측면에서 정리하였다.

저자는 번영학을 '행복가치의 토대 위에 지속가능한 경제발전전략을 만들어가는 학문'으로 정의하고 이를 달성하기 위한 접근방법을 다섯 가지로 축약하여 제시하였다. 즉 신자유주의의 계승발전, 정부기능의 재정립, 시장탈락자에 대한 행복추구권적 시각에서의 지원, 확고한 시장질서의 유지 그리고 새로운 브레튼우즈 체제를 위한 접근이 그것이다. 이러한 접근방법을 토대로 지난 1950년 이후 2014년 현재까지의 발전과정을 정리하여 보고자 한다.

한국경제의 발전과정을 정리함에 있어 첨언하고 싶은 이야기는 가능한 한 번영학의 기초 위에서 그 접근방법에 따라 분석하겠지만 경험적 측면이 있기 때문에 저자의 주관적 접근과 평가를 배제할 수 없을 것이다.

저자는 1960년대 초 이후 1990년대 말까지 한국경제운영의 핵심부서에서 중추적인 일을 할 수 있었던 행운을 가지고 있다. 한국경제운영의 고비마다 보람 있고 어려웠던 경제운영의 경험을 가지고 있다. 특히 저자는 1960년대 초 한국의 제2차 경제개발5개년계획에서부터 1980년대 말 제6차 계획이 마무리될 때까지 사무관으로, 과장으로 그리고 기획국장, 경제기획원차관으로 실제 계획수립에 참여하고 집행을 책임졌던 사람이라는 자부심을 가지고 공직생활을 하였다. 보기에 따라서는 하찮은 것일지 모르지만 저자로서는 지금도 공직생활 중 가장 자랑스럽게 생각하는 부분 중의 하나이다.

경제계획과 직접관련 된 일을 30여 년간 하는 동안 정부 내에서 수많은 '특별경제조치'를 만들고 집행을 책임졌던 경험을 가지고 있다. 이 일의 결과가 잘 되기도 하고 잘못되기도 하면서 희비가 교차하였지만 당시 일을 하면서도 언젠가 이 경험을 후대에 기록으로 남겨야겠다는 생각을 하면서 일하였다. 따라서 아무리 객관적인 기술을 하려고 하여도 부지불식간에 저자의 주관이 과장되거나 잘못 전달될 수도 있을 것이다. 모두가 번영학을 잉태하고, 번영학을 출산하고자 한 개인적인 욕심의 발로하고 이해하고 양해를 구하는 바이다.

제 3 편

번영의 국정운영 측면에서 본
한국경제의 발전수준

제 1 장

한국경제의 발전수준은 어느 정도일까?

제1편에서 저자는 한국의 경제운영이 개발경제시대와 개방을 토대로 시장경제 운영의 시대를 지나 이제 번영의 국정운영을 해야 할 때라는 결론을 유도하고자 하였다. 경제가 절대빈곤 퇴치라는 절체절명의 빈곤시대를 지나 어느 정도 발전을 이루자 소득수준의 지속적인 향상 과제와 함께 이제는 소득의 불균형, 부의 편재, 시장의 불공정거래 등 경제구조문제들이 새로운 정책과제로 부상하고 있다. 이러한 흐름은 비단 한국경제만의 특징이 아니고 세계적 일반 현상이라고도 할 수 있다.

이러한 분위기를 틈타 정치적으로 이를 이용하기 위한 방편으로 경제민주화가 지선의 가치처럼 등장하고, 대통령 선거 등 정치행사를 통하여 경제민주화는 한국경제발전의 핵심가치처럼 떠올랐다. 정치민주화와 함께 경제민주화는 경제적으로도 만인평등의 사회를 추구하는 오해를 살 정도로 큰 정책가치로 정책이슈화되었다.

경제민주화는 기회의 평등이고 그 기회를 이용하여 경쟁을 함으로써 개인과 기업이 발전하고 사회가 발전하는 가치를 추구하는 정책이다. 경쟁은 승자와 패자를 만들게 되어 있다. 경제민주화는 승자와 패자의 사후처리를 위한 정책가치이기 이전에 공정한 경쟁을 만드는 조건을 만드는 정책가치이다. 그런데 한국의 경제민주화는 불공정거래를 전제로 경쟁자체를 제한하거나(국가의 시장간여) 경제민주화의 결과물인 경쟁패배자에 대한 국가의 지원(시장규제)에만 치중한다. 이러한 경제민주화의 정치이슈화는 끝없는 정치쟁점으로 발전하게 될 것이다.

여기서 우리가 생각해야 하는 문제인식은 왜 공정한 경쟁을 해야 하나, 왜 경쟁 우위자와 열위자를 구분하여 생각해야 하나, 경쟁실패자에 대하여 국가는 또는 사회는 왜 도와주어야 하나 등에 대한 질문에 답을 찾아야 한다. 그 답이 무엇일까? 결국 경제주체간의 경쟁은 동일한 조건을 보장해야 하고, 경쟁결과 불가피하게 발생되는 경쟁탈락자에게는 국가의 지원을 보장해야 한다. 도움을 받아야 하는 계층에게 인간으로서의 '행복'을 보장하기 위한 것이다.

행복가치에 대한 검토는 고대 그리스의 철학자에서부터 영국 등 발전을 먼저 시작한 국가들에서 행복가치를 놓고 많은 담론이 제기되어 왔다. 개개인의 행복보장에서부터 벤담의 공리주의처럼 국가운영의 한 방편이나 철학으로 행복은 널리 이용되고 사용되어 온 가치개념이다.

그러한 행복가치가 국민의 기본권으로서 자유권과 함께 행복추구권이 법률개념으로 등재되기 시작한 셈이다. 역사적으로 행복추구권은 버지니아 권리선언과 미국의 독립선언에서 등장한다. 제2차 세계대전 이후 미국의 영향 하에 만들어진 일본 헌법에도 행복추구권이 등재되었다.

한국의 경우 1980년 헌법 개정 시 처음으로 '행복추구권'이 반영되었다. 그동안 유지되어 왔던 개발경제시대에서 벗어나 보다 적극적으로 시장경제운영 쪽으로 방향전환을 선언한 1980년 시점에서 국민의 행복추구권을 헌법에 반영한 것은 발전의 흐름에서 볼 때 그 시대적 의미가 있다고 평가할 수 있다.

그러나 1980년 당시 헌법개정에서 이 규정이 어떠한 연유와 과정을 거쳐 등재되었는지는 불분명하다. 헌법 제10조의 행복추구권이 단순한 의미의 국민기본권이라는 것을 명확히 하자는 목적이었는지 모른다. 그 이후 헌법 제10조의 해석도 다분히 국가에 대한 적극적인 요구권이라기보다는, 개인의 행복을 국가나 공권력의 간섭이나 간여로부터 방어하는 소극적 의미의 행복추구권으로 해석되어 왔다. 학계나 헌법재판소 등에서도 같은 흐름의 해석을 해왔다고 할 수 있다.

실제 이 헌법 제10조가 얼마만큼 경제운영이나 국가운영에서 국민의 행복 증진에 기여하고 활용되었는지는 불분명하다. 다만 논리적으로 자율과 개방 안정이 중심이 되는 시장경제운영 철학과는 같은 괴적을 갖는다는 점에서 그 시의성을 인정할 수 있다고 저자는 평가한다.

그리고 1987년 정치민주화를 이룬 환경 속에서 경제민주화 조항인 제119조 제2항이 등재되었다. 민주화가 정치뿐만 아니라 경제에도 선거권과 같은 의미의 평등개념으로 시작되었다고 할 수는 없다. 기회의 평등이 경제민주화의 기본철학이다. 20년의 세월이 흘러 2005년 한국의 경제민주화는 당초의 취지에서 벗어나 선심성, 인기영합성 정치이슈화로 변질되었다고 할 수 있다. 한국의 경제민주화의 정치이슈화는 단순한 복지확대, 강자징벌정책 등 인기영합적으로 흘러 경제민주화의 본래 모습에서 멀어졌다. 헌법 제119조 제2항은 해석에 따라 불균형의 시정이라는 논리를 통하여 국가는 시장을 제한 없이 간섭할 수 있게 되어 있고, 경쟁탈락자들은 그들에 대한 지원을 위한 시장간여를 끝없이 요구하고 나오게 되어 있다. 끝없는 정치쟁점화이고 그 결과 경제는 뒷걸음질 치게 되어 있다.

그래서 등장한 것이 헌법 제10조에 의한 '행복추구권'을 토대로, 다시 말해서 행복추구권을 국정운영의 최고가치로 설정하여 국정을 운영하자는 전략이 등장하게 된다. 경제운영을 더 나아가 국정운영의 기본을 국민의 행복추구에 맞추자는 논리이다. 이름하여 '번영학을 토대로 한 국정운영'을 할 때가 되었다는 판단이다.

특히 한국경제가 그 발전 수준이 선진경제로 완전히 진입한 것도 아니고, 그렇다고 아직도 개발도상국의 위치에 머물러 있는 것도 아닌 어정쩡한 위치에 있다고 한다면, 경제운영이나 국정운영은 소득수준 향상을 지속적인 가치로 계속 유지하면서, 동시에 경쟁탈락자에 대한 적정한 지원을 확대해야 하는 과제를 함께 풀어가야 한다. 여기에 정치이슈화된 경제민주화의 잘못된 요구지속은, 즉 시장간여와 복지의 무조건적 확대만을 요구하는 경제민주화는 한국의 발전흐름을 퇴락시킬 위험성마저 있다고 할 것이다. 정부의 시장간여로 시장경제가 무너지고 무한대의 복지증진 요구는 한국경제의 발전지향성을 저지하기 때문이다.

반면 국민의 행복추구권 개념도 시대의 발전과 함께 점점 적극적으로 확대되어 가고 있다. 소극적인 자유권적 시각에서 벗어나 국가가 국민의 행복을 책임지고 보장하는 노력을 해야 하는 적극적인 개념으로 확대되어 가고 있는 것이 세계적인 흐름이다. 국민의 행복보장은 비단 경제적인 조건뿐만 아니라 정치, 사회 모든 분야에서 함께 이루어가야 가능하다. 정치적 민주주의, 국가통치 스타일, 국가지도층과 국민과의 거리 축소, 공공질서, 타인에 대한 배려, 존중 등 비경제적인 조건들이 함께 요구된다. 경제적으로는 무엇보다 어려운 계층에 대한 경제지원은 말할 것도 없고 주거, 의료, 보건, 교육 등의 요건이 국민의 요구에 어느 정도 충족되도록 하여야 한다.

이러한 기본적인 행복추구권의 조건들은 단순하게 원한다고 해서 될 일이 아니다. 우선 경제적인 발전수준이 이 정도의 요구를 받아들일 수 있는 능력을 가지고 있느냐가 전제가 된다. 다음으로 비경제적인 분야, 특히 정치 사회 등의 환경이 이 정도의 수준을 감내할 수 있는 조건을 갖추었느냐 하는 것을 따져보아야 한다. 세계적으로 다른 나라의 발전수준과도 비교되어야 한다.

저자는 이런 조건들을 세계적 발전흐름에서 살펴본 후 한국의 발전흐름이 어느 정도인지를 다음 장에서 살펴보겠다. 최근 세계의 발전흐름을 긴 시간을 가지고 분석하고 정리하는 연구가 연구기관과 경제학자들 사이에 일어나고 있다. 학문적 흐름일까?

영국 출신 경제학자 앵거스 메디슨(Angus Maddison)은 OECD 연구소를 중심으로 인류의 경제발전 흐름을 통계적으로 정리하였고 이를 토대로 미래를 전망하였다. 최근 프랑스의 토마 피케티(Thomas Piketty)는 파리대학을 중심으로 '21세기 자본'이라는 저술을 통하여 1910년 이후 100여 년의 경제발전흐름을 분석하였다. 이러한 분석들이 경제통계적 분석을 토대로 한 것들이었다면, 다른 한편에서는 보다 역사적 사건 배경을 중심으로 인류의 발전요인을 경제사적 측면에서 연구한 결과물들도 나와 있다. 미국의 MIT와 HAVARD대학의 에이스 모글루와 로빈슨(Daron Acemoglu & James A. Robinson)은 '국가의 흥망(Why Nations Fail)'이라는 저술을 통하여, 그리고 미국 프린스턴 대학의 앵거스 디턴(Angus Deaton)이 발표한 '위대한 탈출(The Great Escape)'을 통하여 세계발전의 흐름을 정돈하였다.

이들 경제사가들의 연구결과를 여기에 소개한다기보다 발전의 흐름이라는 측면에서 지금 우리 세계가 어떻게 되어가고 있는지를 그들의 연구를 토대로 가늠해 보고자 함이다. 그리고 이런 흐름의 토대 위에 미국의 윌리엄 번스타인(William Berstein)이 그의 탁월한 저서 '부의 탄생(the Birth of Plenty)'에서 제시한 발전의 역사와 조건들을 한국경제에 대입하여 봄으로써 한국경제가 행복추구적 국정운영이 가능한지 여부를 평가해보고자 한다.

제 2 장

세계경제의 발전흐름

인류역사에서 과연 세상은 언제부터 어떻게 발전되어 왔는가를 경제발전사 측면에서 찾아보는 것은 흥미로운 일이다. 이를 토대로 앞으로 세상은 또 어떻게 변화되고 발전될 것인지를 가늠해 보는 것은 인간의 미래를 바라보는 안목과 비슷할 것이다.

앞서 소개한 영국 출신 경제학자인 앵거스 메디슨은 세계경제의 발전사를 GDP변화를 통하여 통계적으로 분석하여 설명하고 있다. 그의 분석에 의하면 인류는 1820년을 기점으로 풍요로운 세계로 변화되었다고 한다. 메디슨에 의하면 인류는 예수 탄생 이후 1,000여 년간 1인당 GDP의 변화가 거의 없었다고 한다. 그리고 그 후 500여 년 동안에도 별로 사정은 달라지지 않았다고 한다. 1820년 이전에는 물질의 진보가 상당히 미미했던 반면 1820년 이후에는 꾸준하고 갑작스런 성장이 이루어져 훨씬 풍요로운 세계가 되었다고 분석하고 있다.

이러한 메디슨의 분석에 대하여 회의와 비판이 따랐다. 우선 GDP의 추계기법이 어떻게 된 것인지 불분명하다. 그렇게 긴 시계열(時系列) 속에서 인류의 부가가치의 증가를 무슨 자료를 가지고 추정해 냈을까? 국가의 형성과 부침이 희미한 가운데 인구의 추정 자체가 어떻게 가능했을까? GDP의 추정 자체가 한 사람의 대체적인 부가가치 추정치를 만들어 거기에 인구를 대입하여 추정하는 방식을 선택한 것이 아닐까? 국가별 차이는 부가가치의 부침보다는 인구추정치에 의존하는 경우 각국별 경제발전이 일단 비슷하다는 전제하에 이루어진 것으로 추정해야 할까?

또한 역사의 변곡점인 1820년은 무슨 근거로 만들어진 것이며, 그것이 저자의 과문한 탓으로 모른다고 할지라도, 초기 1천 년과 1800년의 사이 메디슨 말대로 500년의 공백은 또 어떻게 처리된 것인가? 이러저러한 문제의 제기에도 불구하고 이런 연구가 모두인 현실 앞에 우리는 그 정확성을 따지기보다는 발전의 흐름을 찾아볼 빌미를 찾을 수 있을 것이다.

앞서 소개한 윌리엄 번스타인의 분석에 의하면, 여기서 의미 있는 것은 긴 시간 간격 사이에 일어난 GDP구조를 재조정하더라도 AD1,000년 동안 인류의 1인당 GDP는 두세 배밖에 오르지 않았다는 메디슨의 통계분석을 번스타인이 받아들이고 있어 관심이 가게 된다. 변화가 거의 없는 정체기였다는 이야기이다. 왜 그랬을까?

반면 1820년 이후 172년 동안 1인당 GDP는 8배 증가하였다고 한다. 더군다나 같은 기간 영국은 10배 그리고 미국은 12배 증가하였다는 것이 번스타인의 분석이다. 양기간 사이의 발전속도의 차이를 가늠할 수 있다. 더군다나 이 기간 동안 선진국이라고 간주되는 나라들의 연평균 GDP 성장률은 2% 수준으로 정착되었다고 번스타인은 분석하고 있다. 놀라운 성장률이다.

정확성에 어느 정도 문제가 있음을 인정하고라도 우리가 의미 있다고 이해할 수 있는 것은, 결국 인류의 경제발전사는 불과 200년 안팎의 시간대에서 발전되고 변화되고 있다는 점이다. 어떠한 계기가 인류의 발전을 1820년 이후 가속시키게 하였을까?

또한 제기되는 문제는 인류발전이 천 년의 정체기를 거치면서 어떻게 획일적으로 정체기를 걷게 되었을까? 물론 세분해서 지역별, 나라별로 따져보면 서로 다른 트랙이 존재하였을 가능성이야 있겠지만 그에 대한 답도 없고 자료도 없다.

그리고 15세기에서 19세기 사이 인류는 산업혁명과 르네상스 그리고 많은 과학발전이 있었던 시기였는데 어찌하여 GDP의 증식에 제때에 반영되지 않았을까? 그리고 또 인류는 동시적인 침체기를 오랫동안 거쳤는지 궁금하지 않을 수 없다.

이에 대한 해답을 번스타인은 그의 깊은 연구결과를 가지고 설명하고 있다. 번스타인은 경제사적 통계활용은 앵거스 메디슨에서 찾되, 근대화 이후 경제의 발전요인을 네 요인에서 찾고자 하였다.

즉 번스타인은 세계 1인당 GDP 규모나 연평균 1인당 GDP성장률이 1820년을 계기로 급신장한 모습을 메디슨의 통계분석에서 찾고 있다. 특히 연평균 1인당 GDP성장률이 오늘날 선진국이라고 일컬어지는 나라의 경우 2%대에서 안착된 모습을 메디슨의 통계에서 찾고 있다.

신기한 것은 나라별로 다소의 기복은 있지만 대체적으로 2%의 연평균성장률이라고 하는 점에서 무리가 없다. 1천년 동안 두 배밖에 불어나지 못한 인류의 발달이 1820년 이후에는 매년 2%식 성장한다면, 이대로 배수화하면 100년 사이에 두 세 배가 늘어난다. 즉 1천 년의 10분의 1인 1백 년 안에 인류의 GDP가 두세 배 늘어날 수 있다는 산술이 나온다.

여기서 제기되는 의문은 그 변곡점을 왜 하필 1820년으로 하였느냐 하는 의문이다. 번스타인의 당시 데이터에 의하면 미국은 1820년보다 좀 더 일찍 성장이 시작된 반면, 영국은 성장이 시작된 시기가 1820년보다 약간 늦다고 한다. 그러나 18세기 전반의 언제인가에서 세계경제가 도약하기 시작해, 그 이후 다시는 후퇴하지 않았으며, 전쟁의 참화와 내전, 혁명이 반복되는 와중에도 번영이 지속되었음을 모든 데이터에서 확인해 볼 수가 있다고 번스타인은 주장한다.

제 3 장

번영의 시대를 향한 제약

인류가 1820년을 계기로 번영의 시대를 열게 된 것은 통계적으로 입증되는데, 어떤 계기로 그리고 어디서부터 이런 일이 일어난 것인지에 대한 의문이 이어서 제기된다. 1820년 이전(근대 이전 시대라고 부르자)에는 왜 이런 계기가 없었나? 없게 된 요인이 무엇일까?

이렇게 급신장을 시작한 인류의 발전배경을 번스타인은 그의 저서 '부의 탄생(The birth of plenty)'에서 다음 네 가지 요인에서 찾고자 하였다. 즉 재산권, 과학적 합리주의, 자본시장 그리고 근대적인 수송과 통신이 마침내 19세기에 서로 결합되어 현대적인 부(富)의 생산계기를 창출해냈고, 그 과정은 오늘날의 삶과 결정적인 관련이 있기 때문이라고 번스타인은 주장한다. 다시 말해서 근대 이전 시대에는 재산권이 확립되지 않았고 과학적 합리주의가 정착되지 못하였다. 또한 자본시장이 발달하지 못하여 필요한 투자를 뒷받침하지 못하였고 근대적 수송과 통신이 발달하지 못하였다. 따라서 이 네 요인들이 서로 결합하여 발전에 상승작용을 하게 한 계기가 없었고 그것이 인류의 지속적인 발전을 추구하지 못하게 하였다는 이야기이다. 번스타인의 연구결과를 토대로 번영의 시대를 향한 제약을 좀 더 살펴보자.

1. 재산권의 부재

근대 이전시대를 대표하는 농노(農奴)를 중심으로 한 중세봉건시대에는 대부분 화폐경제가 발전한 시대 이전이기 때문에 재산권의 개념 자체가 불명확한 시절이었다고 할 수 있다.

봉건영주는 자신의 세습재산을 화폐적 측면에서는 거의 생각하지 않았고 반면 농노가 주화를 사용하는 예도 거의 없었다고 할 수 있다. 영주들은 노예나 다름 없는 농노와 토지가 그들에게는 부의 축적과 다름 없었다. 그러나 토지도 분할이나 거래 또는 개량이 쉽지 않아 사회적 부의 주된 기능을 하기에 결함이 있었다.

화폐경제가 발전되지 않았기 때문에 봉건국가의 비화폐사회에서는 재화들을 원하는 대로 저장할 수 없기 때문에 변질되기 전에 모두 소비해야 했을 것이다. 현대사회가 재산의 축적을 통하여 부를 과시하는 사회라면 봉건사회는 소비의 향연을 통해 부를 과시하였을 것이라고 번스타인은 분석한다. 따라서 비화폐적 사회에서는 재산권 개념 자체가 성립될 수 없었고, 토지를 제외한 실물자산(도구, 생존용 구조물 등)은 농민이 생산의 도구라는 개념처럼 농민의 신체가 연장되는 개념으로 단순하게 격하되었다.

영주가 농노 자신은 물론 모든 생산물까지 모두 소유하는 상황이
라면 혁신은 둘째 치고 힘들여 일할 이유도 없었을 것이다. 이러한 봉
건적 구조는 국민을 토대로 한 개념의 국가형성에 방해가 되었다고
할 수 있다. 정치구조의 연결고리도 국가에 소속된 시민이 아니라 영
주에 소속된 피소유의 개념에 기반을 두었다고 할 수 있다. 국가라는
개념의 탄생 초기의 상황이었다. 봉건제하의 국가라는 정치구조는 소
유권을 보호하지 못하였고, 그러니 법률적 의미의 재산권이 존재하기
도 어려웠을 것이다. 국가라는 통치권 개념이 제대로 정립되지 않았기
때문에 법 아래서 평등을 인정하지도 못하였다고 할 수 있다. 심지어
기본적인 개인의 소비행위도 일일이 억압되었다. 여기에 재산권의 존
재나 보호의 개념이 불확실했던 것은 당연한 일이다.

화폐경제가 확산되기 시작한 것은 20세기 초라고 해야 할 것이
다. 화폐경제의 확산으로 봉건제가 붕괴되었다. 이를 계기로 농민은
최고의 값을 부르는 자에게 자신의 노동을 팔 수 있었고, 더 이상 영
주와 또는 사용자와 주종관계에 예속될 수 없게 되었다. 그때 비로소
국가적 차원의 기본적인 법적·자본적 제도들이 발전할 수 있었다고
번스타인은 분석하고 있다.

물론 화폐는 그보다 훨씬 이전부터 나라에 따라서는 아주 오랜 역사
를 갖기도 하지만 실제 그것이 시장에서 실물경제와 어느 정도 자유롭게
유통되기 시작한 것은 실물경제가 활성화된 이후라고 보아야 할 것이다.
물론 나라에 따라 그리고 국가의 명운에 따라 화폐경제의 부침이
있어왔지만 1900년대 세계의 두 번에 걸친 세계대전 이후 실물경제는

급속한 발전을 하게 된다. 그 과정에서 화폐경제는 더 큰 기능을 하게 되고, 1970년대 미국의 닉슨 대통령에 의한 금본위제도 폐지와 레이건 대통령의 공급중심의 경제운영으로 소위 신자유주의 경제가 미국의 월가를 중심으로 확산되면서 화폐경제는 오히려 실물경제를 이끌게 되는 역할을 할 정도로 발전되었다.

이러한 실물경제와 화폐경제의 발전을 가져오게 한 계기는 국가적 차원의 재산권에 대한 법적 제도적 장치가 완벽하게 보장되면서 가능해졌다고 할 수 있다. 따라서 근대 이전, 다시 말해서 재산권이 존재하지 않았던 시대와 실물경제와 화폐경제가 함께 발전된 시대에서 재산권에 대한 국가적·법적 보장이 존재하게 된 시대와의 구분이 막연하게 이루어지기 시작한 것이 1820년경이라고 유추할 수 있다.

재산권이 보장되면서 이를 토대로 개인의 부가 축적되고 이것이 풍요의 시대를 시작한 계기가 된 것인데 그것이 거의 모든 나라에서 동시적으로 일어나기 시작한 것이 메디슨이 작성한 통계의 분기점인 1820년과 일치한다고 번스타인은 분석하고 있는 것이다.

2. 과학적 합리주의의 부재

번스타인은 전 근대, 즉 봉건영주시대에 일반국민을 상대로 한 국가의 정치구조가 제대로 정립되지 않았던 것처럼 전 근대 정교분리(政敎分離)가 사회통념화되던 시대였다고 본다. 이때의 정교분리는 현대적 개념의 정치, 즉 국가기능과 교회기능의 분리를 이야기하는 것이 아니라 기독교로 대표되는 종교가 국가보다 우월한 지위에 있었음을 의미한다고 할 것이다.

'그러므로 카이사르의 것은 카이사르에게, 신의 것은 신에게 주라'라고 예수가 바르세인들에게 말한 것처럼 교회와 국가의 분리는 초창기부터 기독교의 고유한 개념이었다. 국가와 교회가 현실적으로 발전해 가는 데는 근대 이전 서구사회에서 종교적 위상이 훨씬 우월하였고, 우월한 권력 속에서 교회가 부유해지고, 부유함 앞에 교회의 부패와 타락의 정도는 점점 더 심해졌다.

성경의 일반보급이 1457년 구텐베르크 인쇄술의 발달로 확대되었다. 이 인쇄술의 발달은 이단의 목소리를 증폭시켜주었다. 영어로 번역된 성경들은 농민들도 읽을 수 있게 되고 그런 사실에 성직자들은 분개하였다. 당시 성직자들이 인구의 대다수에게 기대한 것은 문맹(文盲)과 맹목적인 복종이었기 때문이다. 이 와중에 종교계는 신구교도간 또는 지역간에 알력과 분쟁이 일어나고 1600년대 이후 2세기 동안 유럽 전역에서 계파간의 종교전쟁이 이어졌다.

이 사이 독립된 세속적인 정부가 그 기능을 찾아가는 계기가 마련되었고, 과학적인 합리주의를 토대로 사회의 일반적인 규범이나 기준이 일반 국가적 차원에서 정립되어 갔다고 할 수 있다. 즉 과학적 합리주의가 정립되어가기 시작하였다.

3. 효과적인 자본시장의 부재

이자(利子)의 탄생은 인류의 역사와 함께한다고 할 수 있다. 화폐의 탄생 이전에도 이자의 개념에 해당되는 경제활동은 존재하였다고 보아야 할 것이다. 문명의 역사 초기에 이자율은 높았다가 문명이 성숙하고 안정되면서 서서히 하락하며, 그 문명의 발전이 정점에 다다르면 가장 낮은 수준으로 떨어진다. 그리고 그 후 문명이 쇠퇴하면서부터 다시 이자율이 상승한다고 우리는 추측할 수 있다.

영국의 이자율은 12세기에 40%가 넘었고, 이탈리아의 경우 평균 12% 수준이었다. 좀 더 낮은 수준으로 떨어질 희미한 기미는 네덜란드에서 처음 나타났는데 1200년 초에 약 8%수준으로 낮아졌다고 번스타인은 분석한다.

그렇게 높은 이자는 자본시장이 사실상 존재하지 않았다는 것을 말해주며, 이는 수세기 동안 벗어날 수 없는 상업적 경제적 구속이 되었다. 종교적 교의가 지적인 진보를 억눌렀다면, 자본시장의 부재는 일상적인 상업활동에 치명적이었다고 할 수 있다. 화폐대부를 금지한 기독교의 조치는 점차 힘을 얻어가고, 비세속적인 반자본주의적 열정이 높게 일어났다.

그러나 화폐대부는 알코올과 약물 섭취 못지않게 인간이 습관적으로 해오던 것으로 이를 법률이나 규율로 저지하기는 어려운 일이다. 반 고리대정서가 절정에 달했을 시점에도 중세의 거리에는 전당포가 늘어섰다. 실제로 네덜란드는 화폐대부업자에게 처음으로 면허를 내주었고, 이에 따라 네덜란드가 화폐금융업이 최초로 발달하기 시작한 나라가 되었다. 1571년 라테라노공의회가 고리대 금지를 철폐한 이후 비로소 투자자들은 활발하고 적극적인 상업활동을 위한 융자를 받을 수 있었다고 번스타인은 분석한다.

결국 근대 이전 중세시대에는 이자를 금지한 사회적 규율이 자본시장의 발전을 가져오지 못하게 하였고, 이는 다시 지속적인 경제발전을 기속하는 요인이 되었다고 할 수 있다. 이런 상황이 1600년에 들어서 해결됨으로써 비로소 높은 성장과 지속 가능한 경제적 발전을 가능하게 만들었다고 할 수 있다.

4. 효율적인 수송과 통신의 부재

1800년대 중반 증기엔진이 배와 궤도차의 동력원이 되고, 국민의 지지를 받는 강력한 국가의 등장으로 통행세 징수가 폐지되었다. 수송과 통신이 개혁되는 시대가 시작된 것이다.

로마가 붕괴된 이후 황폐화한 로마의 도로들은 비록 관리가 제대로 되었을리 만무하지만 당시 유럽에서는 그래도 최상의 도로망이라고 할 수 있었을 것이다. 그러나 이런 도로를 달릴 수 있는 수송수단은 말을 제외하고는 별다른 것이 없었다. 더군다나 사학자들의 말에 의하면 중세시대 교역에 있어 최대의 장애물은 통행세였다고 한다. 1800년 이전의 통행세는 개선된 도로사용료나 국경세가 아니라 지주들이 제멋대로 책정하고 제멋대로 징수한 많은 지방지배자들의 주 수입원이 되었다. 지주들은 교역을 위하여 반드시 통과해야만 하는 강이나 도로 한켠에 통행료 징수소를 세워놓고 통행세를 받았다. 교역이 번창할 수 없었다.

1800년 이전의 도로부재는 비단 서유럽국가들만의 문제가 아니라 거의 모든 나라에 공통된 상황이었을 것이다. 인간이 움직일 수 있는 반경은 극히 제한될 수밖에 없었고 교역도 극히 제한될 수밖에 없었을 것이다.

동양에서 이해되는 생활의 전통개념인 의(衣), 식(食), 주(住)가 현대개념에서 동(動)이 추가되듯, 중세시대 인류도 움직임이 제한될 수밖에 없었을 것이다. 도로망이 갖추어지고 증기기관차가 그 위를 달릴 수 있는 시대가 열리기 시작한 것이 1800년대 중반이 된다. 이를 통하여 사람과 물동량의 이동이 일어나고 실물경제도 번창하게 되는 시대가 열렸다고 할 수 있다. 비로소 효율적인 수송과 통신의 시대가 시작되었다.

이상에서 1820년을 계기로 인류가 성장과 번영의 시대를 열어갔는데 그 이전에는 그것이 왜 불가능하였는지를 윌리엄 번스타인이 분석한 것을 토대로 접근하여 보았다. 결론은 1820년 어느 역사적 계기를 통하여 발전의 동력이 생겼다기보다는 크게 보면 인류역사의 발전의 흐름 속에서 1820년을 전후하여 높은 성장과 번영을 가져오게 되었음을 살펴보았다.

번스타인의 분석대로 인류역사는 1820년경 재산권이 보장되고, 과학적 합리주의가 생활화한 시기가 도래하였다. 영주와 농노간, 정치와 종교간 그리고 종교 교파간의 알력과 싸움이 줄어드는 시대가 되었다. 화폐경제의 발달과 함께 자본시장이 발전하게 되고, 효율적인 수송과 통신이 가능함으로써 실물경제의 유통과 번창이 가능하게 된 것이다. 이러한 네 요인들이 상호보완 상승하는 작용을 함으로써 장기간의 성장과 번영의 시대가 열리기 시작하였다고 평가할 수 있다.

제 4 장

1820년 이후 세계의 발전흐름은?

 이제 세계적인 부흥의 시대를 열었다는 1820년 이후 세계경제흐름은 어떤 모습으로 변화되어 왔고 앞으로 당분간 어떤 흐름의 괴도를 그릴 것인지를 가늠해 보자. 물론 메디슨의 경제발전 추정과 번스타인의 변화분석에 대하여 많은 이견이 있을 수 있고 다른 견해를 피력할 수 있지만, 실제 다른 계측이나 분석이 존재하지 않고 있는 현실 앞에 그저 비슷한 분석이나 흐름의 추정에 따라가는 도리밖에 없지 않나 싶다.

 최근 파리대학의 토마 피케티의 '21세기 자본'에 대하여도 많은 비판과 오류를 제기하는 사람이 있지만 그래도 그만큼 세계적인 자본과 소득과의 괴리(乖離) 그리고 이를 치유하기 위한 초고 자본계층에 대한 고율누진과세방안을 제시한 연구가 있는가? 비록 현실적인 문제가 당장 생각날 수 있지만 피케티만큼 세계경제흐름을 긴 역사적인

안목으로 통계를 정리하고 이를 토대로 부의 편재를 해결할 방안을
제시한 것은 큰 학자적 업적이라고 평가해야 할 것이다.

본 장에서는 메디슨과 피케티의 통계측정과 예측을 토대로 1820
년 이후 2천년 중반까지 약 200년간의 세계경제 흐름을 살펴보고자
한다.

경제성장은 크게 인구증가율과 1인당 생산으로 구성된다고 할 수
있다. 피케티의 분석에 따르면 1700년부터 2012년까지 세계GDP성장
률은 연평균 1.6%였다고 한다. 그 중 0.8%는 인구증가를 반영한 것이
고 나머지 0.8%는 1인당 생산증가에 따른 것이라고 분석한다. 인구증
가와 생산증가가 반반인 셈이 된다. 메디슨은 1820년 이후 세계경제
의 연평균성장률은 2% 수준이라고 분석한다. 여기에도 다분히 인구와
1인당 생산의 증가가 적절하게 반반이 되는 시기라고 분석하고 있다.

피케티는 누적성장의 법칙에 따라 비록 1년의 인구증가율이
0.8%에 불과하지만 이런 인구증가가 300년에 걸쳐 이루어졌다는 것은
세계인구가 10배 이상 늘어났음을 의미한다고 한다. 즉 1700년에 6억
명 정도였던 세계인구가 2012년에는 70억명이 된 것이다. 이런 누적
성장의 결과를 피케티는 연간 성장률이 1%일 경우 한 세대(30년)의 누
적성장률이 35%가 되고 100년마다 2.7배, 1,000년마다 20,000배로 성
장한다고 한다. 이런 산식에 따라 1700년부터 2012년까지의 연평균성
장률 1.6%는 한 세대(30년) 사이에 70%, 즉 거의 두 배, 300년 사이에
거의 백배의 규모증가가 있었다는 분석이다. 정(正)의 연평균성장이
시계열상에서 이런 엄청난 변화를 얻게 된다는 수리적 설명이 누적성
장의 법칙이다.

1820년 이후 인류의 발전은 2백 년이 안 되는 세월 앞에 엄청난 변화를 하였다고 할 수 있다. 우선 그 크기에 있어서 인구는 7배 그리고 GDP도 열 배가 넘었을 것이다. 흐름은 인구는 점차 증가 속도가 느려지고 있고, 그것도 경제적 번영이 일찍 시작되고 빨랐던 지역에서부터 인구는 점차 정체기에 들어가고 있다. 경제규모는 제2차 세계대전 이후 1900년대 높은 성장을 이루어 괄목할 신장을 이루었다.

인류의 발전은 궁극적으로는 인구, 즉 사람이 얼마나 늘어날 것인가 그리고 그 사람들의 생활을 얼마나 향상되게 할 것인가에 달려 있다고 할 것이다. 장기간에 걸친 지난날의 숫자의 변화도 아찔한 현기증을 가져오지만, 그에 못지않게 이를 토대로 앞으로 어떤 변화를 가져올지를 가늠해보는 것도 매우 흥미로운 일이 될 것이다. 이것이 국정운영의 토대로 작용하게 될 것이기 때문이다. 이 두 문제를 좀 더 생각해보기 위하여 토마 피케티의 연구(21세기 자본: Capital in the Twenty-First Century)를 빌려 좀 더 설명해 보기로 한다.

1. 세계인구의 변화전망

피케티는 세계인구의 변화흐름을 실감나게 분석하고 있다. 즉 만약 세계인구가 1700~2012년 사이 연평균 0.8% 증가되었는데 이런 흐름을 0~1700년에도 지속했다면 세계인구는 약 10만 배로 늘어났을 것이라는 분석이다. 1700년의 세계인구를 6억명으로 추정한다면 예수 탄생시점의 세계인구는 1만명이 되지 않을 만큼 터무니 없이 적었을 것이라는 산술적 추정이 나온다. 만일 1700년 동안 인구가 연평균

0.2%의 증가율을 보였다고 가정을 해도 서기 원년의 세계인구는 고작 2천만 명 정도였을 것이라는 계산이 나온다. 그러나 피케티의 분석은 당시 세계인구가 2억명을 넘었으며, 로마제국에만 5천만명의 인구가 있었다고 한다. 이 두 기간에 대한 역사적 자료와 세계인구 추정치에 결함이 있다 하더라도 0~1700년 평균인구증가율은 0.1%도 되지 않았을 것이라는 것이 피케티의 분석이다.

그래도 세계인구는 0~1000년 사이에 4분의 1, 1000~1500년 사이에 절반이 늘어났고 , 1500~1700년 사이에 다시 절반이 증가한 것으로 보이며 결국 이 기간 인구증가율은 연평균 0.2%에 가까웠다. 인구증가의 가속화는 의학지식이 늘어나고 위생조건이 개선되는 것에 발맞춰 진행되는 매우 점진적인 과정이었을 것이므로 느리게 진행된 것이라고 피케티는 분석한다.

인구증가는 1700년 이후 가속화되어, 18세기에 연평균 0.4%, 19세기 연평균 0.6%의 증가율을 기록하였다. 1700~1913년 가장 급격한 인구증가추세를 보였던 유럽(미 대륙 포함)은 20세기에 상황이 반전되었다. 즉 유럽의 인구증가율이 1820~1913년의 0.8%에서 1913~2012년의 0.4%로 반감된 것이다. 기대수명이 계속 늘어나더라도 출산율 저하를 상쇄하기에는 더 이상 충분하지 않아서 인구증가 속도가 점점 더 낮은 수준으로 하락하는 것을 뜻한다.

그러나 아시아와 아프리카는 유럽보다 더 오랫동안 높은 출산율을 유지했다. 이 지역의 인구는 한 해에 1.5~2% 증가하였는데, 이는 다시 말해 한 세기 동안 인구가 5배 또는 그 이상으로 늘어났다는 이야기이다. 이러한 아시아와 아프리카의 연 1.5~2%의 인구증가율은

그림 4-1   고대부터 2100년까지 세계인구증가율

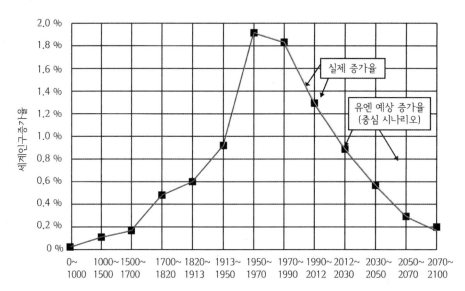

1950~2012년의 세계인구증가율은 1%를 넘었으나 21세기 말에 이르면 0%에 근접할 것이다.

출처 및 통계: piketty.pse.fr/capital21c

19세기와 20세기에 미국에서 나타난 인구증가율 1.7%와 거의 같았다고 할 수 있다. 미 대륙의 인구는 1780년 300만명 이하에서 1910년 1억명, 2010년에는 3억명으로 늘어 불과 두 세기가 조금 넘는 기간 동안 100배의 증가세를 보였다.

그러나 미대륙과 아시아 아프리카대륙과의 차이는 미 신대륙의 인구증가가 다른 대륙, 특히 유럽대륙에서 온 많은 이민자 때문이라면, 아시아와 아프리카의 1.5~2%의 증가는 자연적 증가, 즉 사망보다 많은 출산에 기인한 점이라는 점이다.

이러한 인구증가 가속화의 결과 18~19세기에는 0.4~0.6%였던 인구증가율이 20세기에는 세계인구증가율이 1.4%라는 기록적인 수준

표 4-1 **산업혁명 이후의 인구 증가**(연평균 증가율)

연도	세계 인구(%)	유럽(%)	미 대륙(%)	아프리카(%)	아시아(%)
0~1700	0.1	0.1	0.0	0.1	0.1
1700~2012	0.8	0.6	106	0.9	0.8
1700~1820	0.4	0.5	0.7	0.2	0.5
1820~1913	0.6	0.8	1.9	0.6	0.4
1913~2012	1.4	0.4	1.7	2.2	1.5
예상 2012~2050	0.7	-0.1	0.6	1.9	0.5
예상 2050~2100	0.2	-0.1	0.0	1.0	-0.2

1913~2012년 세계 인구증가율은 연 1.4%, 미 대륙이 1.7%를 기록했다.

출처: piketty.pse.ens.fr/capital21c
  2012~2100에 대한 예측은 유엔의 중심 시나리오와 일치함

에 이르렀다.

문제는 이처럼 무한정 인구증가가 가속되는 시기가 막 끝나가고 있다는 점이다. 1970~1990년 세계인구는 여전히 연 1.8% 수준으로 늘어났는데 이와 같은 증가율은 1950~1970년의 최고기록 1.9%와 거의 맞먹는 수준이다. 또한 1990~2012년 연평균 인구증가율도 1.3%로 여전히 높게 유지하고 있다.

그러나 현재 전 세계적으로 인구변화가 더 빨리 진행되고 있으며 이는 결국 지구촌 인구의 하향성 안정화로 이어질 전망이다. 유엔에서 예측한 결과는 세계인구증가율은 2030년대까지 0.4%로 떨어지고 2070년대에는 약 0.1%를 기록할 것이라고 한다. 이 예측이 맞아떨어진다면 세계는 1700년 이전의 매우 낮은 인구증가세로 돌아가게 된다. 이렇게 될 경우 세계인구는 1950~1990년에서 정점을 이루는 커다란 벨 커브가 될 것이라는 것이 피케티의 전망이다.

또한 21세기 후반 인구가 그나마 다소 증가할 것(2050~2100년에 0.2%)으로 예상되는 이유는 전적으로 아프리카 대륙의 연 1% 증가에 의존함을 유의하자. 그렇다면 그 밖의 다른 대륙의 인구는 아마도 정체되거나 혹은 감소할 것이다. 미 대륙은 0.0%, 유럽은 -0.2%가 되어 새로운 인구변동의 시대를 맞이하게 될 것이다.

이상의 유엔의 세계인구전망은 현시점에서 가장 합리적인 분석을 토대로 현실성이 있을 것으로 평가된다. 그러나 우선 세계가 미증유의 전쟁이 없는 평화안정기를 맞이하여 출산율의 변화가 예상을 뛰어넘는 변화를 가져올지 알 수가 없다. 앞으로 계속 유럽지역의 출산율이나 일본, 한국의 출산율이 극히 낮게 유지될 것인지 아니면 다시 무슨 변화가 올 것인지는 현 시점에서 예단하기 어렵다.

그러나 중기적인 예상은 중국이 출산율 감퇴와 인구노령화로 인구증가가 정체 내지 작은 상승률을 기대할 수밖에 없고, 반면 인도는 머지않아 중국인구를 추월하는 인구의 증가세 지속을 유지할 것으로 전망된다. 미국의 높은 출산율이 국가에 대한 신뢰에서 유래된 것인지는 알 수 없지만 그래도 중기적으로는 종전과 비슷한 출산율을 유지할 것으로 보이지만 유럽국가 중독일, 이탈리아 등 많은 국가들의 출산율은 하향커브를 유지할 것이다. 그러나 아프리카의 출산율은 그 상승세는 둔화되더라도 어느 정도 수준을 유지할 것이다.

인구전망과 관련하여 가장 큰 문제는 한국, 일본, 중국 등 아시아 신흥국가들이라고 할 수 있다. 중국이야 노령사회로 들어가더라도 워낙 모집단이 큰 인구규모를 가지고 있지만, 한국같이 인구의 절대규모

가 그리 크지 않은 나라가 현재 세계에서 가장 낮은 출산율을 유지하
고 있고, 그것도 아직도 하향세를 유지하고 있다는 점이 한국의 미래
를 걱정스럽게 한다고 할 수 있다.

21세기에 들어선지도 벌써 14년의 세월이 흘렀고 인구의 세계흐름
은 인도 아프리카를 제외하면 대부분의 국가들이 정체 내지 하향안정세
를 유지하고 있다고 할 수 있다. 세계인구 전체로는 안정세를 유지한다고
할 수 있지만 지역적 편차가 과거보다 점점 확대되어갈 가능성이 커지고
있다고 할 수 있다. 소위 부자나라들은 인구가 급격하게 하향 감축되고
있고, 가난한 나라들은 인구증가속도가 지속되고 있다고 할 수 있다.

말사스의 인구론을 들먹이지 않더라도 제2차 세계대전이 종료된
1950년대 급신장하는 인구증가율 앞에 세계는 '절대빈곤'이라는 퍼즐
을 푸는 데 급급하였다고 할 수 있다. 생산은 빨리 늘지 않는데 가난
한 나라의 인구는 빨리 늘어 절대빈곤은 늘어만 갔다. 1960년대 세계
은행을 중심으로 그리고 경제학계에서도 절대빈곤 퇴치를 위한 '후진
국개발론'이 각광을 받기 시작하였다.

1960년대 종합경제개발을 시작한 한국경제의 경우에도 인구의
급신장이 제일 어려운 과제였었다. 당시 한국관료들 사이에서는 언제
나 한국의 인구증가율이 '연 2.88%'라고 외우고 다녔다. 저자와 같은
경제개발계획 수립 참여자들은 자다가도 2.88%를 외칠 정도로 어려운
과제였다.

그러나 21세기에 들어와 인구에 대한 경제적 개념 자체가 변화되고
있음을 발견하게 된다. 인구가 '먹여 살려야 하는 개념', 즉 부담(liabilities)

의 개념에서 어느덧 경제개발에서 인력(Human Resources)이라는 말로 진화되더니, 21세기 중국경제의 부상과 함께 이제는 인력은 자원의 개념에서 격상되어 자산(Assets)개념으로 업그레이드되었다. 사람이 경제발전에서 부채가 아니고 자산으로 변화된 시대에 살고 있다고 평가할 수 있다.

2. 세계경제의 변화와 전망

인류의 경제발전을 통계적 접근을 통하여 정리한 앵거스 메디슨의 연구결과를 앞서 소개한 바 있다. 1820년을 변곡점으로 하여 세계경제는 풍요로운 시대를 열어갔다. 예수탄생 이후 1,000년 동안 그리고 다시 500여 년 동안 인류의 경제발전은 거의 정체상태를 유지하였다. 그 결과 1인당 GDP는 불과 두세 배밖에 오르지 않았다. 반면 1820년 이후 172년 동안 1인당 GDP는 8배 증가하였다. 이 기간 동안 선진국이라고 간주되는 나라들의 연평균 GDP성장률은 2% 수준으로 정착되었다는 것이 메디슨의 연구결과이다. 왜 세계경제성장률이 급격하게 상승하기 시작하였고 일찍 발전이 시작된 나라들의 연평균성장률이 연 2%의 높은 성장을 하게 된 배경이 무엇일까? 이에 대한 연구는 토마 피케티의 연구에서도 거의 비슷한 통계결과가 나와 있고, 이에 대한 유사한 통계분석을 토대로 그 배경설명에 치중한 윌리엄 번스타인의 연구를 소개한 바도 있다.

본 장에서는 통계의 정확성을 가지고 시시비비를 할 필요가 없다. 학자들의 깊은 연구와 작업을 받아들이고, 이를 토대로 앞으로 중장기적으로 세계경제가 어떤 모습으로 변화될 것인지를 가늠해보는

표 4-2   Andrew Mold가 조정한 2030까지의 세계경제 판도(기준연도 2010년)

(단위: 구매력평가: 백만 달러 성장률: %)

기어리-카미스			윌리엄 메디슨			앤드류 몰드	
	GDP		GDP	성장률	성장률	GDP	성장률
	1990	2008	2030	1990~2003	2003~2030	2030	2008~2030
부유한 나라	15,020 (55.3)	22,536 (44.2)	35,120 (36.4)	2.33	2.06	33,484 (30.6)	1.82
미국	5,803	9,485	16,662	2.91	2.56	15,475	2.25
일본	2,321	2,536					
나머지 나라	12,117 (44.7)	28,438 (55.8)	61,460 (63.6)	4.19	4.12	75,873 (69.4)	4.56
중국	2,124	8,909	22,983	8.56	4.98	30,797	5.80
인도	1,098	3,415	10,074	5.73	5.68	12,306	6.00
기타 아시아	3,099	7,060	14,884	4.36	3.83	16,732	4.00
전 세계	27,137 (100.0)	50,974 (100.0)	96,580 (100.0)	3.21	3.23	109,357 (100.0)	3.53

자료: 메디슨, 몰드의 예측을 저자가 설명 목적으로 도식화

것이 우리가 찾아보고자 하는 길이다. 이에 대한 추가 연구자료가 앵거스 메디슨과 함께 연구한 앤드류 몰드(Andrew Mold; OECD 금융개발 팀장)에 의하여 이루어졌다. 그는 메디슨의 예측을 업데이트하여 2030년까지의 세계경제판도변화를 내어놓았다. 이는 어디까지나 메디슨의 연구결과를 토대로 이를 업데이트하고 이를 토대로 앞으로의 예측치를 담은 연구결과라고 할 것이다. 이를 토대로 앞으로의 변화의 흐름을 가늠해 보자. [표 4－2]에서 메디슨과 몰드의 분석결과를 비교하여 보자.

2010년 타계한 앵거스 메디슨은 2000년 이전 40년 동안 세계경제질서가 얼마나 극적으로 변화되었는지를 분석하였다. 이를 토대로 메디슨은 세계경제질서는 이후에도 그런 변화가 계속되리라는 점을

의심하지 않았다. 제2차 세계대전 이후 1960년대에는 세계가 제1세계, 제2세계 그리고 제3세계로 나뉜다고 보는 것이 일반적이었다고 할 수 있다. 그러나 새천년이 되어서는 이러한 개념에 변화를 감지할 수 있다. 요즘 세계경제는 '서구'와 '나머지 나라들', 아니면 '부유한 나라들'과 '나머지 나라들'로 이분화하여 분석되고 있다고 앤드류 몰드는 지적하고 이 기준에 따라 세계경제의 규모를 비교하였다.

국제협력개발기구(OECD) 개발센터는 전세계GDP에서 비OECD 국가가 차지하는 비중이 2000년의 40%에서 2030년에는 57%로 확대될 것이라고 예측한 바 있다. 이러한 급격한 비중변화는 인도, 중국의 역동적인 발전에 기인한다고 할 수 있다. 이 나라들이 '인구대국'이라는 사실을 염두에 둔다면 세계경제의 무게중심이 크게 변화하고 있음을 나타낸다고 할 것이다. 이러한 무게중심의 변화는 자연 경제정책에서도 많은 변화를 예상하게 될 것이다. 이러한 예측은 물론 OECD개발센터의 경제사 연구자였던 앵거스 메디슨의 연구에 토대를 둔 것이다.

그러나 메디슨의 연구결과도 그의 말년 몇 년 동안의 통계수치(2003~2010)가 당초 그가 예상했던 것보다 크게 빗나갔다. 앤드류 몰드는 이 새로운 변화를 토대로 메디슨의 2020년 세계경제전망을 다시 보완·정리하였다.

이 보완작업에서 우선 중요한 대목은 2008년의 금융위기의 여파를 반영해 부유한 나라들의 성장전망을 하향수정하였다. 소위 서구 부유한 나라들의 재정부담 압박 전망이 가장 중요한 대목이 되겠지만, 그들 서구 부자나라들의 재정위기는 현재도 진행 중이어서 앞으로 경우에 따라서는 더 비관적인 전망을 할 수도 있을 것이다.

　　두 번째 보완작업에서는 중국과 인도의 비중변화와 성장전망이 당초 메디슨의 전망에서는 구조적인 변화를 토대로 다소 신중한 입장을 취하였었다. 즉 중국경제가 선진국의 위치와 점점 가까워짐에 따라 중국의 경제성장속도가 다소 둔화될 것이라고 보았다. 이에 따라 인도는 인구와 경제성장 모두 중국을 추월할 것으로 메디슨은 보았다.

　　이와 반대로 중국의 경제성장이 앞으로 30년, 즉 2040년까지 매년 9%의 현재 성장속도를 유지할 것으로 보는 견해도 존재한다. 그러나 이 글을 쓰고 있는 2015년 연초 세계전망은 중국경제성장을 7% 이하로 전망하고 있는 흐름이다. 일부 극단적인 경우 연 4%의 전망을 제시하는 경우도 있다. 세계경제 전망도 미국을 제외하고 많은 나라들이 대부분 당초 전망보다 낮게 나오고 있다. 아무튼 이런 아주 최근의 세계경제흐름과는 차이가 있게 앤드류 몰드는 중국경제성장전망을 당초 메디슨의 4.98%에서 5.80%로 다소 상향조정하였다. 비슷한 접근으로 앤드류 몰드는 인도의 경제성장 전망도 메디슨의 5.68%에서 6%로 상향조정하였다.

　　메디슨은 중남미 그리고 아프리카의 장기경제전망도 다소 보수적인 접근을 하였다. 그러나 최근의 실적을 감안하여 몰드의 새로운 전망에서는 상향된 결과를 내놓았다. 중남미전망을 당초 2.48%에서 3%로, 아프리카의 전망을 3%에서 3.6%로 상향하였다.

　　마지막으로 메디슨이 한국이 포함된 '기타 아시아' 지역의 성장전망치를 3.83%로 보았는데 새로운 수정전망에서는 4%로 조정하였다. 이상의 새로운 세계경제성장전망치들을 합쳐보면 2030년의 세계경제는 지금과는 크게 달라질 것이라는 것이 앤드류 몰드의 결론이다.

　　각국의 성장 전망치를 상향조정한 것에 대한 타당성을 가지고 논할 필요는 없을 것이다. 어차피 전망과 현실 실적 간에는 괴리가 존재하기 마련이고 그 괴리의 크기가 문제의 핵심이 될 수는 없다. 현재의 흐름에서 앤드류 몰드는 세계경제전망을 조정한 것이라고 평가해야 한다. 중국이나 인도 그리고 남미 아프리카의 경제전망에 다소 보수적인 접근을 한 메디슨의 전망이 오히려 더 현실적일 수도 있을 것이다.

2015년 세계경제전망의 흐름은 지난 몇 년 동안 전망한 수치에 비하여 다소 비관적인 전망이 우세하다 할 것이다. 미국을 제외한 세계 모든 나라들의 경제가 침체국면으로 진입하는 모습이고 미국경제도 2015년 초에 예상했던 것보다는 연말이 가까운 10월 말 고용, 소비, 물가 등에서 그리 밝은 모습을 찾기 어렵다. 그래서 미국정부도 금리인상이나 통화조절 등에서 당초예상보다 주저 내지는 신중한 자세를 취하고 있다고 할 것이다. 그러나 결과가 어떻든 메디슨이나 몰드의 2030년 세계경제전망에서 '나머지 나라들'의 경제규모가 세계경제에 차지하는 비중이 크게 신장하는 모습을 보일 것으로 전망된다. 결국 메디슨이나 몰드의 전망과 비슷한 결과가 될 것이라는 것이 저자의 견해이다.

첫째, 세계경제에서 '나머지 나라들'이 차지하는 비중이 1990년의 45%에서 2030년에는 거의 70%에 육박하게 될 것이라는 전망이 몰드의 분석이다. 중남미, 아프리카의 경제관리 개선이 당초 메디슨의 예측치에 가해진 조정의 폭은 작았지만 장기적으로 보면 그 영향이 이자를 복리로 계산할 때처럼 매우 크게 반영된다는 점을 몰드는 지적한다. 세계경제가 규모 면에서 소위 '나머지 나라들'이 절대적인 비중을 갖게 되었다는 이야기는 세계경제흐름이 주로 과거에는 큰 영향력이 없었다고 할 수 있는 '나머지 나라'에 크게 의존하게 된다는 이야기가 된다. 세상이 변한다는 이야기이다.

둘째, 원고를 집필하는 2015년 현재 진행중인 EU국가들 중 독일과 영국을 제외한 대부분의 나라들이 재정파탄의 위협에서 완전히 벗어나지 못하고 있다는 점이 이들 '부유한 나라'들의 미래를 어둡게 하고 있다. 2008년 이후 미국 발 금융위기 앞에 보여준 그리스, 스페인, 이탈리아 등 국가들의 위기대응모습은 세계인을 실망시킬 정도였다고 할 수 있다. 특히 그리스의 재정위기 대응을 보면서 사람들은 화장기 없는 선진국의 맨얼굴을 보는 것 같은 안타까움이 있었다. 가난을 겪어본 나라 사람들이 보기에는 조상 잘 둔 덕에 어려움을 모르던 아이들이 위기 앞에 표출한 대책 없는 몽리 수준의 대응이라는 점에서 실망을 안겨주었다.

그러나 원고집필 중인 2015년 10월 말 EU 국가들의 경제대응에 변화의 바람이 감지되고 있다. 즉 그리스를 제외하고 아일랜드를 필두로 스페인, 포르투갈, 이탈리아 그리고 영국에 이르기까지 각기 경제의 심각성 앞에 국정운영을 인기영합정책에서 벗어나 새로운 성장동력을 찾아가고 있는 모습을 볼 수 있다. 새로운 '우경화'의 모습이 구체적으로 어떻게 진행될 지는 좀 더 시간을 가지고 보아야 할 것이다.

셋째, 1인당 소득수준의 수렴이라는 측면에서 이 전망을 다시 음미하면 나라마다 인구구조의 변화추세가 상이함에 따라 2030년의 각 나라의 1인당 소득격차는 더 커질 것이라는 결론이 나온다. 메디슨의 예측은 유엔의 인구예측을 토대로 부유한 나라들의 인구증가율이 연 0.32%인 데 비하여 나머지 나라들의 인구증가율은 연 1.08%가 계속

되어 2030년의 1인당 소득은 2030년에 부유한 나라가 37.086달러, 나머지 나라가 8.504달러가 되어 여전이 4배 이상의 소득격차가 날 것이라고 앤드류 몰드는 전망한다. 결국 경제규모 면에서는 나머지나라들의 경제전망이 매우 고무적이지만, 부유한 나라들과 비슷한 생활수준을 유지하기 위하여는 나머지 나라들의 갈 길은 아직도 멀다는 것을 이 연구결과에서 얻을 수 있다.

3. 번영의 흐름에서 본 세계정세의 변화전망

이상에서 1820년 이후 200여 년의 발전흐름을 통계수치를 토대로 좀 더 과학적인 근거에 입각하여 추적하여 보았고, 연장선상에서 앞으로의 20여 년을 전망하여 보았다. 이를 바탕으로 세계가 번영의 흐름을 어떻게 이어갈 것인지를 중간결론을 이어 가보자.

첫째, 21세기에 들어서면서 이제 세계를 '부유한 나라'와 '나머지 나라'로 2분하는 것도 별 의미가 없어졌다고 할 것이다. 세계경제의 70%를 부유한 나라가 아닌 '나머지 나라'에 의존하게 되었는데, 그를 제외한 다른 나머지, 즉 30%에 해당하는 부유한 나라의 경제운영에 무게중심을 예전처럼 두는 것은 의미가 적다. 오히려 인구를 기준으로 5020(인구 5천만 이상 1인당 GDP 2만 달러 이상 국가)국가와 기타국가로 하든지, 아니면 GDP규모 10억 달러 이상 국가와 기타국가로 하는 다른 분류방식을 생각할 수 있을 것 같다.

둘째, 경제구조, 산업형태 등도 과거에 첨단기술 중심의 선진경제운영이 이제 미국 독일 등 일부 국가의 전유물이 되지 않고 있다. 한편 석유중심의 자원비중이 경제운영에서 차지하는 독점적 지위도 머지않아 크게 변화될 것이다. 성장동력의 변화 시대가 도래하고 있다고 할 것이다.

셋째, 과거 부채개념이 강했던 인구가 이제 인력(人力)의 개념을 넘어, 자산(資産)의 개념으로 변화되어 가고 있다. 중국과 인도 그리고 아프리카 등 인구 다(多) 보유 국가들이 이제 세계경제 운영에서 큰 비중을 갖게 되었다. 다른 한편 인구 다 보유 국가인 중국이나 인도의 경제전망을 수치에만 매달려 계속 긍정적으로만 볼 수 있느냐 하는 의구심을 저버릴 수 없는 면이 있다.

2015년 3분기 중국의 경제성장률이 6.9%라고 중국정부가 발표하였다. 그러나 일부 전문가들은 여기에 의문을 제기한다. 현재의 경제흐름, 즉 소비, 투자, 국제수지 등 제반 경제흐름을 종합해 볼 때 중국 3분기 경제성장률 6.9%는 믿기 곤란하다는 견해가 국제 전문가들 사이에 제기되고 있다. 3~4% 이상 보기 힘든 현실에 두 배가 되는 7%대 성장률을 내놓은 리커창 중국총리의 경제실적을 믿기 어렵다고 전문가 중에는 토를 달고 있는 이들이 있다. 저자의 견해로도 중국의 경제실적은 지나치게 부풀려진 것이 아닌가 하는 의구심이 생긴다.

실제 이런 일을 정부에서 해왔던 저자의 견해는 어느 정도 의미가 있을 것 같다. 1970년대까지만 하더라도 한국의 GNP(GDP) 추계는 한국은행과 당시의 경제기획원 실무진들이 함께 작업하였다. 특히 농업 등의 부가가치 추계는 정부 통계가 많이 활용되었기 때문이다. 경제기획국 종합기획과장이던 저자는 당시 실제 한국은행과 함께 일을 하면서 '생산량'이나 이 생산에 관련된 '부가가치율' 등을 함께 정하여

가기도 하였다. 좋은 의미에서는 아무 문제없지만 만일 정부가 여기에 개입하고자 한다면 얼마든지 개입할 수도 있는 기술적인 분야이다. 중국정부가 매년 예상경제전망치와 실적치가 항상 큰 오차 없이 이루어지는 것을 보고 저자는 전문가의 입장에서 의아심을 가지는 때가 있었다. 인도의 경제실적도 같은 의문을 제기할 수 있지만 이런 것은 주관적인 견해는 될 지언정 객관화할 수는 없다. 아무튼 덩치가 큰 중국이나 인도 그리고 아프리카 등 국가에서 경제통계상의 오류가 발생할 때 세계경제에 미치는 영향은 클 수 있다.

미국을 제외하고, 대부분의 EU 국가들은 마이너스 인구증가 전망이 나오고 있다. 일본, 한국, 중국 등 아시아국가들도 인구노령화와 출산율 저하로 인구증가에 관한 한 비관적인 미래를 가지고 있다. 그러나 중국은 노령화되어도 당분간은 워낙 큰 모집단을 가지고 있고, 아직도 미국은 인구증가전망이 긍정적이다. 이들을 제외하면 결국 부유한 국가를 이끌었던 EU국가들 그리고 일본, 한국 등은 별 볼일 없는 국가로 전락할 가능성이 있다.

넷째, 세계경제의 발전동력이 기술을 토대로 한 산업중심에서 자본시장이 큰 축을 담당하는 시대가 되었다. 문제는 눈에 보이지 않는 자본시장의 파급영향을 제대로 추적하거나 이를 사전에 통제할 능력을 가진 나라나 시장이 따로 없다는 데 있다. 미국의 월스트리트에서 출발된 2008년의 금융위기는 전세계가 함께 놀라기는 하였지만, 이를 사후적으로도 조절하거나 앞으로의 파장을 예단할 능력을 가진 기관이나 나라는 따로 없다. 다만 다급한 대로 자국의 경제파국을 막기 위한 돈 살포 같은 막가는 정책을 폈을 따름이다.

만약 미국이나 EU, 일본의 돈 살포를 모든 나라가 하면 어찌될까? 경제구조가 취약한 국가나 재정이 부실한 국가는 이미 파멸하였을 것이다. 한편 만일 미국이 아니고 다른 나머지 나라에서 돈 살포를 무턱대고 해댔다면 IMF나 세계선진국들이 무식한 처사라고 들고 일어났을 것이다. '억울하면 출세하라'는 식이 되었지만 미국은 지금 한숨 돌리고 있고, EU나 일본은 아직 진행 중이어서 예단할 수가 없다. 문제는 이런 일련의 일들이 자국 내에서만 일어나고 그 영향이 자국경제에 국한한다면 시비거리가 아니지만, 현대 세계경제는 모두 서로 촘촘한 그물망으로 연계되어 있어 서로 이해가 엇갈리게 되는 데 있다.

다섯째, 세계정세가 제2차 세계대전 이후 70여 년 동안 세계적인 전쟁이 없이 주로 경제운영에 중심축이 있었다면, 이런 전쟁 없는 평화가 앞으로 계속될 것인지 불확실성이 확대되고 있다. 중국의 부상과 동북아정세의 변화, 북한의 핵보유, 러시아의 극단적 자국이익전략, 미·일간의 이해 합치에서 오는 미·중·일 그리고 한국 간의 이해의 변화 등 과연 세계정세가 어떻게 변화될지 예측하기 어려운 상황으로 전개되고 있다. 이해의 수렴이냐 충돌이냐, 알 수 없는 현실 앞에 과연 전쟁 같은 돌발사태 가능성은 없는 것인지 알 수가 없다.

4. 국민의 행복추구를 토대로 번영의 국정운영 모색

미래를 보면서 불확실성을 예단하는 것은 그리 어렵지 않다. 문제는 어떤 대응이 대안이 될 것인지를 찾아가는 것이 어려운 과제다. 특히 대한민국은 경제적인 측면보다 북한의 핵위협, 일본, 중국 등 이웃과의 역사갈등 그리고 안보를 중심으로 미·중·일과의 이해변화 등 민감한 문제들이 현실로 다가오고 있다.

경제적으로도 앤드류 몰드의 연구처럼 한국이 아직 '아시아 기타나라'에 들어갈 정도로 확실한 선진국이 아니다. 물론 그렇다고 한국이 후진국이나 못사는 나라로 분류될 수는 없다. 한국경제는 지금 막 완전한 선진수준에 정착하느냐 마느냐의 갈림길에 들어섰다고 평가해야 할 것이다. 이미 한국경제는 이제 3만 달러 시대에 들어서고 있다. 특히 세계은행이 조사하는 구매력평가기준으로는 이미 4만 달러 시대에 들어갔다고 할 수 있다. 대한민국은 소위 「50, 30」클럽에도 캐나다를 제치고 세계에서 일곱 번째로 가입된 나라다.

그러나 구조적으로 아직 완전한 선진대열로 들어섰다고 평가하기에는 부족한 면이 많이 있고, 앞으로 이를 보완·발전하느냐 여부에 한국경제의 미래가 좌우된다고 할 것이다. 그런데 국내에서는 막연하게 우리가 거저 선진국이 되었다고 믿고, 그저 자기이익만 추구하는 갈등구조가 확대되고 있는 상황이다.

이상의 상황을 전제로 현시점에서 대한민국의 국정운영을 과거의 개발연대와 같은 정부주도로 할 수 있을 것인가, 아니면 현재와 같이 질서 없이 자기이익만 추구하는 한국판 자유주의에 토대를 둔 것 같은 시장경제에만 의존할 것인가, 아니면 가장 비생산적인 정치권 중심의 민주주의 행태 및 질서를 그대로 유지해 나아갈 것인가를 평가해 보아야 할 것이다.

한국의 경우 개발연대는 이미 지났다. 미국을 중심으로 한 시장경제의 신자유주의 시대도 끝이 났다고 보아야 한다. 민주주의 한다고 모든 걸 국회에 맡겨놓았는데 그 국회를 운영하는 집단, 즉 정치권은 여야를 막론하고 무책임의 극치를 이루고 있다. 이런 국회에 이 절박한 국내외 상황변화에 따른 정책변화를 맡겨놓고 앉아 있는 것이 2015년 현재 한국의 상황이다. 되는 것이 없다. 이제 새로운 국정운영 방식을 모색해야 하는 시대가 도래하였다고 평가한다.

한국경제 운영의 측면에서 보면 지난 대통령선거 당시 극한으로 치달았던 경제민주화의 황당한 정치구호화에서 벗어나야 한다. 이제 국민의 행복을 최우선가치로 한 번영의 국정운영의 시대를 열어야 한다고 평가한다. 그렇다면 과연 대한민국이 행복추구를 중심으로 한 번영의 국정운영을 감내할 수 있는 발전수준과 발전의 여력은 가지고 있는 지를 먼저 따져보아야 한다. 아무리 하고 싶어도 우리 수준이 이를 믿고 일어설 능력(Potentials)이 없다면 시행착오만 나오게 될 것이기 때문이다.

앞서 소개한 앞으로의 세계의 발전흐름에서 볼 때 한국의 발전수준은 이미 선진국 수준에 들어있고 이를 완벽하게 정착시키느냐 여부는 지금을 살고 있는 현 세대의 대응 여부에 달려있다고 할 수 있다. 대응능력도 있고 여러 시행착오의 과정을 거치며 이를 극복한 기본능력도 갖추었다는 것이 저자의 판단이다. 그러나 이를 현실적으로 달성하기 위해서는 지금을 사는 세대들의 특단의 노력이 요구된다고 할 것이다. 공짜 점심은 없고 무임승차도 없다.

이를 위한 현시대에 요구하는 해답은 지금까지의 국정운영방식에서 벗어나 국민의 행복추구를 국정운영의 최우선가치로 새롭게 설정하고 여기에 매진하느냐 여부에 달려있다고 저자는 평가한다. 평가결과 그렇다는 답이 나오고 이 의견에 동의하여 준다면 이제 국민의 행복추구를 최우선 가치로 하는 번영의 국정운영 방안을 제시해야 한다.

이러한 평가를 하기 위하여 저자는 한국경제의 발전과정을 우선 정리하고 지나가고자 한다. 한국경제의 현주소를 보다 정확하게 이해하기 위해서다. 1948년 대한민국정부가 수립되고 6.25전쟁을 겪고, 한국경제가 최빈국의 지위를 벗어나는 처절한 과정을 정리하여 보고, 1970년대 말 고 박정희 대통령 시해사건 이후 1980년대 초 한국경제 운영에 시장경제를 도입한 과정을 정리하여 보고자 한다. 다음 국정철학이 제대로 정리되지 못한 가운데 섣부른 개방과 자율이 1990년대 말 IMF시대(IMF와의 대기성차관협정체결)를 맞이하고, 그것을 극복하는 과정에서 빚어진 김대중, 노무현 정부의 황당한 경제운영이 오늘날 한국경제 발전의 족쇄로 남아있는 결과가 되고 있음을 정리해보고자 한다.

불행인지 다행인지 저자는 한국경제의 개발연대가 시작되는 1960대 초부터 1990년대 말까지 한국정부에서 직접 경제운영의 일을 담당하며 살아왔다. 제2차 5개년계획에서부터 계획이 마무리되는 제6차 계획에 이르기까지 작업에 직접 참여하였다. 실무적인 일에서 최고위 정책결정에 이르기까지 한국경제발전과 함께 살아왔음을 자랑으로 생각하고 있다. 저자의 이런 실증적인 산 경험을 토대로 지난날의 경제운영을 정리 및 평가하고자 한다. 아무리 객관성을 가지려고 노력할

지라도 이 일에는 저자의 주관이 개입될 수밖에 없다. 아니 경제운영 전문가로서 평생을 보낸 저자의 시선이 비록 잘못된 경우가 있을지라도 과감하게 본인의 주견을 개입시키고자 한다. 미리 양해를 구하는 바이다.

제 4 편

세계경제 판도변화와 한국경제

제 1 장

한국경제발전의 뿌리

　한국경제 발전의 연원을 찾는 일이 어렵다. 저자의 연구부족과 게으름도 원인이겠지만 그보다 근본적으로 우리에게 남겨진 자료들이 부족한 것을 말하지 않을 수 없다. 그동안 세계경제발전에 대한 전 지구적 접근이 있어 왔지만 (저자의 과문의 결과인지는 모르지만) 그것도 최근의 일로 알고 있다. OECD의 앵거스 메디슨과 그를 승계한 소수 인사들이 통계를 통하여 경제발전상황을 지구적으로 접근하려 노력하였고, 최근에는 프랑스의 토마 피케티에 의하여 프랑스를 중심으로 인근 유럽 각국의 경제통계를 유추 작업하는 과정을 볼 수 있다.

　아놀드 토인비가 그의 저서 '역사의 연구'에서 실토하듯이 그의 연구는 서양의 발전된 나라들을 중심으로 이루어졌고, 동양에 대한 연구는 일본이나 중국의 고대사에 국한하여 그것도 부실하게 이루어졌다. 하물며 아시아의 경제발전흐름에 대하여 경제학자들이 세밀한 연구를 하였을 것을 기대하기는 어려울 것이라는 것이 저자의 추론이다.

그래도 앵거스 메디슨은 전 근대 아시아 각국의 GDP를 추론, 발표하였다. 다른 세계의 GDP추계와 궤를 같이하여 서기 1년에서부터 1820년까지 아시아 각국의 1인당 GDP를 단계별로 정리하였다. 중국, 인도, 인도네시아 그리고 일본을 중심으로 연도별 변화의 추이를 계산하여 놓았다.

메디슨의 추계에 의하면 서기 1년 아시아 각국의 1인당 GDP는 400~450달러에서 출발하여 1820년 대략 600달러 선으로 추계하였다. 100년을 열여덟 번이나 보내고도 1인당 GDP는 50% 느는 데 그쳤다. 인구도 그리 늘지 않고 생산도 정체되었다. 1820년 당시 인도네시아가 612달러로 제일 높고 중국과 일본은 600달러였다. 한국의 GDP에 대한 변화추이는 없고, 1820년 한국의 1인당 GDP는 다른 아시아국가와 같이 600달러로 추산하였다. 아시아 다른 나라들도 대략 같은 수준인데 굳이 지적을 한다면 홍콩, 말레이시아가 600달러가 좀 넘는 수준이고 싱가포르가 83달러로 가장 낮았다.

GDP의 추계방식이 단순하게 인구추계를 중심으로 1인당 생산량을 추산하여 대입시키는 초보적 수준이었겠지만 그래도 이 통계추산의 특징을 짚어본다면 아시아 각국도 세계의 변화추세와 동일하게 창세기 이후 1820년까지 큰 변화가 없고, 그것도 각국별로도 별 차이가 나지 않는 정체된 모습이라고 할 것이다.

앵거스 메디슨의 주장처럼 1세기 이후 아시아 각국의 경제는 세계적인 추세와 함께 발전이 없고, 정체된 아니 다른 지역경제보다 더 침체되고 변화가 읽혀지지 않는 잠자는 아시아의 시대가 아니었나 추론해 본다.

표 1-1   앵거스 메디슨이 추산한 전근대 아시아 1인당 GDP(단위 : 미 달러화)

연도	1	1,000	1,500	1,600	1,700	1,820
중국	450	466	600	600	600	600
인도	450	450	550	550	550	533
인도네시아			565		580	612
일본	400	425	500	520	570	600
필리핀						584
한국						600
타이랜드						570
대만						550
미얀마						504
홍콩						615
말레지아						603
네팔						397
싱가포르						83
스리랑카						550

1820년이면 조선조 후기 단계로 정조시대를 지나 순조 때인데 그 이후 이씨 조선은 더욱 쇠망의 길로 들어선 시기이다. 1910년 이씨 조선이 일본에 의하여 패망될 때까지 100여 년의 세월 속에 당시의 조선경제상황은 나라의 명운과 함께 더욱 피폐해지고 망가졌을 것이다. 그러니 메디슨이 추계한 1820년의 1인당 GDP가 중국이나 일본과 동일한 600달러 수준이었다는 것도 믿기 힘들다고 할 수 있다. 그러나 당시 부가가치의 증식이 정치성과 거리가 있는 농업생산에 주로 의존되었다면 어느 정도 합리성이 있다고도 할 수 있을 것이다.

결론은 이씨 조선이 국가운명이 백척간두에 놓인 마당에 경제를 통한 번영을 생각할 여유가 없었을 것이라는 것이 이조 후기의 상황이었다고 할 수 있다. 이 과정에서 조선의 국력은 명과 청 양쪽의 편을 들지 않을 수 없는 기구한 상황 속에서 완전히 쇠락하게 되고, 조선의 운명은 풍전등화의 처지가 되었다. 한편 일본은 대륙을 점령하고자 호시탐탐 조선을 노리고 있었던 차 전봉준의 난을 계기로 청일전쟁을 일으켜 청을 굴복시키고, 이어 러일전쟁에서 승리함으로써 조선의 통치권을 획득하게 된다.

1910년 이후 36년 동안 일본은 조선을 식민지배하고, 쌀을 비롯한 경제재뿐만 아니라 문화재들까지 모두 수탈해 가는 간악한 식민정치를 시행하였다. 뿐만 아니라 제2차 세계대전에 참여한 일본은 전쟁지원을 위하여 모든 전쟁물자를 수탈하고, 심지어 사람들을 동원하여 전쟁과 산업의 노예로 활용하였다.

여기서 에피소드 한 토막을 소개하고자 한다. 저자가 1970년대 미국 프린스턴 대학에 유학하고 있을 때 우연치 않게 '근대화(modernization)'라는 강의를 수강하고 있었다. 교수 명을 일부러 소개하지 않으려 한다. 다만 그분이 세계적으로 알려져 있는 석학이라는 사실을 알고 있었고 대학원 강의이기 때문에 수강생이 5명 정도에 불과하였다. 하루는 한국과 중국의 근대화 과정을 강의하는 중에 일본이 한국의 근대화에 얼마나 기여하였나 하는 내용을 강의하였다. 물론 수강하던 저자는 일본의 조선 식민통치가 어떻게 한국의 근대화에 기여한 것이 되느냐고 항의성 질문을 하게 되었다. 그의 논지는 간단하게 경부선, 경의선 철도가 조선의 독자적인 능력으로 건설할 수 있었다고 생각하느냐는 반론을 폈다. 자본력이나 기술수준이 당시 일본이 앞서던 것은 이해할 수 있지만, 일본이 조선의 모든 물적, 인적, 문화 자산들을 수탈한 사실은 뒤로한 채 일본의 근대화 기여를 논할 수 있는 것이냐는 나의 반론은 이어졌다.

이 강의는 논쟁이 되어 몇 시간 이어졌고 다음날 이 교수는 학교 교수회의에서 한 한국학생의 항의성 논쟁이 있었음을 소개하였단다. 후에 안 일이지만 이 교수가 일본이 지원한 펀드의 지원을 받고 있음을 알게 되었다. 당시 일본 정부는 (지금도 계속되리라 짐작이 되지만) 상당히 많은 금액의 자금을 미국 유수대학에 지원하여 일본연구에 사용하도록 하고 있었고, 이 자금을 받은 교수들은 자연 일본에게 유리한 내용의 역사해석을 소개하고 있다는 것을 알게 되었다.

그 후 한국도 무역협회를 비롯한 기구 그리고 유수기업인들이 나서 미국대학에 한국학연구와 라이브러리를 구축하고 있다. 다만 일본이 한국과 다른 점은 일본의 과거사 해석을 자기들에게 유리하게 왜곡시키고자 하는 의도가 지원배후에 깔려 있다는 점이라고 평가한다.

2015년 초 현재 일본의 아베 정권은 군 위안부 동원에 대한 사과나 보상을 제대로 해주지 않고, 오히려 과거 자기네 정부에서 선언하였던 '고노담화'를 부정하려는 엉뚱한 시도를 하고 있어 세계의 빈축을 사고 있다.

반대쪽 중국의 시진핑 정권은 경제규모로 세계 2등 국가가 된 기반을 토대로 아시아의 패권을 차지하기 위하여 호시탐탐하고 있다. 북한의 김정은 정권은 누가 검증하였는지 불분명한 핵무기 보유 20기 그리고 5년 안으로 핵무기 100기 보유 가능성을 전략적 기반으로 남한은 물론 미국까지 전쟁위협을 하고 있다.

20세기 초 이씨 조선이 망가지던 과정에서 나타난 일본과 청나라 그리고 미국, 프랑스, 영국, 러시아 등 서구세력의 각축장이 되어 일촉

즉발의 위기에 놓였던 조선조 상황을 연상시키는 기분 나쁜 조짐이 2015년 한반도 주변에 일어나고 있다면 너무 과민한 것일까?

지금 대한민국이 이씨 조선 말기와 다른 점은 세계 10위권 반열에 오른 경제력의 크기와 국민의 국력지향의식 그리고 지적 수준이라고 할 수 있다. 그렇다고 이 정도가 국가안위를 안심할 수 있는 충분한 수준이라고 할 수 있나? 독자적 국가보위능력에서는 아직 많이 부족하다는 것이 일반적인 견해일 것이다.

아직도 대한민국의 국력은 우리 주변세력을 능가하지 못하고 겨우 따라가는 수준에 있고, 과거에 없던 우리민족이었던 북한의 핵위협을 머리에 이고 살아가고 있다. 또 나라를 이끌 리더십에 대한 의구심이 점점 확대되고 있다고 할 수 있다.

2015년 현재 일어나고 있는 한심한 국내정치권의 비생산적 활동, 종북인지 공산세력인지 구분이 안 가는 숫자로는 몇 백만까지 될지도 모른다는 한 무리의 인사들 그리고 대통령제하에서 대통령의 처신만 기대할 수밖에 없는 청와대 중심의 정부운영, 국민의 행복욕구와 정부에 대한 과도한 복지기대, 무엇 하나 일촉즉발의 이해각축 앞에 자신 있게 이 정도면 되었다고 말할 수 있는 게 없다. 대한민국 국민이 의지하고 안심하기에는 너무나 부족한 제도와 현재의 상황이라고 할 것이다.

제 2 장

2030년 세계경제의 판도

제 1 절 OECD 개발센터가 바라본 세계경제 판도

　전지구적으로 경제의 흐름을 GDP를 통하여 통계적으로 종합·분석한 사람은 앞서 소개한 OECD의 앵거스 메디슨이다. 그는 지난 2000년 동안 지구상의 GDP 변화를 통계로 분석하였을 뿐만 아니라 2003년 입수한 통계자료를 토대로 앞으로 2030년까지의 세계경제판도를 예측 제시하였다. 메디슨의 분석을 이어받아 앤드류 몰드는 2003년 이후의 자료들을 다시 보완하여 2030년 세계의 판도변화의 새로운 예측을 2011년 발표한 바 있고 이에 대한 상황의 변화판도를 제3편에서 이미 소개한 바 있다.

　여기서는 메디슨의 분석 전망과 몰드의 보완분석을 종합하여

2030년 세계경제판도 변화가 갖는 함의를 정리하여 보고자 한다. 3편에서 소개한 세계경제 판도 변화표인 [표 4-2](p.107)를 좀 더 상세하게 다시 보고 생각하여 보자.

첫째, 메디슨의 분석에 의하면 2000년 이전의 40년 동안 국제경제질서가 얼마나 극적으로 많은 변화를 했는지를 보여주었다. 메디슨은 앞으로도 그런 변화가 지속될 것이라고 전망하였다. 1960년대 세계가 제1세계, 제2세계, 제3세계로 분류되던 것이 일반적이었다. 다음 새천년이 들어서면서부터는 세계를 '서구'와 '나머지 나라들', 더 나아가 '부유한 나라들'과 '나머지 나라들'로 2분화시켜 개발도상국이 속하는 '나머지 나라들'의 경제변화에 더 관심을 가지고 분석하기 시작하였다.

둘째, OECD 개발센터는 전 세계 GDP에서 비 OECD 국가가 차지하는 비중이 2000년의 40%에서 2030년에는 57%로 확대될 것이라고 예측하였다. 이러한 급격한 비중변화는 개발도상국 특히 중국과 인도의 역동성에 기인한다고 평가한다. 이 나라들이 '인구대국'이라는 사실을 고려하면 세계경제의 무게중심이 빠르게 변하고 있음을 짐작하게 한다.

OECD 개발센터에서 이 연구를 담당한 앵거스 메디슨이나 앤드류 몰드 모두 세계경제의 판도 변화에 인도나 중국이 큰 기여를 하게 된다는 사실을 직시하고 있다. 메디슨은 지난 30여 년 동안 아시아에서 중국경제가 가장 역동적으로 변화한 모습을 인정하면서도, 중국경제가 선진국 위치와 점점 가까워짐에 따른 자연적 성장 감속으로 경제성장

속도가 둔화될 것이라고 전망하였다. 물론 이러한 메디슨의 중기적 전 망에 반대하면서 앞으로도 중국이 연평균 9%의 높은 성장을 유지할 것을 전망하는 이들도 있다. 앤드류 몰드는 이런 낙관론보다는 메디슨 의 예측을 다소 수정하여 과거의 높은 성장세에 탄력을 받아 연평균성 장률이 메디슨의 4.98%보다 높은 연 5.80%로 높여 예측하였다.

인도의 성장전망에 관해서도 중국과 유사하게 전망이 엇갈리지만 인도는 상대적으로 지난 20년 동안 성장실적이 낮았다는 점과, 장기적 으로 보면 중국보다는 몇 가지 유리한 점이 있다고 몰드는 분석하고 있다. 즉 민주적 정치질서, 강력한 금융인프라, 정보통신기술(ICT) 같 은 주요분야에서 더 활기찬 민간분야를 가지고 있다. 무엇보다 중요한 것은 인구구조 면에서 중국이 노동연령인구비중이 정점을 찍은 것이 이미 2010년인 데 비하여 인도는 2030년에도 정점에 이르지 않을 것 이라는 분석이다. 따라서 메디슨의 인도 경제성장률 전망치 5.68%를 몰드는 6%로 올려 전망하였다.

앤드류 몰드는 중남미, 아프리카 그리고 '기타 아시아' 지역의 성 장 예측치도 메디슨보다는 모두 상향조정하였다. 중남미나 아프리카 대부분의 국가들이 21세기에 들어서면서 금융위기에서 벗어나고 있 고, 1차 생산품 가격의 상승으로 경제실적이 나아진 점과 아프리카 여 러 나라들에 민간자본이 유입되고 부채부담이 줄어든 점들을 평가하 여 당초 전망을 상향조정하였다.

앤드류 몰드가 결론을 내린 것은 2030년에는 세계경제가 메디슨 이 예측한 것보다 상향되어 지금보다 뚜렷하게 달라질 것이라고 예측

하였다. 결과 세계경제에서 '나머지 나라들'이 차지하는 비중이 1990
년에 45%에서 2030년에는 거의 70%에 가까워질 것이라는 전망을 내
놓았다. 당초 OECD 개발센터가 제시한 2030년 '나머지 나라들'의 비
중 57%에 비하면 훨씬 높아진 비중이다.

셋째, 2008년 금융위기 이후 서구국가를 중심으로 한 소위 '부유
한 나라들'의 처신에 의문을 제기하는 경우가 늘어나고 있다. 2015년
초 현재까지도 그리스, 이탈리아, 스페인 등 국가들의 재정취약성에
심각성이 제기되고, 이들 나라들의 위기대응에 의구심이 제기되고 있
어 앞으로 앤드류 몰드의 '나머지 나라들'과의 경제력 격차가 더 확대
될 가능성도 제기되고 있다 하겠다.

넷째, '나머지 나라들'의 세계경제에서 차지하는 비중이 괄목하게
크게 될지라도 1인당 소득수준의 수렴이라는 측면에서 보면 격차가
아직 많이 남게 됨을 분석할 수 있다. 인구구조가 나라마다 상이하고
그 증가추세가 다른 점을 고려하면 '부유한 나라들'과 나머지 나라들'
의 소득격차는 여전할 것이라는 점이다. 메디슨은 유엔의 인구예측을
토대로 '부유한 나라들'의 인구증가율은 연평균 0.32%에 그치는 데 비
하여 '나머지 나라들'의 인구증가율은 1.08%에 이를 것이라는 예측하
에 작업을 하였다. 이런 가정하에 2030년의 '부유한 나라들'의 1인당
소득은 37.086달러인 데 반하여 '나머지 나라들'의 1인당 소득은
8.504달러에 그칠 것이라는 결론이다. 이는 곧 2030년이 되어도 선진
국이 개발도상국에 비하여 1인당 GDP가 여전히 4배 이상의 부유한
상태를 유지하게 된다는 의미이다.

결론은 물론 1인당 소득수준에서는 2030년이 되어도 '나머지 나라들'은 '부유한 나라들'에 비하여 4분의 1수준에 머무르게 되지만 경제규모 면에서는 큰 변화가 전망된다. 중국경제규모가 미국을 능가하고, 인도의 경제규모도 세계에서 5위권으로 진입하게 될 것이라는 전망을 전제로 하면 '나머지 나라들'의 경제가 세계경제에서 차지하는 경제적 위상이나 영향력 측면, 즉 세계경제력 판도는 크게 달라질 것이라는 것이 앤드류 몰드를 중심으로 한 OECD 개발센터의 결론이라고 할 것이다.

제2절) 미국, 영국 등 기관들이 바라본 미래세계의 변화전망

2012년 12월 미국의 국가정보국(DNI)이 4년에 한 번 회차로 발표하고 있는 'Global Trend 2030'이라는 이름의 보고서 내용들과, 같은 시기 DNI의 예하기관인 미 정보위원회(NIC)가 발표한 '미래전망' 중 관심이 가는 내용을 일부 발췌·정리하여 보고자 한다. 물론 이 내용들이 단순한 경제전망 차원보다는 더 종합적이고 정보차원의 내용들이겠지만 현재 우리가 관심을 가질 만한 내용을 몇 가지 추려 정리하여 보기로 한다. 또 이러한 변화전망 속에서 2030년 한국의 세계 속 위상을 생각해 보고자 한다. 이 내용들은 물론 저자의 사견도 첨삭하여 정리한 것임을 밝혀둔다.

1. 미래에 있음직한 변화

(1) 정지된 엔진(Stalled Engines)

미국의 DNI는 2030년을 바라보면서 무엇보다 비관적인 전망을 제시하였다. 비단 유럽뿐만 아니라 미국, 중국 그리고 여타 세계가 그야말로 발전의 엔진이 정지될 것이라는 비관론을 먼저 들고 나왔다. 유럽이 재정위기 극복에 실패하면서 심각한 불황에 들어가게 된다. 그러나 단기적으로는 이 분석에 대한 회의도 제기된다. 이 글을 쓰고 있는 2015년 3월 세계경제는 미국이 소위 '확장정책'을 통하여 경제가 살아나기 시작하고 2015년 미국 경제성장률을 3~4%로 전망하면서 미국의 연준(FRB)은 돈 풀기 졸업을 선언하였다. 그러나 미국을 제외한 다른 나라들은 이런 미국 경제의 회복 변화에 대하여 부러움보다는 미국의 금리인상이 자국경제에 미칠 영향에 촉각을 곤두세우고 있다.

그렇다고 미국의 속내가 편하지만은 않다. 오바마 정부는 2014년 상하원 선거 참패를 계기로 다수당이 된 공화당과의 정책협의에 온 신경을 곤두세우게 되었다. 세계정세에 마음 편하게 끼어들 형편이 되지 못하고 있다.

일본의 아베 정권은 돈 풀기정책을 지속하면서도 경제가 그리 신통한 반응을 보이지 않자 이제 인근국가와의 역사평가 마찰을 불러일으켜 자국 보수층 결집을 도모하고 있다. 한편 그리스의 재정극복은 거의 실패로 결론이 나자 EU는 돈 풀기를 다시 시작하였지만 그리스 등 유럽 각국의 재정건전성이 나아질 기미가 보이지 않고 있다.

미국과 유럽은 자국 내부문제에 역량을 집중하면서 세계주도권 다툼에 관심을 덜 두게 될 수밖에 없다. 국제분쟁을 중재할 국가가 사라지면서 전쟁 발발 가능성도 제기된다. 전쟁의 무대는 중국을 중심으로 '그레이트 게임'이 새롭게 펼쳐질 아시아다. 하지만 주변국이 중재에 나서면서 세계대전의 형태로까지 발전하지는 않는다. 그래도 아시아를 무대로 전쟁이 벌어지면서 세계경제는 크게 침체될 것이라는 것이 DNI의 전망이다.

DNI는 이 보고서를 내면서 제일 먼저 미국의 셰일오일과 셰일가스 개발이 실패하면서 에너지혁명에 차질을 빚을 것이라고 하였다. 셰일가스는 미국을 에너지 자급국가로 만들고 에너지비용을 낮추어 제조업을 부활시킬 수 있다고 기대하였다. 그러나 채굴과정에서 지하수와 토양 오염가능성이 커지고 파쇄법으로 인해 생기는 환경파괴가 염려되면서 소송이 잇달아 일어나게 된다. 결국 미국의 법 제도하에서 셰일가스 개발은 진행하기 어려운 문제가 된다. 셰일가스 생산은 기술적으로도 쉽지 않은 일이다. 이런 환경 속에서 미국의 공화당과 민주당은 재정적자문제를 제대로 풀지 못하고 시간만 흐른다. 정치와 경제가 서로 얽히면서 미국경제는 침체되고 세계경찰 역할도 제대로 수행하지 못하게 된다.

이상이 1년 4개월 전 미국의 DNI가 제시한 전망이었는데 2015년 3월 현재 미국경제는 세계에서 가장 활발한 회복세를 유지하고 있고, 미국의 셰일가스 덕분인지는 아직 불분명하지만 2014년 말 이후 세계의 기름값은 종전의 3분의 1인 40달러대로 급락하였다. 물론 아직 이런 전망을 평가하기는 이르다. 세계 오일 값의 하락이 미국의 셰일가스 및 오일생산의 성공 때문인지 불분명하고 셰일가스의 성공여부도 판단하기는 아직 이르다고 보아야 할 것이다.

유럽에서는 그리스가 유로존에서 갑자기 탈퇴한다. 게다가 유로존의 채무국들이 통제할 수 없는 지경에 이르러 차례로 탈퇴하며 유럽은 대혼란에 빠진다. 이러한 비관적인 예상이 현실화될지는 아직 알 수가 없다. 2015년 초 그리스의 채무조정이 다시 합의 되었지만 아직은 성공보다는 그리스의 실패가능성에 더 무게가 실리고 있다고 할 수 있다. 그리스의 EU 탈퇴는 불가피하다는 전망 쪽이 아직은 더 우세할 것 같다. 그러나 DNI의 이 전망도 2015년 10월 현재 새로운 가닥을 잡아가면서 독일을 비롯한 그리스 이외의 여타 EU국들과 미국, IMF 등도 그리스를 돕는 일에 나서고 있어 그 향배가 주목된다.

중국과 인도는 OECD 개발센터나 일부 중국경제 지지학자들의 낙관적 견해와 달리 DNI는 비관적인 견해를 제시하였다. 즉 개혁하지 못한 정치·경제시스템에 발목이 잡혀 이들 국가의 경제성장이 둔화될 것이라는 전망이다. 8% 안팎을 기록하던 중국경제 성장률은 2030년 3% 안팎으로 떨어질 것이라고 DNI는 보고 있다.

미국이 세계경찰의 지위에서 물러나자 중국과 인도를 포함한 주변국들에서 분쟁의 위험이 커지게 된다. 경제성장이 둔화된 중국은 성장의 과실마저 분배하지 못해 체제비판의 움직임이 빈번하게 일어난다. 중국정부는 '민족주의'를 설파하게 되고 내부단속을 위해 대외적으로는 공격적인 모습을 띤다. 인도와의 관계가 더욱 악화된다. 마찬가지로 중동에서는 수니파와 시아파 사이에 분쟁이 격화되고 이란과 사우디 아라비아는 갈등이 심화된다.

이상이 미국의 DNI가 바라본 2030년 비관적 세계전망이다. 앞을 내다 보는 인간의 지능이 길어야 3년이라는 분석을 토대로 장기경제개발계획이 필요 없다는 경제학자들의 분석이 유의미하다고 할 수도 있다. 하물며 경제계획도 아닌 일반적인 정세의 흐름을 20년, 30년 단위로 보는 것은 무리이다. 그러나 현실적인 대안이 없는 미래예측을 놓고 서로 맞네, 안 맞네 하고 다툴 필요는 없다. 최선의 게스(Guess)로 족한 것이다.

미국의 스트랫포(STRATFOR)의 설립자이자 CEO인 조지 프리드먼(George Friedman)은 2009년 출간한 '100년 후의 세계(Next 100 Years)'에서 앞으로 100년 내에 미국을 능가하는 세계경찰국가가 등장할 가능성이 희박하고, 즉 미국의 영향력은 계속 되고, 중국의 미래를 그리 밝게 보지 않았다.

조지 프리드먼보다 훨씬 앞서 저자는 중국경제를 잠시 들여다 볼 기회를 가진 바 있다. 한국이 중국과 국교를 개설한 이후 얼마 안 가 아직은 한국정부가 그리 가깝게 중국정부와 접촉하기 좀 껄끄러웠던 시절, 당시 개발경제학의 담당축인 한국산업은행 총재로서 중국의 재정, 금융 등 경제전반에 관해 중국정부 고위층들과 여러 차례 협의를 할 기회를 가진 일이 있다. 그 결과 1990년대 초 저자가 느낀 중국의 경제현황이나 제도는 '아직 멀었구나' 하는 인상이었다.

그 이후 물론 저자는 중국을 여러 차례 왕래를 한 바 있지만 내 생각에 변함이 없었다. 20여 년의 세월이 흐른 시점에서 프리드먼의 '100년 후'를 읽으면서 저자는 프리드먼의 견해에 많은 동감을 한 바 있다.

그러나 그 후 5년여의 세월이 흘러 중국경제는 규모 면에서 일본을 제치고 세계 2위의 경제 대국이 되었다. 13억명 인구와 거대한 땅덩어리 그리고 거의 일사불란한 것 같은 개발지향형 경제구조하에 세계자원의 주요 흡수창구로 중국경제는 격상되었다. 비단 경제뿐만 아니라 국방, 외교 그리고 문화교류에 이르기까지 중국은 이제 함부로 볼 수 없는 G2의 일원이 된 개방형 경제운영을 하는 국가로 변모되었다.

그렇다고 필자가 보는 중국경제와 중국의 미래에 대한 견해가 모두 변화된 것은 아니다. 중국경제가 가지는 그리고 중국 국가가 가지는 2030년 여러 전망들은 낙관과 비관이 혼재하지만 아직은 유보적이라고 평가하는 것이 솔직할 것 같다.

DNI는 이상과 같이 세계정세의 변화를 보다 구체적으로 접근하여 분석하기도하였지만, 더 나아가 2030년의 세계변화를 좀 더 단편적으로 좋은 면, 나쁜 면을 골라 추상적인 접근을 한 분석을 다음과 같이 내놓기도 하였다.

(2) 낙관(Fusion)

파키스탄, 아프가니스탄 등 남아시아분쟁이 확대될 조짐을 보이자 미국과 유럽, 중국 등 주요세력이 해결을 위해 긴밀히 협력한다. 시간이 지나면서 중국도 정치개혁의 길을 걷기 시작한다. 주요국가들 간에 신뢰관계가 구축되면서 국제기구들을 개혁하고 확장시킨다. 모든 국가는 크게 성장한다. 신흥국 경제는 더 빠른 속도로 커가며 선진국들의 GDP도 회복된다. 2030년까지 세계경제는 현재보다 2배 가량

커진다. 미국에서는 '아메리칸 드림'이 부활하고 10년간 소득이 1인당 1만 달러가 넘게 상승한다.

(3) 비관(Gini Out of the Bottle)

세계화의 어두운 부분이 전세계를 지배한다. 많은 국가에서 불평등 문제로 정치적·사회적 긴장감이 높아진다. 국가간에도 그렇다. 유로존 중심국가는 번성하지만 주변국은 유로존 이탈을 강요받는다. EU단일시장은 간신히 명맥만 유지되고 있다. 에너지 공급국가는 에너지가격이 하락하면서 경제구조를 다변화할 수 있는 시기를 놓치고 내부 분쟁의 위험에 노출된다. 한편 중국의 해안도시는 계속 번성하지만 국내 발전격차가 확대되고 중국 공산당이 분열된다. 중국 중산층은 사회불만이 높아지고 중국의 중앙정부는 통치에 어려움을 겪으면서 '민족주의 노선'을 취하여 간다.

(4) 비정부기구(Nonstate World)의 활동확대

국가가 소멸하지는 않지만 정부는 국내문제에 더 집중하게 된다. 정부가 손을 쓰지 못하는 문제에 국제적으로 협력하는 곳은 NGO와 거대도시, 다국적기업, 학술기관 및 부유한 개인 등 비 국가단위가 될 것이다. 엘리트층은 빈곤, 환경, 부패, 법치, 평화 등 지구적 과제에 관한 여론을 이끈다. 문제의 성격에 따라 국가와 비국가 기구들이 혼재하면서 유연성이 커질 수도 있다. 그러나 상대적으로는 불안하다. 비정부기구의 문제해결 노력을 국가권력이 나서서 막기도 하고, 개인이나 소규모 그룹에 의한 폭력과 파괴행위가 증가하기도 한다.

2. 미국 국가정보위원회(NIC)의 미래전망

거의 같은 시기, 같은 성격의 미국 국가정보위원회도 2030년의 세계 미래전망을 발표하였다. 대동소이하다고 볼 수 있지만 접근각도가 약간 다르기 때문에 참고하기 위하여 그 발표내용을 정리하여 본다. NIC의 종합된 이야기는 '2030년에는 아시아가 북미와 유럽을 합친 것보다 더 큰 파워를 갖게 될 것이다. 그리고 그 중심에는 중국이 있다. 하지만 향후 세계는 개인의 권한이 강조되고 국가권력은 분산되는 추세이기 때문에 중국이든 미국이든 '절대 패권국'은 될 수 없을 것'이라는 견해를 피력한다.

(1) 아시아, '북미+유럽'을 압도한다

NIC보고서는 '경제규모, 인구, 기술투자, 군사비지출 등 측면에서 2030년이 되면 아시아가 북미와 유럽을 합친 것보다 더 커질 것'이라고 했다. 유럽과 러시아는 하강세를 지속하는 한편, 아시아는 여타세계를 압도할 것이라는 전망이다. 중국은 2030년 직전 미국을 제치고 세계최대의 경제대국으로 부상할 것으로 전망하였다.

NIC보고서는 따라서 국제정치무대에서 미국의 우위의 시대를 의미하던 '팍스 아메리카나'는 빠르게 위축되고 소련 붕괴 이후 등장하였던 '유일강국(Unipolar)의 시대는 끝났다'고 했다. 이는 중국이 지금의 미국과 같은 지위를 누리지 못할 것이라는 의미이다.

미국은 경제규모에서 중국에 추월 당하더라도 글로벌 문제에 대한 협력을 이끌어낼 수 있는 유일한 국가로 국제무대에서 중심적 지위는 계속 이어갈 것으로 NIC는 전망하였다. 이른바 '동급최강(First among Equals)의 위치다. '어떤 시나리오에서도 미국의 역할을 그대로 따라할 수 있는 능력을 갖춘 국가는 없다'고 NIC는 분석했다.

(2) 중국경기침체 올 경우 동아시아 경제위기

NIC는 중국경제에 대하여 부정적 전망도 함께 제시하였다. '중국 경제가 침체되는 상황이 올 경우 동아시아 전체의 동요로 이어지고, 이는 내부 불안과 함께 역내 파급효과에 대한 불안감을 키울 것'이라 고 보았다. 또 '빈부격차로 인한 분열이 생기고, 티베트, 신장 같은 지 역에서 분리주의 운동이 강화될 수 있다'며 '중국지도부가 국내문제의 관심을 외부로 돌리기 위해 점점 더 예측할 수 없고 공격적인 행동을 감행할지도 모른다'고 분석했다.

일본과 관련하여 NIC는 '급격한 고령화와 인구감소로 인해 국력 이 서서히 축소될 것'으로 전망하였다. 또한 '동북아에서 미국의 역할 이 줄어들면서 이 지역국가간의 힘 겨루기가 진행되는 '힘의 균형' 상 황이 오면, 일부 국가는 미국이 제공해 오던 안보를 대체하기 위하여 핵개발에 나설 가능성이 있다'고 분석하였다.

(3) 테러 패러다임도 바뀔 듯

NIC는 현재와 같은 종교전쟁 성격의 이슬람 무장세력의 대미테 러는 2030년까지 대부분 사라질 것으로 전망하였다. 하지만 지금까지 국가의 전유물이었던 살상무기제조법 등에 대해 개인들의 접근이 확 대되면서, '개인 테러리스트'가 양산되는 결과로 이어질 것이라고 보았다. 즉 개인역량강화(individual impowerment)의 확산으로 테러의 패러다임이 바뀔 것이라는 전망이다.

이와 동시에 NIC는 현재 71억명의 세계인구가 2030년에는 83억명으로 증가될 것이라고 보고 중국, 인도 등 국가는 늘어나는 부(富)를 바탕으로 더 많은 식량을 수입하게 될 것이다. 이는 국제 식량가격의 상승을 가져와 저소득국가의 사회불안 요인이 될 것이라고 전망하였다.

이상에서 미국의 정보기관들이 중기 세계의 변화 트렌드를 어떻게 보고 있는지를 최근 발간된 이들 기관의 보고서 내용을 중심으로 저자의 사견을 첨삭하여 살펴보았다. 앞으로 15년 후인 2030년 세계는 지금보다는 더 번성하게 될지는 몰라도 지금까지 흘러왔던 국제질서는 많은 변화가 올 것으로 볼 수 있을 것이다.

미국은 소련의 붕괴 이후 누려왔던 '유일강국'의 지위에서 '동급최강'의 위치로 그 리더십 발휘 환경이 변화되고 있다. 이러한 변화는 2030년까지 더 그레이드 다운될 것으로 전망된다. 그렇다고 현재의 미국의 국제문제 조정능력을 위협하는 새로운 국가의 등장을 예상하기는 어려울 것이다. 중국의 등장이 의미심장하지만 중국 스스로 국내외 많은 문제에 봉착하게 될 것이다. 그렇다고 앤드류 몰드가 분석한 것처럼 인도가 중국을 앞질러 갈 가능성도 지금으로서는 불분명하다.

동북아의 정세가 100년 전 청, 일, 러의 각축장을 방불케 하는 불안요인이 점증하고 있다고 보아야 할 것이다. 북한의 핵위협과 중국, 일본의 자국이익 챙기기 그리고 상대적으로 목소리가 작아진 미국의 안보지원 이런 현 상황이 앞으로 어떻게 한국에게 유리하게 전개될지, 불리하게 전개될지 불확실성이 많다고 보아야 할 것이다.

현재 한국의 국내정치상황도 미래에 대한 불안을 증대시키고 있다. 오로지 믿을 만한 곳은 그래도 한국경제에 대한 전망인데 2015년 현재 시계제로인 상태이다. 답답한 마음에 샤워라도 하듯 외부 연구기관에서 본 한국경제전망을 보고 가자.

제3절) 영국의 '경제경영연구센터(CEBR)가 본 한국의 2030 전망

2014년 12월 영국의 싱크탱크인 경제경영연구센터가 발표한 '세계경제전망보고서'에 의하면 대한민국 경제는 꾸준한 성장을 거듭해 현재 14위인 경제규모 순위가 2030년에는 8위까지 상승할 것으로 전망하였다.

CEBR은 중국이 2025년 미국을 제치고 세계 1위 경제규모가 될 것으로 전망하고 이 시기는 예상보다 3년 앞당겨질 것이라고 분석하였다. 이어 이 기관은 한국경제가 2019년 호주와 스페인을 제치고 12위로 올라오고, 이어 2024년에는 캐나다, 이탈리아를 추월해 10위권에 진입하여 2030년에는 경제규모 순위가 8위까지 상승할 것으로 전망하였다. 한국경제에 대한 이 분석의 신뢰수준은 저자로서는 너무 낙관적이라고 평가하고 싶다. 그러나 어떻든 더 나빠질 것이라는 예측보다는 우리 기분을 일시나마 좋게 하는 기분이다.

이어 이 기관은 자기 나라 영국이 2030년 6위의 경제규모가 되어 유럽 최대경제강국이 될 것으로 예상하였다. 반면 독일은 지속적인 인구감소와 유로화 약세로 영국에 뒤진 7위에 머물 것으로 보았다. 반면 신흥국의 성장속도는 더욱 빨라져 인도는 2019년에 세계 5위의 경제 대국으로 부상할 것으로 전망하였다.

제 5 편

한국경제발전의 족적(足跡)

21세기 초 세계경제의 판도변화와 이 가운데 한국경제가 점하게 될 위치를 전망하는 외국기관들의 견해를 제4편에서 다루어 보았다. 물론 역사적으로 보면 미래라기보다는 오히려 가까운 단기 전망이라고 할 수 있을지 몰라도, 경제운영이라는 측면에서 15년 후를 논하는 것은 불확실성이 너무 크고 별 의미가 없는 그런 과제일 수도 있다.

그러나 2000년의 경제발전사를 되짚어 정리하는 학문적 업적 앞에 10년, 20년은 그리 긴 시간이라고 할 수도 없다. 더군다나 세계의 판도가 경제적이건, 비경제분야이건 큰 변화의 소용돌이에 있다고 가정하면 앞으로 길지 않은 시간 내에 어떤 변화가 예상되고 거기에 한국경제가 어찌 대응해 갈 것인지를 검토하는 것은 절박한 과제일 수도 있다.

앞서 영국의 연구기관인 CEBR이 행한 한국경제의 중기전망을 소개한 바도 있지만, 이러한 외부기관의 전망이나 분석은 다분히 시계열 중심의 변화 예상이 중심이 되고, 그 나라 내부의 변화, 즉 구조변화를 수용하기는 어렵다고 할 수 있다.

한국경제가 세계경제판도 변화 속에서 어떻게 될지, 한국 내부의 구조변화는 어떻게 나타나게 될지 가늠하는 일은 어려운 일이다. 특히 대한민국의 국가운영, 그 중에서도 경제운영을 어찌 하게 될지, 아니 해야 할지를 가늠하는 일은 매우 어려운 과제라고 할 것이다.

이러한 작업의 출발은 물론 우리의 과거, 즉 어제를 정리하고 그 정리 토대 위에 내일을 설계해보는 데서 출발해야 할 것이다. 1945년 대한민국이 일본의 식민지배로부터 해방되어 자주독립국가로 다시 출발한 이후 우리 사이에 일어난 어제에 대한 연구나 기록은 많다. 물론 건국초기 미군정기록이나 6.25 사변 전쟁기간의 기록들이 불충분하다고 할 수 있지만 그동안 연구기관들과

학자들의 노력으로 많이 정리되어 있다고 할 수 있다.

그러나 본 서에서 저자가 제시하고자 하는 것은 번영학을 토대로 하여 헌법 제10조의 행복추구권을 중심으로 한 국정운영 전략의 전환 모색이다. 이러한 새로운 전략 제시가 당장 얼마나 공감을 얻을 것인지는 모르겠지만 당장 이러한 국정운영의 기조전환이 필요하다는 판단하에 조심스럽게 새로운 국정운영 전략을 가늠해 보고자 한다.

따라서 이러한 새로운 지향성 앞에 한국경제의 어제는 어떻게 움직여 왔는지를 먼저 정리해야 한다. 1945년부터 2015년까지 정확하게 70년의 역사를 어느 정도 시대구분을 통하여 정리해보고자 한다. 다만 여기에는 사실의 객관성을 최대한 존중하겠지만, 저자 자신의 경험을 통한 사견(私見)을 주로 해서 합목적성에 따라 정리하고자 함을 미리 밝힌다. 저자가 목격한 에피소드를 증거의 제시 없이 가능한 많이 삽입하고자 한다. 또한 본 편의 내용은 저자가 저술한 1982년의 '한국경제론', 1992년의 '21세기 경제정책의 대전환', 그리고 2008년의 '번영의 조건'의 내용들을 원용하였음을 밝힌다.

제 1 장

출생과 여명

1945년 일본의 강제지배로부터 독립을 찾은 대한민국은 1948년 대한민국이 수립되고 새 정부가 출범하게 되었다. 1910년 이후 36년 동안 일본의 지배는 수탈과 그로 인한 피폐 그대로였다고 할 수 있다. 당시 조선 땅에서 재배되는 쌀을 비롯한 농작물은 말할 것도 없고 지하자원들을 일본은 조선으로부터 수탈하여갔다. 제2차 세계대전에 참전한 일본 군국주의자들은 전쟁물자의 동원에서부터 노동인력, 전쟁인력 동원, 심지어 군 위안부에 이르기까지 조선천지의 모든 자원을 수탈하여 갔다.

1945년 일본이 연합군에 항복하자 대한민국은 독립된 국가로 다시 법적 지위가 회복되었지만 국토는 남과 북으로 나누어졌다. 대한민국 정부가 들어설 때까지 2년여 동안 남한의 통치는 미군정이 맡게 되었다. 1948년 출범한 새 정부가 아직 그 토대를 제대로 구축하기도 전 1950년 북한의 김일성은 남한을 침략하게 되고 3년에 걸친 동족상잔의 참극이 발생하였다. 일본의 수탈과 6.25남침에 따른 전화 속에 대한민국의 출생은 전화와 기아의 비참함으로 채색되었다고 할 수 있다.

1945년 미군정이 시작된 이후 1960년까지 15년 동안 극심한 고통의 연속이었지만, 그 비참함 속에서도 미래 경제발전에 대한 여명은 찾을 수 있었다.

제1절　자본주의의 토대인 사유재산권제도의 도입

남한의 통치를 맡은 미군정이 행한 일 중에 첫 번째 일은 대한민국에 자본주의의 토대인 사유재산권제도를 도입하여 시장경제질서 출발에 필요한 기초를 마련하는 것이었다. 당시 대부분의 공장이 일본인 또는 친일 조선인의 지배하에 있었다고 할 수 있다. 일본인의 퇴각 이후 많은 공장에서 노동자들이 중심이 되어 '노동위원회'가 조직되어 이들 공장을 노동자 스스로 관리하는 소위 '자주관리운동'이 확산되어 갔다. 만일 이 자주관리운동이 공장의 지배권과 종국적으로 소유권으로 이어질 경우 한국의 자본주의 토대는 붕괴되기 시작하였을 것이다.

이를 본 미군정은 노동자의 기능과 경영자의 기능을 명확하게 구분하는 제도를 천명하여 노동자의 자주관리운동을 저지하였다. 이와 연계하여 미군정은 일본인들이 남긴 귀속재산을 모두 국유화하여 이

를 다시 일반에게 불하하기 시작하였다. 종래의 국제법적 관례인 사유
재산권의 존중이라는 원칙에서 벗어나 군정법령 33호를 공포하여 국·
공유 재산뿐만 아니라 일본인이 남기고 떠난 사유재산까지도 미군정
에 모두 귀속시킴으로써 노동자의 자주관리운동을 원천 봉쇄하였다.

　　미군정은 이들 국유재산뿐만 아니라 일부 기업체 그리고 귀속농
지까지도 일반에게 매각하기 시작하였다. 귀속농지의 매각은 일반 농
민들에게 농지개혁에 대한 기대를 높여주기도 하였다. 이와 동시에 당
시 그 매각실적이 그리 많지는 않았지만 국유재산이나 일부 기업 등
의 매각은 제도적으로 사유재산권제도가 확립될 수 있는 기초를 마련
하였다고 할 수 있다.

　　사실 지금 생각하면 당시 만일 미국이 주도하는 군정의 정책이
제대로 이루어지지 않아 사유재산권제도에 대한 군정의 명확한 입장
이 없었다면 과연 대한민국에 지금과 같이 자본주의 시장경제체제가
꽃을 피울 수 있었을까? 어려웠을 것이다.

제 2 절) 농지개혁

　　미군정과 대한민국 정부는 출발과 함께 사유재산권제도의 실현을
위한 가장 큰 정책으로 농지개혁을 단행하였다. '1950년 농지개혁은
이 땅에서 수백 년 넘게 지속되었던 지주·소작제를 없애고 농민에게
농지를 돌려준 역사적 사건이었다.

그 해 4월 농가가 농지분배 예정통지서를 받았을 때, 당시 언론은 "전국적인 해방의 날"이라고까지 불렀다. 이전까지는 지주세상이었다. 해방 당시 남한 인구의 70%가 농업에 종사했으며, 전체 경지 가운데 3분의 2는 소작지였다. 농가 206만호 중 자작농은 14%에 불과했다. 소작농은 수확량의 절반가량을 소작료로 냈다(주익종 대한민국역사박물관 학예연구사; 2015년 조선일보 이승만의 농지개혁).

당시 소련의 지배하에 있던 북한에서는 이에 앞서 1946년 3월 토지개혁을 전격 단행하여 지주제를 철폐한 바 있다. 그 해 2월 출범한 북한정권은 지주소유 농지를 '무상몰수하여 농민에게 무상분배'하였다. 지주는 살던 마을에서 쫓겨났다. 북한정권은 '농민들이 공자, 맹자도 해결 못한 토지문제를 김일성 장군이 해결한 것으로 받아들였다'고 대대적으로 선전하였다.

이러한 변화의 바람 앞에 남한에서도 농지개혁을 기정사실로 받아들여지고 있었다. 우파에게도 공산주의 득세를 막는 반공주의 차원에서, 또 공업입국 차원에서도 농지개혁이 필요하였다고 주익종 연구사는 평가한다.

당초 농지개혁을 서두른 것은 미군정이었다. 1947년 초 옛 일본인 소유농지를 분배하자는 법안을 냈다. 그리고 한 해 뒤 5.10선거를 앞두고 이를 실행에 옮겼다. 이러한 농지개혁을 반대한 정파는 당시 대한민국에 없었다. 어느 정파도 정부 수립 후 최우선 과제는 농지개혁이라고 평가하고 있었기 때문이다. 제헌헌법에는 '농지는 농민에게 분배한다'고 명시하였다.

1948년 8월 15일 대한민국정부가 출범하자 농지개혁이 본격 추진되었다. '유상매입, 유상분배'가 기본원칙이었다. 이런 기본원칙하에 농지를 분배하는 과정에서 지주보상액과 농민상환액을 어떻게 정하느냐를 놓고 정부, 지주 그리고 농민 어느 쪽에 더 많은 이익을 줄 것인가에 대해 정파들 사이에 이해가 상충되었다. 우여곡절 끝에 당시 어려운 정부재정을 위하여 결국 지주보상액과 농민상환액을 균등하게 수확량의 150% 수준으로 서로 맞춘 농지개혁법을 1950년 3월 제정, 공포되었다.

곧바로 6.25사변이 터졌지만 이미 농지는 분배된 뒤였다. 1949년부터 준비해온 대한민국 정부는 1950년 3월 '농가별 분배농지일람표'를 만들어 공람케 하였다. 4월에는 '장차 자신의 농지가 된다는 전제하에 안심하고 파종'할 수 있도록 농지분배예정통지서 발급을 마쳤다. 법규가 확정되기도 전에 시행부터 한 것이다. 이승만 대통령이 "만난(萬難)을 배제하고 단행하라"는 독려의 결과라고 주익종 연구사는 평가한다.

1950년 당시 분배된 토지는 귀속농지 268,000정보, 농지개혁 농지 317,000정보였다. 그 이전에 704,000정보가 농민에게 방매되었다. 농지개혁에 대하여 비판적인 학자들은 이를 불철저한 면모로 보았지만 '최근 실증적 연구를 통해 사전방매가 농민에게 결코 불리하지 않았다'는 점이 밝혀졌다고 주익종 연구사는 분석한다. 농지개혁을 통해 '자작농 체제'가 성립된 것이다. 완전한 소유권까지 확보한 남한의 농민은 소작권과 같은 경작권만 얻은 북한농민과 출발부터 근본적으로 다르다고 할 수 있다.

북한의 토지개혁이 사유재산권제도를 부정한 반면, 남한의 농지개혁은 이를 인정하였다. 이영훈 서울대 교수는 '농지의 신속한 분배는 곧이어 터진 6.25전쟁에서 대다수 농민들을 대한민국에 충성을 바치는 국민으로 남게 함으로써 대한민국을 방어함에 크게 공헌했다'고 평가한다.

그러나 농지개혁 이후 현실은 장밋빛 전망과는 달랐다. 6.25전쟁과 전후 복구과정에서 지주와 농민은 각기 경제적 곤란에 처하게 되었다. 무엇보다 전시 인플레이션으로 지주보상금은 쪼그라졌다. 반면 농가경제도 막대한 군비를 충당하기 위한 각종 세금을 통합해 현물로 납부하도록 하는 임시토지수득세라는 세금이 부과되면서 농가경제는 피폐해졌다고 주익종 연구사는 분석한다. 결과론이지만 만일 지주의 보상금이나 농민의 경작 이익이 한쪽은 기대대로 되고, 다른 쪽은 기대보다 쪼그라들었다면 과정이야 어떻든 상호 불만의 골이 깊어졌을 텐데 전쟁으로 다 함께 손해 본 처지가 되었으니 상대를 원망할 형편이 아니고, 오히려 동병상련의 통합계기가 마련되었을 것 아닌가 사후적으로 유추해본다.

농지개혁을 평가하여 본다면 미군정과 대한민국정부, 특히 이승만 대통령이 당시 취약한 정치기반과 긴박한 남북 대치 상황 속에서 취해진 기민한 정책집행이었음을 알 수 있다. 정말 우리의 훌륭한 정치지도자의 모습으로 평가하지 않을 수 없다. 동시에 당시 사유재산권제도를 대한민국에 정착시킨 미군정의 확고부동한 정책도 높게 평가해야 할 것이다.

북한의 토지개혁이 일거에 지주를 절멸시키는 폭력적 방식으로 진행된 반면, 남한의 농지개혁은 오랜 시간을 끈 우여곡절을 겪은 후에야

완수되었다. 지주와 농민, 정부 등 여러 이해관계자가 이익과 손실을 절충하여 어느 한쪽의 일방적 승리가 아니라 다수가 공생할 수 있는 길을 찾은 것이다. 남한의 농지개혁은 대한민국 정부가 농민과 지주 그리고 여러 정파 간 절충과 타협을 이끌어낸 빛나는 첫 번째 성과였다는 것이 주 연구사의 최종평가이다.

제3절) 원조경제의 운영

농지개혁의 큰 틀을 잘 정리한 대한민국 정부는 큰 정책과제가 제대로 시행되는지를 지켜볼 겨를도 없이 같은 해인 1950년 6월 25일 북한 김일성의 남한 침략을 맞게 된다. 이러한 국가적 재앙 앞에 미국 정부의 신속한 군사지원 개시와 연이은 우방세계의 군사지원은 대한민국을 파멸의 구렁텅이에서 구해냈다. 미군사령관 맥아더 장군의 인천상륙작전을 비롯한 군사작전과 한국군이 구국일념 사투를 다한 끝에 1953년 한국동란은 전쟁 이전의 남북경계선을 중심으로 남북은 휴전을 맞게 된다.

여기서 당시 여담 한마디를 하고자 한다. 저자가 서울대 정치학과에 재학 중 들은 강의 내용이다. 강사는 훗날 외무장관을 역임한 이동원 장관이 당시에 정치학 강사 자격으로 우리에게 한 강좌를 해 주었다. 강의 제목은 잊어버렸지만, 당시 미국 트루만 대통령이 한국전 참전 결정을 얼마나 신속하고 극적으로 하게 만들었는지를 그 과정을

실감 있게 강의하였다. 요즘은 당시 상황이 모두 알려져 있지만 당시
우리 학생들로서는 처음 듣는 이야기이다. 정말 만일 미국의 트루만
대통령의 신속하고 결의에 찬 한국지원 결정이 아니었으면 지금 한국
이 존재할 수 있었을까 하는 아찔함을 느꼈었다.

같은 여담이지만 당시 저자의 생각으로는 연합국은 왜 패전국으
로 항복한 일본의 영토와 국민은 그대로 둔 채 수십 년 간 일제(日帝)
의 억울한 지배 속에 살아온 한반도를 남북으로 갈라 이런 역사의 한
을 만들었단 말인가? 같은 패전국 독일은 동·서독으로 나누어졌는데,
왜 패전국 일본은 그대로 놓아두고 대신 패전국도 아닌 불쌍한 한반
도를 남북으로 갈라놓았단 말인가? 억울함이 치밀어 올랐다. 승자의
논리밖에 없는 역사 앞에 대한민국 국민들은 그래도 일본의 강점을
풀어준 것만도 감사하게 생각하였다.

역사에 가정은 없다지만 만일 김일성 군대가 낙동강을 건너 부산
마저 점령하였으면, 아니 맥아더 장군이 낙동강전투를 하면서 동시에
인천상륙작전을 해 북한군을 남북으로 가두지 않았으면 그렇게 신속하
게 우리 국토가 수복되고 평양을 넘어 압록강까지 일거에 진격할 수 있
었을까?

만일 맥아더 장군의 주장대로 연합군이 만주지방으로 진격하였으
면 중공군이 들어올 수 있었을까? 그리고 김일성 집단은 괴멸되지 않
았을까?

그러나 우여곡절 끝에 유엔군과 북한군은 대한민국 이승만 대통
령의 반대에도 불구하고 1953년 7월 27일 당초의 남북분계선 비슷한
곳에서 휴전협정을 맺게 된다.

대한민국 사람으로서는 당시 다시 남북분단이 고착되고, 오늘까지 북한의 핵위협 속에 살고 있는 한국의 처지를 생각하면 가슴이 아프지 않을 수 없다. 연합군의 휴전 의도 앞에서 외롭게 반대의 절규를 외쳐댔던 이승만 대통령의 북한 진격 주장에 사후적이지만 국민적 존경을 보내지 않을 수 없다.

한편 전후 복구사업에 들어간 한국경제는 이를 감당할 재원이 없고, 이를 담당할 한국정부는 이런 일을 해본 경험 있는 관료집단이 없었다. 우선 돈을 마련하여야 하는데 자본을 동원할 능력이 없었다. 자연 미국을 중심으로 한 우방의 경제원조에 의지하는 수밖에 없었다. 다음은 대한민국을 어떻게 개발시켜 나갈 것인지에 대한 방향설정이 있어야 하였다. 이른바 종합적인 개발계획의 수립과 추진이 시도되기 시작하였다.

1. 다양한 환율운영과 경제원조

1950년대 초 한국경제는 제대로 된 환율제도가 마련되지 못한 시기였다. 각종 원조와 전쟁지원 등에서 한국정부는 지원국과 그때그때 필요에 따라 협의하여 환율을 정하고, 그 환율에 의해 사업이 진행되도록 하였다. 당연히 사업에 따라 적용되는 환율이 각기 달랐기 때문에 자연 환율은 단일이 아닌 다수의 복수환율체제였다고 할 것이다.

그 중 가장 대표적인 것이 대충자금에 적용되는 환율이었고, 다른 하나는 UN군과의 원화선대금(圜貨先貸金)에 적용되는 환율이었다. 대충자금(counterpart fund)이란 미국정부가 제공한 달러 표시 원조자금에 한·미

정부가 합의한 환율을 적용하여 환산한 원화금액(圜貨)을 의미한다. 또 유엔군과의 원화선대금이란 유엔군이 원화경비지출을 위해 한국정부가 원화를 유엔군에 제공하고 나중에 달러화로 상환받는 대출금이었다. 여기에 적용하는 환율이 각기 협의에 의하여 그때그때 정해졌다.

　한국정부의 입장에서는 대충자금의 환율이건 원화선대금의 환율이건 낮게(즉 원화의 고평가) 책정할수록 한국정부나 한국기업이 부담하는 금액이 적게 표시되고, 유엔군에 대한 원화선대금도 환율이 낮게 (원화의 고평가) 책정될수록 유엔군의 한국정부에 대한 지불이 많아지므로 가능하면 원화로 표시되는 환율을 낮게 표시하기를 바랐다. 반대로 미국정부를 비롯한 유엔군의 입장은 달러로 표시하는 원화의 환율을 높게, 즉 달러를 고평가하기를 바랐을 것이다. 자연 정부간 이해당사자의 입장에서 자기들의 입장을 고수하고자 하고, 자연 얻어먹는 피원조국의 입장에서는 원화로 표시한 환율이 높게, 즉 원화의 평가절하를 수시로 하지 않을 수 없었을 것이다.

　환율은 물론, 수입제한정책이 강구되었다. 즉 수입제한품목, 수입금지품목 등이 책정되었다. 이러한 직접적인 수입제한정책은 국내산업보호를 위한 관세장벽과 함께 당시 한국정부의 가장 영향력 있는 정책수단이었다고 할 수 있다.

　다른 한편 당시 미국을 중심으로 한 원조국들의 입장에서는 공산권과의 경쟁에서 승리하는 길은 한국의 경제성장을 촉진하는 것이라는 믿음이 확대되어 갔다. 따라서 미국정부는 군사원조와 경제원조를 분리하고, 군사원조를 축소하는 대신 경제원조를 확대하는 정책을 선택하였다. 이에 따라 무상원조를 줄이는 대신 차관형태의 유상자금,

즉 '개발차관기금(Development Loan Fund)' 제도를 도입, 확대하여 갔다. 이에 따라 대한민국에 대한 미국의 군사원조는 1957년에 정점에 달한 후 감소하기 시작하였다.

1954~1959년 기간 동안 한국정부가 미국 등 우방국가와 국제기구로부터 받은 경제원조의 총액은 약 27억 달러에 달하고 이는 우리 총 투자의 70%에 달하였다고 한국산업은행은 분석한다(한국산업은행: 경제협력의 실적과 과제, 1971). 그러다 보니 전후 복구사업이나 장기개발전략에 대하여 원조국이나 원조기관의 의견이 한국정부 의견보다 우위에 있게 될 수밖에 없었다.

장기개발전략과 관련하여 국제연합이 구성한 국제연합 한국부흥위원단(UNKRA)이 연구용역을 준 네이산 용역보고서가 1954년 유엔을 통하여 발표되었다. 이 보고서에 의한 한국경제발전전략은 '한국의 전통산업인 농업을 개발하여 쌀을 증산하고 이를 수출하여 한국경제의 발전기반을 잡는 것'으로 되어 있었다.

이런 발전전략은 당시 한국정부 내의 일부 전문관료들이 생각하였던 공업화 전략과는 거리가 있었던 것으로 파악되고 있다. 그러나 당시 이러한 일부 전문관료들의 전략은 피원조기관으로서 채택되기 힘이 들었을 것이다. 이러한 논의의 연속 속에 한국경제의 전후 복구는 시간만 소비하였고, 장기적인 개발전략의 실현을 위한 계기를 잡지 못하고 있었다.

한편 군사원조에서 경제원조 형태로 정책을 전환한 미국정부는 한국정부에 대하여 여러 가지 경제정책에 대한 자문과 선의의 관여를 하기 시작하였다. 당시 이런 일에 생소하였던 한국정부의 입장에서는 미국의 정책관여가 양면성을 가지고 다가오게 되었을 것으로 유추된다.

우선 미국정부는 한국정부에 대하여 강력한 '재정안정계획(1957~1960)'을 수립, 추진할 것을 요구하여 왔다. 방대한 재정적자를 줄이고 통화팽창을 억제하도록 요구하였다. 미국조차 생소하고 잘 집행되지 않던 당시 재정안정정책을 한국정부에 요청한 것은 일견 무리라고 판단될 수 있고, 다른 한편 한국정부로서는 새롭고 포괄적인 정책수단을 낯설지만 새롭게 배우게 되는 계기가 되었다고 할 것이다.

당시 한국정부의 입장은 두 가지였을 것으로 유추한다. 무엇보다 이 생소한 경제운영을 어떻게 할 것이며, 미국정부나 더 나아가 국제기관을 설득시킬 수 있을까 하는 난감한 입장에서 우선 배우자는 입장이 첫 번째였을 것이고, 두 번째는 미국정부의 한국정책 관여가 정착되면 어쩌나 하는 우려였을 것이다. 이 두 가지는 저자가 1960년대 초 정부에 들어와 이 일을 담당하면서 언제나 느껴왔던 일이었다.

그러나 사후적으로 이 정책을 평가한다면 우선 경제운영에 대한 새로운 기법을 접하게 되었을 것이고, 당시만 해도 미국조차 느슨했던 경제운영 기법이 한국정부를 그리 크게 옥죄지는 않았을 것이라는 짐작이다.

저자가 이 일이 출발한지 5년여 후에 정부에서 이 일을 담당하게 되었었는데 실무적으로 미국정부의 정책관여 강도가 그리 크지 않았다고 평가한다. 오히려 정부정책을 종합 관리하는 경제기획원 같은 입장에서는 이러한 미국정부의 정책협의 요구를 구실로 관련부처와 협의할 때 상대방 요구를 원조국의 요구를 구실로 조정할 수 있었다. 다음은 한국정부의 종합적인 경제운영기법이 자의든 타의든 이때부터 출발된 것으로 오늘날 한국경제발전과 경제운영 기법에 도움을 주지 않았나 평가한다.

2. 다양한 경제개발계획의 시도와 좌절

대한민국 이승만 정부는 일련의 경제개발계획을 통해 경제재건을 추구하고자 하였다고 볼 수 있다. 개발계획의 내용이나 추진과정은 저자의 연구부족으로 잘 알 수는 없지만 다양한 개발계획이 시도되었던 것은 사실이었다. 한국개발연구원이 발간한 한국경제 60년사에 기록된 한국의 개발계획 출발의 역사는 다음과 같다.

한국 개발계획의 최초의 것은 1949년 '산업부흥 5개년계획'이었고, 이후에도 1951년 부흥계획, 1954년 종합부흥계획, 1956년 경제부흥 5개년계획 그리고 1960년 경제개발 3개년계획 등 5개 종합계획을 수립하여 자립경제건설을 도모하였다고 기술되어 있다.

이러한 경제개발계획의 수립 추진은 제2차 세계대전 이후 사회주의 국가는 물론 자본주의국가 중 개발이 늦어진 나라에서도 널리 추진되었던 일종의 유행 비슷한 정책이라 할 수 있다.

한국정부는 이를 담당하는 기관으로 1948년 기획처를 설치하고, 한국동란 후에 1955년 부흥부로 개명되었다. 그리고 1961년 경제기획원으로 발전 개편하였다. 부흥부에는 당시 그리 많지 않았던 미국유학 경제학 박사들이 채용되어 경제계획을 준비하고 만들어가기 시작하였다고 한다. 또한 1960년 장면 정부가 들어와 당시 재무장관이었던 김영선 장관을 중심으로 새로운 계획을 시도하다가 정권의 붕괴로 무산되었다. 그러나 당시 상황을 유추하여 보면 당시의 전문성 부족과 작업준비기간 부족 등으로 과연 종합적인 경제개발계획이 만들어지고 추진되었을 것 같지 않다.

이러한 계획작업의 흐름은 1960년 5.16군사정부가 들어서면서부터 본격화되었다고 할 것이다. 그러나 당시 전문가가 부족하고, 시간도 없고, 군사정부에서 사전에 기초작업이 있었던 것도 아니었기 때문에 혁명정부에서 발표한 제1차 경제개발 5개년계획은 부흥부에서 마련한 계획자료와 당시 몇 가지 비료, 시멘트 등 주요 사업계획을 정돈한 수준에서 마무리된 것이었다고 할 것이다.

1961년 군사정부 내에는 이를 담당할 전문가나 전문성이 축적되어 있는 것이 없었다. 이러한 계획작업은 1962년 경제기획원이 출범하고 전문가 집단이 모여, 제1차 계획의 수정작업과 제2차 계획의 작업을 동시에 추진하면서부터 본격화되기 시작하였다고 평가할 수 있다.

제 2 장

경제개발연대의 출발

박정희 정부의 출발과 경제기획원의 출범

1950년 한국전쟁 발발 이후 1960년까지 한국경제는 전쟁지원과 전후 복구사업에 몰입된 시기였다. 광복 이후 대한민국 정부는 미군정과 함께 일본이 남기고 간 재산들에 대한 처리를 마무리함에 있어 사유재산권제도를 정착시키고, 이어 농지개혁도 유상매입과 유상분배를 분명하게 하여 시장경제질서의 토대를 마련하였다. 북한의 무상몰수 무상분배 농지개혁과 분명한 차별화를 이루고, 6.25전쟁 발발 직전에 농민에게 개별 농지분배를 통보함으로써 전쟁 중에도 농지분배에 대한 시비가 없는 가운데 농민들은 전쟁지원에 팔을 걷어붙였다.

농지개혁은 이승만 대한민국 초대 대통령의 가장 큰 업적으로 평가될 일이었다. 대만을 제외하고 거의 모든 동남아, 남미 등 국가의 토지개혁이 실패하여 경제발전에 오히려 장애가 되고 지금도 토지소유의 왜곡이 많이 남아 있음을 보며 한국의 농지개혁 성공을 높이 평가하지 않을 수 없다.

1953년 남북한의 휴전이 이루어진 이후 대한민국 정부는 전후 복구사업에 총력을 기울였다. 그러나 당시 한국정부는 복구사업에 들어갈 자원이 거의 없었고, 어떤 형태로 전후 복구를 이루어갈지 종합된 계획이나 지식도 없었다. 결국 우방인 미국을 중심으로 국제기구들의 지원을 받을 수밖에 없었다. 미국정부는 군사원조에서부터 시작하여 경제원조에 이르기까지 한국지원에 나섰다. 더구나 대한민국을 공산주의로부터 보호하는 길이 높은 경제성장을 이루게 하는 것이라는 점을 깨닫고 한국의 경제발전사업을 지원하였다. 유엔도 국제연합한국부흥위원단(UNKRA)을 중심으로 한국의 발전전략 마련을 지원하였다.

대한민국 정부 발족 시 설치되었던 기획처는 휴전 이후 1955년 부흥부로 변신하여 많은 경제전문가들의 지혜를 모으기 시작하였다. 그러나 전문인력과 경험이 부족한 당시로서는 미국이 경제원조와 함께 한국정부에 요청한 경제안정계획을 제대로 이해하기도 어려웠을 것이다. 더군다나 이를 토대로 새로운 계획을 마련할 능력은 없었다고 할 수 있다. 장면 정부에서도 이러한 종합계획마련을 시도하였으나 집권과정이 짧았고, 일에 대한 전문성이 부족한 당시로서는 실제 행동이 제대로 따르지를 못하였다.

그러나 당시 1954년부터 1960년까지 한국의 경제상황은 그리 절망적이지만은 않았다. 6.25전쟁 이후 7년 동안 연평균경제성장률은 1975년 불변가격기준으로 3.8%였다. 물론 1960년대 이후 높은 성장률에 비하면 당시 4%대의 성장률은 낮은 수준이고 또 당시 북한으로부터 월남한 인구의 급격한 증가와 이에 따른 고용수요 증가 그리고 전쟁 중 파괴된 시설의 복구 수요에 비하면 낮은 수준이 아닐 수 없었다.

물론 이 정도의 성장률도 사실 미국 등 우방의 경제원조가 없었다면 불가능하였을 것이다. 당시 통계를 보면 전후 설비투자의 70%를 외국의 원조에 의한 것이었다는 점을 생각하면, 그 원조가 한국경제발전을 위하여 얼마나 다행이었는지 모른다.

또 1956년의 큰 가뭄 그리고 1959년 1960년의 농업작황 부실로 농림어업이 마이너스 성장을 한 것을 생각하면, 당시 한국산업의 제일 큰 비중을 차지하는 농업의 부진 속에서 연평균 4%에 가까운 경제성장률을 이룬 것은 대단한 것이었다고 평가할 수 있다. 특히 이 기간 동안 광공업부문의 실질성장률 연평균 12.1%은 대단한 실적이라고 평가할 만하다고 할 것이다. 물론 당시 많은 사업이 전후 복구사업이고, 전쟁 중 모수(母數)가 아주 작았던 점에 대한 상대적 비율이기 때문에 그리 큰 소리칠 일은 아니라고 할 수도 있다. 그러나 그 어려운 형편에 그 정도의 복구, 그 정도의 부가가치 증식을 가져온 것은 칭찬받을 만한 것 아닐까?

그러나 다른 한편 1950년대 말 한국정치의 민주화 욕구는 매우 강했다고 할 수 있다. 1960년 3월 15일 대통령과 부통령 선거가 있었

는데 야당의 신익희 대통령 후보가 선거일 바로 전에 사망하여 이승
만 대통령은 자동적으로 대통령에 당선되었다. 부통령 선거에서 여당
의 부통령후보인 이기붕 씨의 당선을 지원하는 부정선거가 있었다고
하여 부정선거 규탄 데모가 전국적으로 일어났다. 이러한 부정선거 규
탄데모는 종국적으로 4.19의거로 이어졌고, 이는 이승만 대통령의 장
기집권 규탄으로 이어져 이승만 대통령은 하와이로 망명길에 올랐다.
이어 1960년 8월 의원내각제하의 장면정권이 탄생되었다.

출발 초기 장면정권도 정책슬로건을 '경제재건과 경제개발'로 선
언하고 미국과 경제기술원조협정을 체결하여 경제개발계획을 수립,
추진하려 하였다고 한다. 그러나 8개월의 단기집권으로 모든 것은 현
실화되지 못하였다. 당시 복잡한 사회 변화 욕구와 현실 타개에서 장
면정권의 무능만 나타내어 정권은 단기에 무너지고 말았다. 물론 당시
4.19로 학생과 민간의 기세가 등등하였던 현실 욕구들 앞에 새 정부로
서 일 처리가 쉽지 않았을 것이다. 그러나 이런 상황 전개가 모두 장
면정권의 무능으로 평가되고 이를 토대로 1961년 5월 16일 박정희 소
장이 이끄는 군사 쿠데타가 일어났다. 이것이 박정희 정권의 출발로
이어졌다.

1960년 초 일어난 4.19가 장기집권에 대한 정권교체를 요구하는
민주화 투쟁이었다면, 5.16은 무능한 민주당 정부의 국가경영능력 부족
에 대한 질타라고 할 수 있다. 그 이유가 쿠데타에 대한 구실이 될지언
정 정당성을 부여하는 것이 아니므로 당시 박정희 군사정부는 '도탄에
빠진 민생을 책임지겠다'는 슬로건을 내걸어 그들의 존재가치를 국민에
게 인식시키고자 하였다. 이를 위하여 1962년 정부 안에 경제기획원이

라는 계획기구를 설치하고 종합경제개발계획의 시대를 출발시켰다.

제 2 절) 종합경제개발계획의 수립 집행

쿠데타로 정권을 잡은 군사정부는 곧바로 종합경제개발계획 작업에 착수하였고 그것이 결실이 되어, 다음해인 1962년부터 제1차 경제개발 5개년계획이 추진되기에 이르렀다. 1961년 5월 16일 군사 쿠데타를 일으킨 박정희 정권은 곧바로 종합경제개발계획의 수립에 착수하였다. 두 달 뒤인 같은 해 7월 국가재건최고회의에서는 '종합경제재건계획안'을 성안하였고, 이를 토대로 국민일반의 건의와 비판 그리고 학자 등 전문가와의 협의를 거쳤다. 또한 정부 안에 마련된 중앙경제위원회, 각의 및 국가재건최고회의의 심의와 조정을 거쳐 1961년 10월 제1차 경제개발 5개년계획안을 마련하였다.

군사혁명 후 불과 5개월여 만에 마련된 종합경제개발계획은 아무리 전 이승만 정부나 장면정부의 계획안을 토대로 하였을지라도 불과 5개월이 채 안 되는 짧은 시간 안에 마련된 것이므로 계획내용이나 구성이 제대로 되기 힘들었을 것이다. 또 당시 한국경제의 구조가 매우 빈약한 개발초기단계에 불과하였음을 감안하면 1차계획의 내용도 산업화 초기 기본수요인 전기, 석탄, 비료, 도로 등의 몇 개 사업에 치중될 수밖에 없는 미진한 초기계획의 모습이었다. 이어서 계획을 종합 추진하게 될 정부기구로 경제기획원이 1962년 출범하고 계획전문가들이 모여들면서 대한민국에 종합경제개발계획의 시대가 정식으로 열리게 되었다.

이렇게 해서 1962년 1월 시작된 제1차 경제개발 5개년계획을 필두로 1986년까지 다섯 차례의 5개년계획을 수립하고 집행하였다. 그후 1987년부터 1991년을 계획기간으로 하는 제6차 5개년계획이 존재하였지만 당시 군사독재에 항거하는 민주화 투쟁으로 발생한 어수선한 분위기 속에서 계획의 수립이나 집행이 종합계획으로서의 기능을 제대로 하지 못한 채 마감되었다.

1990년대 들어와 김영삼 정부는 종합경제개발계획으로서의 성격보다는 정권적 차원의 '신 5개년계획'을 수립한 바 있다. 그러나 대통령의 임기와 계획의 순기를 맞춘다는 발상부터 정치적으로 활용하고자 하는 목적이 더 앞섰다고 할 수 있다. 1990년대 말 IMF 당시 김대중 대통령 정부가 추진하고자 하였던 '지식경제계획'도 있었지만 이것도 계획작업에 제대로 들어가지도 못하고 흐지부지되었다.

저자는 1964년 경제기획원 예산국 정책사무관으로 당시 정부재정의 제일 큰 세입원인 대충자금특별회계를 담당하였기 때문에 제1차 계획의 수정과정과 제2차 계획의 수립과정에 간접적으로 참여하였다. 그 후 제3차 계획부터 직접 참여하여 1990년 말 제6차 계획 작업에 이르기까지 경제기획원에서 경제계획과 관련된 일을 주로 하였다. 사무관에서 과장, 국장, 차관에 이르기까지 경제기획원에서 거의 전 관료생활을 경제계획과 정책에 참여하는 행운을 개인적으로 갖게 되었다. 그 중에서도 1980년부터 1982년까지 경제기획국장을 지내면서 변혁기 한국경제에 시장경제운영의 토대를 세운 일을 가장 보람되고 영광되게 생각하며 살아가고 있다. 경제기획국장 당시 미국정부, 세계은 행, 국제통화기금 등 국제기구 전문가들로부터 많은 자문을 얻을 수 있었으며, 개인적으로 많은 친구와 전문성을 얻을 수 있었다.

물론 경제계획의 주무국이야 경제기획국이었다. 1962년 경제기획 국이 처음 출발할 때는 경제기획국이 보다 세분되어 종합기획국, 1차 산업국, 2차산업국 그리고 3차산업국으로 나누어져 출발하였다. 당시 경제계획의 성격이 몇 개 대형사업계획의 수립 추진에 초점을 맞추었 기 때문에 경제기획국의 기능도 각국별로 주요 대형사업의 진척상황 을 모니터링하는 일에 보다 중점을 두었던 것으로 기억된다. 또 동시 에 경제과학심의회의를 대통령직속으로 두고 전문성이 있고 미래에 정부를 위하여 일을 많이 할 것으로 기대 되는 인사들을 영입하고, 이 분들에게 계획의 집행을 평가하도록 하였다.

이러한 경제기획원의 계획 모니터링과 경제과학심의회의 계획 평 가를 바탕으로 박정희 대통령은 매월 한 차례 계획의 심사평가를 중 심으로 회의를 직접 주재하였다. 대통령이 경제기획원에 내려와 정부 부처 장관들과 주요 정치지도자들을 한 자리에 모아놓고 정책을 심의 하고 평가하는 관례를 남긴 시발점이 되었다. 훗날 월례경제동향보고, 수출진흥확대회의 등 이름으로 개명되면서 오늘날까지도 이런 운영방 식이 이어지고 있다. 한국정부의 정책운영의 한 방식으로 정착되었다 고 할 수 있다.

당시 밖으로는 잘 알려지지는 않았지만 저자에게는 매우 의미 있 고, 저자의 미래를 있게 하여준 회의를 하나 소개하고자 한다. 이름이

'Ten thirty meeting'이라고 불렀는데, 매주 화요일인가 경제기획원 대회의실에서 모이는 전문가회의 성격의 회의였다. 회의 주재는 당시 김학렬 경제기획원 차관 (훗날 부총리)이 맡았고, 위원은 경제과학심의회의 위원 그리고 미국대사관 전문가(유솜 또는 유세이드) 이렇게 대여섯 명이 매주 한 번 아침 열시 반 경제기획원에 모여 현안의 문제를 토의하는 그런 모임이었다.

당시 정부재정의 거의 전부를 미국 등 우방의 경제협력에 의존하고 있었다. 대한민국의 전체 예산 중 원조에 의한, 즉 대충자금의 비중이 70% 안팎으로 절대적이었다. 미국을 비롯한 원조 제공국들은 경제협력에 부수하는 그 사용에 대한 제한이나 협의조건들이 많았던 시기였다. 그러니 자연 이런 모임이 가장 효율적인 협의기구가 될 수 있었다고 할 수 있다.

그 회의의 법률적인 성격 같은 것은 나로서는 관심 밖이고, 그 토의 내용도 정해진 것이 아니고 상황에 따라 필요한 사항을 논의하는 그런 것 아니었나 생각한다. 당시 초짜 사무관이고 예산국에서 대충자금을 담당한 정책사무관이었기 때문에 당시 자연 미국정부와의 재정지출에 대한 협의가 필요하였을 텐데 이 모임의 내용 중에 이런 것들이 연관되어 있어 자연스럽게 그 회의에 배석하게 되었다고 생각한다. 주로 기획국 과장이나 국장이 배석하는 그 낯선 회의에 배석한 저자는 두 가지 기억을 지금도 가지고 있다.

첫째는 경제개발 초기 경제기획원과 미국을 위시한 한국 지원국가나 기관과 격의 없이 주요 경제이슈를 토론한 것은 지금 생각해도 대단한 것 아니었나 생각한다. 우리 생각과 우리 우방의 생각을 함께 공유하고 우리의 애로를 경험이 많은 외국전문가에게 상의하는 그런 열린 마음을 당시 경제기획국에서는 가지고 일을 하였다는 점이다. 특히 유머와 위트가 많으셨던 고 김학렬 차관의 재기발랄한 회의운영이 지금도 눈에 선하다. 그러니 무슨 문제든지 전문가적인 시각에서 그 원인과 결과 등을 상의할 수 있었지 않았을까 생각된다.

둘째는 개인적으로 영어를 잘못하던 저자가 (당시는 영어 의사소통이 대부분 서툴렀다) 회의에서 통역을 맡은 경제기획국 사무관의 훌륭한 영어를 들으며 한없이 부러워하고, 나도 영어를 해야겠구나 하는 다짐을 다시 하게 되었다.

다른 말이지만 당시 나는 직책상 우리나라 대충자금 사용실태를 미국측과 간헐적으로 상의를 해야 하는 임무를 가지고 있었는데, 내 영어가 부족해서 애를 먹은 일이 많았다. 당시 예산총괄과 과장이셨던 고 김주남 장관님이 그런 나의 부족함을 알고 많이 도와주셨다.

미국사람이 올 때가 되면 나는 이리저리 핑계를 대며 자리를 뜨고자 하였고, 심지어 그들이 오면 나는 과장과 앉아 있다 일부러 화장실에 가서 오랫동안 돌아오지 않는 얕은꾀를 쓰기도 하였다. 우리와 같은 청사(현 문화부 건물 4층)에서 함께 근무하였던 네이산 팀(미국용역회사 직원들이 한국경제를 돕는 일을 하면서 함께 근무하였다) 직원들이 파이프 담배를 물고 화장실에 들락대던 모습이 근사하게만 보여, 언제 나는 저런 모습이 될 수 있을까 하는 얕은 꾀를 생각하기도 하였다. 저자는 동료인 기획국 사무관의 유창한 영어 통역을 보면서 나는 언제 저런 수준이 될까 앞날이 깜깜하기도 하고, 마음을 다잡기도 하였던 Ten thirty meeting이었다.

제 3 절) 경제개발계획의 성격

　　대한민국은 자유민주주의 기본질서하에 시장경제운영을 바탕으로 하고 있다. 따라서 한국의 경제개발계획의 성격도 당연히 여기에 기본을 두어야 한다. 계획의 기본성격에 관하여 시간이 지남에 따라 계획서별로 약간의 뉘앙스를 달리하고 그것도 점차 변화 발전하고 있음을 발견하게 된다.

　　제1차 계획서에서는 계획의 성격을 다음과 같이 규정하였다. 즉 '계획기간 중 경제의 체제는 되도록 민간인의 자유와 창의를 존중하는 자유기업의 원칙을 토대로 하되, 기간부문과 그 밖의 중요부문에 대하여서는 정부가 직접적으로 관여하거나 또는 간접적으로 유도정책을 쓰는 "지도 받는 자본주의 체제"로 한다'(제1차경제개발 5개년계획서 p.16)고 규정하였다. 자유기업의 원칙과 유도정책이 시장경제운영과 상통한다고 보아야 한다. 그러나 당시로서는 중요부문에 대하여는 '지도 받는 자본주의 체제'를, 즉 정부가 시장을 믿지 못하고 필요하면 무언가 지도, 즉 간섭을 하고 싶은 의도가 있다는 표현을 사용하고 있다.

　　제2차 계획서에는 보다 직접적으로 '시장경제의 원칙을 더욱 충실히 지키며 그 장점을 충분히 발휘케 함으로써 국민경제로 하여금 보다 더 활발히 움직이게 하되 그 단점을 시정함으로써 보다 능률 있게 하여…(제2차 경제개발 5개년계획서 p.27)'라고 기술하고 있다. 제1차 계획보다는 보다 시장친화적이지만 그래도 무언가 시장의 관여 여지를 남기고자 노력한 흔적이 보인다.

계획의 성격에 관하여 계획서에서 보다 분명히 한 것은 제4차 경제개발 5개년계획서이다. 즉 '우리나라의 경제개발계획은 시장경제를 바탕으로 국민경제활동을 뒷받침하기 위한 정보와 관련자료의 보급·확대를 도모하는 유도계획(Indicative Plan)으로서의 성격을 가지고 있다.'(제4차 경제개발 5개년계획서 p.121) 한국의 경제개발계획은 유도계획으로서 시장경제를 바탕으로 하여 국민경제가 나아갈 방향을 유도한다는 점에서 처음부터 제2차 세계대전 이후 공산국가나 사회주의국가에서 사용하였던 계획과는 차별성을 분명히 하였다.

한국의 경제개발 5개년계획의 추진과정을 간단히 살펴보면 1차계획(1962~1966년)에서는 대부분의 사업들이 도로, 철도, 전기 등 경제개발 기반구축을 위한 사회간접자본(social overhead capital) 부문이었기 때문에 많은 부분이 정부에 의해 추진되는 성질을 가지고 있었다. 또한 계획내용도 구체적인 물동량의 목표와 이를 이루기 위한 추진수단을 명기하여 다분히 유도계획보다는 통제계획의 냄새가 나고 있음을 느끼게 하였다. 당시로서는 계획에 대한 전문성이 약하고 경제가 개발 초기에 있었기 때문에 계획내용이 물량목표의 제시와 통제적 성격을 많이 가지고 있었다고 할 수 있다. 그럼에도 불구하고 계획의 기본성격은 헌법에 보장된 시장경제를 바탕으로 유도계획으로 출발하였다고 보아야 한다.

제2차 계획에서는 민간분야의 활동영역이 보다 확대되고 계획내용도 보다 장기적인 미래지향적 전망을 제시하면서 유도계획으로서의 성격을 보다 강하게 구사하였다. 특히 1960년대 중반까지 작업이 이루어진 당시 상황 속에서 제2차 계획은 계획의 구조나 내용이 매우 탁월한 모습을 나타내었다.

무엇보다 당시 15여 년 후인 1981년을 내다보면서 장기전망을 계획서에 제시한 것은 지금 생각해도 신선한 충격이 아닐 수 없다. 이런 15년의 시간간격(time span) 위에 한국경제의 진로를 제시할 수 있었다는 점 자체가 상당한 충격이 아닐 수 없다. 당시 계획작업을 하였던 경제계획당국과 우리의 작업을 도와준 미국을 위시한 학계전문가들의 노고에 후배 입장에서 감사를 표하지 않을 수 없다.

1960년대 중반 당시 많은 사람들은 심지어 저자도 어떻게 우리가 지금 1980년대를 이야기할 수 있단 말인가 하면서 계획작업의 과욕을 폄하하기도 하였다. 한국의 미래에 대한 확신이 없기 때문이고 당시만 해도 계획작업 기술이나 전문성이 부족하였던 때이었기 때문이다. 이러한 어려운 환경 속에서 제2차 계획을 제1차 계획의 수정작업과 함께 이룬 당시의 계획작업 참여 선배들에게 경의를 표하지 않을 수 없다.

제3차 계획 작업은 오히려 제2차 계획 작업보다 덜 충실하였다고 평가하지 않을 수 없다. 1960년대 말 70년대 초 정부 안팎으로 많은 변화가 일던 시기였기 때문이다. 정치적으로, 월남파병 등 안보환경변화로 그리고 대일 대미 경제협력환경 변화로 어수선한 상황에서 제3차 계획은 그 작업이나 추진 모두 그리 큰 주목의 대상이 되지 못하였다고 할 수 있다. 그러던 차 1973년 1월 중화학공업개발계획이 느닷없이 튀어나왔고 그 추진도 최우선 순위였기 때문에 제3차 계획은 유명무실한 존재가 되어버렸다.

제4절) 종합경제개발계획 추진과 정부정책의 괴리

앞서 지적한 바와 같이 한국의 종합경제개발계획은 역사의 흐름 속에서 1986년 경제의 발전과 함께 계획의 수명을 다하게 되었다. 경제계획은 나라에 따라 경제가 발전되어 더 이상 개발도상국과 같은 장기개발계획이 필요하지 않게 된 경우도 당연히 있게 된다. 계획의 추진과정에서 장기계획이 정치적으로 탈색된 경우도 있고, 정권의 성격상 노무현 정부처럼 경제문제를 등한시하여 계획이 없어진 경우도 있다. 일반적으로 장기계획이 이제 더 이상 필요가 없을 정도로 경제 수준이 발전되어 있고, 요즘처럼 기술발전이 급속도로 이루어져 변화의 폭과 속도가 매우 가변적이고 빨라진 가운데 몇 년을 앞서 전망하고 계획하는 장기계획이 무의미해지는 면도 있다.

무엇보다 장기계획이 갖는 근원적인 취약점은 계획의 추진과정에서 정부정책과 괴리되어, '계획 따로, 정책 따로' 가는 어려움이 발생하는 것이다. 후진국의 경우 이런 현상은 정치현실과 연계되어 흔히 볼 수 있는 현상이라고 할 것이다. 한국경제의 발전과정에서 1970년대 초 나타났던 이런 현상 중 두드러진 몇 가지 예를 들어보자.

1. 1972년의 8.3조치

경제정책의 운영에서 '빚 탕감'만큼 요구도 많고 자연 정치적으로 이를 하고자 하는 욕구도 많은 테마는 없을 것이다. 누구에게나 빚을 처리해준다고 하면 싫어할 사람이 있을 리 없기 때문일 것이다.

1961년 5월 16일 군사 쿠데타를 일으킨 박정희 정부가 제일 먼저 한 일도 따지고 보면 빚 탕감 정책이었다. 혁명에 성공한 군사정부는 정확하게 거사 2주일 후인 6월 10일 '농어촌고리채정리법'을 제정 공포하였다. 농민의 지지를 얻고자 하는 전략이라고 할 것이다.

그리고 바로 다음 해 시행에 들어간 박정희 정부의 제1차 경제개발 5개년계획에서는 '민간인의 자유와 창의를 존중하는 자유기업의 원칙을 토대'로 한다고 천명한다. 그러나 토를 달기는 하였다. 즉 자유기업의 원칙을 토대로 하되 '기간부문과 그 밖의 중요부문에 대하여서는 정부가 직접적으로 관여하거나 또는 간접적으로 유도정책을 쓰는 "지도 받는 자본주의체제"로 한다'고 하였다. 이어서 1966년부터 시행된 제2차 5개년계획에서는 보다 '시장경제의 원칙을 더욱 충실히 지키며'라고 적극적인 자유시장경제원칙을 천명한 바 있다. 그러나 처음부터 계획 따로, 인기정책 따로 간 군사정부였다.

그런 박정희 정부의 계획 따로 정책의 백미는 1972년에 일어났다. 1970년대 초 세계경기침체와 그동안 개발초기 외국의 지원자금을 유리하게 사용하면서 수출로 얻어진 성공에 길들여진 기업들이 상황이 나빠지자 죽는다는 소리를 외쳐대기 시작하였다. 그래서 시작된 것이 1972년 8월 3일 시행된 박정희 정부의 '경제의 안정과 성장에 관한 대통령의 긴급명령 15호'로 기업의 사채를 동결하고, 이어 이에 대한 상환을 정부가 도와주는 소위 '8.3조치'가 나오게 되었다. 연이어 기업만 도와주는 데 대한 불만이 확산되자 정부는 농어촌 부채탕감까지 확대하기에 이른다.

당시 이 작업에 참여한 공직자는 청와대 경제수석을 중심으로 그

를 개인적으로 잘 알고, 보필해 왔던 당시 재무부관료들이었다. 경제
기획원 기획관료들은 아무도 이 사실을 알지 못하고 있었고, 저자도
전연 알지 못하고 있었다. 8.3조치가 발표된 직후 우리 기획관료들은
모두 망치로 한 대 얻어맞은 기분이었다.

이러한 부채탕감은 그 후에도 정치권을 중심으로 계속 시도되었
다. 1990년대 민주당의 김대중 대통령후보는 선거공약으로 농어촌의
부채탕감을 들고 나왔다. 당시 농민들은 환호하였고 경제기획원을 비
롯한 경제관료들은 김대중 후보의 부채탕감공약을 비판하였다. 저자
는 기회 있을 때마다 8.3조치가 대한민국의 시장경제운영에서 역사에
남을 가장 잘못된 나쁜 정책의 하나라고 비난하고 다녔다.

그런데 김대중 대통령후보가 이것을 다시 들고 나오니 한심한 일
이 아닐 수 없었다. 그는 한 술 더 떠 노동계 지지를 위하여 한국에
복수노조를 인정해야 한다고 공약하고 나섰다. 물론 이 이슈는 자유시
장경제운영과는 직접 관련된 일은 아니지만 당시 인기영합적인 선심
성정책에 길들여진 기업인, 농어민, 학생들 그리고 이제 근로자에게도
이런 선심성정책을 쓰고자 하는 정치적 술수가 아닐 수 없었다.

당시 정부 정책관료들은 물론 이를 강력하게 반대하고, 경제기획
원차관이 차관회의 의장이었기 때문에 당시 경제기획원 차관이었던
저자가 주동이 되어 복수노조 반대 성명을 공식 발표한 바도 있다. 그
러나 선심정책에 길들여진 사람들이나 이를 이용하는 정치인들을 어
떻게 할 방도가 없었다. 김대중 대통령이 대통령선거 공약으로 내세웠
던 농촌부채탕감은 그가 대통령에 당선되고 정부에 들어와 보니 그게
아니구나 하는 생각이 들어서인지 제대로 시행에 들어가지 못하였다.

경제개발 5개년장기계획의 추진과정에서 계획의 기본흐름이나 정신과 전연 역행하는 정책을 정부가 추진한 예는 동서고금을 막론하고 많다. 그것이 결국 선진국이 되느냐의 관건이 된다고 해도 과언이 아닐 것이다.

2. 중화학공업개발계획

한국경제발전사에서 중화학공업개발계획의 수립과 추진을 빼놓고 이야기할 수는 없을 것이다. 그만큼 1970년대 한국의 중화학공업개발이 경제개발에서 차지하는 비중이 컸었다는 이야기가 된다. 긍정적인 측면, 부정적인 측면이 함께 존재한다. 그러나 한국의 중화학공업개발계획이 탄생한 1973년은 한국의 제3차 경제개발계획이 출발한 다음 해가 된다. 물론 제3차 계획에서는 부문계획인 산업계획의 정책에서 중화학공업을 육성 발전시킨다는 정책방향이 제시되기는 하였지만 종합적인 중화학공업개발계획이 검토되지는 않았다.

중화학공업개발계획 작업이 시작된 것은 따지고 보면 1970년대 시작과 함께라고 해야 맞을 것이다. 북한의 김일성 정권은 2015년 현재처럼 무력증강에 국력을 총 집중하고 이를 대내외적으로 시위하고 있었다. 이에 대비하여 박정희 대통령은 방위산업개발에 관심이 모아졌을 것이다. 물론 당시 미국의 협조가 있었지만, 대한민국 통치권자의 입장에서는 기본적인 방위산업 만은 국산으로 개발하여 우리가 우방의 눈치만 보는 데서 벗어나는 자주국방의 욕구가 컸었다고 오원철 전 청와대 경제2수석은 그의 저서 '박정희는 어떻게 경제강국을 만들었나'에서 피력한다.

그래서 시작된 방위산업개발이 중화학공업개발과 연계되고, 그러다 보니, 마음은 급하고 새로 시작한 제3차 종합개발계획과의 연계는 생각지도 못하고 전연 동떨어진 계획을 시작하게 된 셈이 되었다고 풀이할 수 있다. 그런 의미에서 한국의 중화학공업개발계획은 계획집행의 사생아와 같은 존재라고 할 것이다. 그런데 그 사생아가 기존의 가계질서를 제치고 제일 큰 존재감으로 닦아오게 된 꼴이 된 셈이다.

그러나 중화학개발계획이 앞서 논의한 '8.3조치'처럼 계획의 기본철학과 배치되는 그런 정책은 아니라고 할 수 있다. 다만 계획의 수립과정이 아닌 집행과정에서 갑자기 출발하기에는 그 규모가 너무 크고 방대해서 저속한 표현으로 '배보다 배꼽이 큰' 형국이 되어버린 정책이라는 점에서 계획추진의 차질을 가지고 온 사례가 된 것이다. '8.3조치'가 핏줄이 다른 사생아와 같은 존재라면 '중화학공업개발'은 같은 핏줄이지만 감당할 수 없는 20kg짜리 거대한 아이가 탄생한 것 같은 그런 비교가 가능할 수 있을지 모른다.

주요산업의 중간자재를 자력 조달한다는 슬로건하에 중화학개발계획은 주요산업별로 개발계획을 수립하여 추진에 들어갔다. 자력성장구조의 실현과 장기적으로 한국경제수준을 선진권으로 올려놓겠다는 야심찬 계획이라고 당시 정부는 선전하였다. 물론 중화학공업개발이 중간자재의 자력조달이라는 목표를 가지고 있다는 점에서 논리적으로 산업의 자력성장구조의 실현추구라고 할 수 있을지 몰라도, 자본과 기술수준 등을 제대로 따지지 못한 채 정부의 의욕만 앞선 선전이었다고 할 수 있다. 당시 경제수준을 선진권 수준으로 올려놓기보다는 경제의 기반 자체가 허물어지는 경험을 1970년 대 말 한국경제는 경험하게 된다.

당시 박정희 대통령의 장기집권을 위한 유신체제의 등장을 합리화하는 방패막이 구실을 하였다는 훗날의 평가와 함께, 정부주도로 타 부문과의 제합성이나 사업계획의 타당성 같은 것은 뒤로 밀린 채 오로지 앞만 보고 추진한 중화학공업개발은 훗날 한국경제 운영에 많은 문제점을 남겼다. 그 결과 1970년대 후반 한국경제는 해외건설사업의 침체와 함께 정부주도에 의한 중화학 대형사업 추진에서 비롯된 시행착오 등으로 큰 어려움을 겪게 된다.

경제발전의 흐름 측면에서 당시를 정리해보자. 1960년대 말 한국의 수출이 1억 달러 고지를 달성하고(1964년), 대망의 10억 달러 고지를 달성할 것 같은 희망을 갖게 되자 한국정부는 이제 원자재의 자력조달이라는 슬로건을 내걸었다. 제1차 계획의 당초 목표가 일반적으로 후진국 경제계획들이 추구하는 수입대체 전략인 것처럼 한국경제도 수입대체 전략을 채택하였다. 그것이 제1차 계획의 보완과정에서 수출전략으로 선회하고 그 실적도 좋았다. 수출이 어느 정도 이루어지자 자연스럽게 수입대체가 다시 중요한 정책과제로 등장하게 되었다. 즉 부품과 원자재의 자력조달이 절실한 과제로 등장하게 되었다. 이러한 명분하에 등장한 것이 중화학공업개발 전략이었다고 풀이할 수 있다.

1970년대 초 중화학공업의 추진환경도 나쁘지 않았다. 전반적으로는 경제개발초기 나타난 1960년대의 성장 탄력이 1970년대 초까지 지속되고 있었다. 또한 석유파동을 알고 한 것은 아니지만 우연치 않게 1972년 경기부양 타개책으로 금융당국은 기업에게 재고금융을 해

주어 기업은 많은 재고를 비축하고 있었다. 우연치 않게 그때 기름값이 올랐으니 당시 원자재비축기업은 앉아서 돈을 번 셈이 되었다. 이때 중화학공업개발이 시동되었다.

오원철 전 청와대 경제2수석의 증언에 의하면 중화학공업개발은 당시 북한의 김일성이 추진한 무기 확충계획에 맞서 한국의 방위산업을 개발보급하기 위한 박정희 대통령의 국가전략이 깔려있었다고 한다. 이러한 배경하에 시작된 방위산업에 필요한 주요부품과 한국경제 공업발전의 기초 다지기 제품이 서로 중복되는 부문이 생기게 되고 그것이 바로 중화학공업분야라고 일컬어질 수 있었다.

그러나 훗날 군사정부에 비판적이었던 인사들의 평가는 달랐다. 중화학공업 개발전략이 군사정권의 장기화를 위한 획책이었다고 평가한다. 이러한 정치적 비판에 대한 평가를 여기서는 원하지 않는다. 왜냐하면 저자는 경제발전사적 측면에서 당시를 평가하고자 한다. 다만 일부 사건 일지나 사실을 적시하고 이것이 군사정권의 장기화 획책으로 평가할 만한 것인지 여부를 판단하는 것은 독자의 몫으로 돌리고 싶다. 이와 연관하여 우선 1960년대 말 그리고 1970년대 초 쟁점이 될 만한 역사적 사실들을 적시해 보자.

1964년   서독차관도입(재정차관 1,350만 달러, 상업차관 2,625만 달러)
1964년   수출 1억 2,000만 달러 달성
1965년   월남파병
1971년   수출 10억 달러 달성
1972년   8월 '8.3조치'
1972년   10월 대통령특별선언(10월 유신)

1973년 1월 중화학공업화 선언과 국민과학화 선언
1973년 10월 제1차 국제원유파동과 국제적 불황시작

중화학공업개발계획이 발표되던 날 경제기획원 계획당국은 망치로 얻어맞은 듯 당황하지 않을 수 없었다. 보안이 엄격했던 당시 청와대 경제비서실 일각에서 일부 인사들이 만들어낸 계획내용은 엄격한 보안 가운데 작업이 이루어졌다. 경제기획원에서도 고 서석준 차관보가 이 작업에 참여하고, 지도하였지만 실무진과는 정보가 두절된 상태였다.

때문에 제3차 경제개발계획과 중화학계획의 제합성 여부를 따져볼 기회가 없었다. 오히려 중화학계획 그 안에서도 상호간의 정보교환은커녕 6개 부문의 공업분야별로 개별 사업계획을 독자적으로 추진하는 그런 체제가 진행되었다고 할 수 있다. 그 결과 엄청난 시행착오가 발생하였고, 훗날 큰 부담(sunken cost)을 한국경제가 끌어안게 되었다.

다른 한편 중화학공업개발 사업들이 착수되고 추진이 이루어진 1970년대 중반 한국경제는 무슨 마술에 홀린듯 호황을 구가하고 있었다. 우선 1973년 석유파동이 일어나고 세계유가가 다섯 배가량 단번에 뛰어올라 산유국을 제외한 대부분의 선진국 경제들이 큰 마이너스 성장을 하였다. 그런데 한국경제는 플러스 성장을 하였다. 1974년 7.2%, 1975년 5.9% 그리고 1976년 10.6%의 높은 성장을 유지하였다. 일본, 미국 등 선진국 경제는 큰 마이너스 성장을 하는데 왜 한국경제는 이런 큰 플러스 성장을 하는 것일까? 앞서 말한 것처럼 많은 원자재 재고를 가진 한국 기업들은 앉아서 돈을 번 꼴이 되었다. 알고 한

것이 아니라 우연한 행운이 한국경제에 온 것이다.

또 이 무렵 한국근로자들은 중동국가로의 진출이 이어졌다. 사우디아라비아를 비롯한 산유국들이 석유수입으로 벌려놓고 있는 각종 사업들에서 우리 기업과 근로자들은 돈을 벌어 송금할 수 있게 되었다. 그것이 결국 1976~77년 한국경제를 호황으로 이어지게 한 원동력이 되었다. 당시 한국정부 관료들은 저자를 포함하여 우리정부가 무엇을 잘 해서 유독 한국경제만 플러스 성장을 한 것처럼 으스대기도 하였다.

한쪽에서 한국경제는 호황을 구가하고, 다른 쪽에서는 이러한 호황 속에서 중화학 대형사업들이 야심차게 시작할 수 있게 된 것이 1970년대 초 중반의 상황이었다. 그러나 야심차게 시작된 한국의 중화학공업계획사업들은 1970년대 중 후반으로 들어서면서 새로운 환경을 맞이하게 된다.

중동건설에서 오는 한국경제 1970년대 초기 활황은 70년대 후반으로 들어서면서 가라앉기 시작하였다. 동시에 이제 초기 투자에서 어느 정도 완성단계에 들어선 일부 대형중화학사업들은 생산품의 국내외 수요를 점검하면서 실망과 당황스러움에 직면하게 되었다. 당초 계획에서 예상하였던 수요예측이 빗나가고 있음을 알게 된다. 반면 투자규모는 예상보다 늘어나고 판로는 막연한, 오갈 데 없는 실패 프로젝트가 여기저기서 발견되기 시작하였다. 한국중공업, 현대조선, 대우자동차 등 대형사업들의 어려움이 중화학공업전반으로 번져나갔다. 그리고 1979년 박정희 대통령의 시해사건이 일어나면서 상황은 걷잡을 수 없을 만큼 급박해지기 시작하고 이를 계기로 한국경제운영 전반에 큰 변화가 일어나기 시작하는 계기가 되었다.

다른 한편 제3차 계획의 실패로 참담한 심경이었던 경제계획 당국은 1975년 제4차 계획작업을 본격화하면서 마음의 다짐을 다시 하기 시작하였다.

계획참여자의 입장에서 제3차 계획과 중화학공업개발계획을 평가하면서 크게 두 가지를 반성하지 않을 수 없었다. 하나는 과욕이 가져온 시행착오의 문제이고, 다른 하나는 계획에 대한 합의(consensus)의 중요성이었다. 과욕의 문제는 정치적 측면으로 설명할 수는 있어도, 즉 그것이 순전히 방위산업발전의 목적이었건, 아니면 정권연장의 필요성이었건 경제운영의 측면에서는 받아들일 수가 없는 것이다. 다음은 계획에 대한 컨센서스가 없는 추진은 어차피 무리를 수반하게 되어 있다. 수요예측이나 투자규모의 추정에 이르기까지 모두 사업자 중심으로 이루어졌다. 이러한 계획수립과 집행의 불합리하였던 점을 반성하면서 제4차 계획 작업은 처음부터 이를 보완하고자 하였다. 이 시점의 한국경제운영의 전환과정은 다음 편에서 이어 설명하기로 한다.

3. 경제우위의 국가운영

군사쿠데타로 집권한 박정희 대통령 정부는 혁명공약에 명시한 대로 '도탄에 빠진 민생고를 시급히 해결'하기 위하여 제1차 경제개발 5개년계획을 마련하였다. 그러나 제1차 계획을 수립 발표할 당시는 워낙 짧은 시간에 전문성 없이 시작된 일이라 전 이승만 정부와 장면 정부에서 검토되고 시도되었던 계획내용들을 다시 옮겨 쓰는 정도를 뛰어넘지 못하였다고 할 수 있다. 물론 어떤 내용을 어떤 검토를 통하여 계획에 반영하였는지는 불확실하다. 남은 검토자료나 증언 등이 부족하기 때문이다. 사실 5월에 쿠데타를 하고 10월에 계획내용이 발표되었으니 물리적으로 제대로 된 검토를 할 시간적 여유가 없었을 것이다.

그러나 그 계획에 의하여 경제기획원이 1962년 발족되고, 1962년부터 곧바로 제1차 계획의 보완작업이 시작되었다. 우선 개발전략과 관련된 내용들이 먼저 토론의 대상이 되었다.

첫째, 개발전략과 관련된 토론의 우선순위는 시장의 개방이 되었다. 소득수준이 낮아 시장의 규모가 작은 국내시장을 중심으로 개발을 할 것인가, 즉 저성장을 받아들일 것인가, 아니면 세계시장을 상대로 대외지향적 경제개발을 할 것인가, 즉 고성장의 전략을 수립할 것인가의 문제였다.

지금 생각하면 너무나도 쉬운 과제이지만 당시 제2차 세계대전 후 자본주의와 공산주의가 공존하던 당시로서는 그리 쉬운 선택이 아니었다고 할 수 있다. 서방선진국에서 중시하는 시장경제체제보다는, '다 함께 잘 사는 것'을 슬로건으로 한 국수적 공산사회주의 이론이 후진국 개발에 있어 매력을 느끼던 때였다. 따라서 심각한 고민을 하지 않을 수 없었다.

그러나 미군정에서 이승만 정부에 이르는 과정에서 사유재산권제도와 시장경제의 원리를 국가운영의 기본으로 분명하게 하여 온 대한민국 정부로서는 공산주의 정권이 이미 북한에서 시작된 마당에 공산주의 이념을 남한에서도 검토하는 것은 있을 수 없는 일이었다.

다만 국내시장 개발을 우선순위로 할 것인지 아니면 처음부터 넓은 세계시장을 상대로 경제운영을 할 것인지를 토론하고 세계를 상대로 한 대외지향적 경제개발을 할 것을 결정한 것은 당시로서는 쉽지 않은 결론이었겠지만 사후적으로 참 잘한 결정으로 평가될 수 있다.

둘째, 어느 산업을 중점개발할 것인가, 즉 농업개발을 중심으로 할 것인가 아니면 공업개발을 중심으로 할 것인가를 정해야 한다. 당시 유엔의 네이산 팀 연구보고서가 한국의 경제개발은 농업을 중심으로 식량자원의 확대를 전략으로 제시되어 있었다. 또 당시 한국의 농업은 국민총생산의 절반을 넘고 있고, 60%의 노동력이 농업에 종사하고 있던 상황이었다. 이에 대한 결론이 당시 산업간의 균형, 즉 농업에 치우친 산업구조를 공업을 발전시켜 균형을 잡고 이를 통하여 수출을 촉진하고자 하는 전략을 선택한 것은 현명한 결론이었다고 할 수 있다.

셋째, 자본동원의 문제였다. 당시 국내저축이 거의 미미한 상황에서 자본동원을 어떤 형태로 할 것인가, 즉 국내저축은 어떻게 증대시키고, 턱없이 부족한 자본동원을 위하여 외자를 도입하는 정책을 쓸 것인가 여부를 토론하였다. 물론 내외자의 동원을 원칙으로 1960년대 중반 한국경제는 자본동원에서 큰 변화의 물고를 트게 된다. 즉 조세체계의 근대화 작업이고 외자도입법의 제정이 그것이다. 한국경제개발의 발판을 마련한 계기가 되었다.

넷째, 1960년대를 지나 어느 정도 발전의 틀을 잡은 한국경제는 개발전략 면에서 큰 두 산맥을 넘게 된다. 하나는 앞서 기술한 산업의 자력성장구조 실현을 위한 중화학개발이고, 다른 하나는 정부주도의 개발연대를 지나 시장중심의 시장경제운영 방식의 도입이었다. 자력성장구조 실현을 위하여 원료 소재산업을 개발해야 하는데 이를 위하여 중화학공업개발을 해야 할 것인가 여부이다. 중화학개발이 본래의 취지대로 수입대체를 전략으로 할 것인가 더 나아가 수출을 중화학공업의 개발목표로 할 것인가의 전략이 논의되었다.

1980년대 시장경제의 창달을 목표로 하여 개방·자율 그리고 경쟁체제를 만들기 위한 종합시책을 추진할 것인가 여부를 놓고 1970년대 말 1980년대 초 많은 토론과 고민을 하였다. 개방과 경쟁을 전제로 경쟁체제를 만드는 일은 당시의 시장구조에서는 많은 마찰과 저항을 각오하는 일이었다. 특히 중화학공업개발의 결과로 심화된 독과점체제에서 경쟁력이 없는 대형사업들을 어떻게 구조조정해 갈 것인가 등이 당시 심각한 문제로 제기되었다.

경제발전사적 측면에서 1960년대에서 1980년대 말까지 30여 년을 한국경제의 '경제개발기'라 칭할 수 있을 것이다. 이 기간 동안 경제운영자들이 가지고 있던 고뇌의 흐름을 이상에서 읽을 수 있다.

이 기간 동안의 특징을 한마디로 요약한다면 '경제우위의 국가운영'이라고 해야 할 것이다. 배경에 정치적 목적이 깔려있든 아니든 당시의 국가운영 우선순위는 경제개발이었다. 경제를 위하여 정치적 또는 사회적 활동이 잠정적으로 제한되는 것을 받아들이는 국가운영이 빠른 경제발전을 가능케 하였다고 할 수 있다. 이 기간 동안의 가장 큰 특징은 위로는 대통령으로부터 관료, 기업, 근로자에 이르기까지 소위 '경제하려는 의지'로 가득하였다고 할 수 있다.

종합경제개발계획을 수립 추진한 한국경제의 발전 족적을 여러 각도로 찾아볼 수 있지만, 본 서에서는 경제개발전략이 당시에 어떻게 형성되었고, 그리고 그것이 발전이 이루어지는 과정에서 어떻게 변화되어 왔는지를 발전단계별로 정리해 보고자 한다. 경제발전사적 측면과 경제정책 전략 측면에서 시대구분을 하여 우선 1960년대 경제개발

초기 개발전략을 정리하여 보고, 다음 1970년대 중화학공업개발 전략과 경제의 자력성장구조 실현을 위한 전략을 분석해보고자 한다.

　이상의 개발연대를 지나 1970년 후반 한국경제는 정부 지도에서 벗어나 시장경제운영 전략을 추구한 시기를 맞이하게 된다. 시장경제운영의 기본인 자율과 개방, 안정이라는 명제를 다루어가는 정부의 피나는 노력을 정리해 보고자 한다.

　다음 1980년대 말 정치적 민주화시기를 지나면서 한국경제정책은 다시 개발연대로 후퇴하는 모습을 보여주고 이후 1990년대 후반 갈피를 잡지 못하고 방황하던 한국경제운영 전략은 IMF시대를 맞이하면서 퇴락의 길로 들어서게 되었다. 2015년 현재 아직도 이 퇴락의 길에서 헤쳐 나오기 위하여 발버둥치고 있지만 아직도 그 출구를 제대로 찾지 못하고 있는 형편이다.

제 3 장

1960년대의 경제개발 전략

1962년 경제기획원이 출범하고 소위 계획전문가 집단이 가장 중 요하게 생각하고 일을 시작한 것이 경제개발전략을 어떻게 짜야 할 것인가 하는 것이었다. 물론 그동안에도 중요 경제정책을 각 정부마다 다루어왔다고 할 수 있지만 종합적인 장기계획을 수립·추진하는 마당 에 정부로서 제일 중요한 부문이 장기적인 안목에서 경제개발전략을 수립하는 것이었다. 그래서 1960년대 초 경제기획원에서는 이러한 개 발전략적 차원에서 제1차 계획의 보완작업과 1966년부터 시작되는 제 2차 개발계획의 준비작업을 함께 추진하였다.

1960년대 한국경제개발전략에서 가장 중요한 우선순위는 한국경제가 대외지향적 개발을 할 것인가 하는 것이었다. 앞서 설명한 것처럼 네이산 보고서가 한국경제개발의 전략으로 제시한 농업을 통한 개발전략을 선택할 것인지 여부가 초미의 과제로 등장하였다. 어떠한 발전전략을 선택하느냐에 따라 이어지는 경제개발은 큰 각도로 달라질 수 있기 때문이다.

다음으로 투자재원을 어떻게 마련하여 추진할 것인가에 대한 답이 있어야 한다. 돈이 없는 한국경제가 내자를 동원하고 그래도 모자라면 외자를 도입하여 투자를 하도록 할 것인가에 대한 전략이 정리되어야 한다. 다음으로 균형개발을 전략으로 할 것인가, 아니면 불균형개발도 받아들일 수 있는가 하는 문제에 대한 답을 내놓아야 한다.

제1절) 대외지향적 경제개발

1961년 한국의 1인당 국민총생산(GNP, 당시는 국경개념의 GDP보다는 국민개념의 GNP를 생산 또는 소득지표로 주로 사용하였다)은 미국의 경상 불화로 70~82달러(시계열에 따라 차이가 난다)에 불과하였다. 산업은 농림수산업이 주종산업이었다. 일반적으로 생산성이 낮게 나타나는 농립수산업이 GNP에서 차지하는 비율이 1961년 대략 40%를 차지하였다. 이 부문이 고용에서 차지하는 비율은 엄청나게 커서 60%수준을 상회하는 형편이었다. 국민의 대부분이 농업에 종사는 상황이었고 다른 특별한 광물자원 등 천연자원도 내세울게 없었다. 이러한 현상은 유효수요의 부족으로 국내시장의 협소함으로 나타낸다고 할 수 있다.

소득이 적으니 소비의 절대수준이 높을 수 없고 그래서 국내수요가 적어 이러한 시장규모를 상대로 산업의 단기적인 확장을 도모할 수는 없었다. 산업면에서도 전통 농업은 특유의 낮은 생산성과 기후조건 등으로 국민의 소득수준을 빠른 속도로 증가시킬 수 없다. 그야말로 빈곤하니까 계속 더욱 빈곤하여지는 '빈곤의 악순환' 상황이라고 하겠다.

　　GNP의 지출구조를 살펴보면 더욱 실감이 난다. 1961년 GNP 중 소비의 비중은 97.1%로 나머지 2.9%만이 국내저축으로 구성되어 있다. 결국 한 해 동안 생산액의 대부분을 소비하고 저축해서 투자할 수 있는 여력은 거의 없는 경제구조를 당시에 가지고 있었다. 거기다가 당시 인구의 자연증가율이 매년 3%에 가까운 수준이었으니 개인의 소득수준의 향상은 거의 미미한 것이고 따라서 개인의 소득수준 향상에서 오는 국내 유효수요의 확대를 기대하기는 어려운 형편이었다.

　　그러니 수요가 없어 생산확대는 기대할 수는 없고, 그래서 생산은 정체되고 따라서 소비재의 많은 부분을 수입에 의존하지 않을 수 없었다. 그러나 당시의 외환사정은 말할 필요가 없이 절대부족 상태였다. 연간 수출액이 고작 4천만 달러 수준에 머물러 상품 수입액의 14%에 불과한 형편이었다. 따라서 나머지 86%의 수입대전은 외국의 원조로 충당하는 구조였다고 할 수 있다.

　　그렇다면 당시 한국경제가 가지고 있는 비교우위는 어디에 있었을까? 그것은 양질의 인력이었다. 당시 한국의 젊은이들은 전쟁의 어려움 중에서도 고학력의 교육을 받을 수 있었다. 대학재학 중 병역의무를 연기해 준 혜택도 고학력 이수에 크게 기여하였다고 할 수 있다. 많은 학부모들은 가난의 대물림을 하지 않겠다는 굳은 의지로 자녀의 교육에 온갖 노력을 다하였다.

　　당시 한국의 젊은이들에게 전쟁에서 경험하게 된 것 중 중요한 것은 신 기계문명이었다. 전통의 지게문명(현대 과학에 입각한 모터를 장착한 기계에 반대되는 전통 운반수단)에서 자동차를 몰아보고 기계를 움직여 볼 기회를 갖게 되었다. 물론 전쟁 중 절박했던 쓸쓸한 경험이었지만 결과적으로는 한국의 젊은이들이 전쟁무기를 다룰 기회를 가짐으로써 현대기계를 접하는 실무경험을 쌓게 된 결과가 되었다.

　　이와 같은 상황에서 경제개발의 전략을 어디에 두어야 할 것인가? 가난하기 때문에 협소할 수밖에 없는 국내시장을 상대로 하여 좀 더 시간을 소비하면서 완만한 개발을 할 것인가, 아니면 좀 더 시야를 넓혀 세계의 무한한(적어도 우리에게는) 시장을 대상으로 하여 개발을 추진할 것인가 하는 선택의 문제였다.

　　물론 지금 생각하면 당연한 귀결이겠지만 당시 후진국개발이론에서 제기되었던 제국주의 이론 등으로 인도, 파키스탄 등 신흥개발국가들이 내수 중심의 개발전략을 내세웠던 분위기에서는 그리 쉽지만은 않은 결론이었다고 할 수 있다. 최근 인도경제가 내수중심에서 디지털산업의 발전에 동참하여 대외지향적 개발전략으로 전환하면서 태평양시대의 중요한 경제 축으로 부상하고, 앞서 설명한 것처럼 머지않아 세계 4위 경제대국으로 발전할 가능성이 있음을 상기하면 경제개발전략의 선택이 얼마나 중요한지를 실감하게 된다.

　　경제개발 초기부터 한국경제가 양질의 인력을 토대로 새로운 기술 습득과 생산성 향상을 토대로 비교우위를 개척하게 되고, 이를 토대로 세계시장을 상대로 경쟁력을 갖추어감으로써 경제의 빠른 성장과 국민소득 향상을 도모하게 된 것은 이러한 대외지향적 개발전략 때문이었다고 평가할 수 있다.

저자는 1970년대 세계은행을 상대로 많은 경제개발에 대한 논리나 전략을 상의하고 배웠다. 당시 세계은행의 한국과(Korea Desk)의 경제전문가들은 인도와 파키스탄 출신들이 제일 많았다. 저자가 그들과 오랫동안 접촉하면서 인간적으로 많은 친분을 나누고 지냈다. 그때 저자가 나의 친구인 세계은행 이코노미스트들에게 물어본 질문이 바로 인도의 경제운영이었다. 몇 차례 인도에 직접 가본 경험이 있는 저자로서는 내수 일변도의 인도의 경제운영에 많은 의문이 있었다. 저자의 이에 대한 질문에 은행의 이코노미스트는 대답을 잃었다. 인도 정부의 엘리트관료들은 거의가 영국이나 미국에 유학한 젊은이가 많았다. 인도 출신 경제전문가들은 비단 세계은행뿐 아니라 IMF 등 국제기관에 많았다. 요즘도 그렇지만 이런 전문가 집단을 가지고 있는 인도가 자기나라의 경제운영을 내수중심으로 일관하는 것은 물론 지식의 문제만은 아니겠지만 당시 한국관료인 저자에게 많은 흥미를 갖게 하였다. 반대로 당시 남아메리카의 브라질, 아르헨티나 같은 나라들이 인도와 유사한 내수 중심의 개발을 하는 것은 이해할 수 있었다. 한때 세계 4위 경제대국이었던 아르헨티나는 나름대로의 고유 개발전략을 가지고 있다고 생각하였을 것이다. 그들도 1970년대 중후반 들어 칠레의 대외지향적 경제운영 전략 전환을 계기로 점차 변화되어 가는 모습을 보여온 것은 저자로서 흥미로운 일이었다.

저자가 경제기획원 경제기획관 시절 1970년대 중후반 칠레를 일부러 방문한 경험이 있다. 당시 소위 시카고학파를 이끌고 있던 밀튼 프리드먼(Milton Friedman)의 제자들이라는 사람들이 칠레 경제운영을 책임지는 자리에 앉아 경제전략의 변화를 시도한다고 해서다. 그들과 토론의 기회를 가지고 지금도 기억이 생생한 것은 당시 그들의 전략 내용보다는 그들이 가지고 있는 팽팽한 자신감이었다. 당시 한국과는 특별한 인연을 가지고 있지 않았던 칠레지만, 우연이지만 훗날 한국이 FTA를 처음 맺게 된 나라가 칠레다. 그들의 호흡이 아직도 살아있다는 이야기인가?

제2절) 경공업 개발

1961년 한국의 수출구조는 공산품이 차지하는 비율이 22%에 불과하고, 나머지는 모두 농림수산업 등 1차 산업제품이었다. 따라서 수출의 촉진은 그 대상을 상대적으로 비율이 낮은 공산품 쪽에서 찾는 것이 자연스러웠다.

물론 당시 그래도 세계시장에서 팔아먹을 수 있는, 즉 경쟁력이 있는 부문이 농림수산부문이었기 때문에 이 부문의 개발이 더 손에 가까울 수가 있지만 단기적으로 생산성을 높이기가 쉽지 않은 특성을 가진 농림수산업 제품에서 수출제품을 개발하는 것은 제약이 있을 수밖에 없었다. 자연 수출시장의 활로를 공산품 쪽에서 찾아야 했다.

더구나 당시 한국경제에서 비교우위가 있는 부문이 산업인력이었기 때문에 이러한 산업인력을 토대로 생산성향상이 빠른 공업부문에서 수출시장을 찾아야 했다. 공업부문의 개발에 있어서도 자본집약적이기보다는 노동집약적인, 중공업보다는 경공업개발에서부터 출발하여야 하였다. 경제개발 초기 자본의 유한성과 기술의 미발달 그리고 과잉인력의 여건상 고용흡수를 최대한 하면서 비교적 기술습득이 용이한 부문에 개발의 초점을 맞추었다. 섬유, 합판, 신발류 및 가발 등이 대상이 되었다.

이와 아울러 당시 공업개발의 사회간접자본인 전력, 도로, 항만, 철도 등의 개발에 역점을 두었다. 당연한 귀결이지만 문제는 이러한 사회간접자본시설이 매우 자본집약적이기 때문에 현실적으로 이를 확대 개발하는 데 한계가 있었다.

공업개발도 덜 자본집약적이고 덜 신기술집약적인 그래서 전통기술을 개량 터득하여 부가가치를 높이는 부문을 찾지 않을 수 없었다. 거기다가 많은 고용대기 인력이 흡수될 수 있는 경공업에 치중하지 않을 수 없었다.

당시의 산업정책에서 중요한 대목은 한국의 전통산업인 농업중심의 산업개발을 할 것인가, 아니면 생산성향상 속도가 빠른 공업개발을 통한 수출진흥을 할 것인가의 논의였다.

앞서 지적한 바와 같이 유엔 지원하의 네이산 용역 보고서에서도 한국의 경제개발전략을 전통산업인 농업을 개발하는 데서 찾는 것이 현명하다는 건의가 있었다. 산업측면에서 한국의, 그것도 남한의 전통산업은 농업이었다. 일본의 식민지배하에서 한국인이 재배한 쌀은 일본이 수탈해 갔다. 전북의 만경평야를 배경으로 곡물을 일본으로 수탈해간 항구가 군산항이었다. 물론 정확한 증거가 있는 것은 아니지만 네이산이 한국산업발전 전략으로 농업개발을 추천한 배경도 이러한 식량공급기지로서의 기능을 계승·발전시킨다는 의미로 유추할 수도 있다. 물론 이것도 수출전략으로서 가능하기도 하다. 그러나 농업은 전통적으로 생산성향상이 느린 점을 감안하면 그 발전속도에 한계가 있었을 것임은 당연하다 할 것이다.

만일 농업중심의 개발을 한다면 당시로서는 두 가지 제약을 해결해야 했을 것이다. 첫째는 투자재원이 제약된 당시로서는 농업부문 투자는 경공업부문에 비하여 투자의 회임기간이 길고 그 규모도 크다는 점에서 어려움이 따랐을 것이다. 따라서 주어진 자본의 제약 속에서 농업의 개발에 중점을 둘 경우 경제성장의 속도가 훨씬 느리게 진행되는 것을 받아들여야 한다. 다시 말해서 소득수준의 향상이 더디게 진행되는 것을 받아들여야 하였을 것이다. 둘째는 성장의 속도가 느린 가운데 고용의 흡수가 제한될 수밖에 없었을 것이다. 당시 북한으로부터 월남한 많은 유휴인력을 가지고 있었던 한국경제로서는 보다 많은 실업률을 안고 가는 것을 받아들여야 하였을 것이다. 이러한 현상은 장기적으로 소득분배를 더 나쁘게 만드는 단초가 되었을 것이다.

이상의 현실적 제약 속에서 당시 많은 인력을 흡수할 수 있고 생산성과 기술개발의 속도가 빠른 경공업의 개발에 전략의 중점을 둔 것은 당시로서는 올바른 선택이고 전략이었다고 할 수 있다.

제3절) 투자재원의 동원

종합경제개발계획을 추진하면서 한국경제가 맞이하게 된 제일 큰 어려움은 무엇보다도 투자할 재원의 마련이었다. 아무리 좋은 계획과 정책을 가지고 있다 하더라도 이를 뒷받침할 재원이 없으면 이것은 그림의 떡에 불과하다고 할 것이다. 1961년 한국의 국내저축률은 경상가격기준으로 GNP의 2.8%에 불과하였다. 한 해 생산한 것의 97.2%는 모두 소비하고 저축할 여력은 불과 3% 미만인 경제가 아무리 계획을 잘 세운들 돈이 없으니 무슨 수로 경제성장을 이룰 수 있단 말인가? 반면 개발초기 투자수요는 개발기반의 조성이라는 수요 때문에 엄청나게 컸다.

1953년 전쟁 이후 미국을 비롯한 우방국가의 원조는 초기의 군사원조에서 경제원조로 전환되면서 유지되고, 이것이 한국경제에 큰 지지대가 되어왔지만 시간이 경과됨에 따라 이 원조도 점차 줄어들 수밖에 없었다. 외국의 경제원조가 일상 소비재 부족 충당에 초점이 맞추어져 있었고, 이것마저 이미 감소추세로 돌아섰다. 국내저축의 증대도 경제개발초기 1961~1964년 개발비의 지출확대로 인플레이션이 일기 시작하여 투자재원 염출을 위한 저축의 증대를 어렵게 하였다. 이러한 상황에서 해결책은 내자동원체제를 확충하는 방법이고, 그래도 부족한 재원은 외국에서 차입해 오는 방법밖에 없었다.

1. 국내저축의 증대

소득의 절대수준이 낮아 소득의 대부분을 소비할 수밖에 없었던 상황 에서 국내저축을 늘리는 것은 근본적으로 한계가 있을 수밖에 없다. 그러나 이를 적극적으로 해결하지 않고는 지속적인 개발을 할 수 있는 방법이 없었다.

그래서 1960년대 중반 한국정부는 획기적 내자동원체제 마련에 나섰다. 내자의 동원은 무엇보다 조세체제를 현대화하여 조세제도, 징수제도 등을 획기적으로 개선하는 데서 시작하였다. 다른 하나는 금융저축을 확대하는 방안을 강구하는 데서 찾았다.

이를 위하여 당시 전 근대적인 조세체제를 현대적인 조세체제로 전환하는 일이 추진되었다. 직접세와 간접세의 균형을 맞추고 조세징수의 현대화를 위한 전문기관을 신설하였다. 국세청의 신설이다. 이를 계기로 조세행정의 현대화를 위하여 조세의 추계, 부과, 징수방법을 현대화·과학화하기 시작하였다. 이러한 노력의 결과 1966년 내국세액은 전년보다 66.3%가 늘어난 700억 원을 달성하였고 조세부담률도 처음으로 더블 디지트인 10.8%에 달하였다. 오늘날 조세제도와 행정체제가 발전된 모습의 시초가 바로 이 시기였다고 평가할 수 있다.

당시 내국세 700억원은 사실 상상하기 힘든 급격한 증가규모였다. 전문 징수기구를 만들면서 당시의 혁명정부는 결연한 자세를 보였다. 초대 국세청장에 임명된 이낙선 국세청장은 그 의지의 표시로 그의 관용차 번호를 700번을 부착하고 다녔다. 당시 관용차들이 모두 지프였는데 출퇴근 길에 그의 관용차를 보면서 저자 자신 과연 700억원 내국

세수입 달성이 가능할까 의구심을 가졌었다. 당시로서는 그만큼 까마 득하게 큰 내국세 규모였다. 혁명정부의 절체절명의 사명감을 가진 국 세청장으로서 그는 있는 힘을 다해 노력하였고 그 결실이 맺게 된 것 이 한국경제의 내자동원에 하나의 큰 계기가 되었다고 할 수 있다.

지금도 물론 그렇지만 내자동원이 정부의 조세만 가지고는 일부 에 불과하고, 가장 크고 획기적인 부문이 금융저축이다. 당시 한국의 금융체제는 그야말로 전근대적인 것이었다고 평가하지 않을 수 없다. 금융업이 제대로 기능을 하기 이전의 상황에서 높은 인플레이션으로 금융저축은 거의 기대할 수 없는 상황이었다. 1963년, 1964년 물가는 연 30%대에 있었다. 이런 고물가에서 은행의 정기예금 금리는 물가의 절반인 연 15%에 불과하였다. 그러니 풀려나간 돈이 은행으로 돌아올 수 없었다. 당시 대출금리는 연 15.7%인데 이 수준으로도 기업 쪽에 서는 이미 높다는 인식이 팽배하여 이를 올릴 수도 없었다. 그러니 금 융기관들이 독자적으로 경영할 수 있는 체제가 아니고 따라서 정부의 지시에 의존하는 경영체제였다고 할 것이다.

이를 해결하는 노력의 일환으로 1965년 정부는 획기적인 금융조 치를 취하였다. 역(逆)금리체제의 도입이다. 즉 예금금리를 물가수준인 30%로 단번에 두 배 올리고, 대신 은행의 대출금리는 26%에 머물게 하였다. 은행의 경영수지는 정부가 책임진다는 이야기가 될 것이다.

지금으로서는 상상하기 힘든 이런 정책추진은 단기간 내에 유동 성을 흡수하고 금융저축을 획기적으로 늘릴 수 있다는 목표를 가지고 있었다고 평가할 수 있다. 그러나 단순논리로 은행창구에서는 돈이 들 어오는 것이 많아지겠지만 은행의 경영수지 보전을 재정에서 한다면 그것은 제로섬게임이 되는데, 당시 재무관료들은 어떤 셈법으로 이런 조치를 취하였는지 알 수가 없다.

그러나 다음과 같은 부수효과도 기대할 수 있었을 것으로 판단할 수는 있다. 첫째, 당시 높은 사채시장의 금리수준과 공금리수준의 괴리를 줄여줌으로써 돈의 흐름에 시장의 기능이 보다 원활히 작용될 계기를 마련할 수 있을 것이다. 둘째, 당시 기업의 수익성이나 생산성을 토대로 하여 볼 때 대출금리 26%는 감당할 수 있으며 예금금리 30%는 예금자에게 충분한 인센티브가 될 것이므로, 단기간 내에 이를 끝맺음하면 금융질서를 정상으로 되돌릴 수 있다. 셋째, 유동성의 흡수가 개발초기 인플레를 막고 경제를 안정화시킬 것이다. 넷째, 일반 국민의 은행이용을 관습화시켜 장기적으로 금융저축기반을 마련할 수 있다.

아무튼 지금 생각하면 도저히 불가능할 것 같은 이런 과단성(?) 있는 정책을 추진한 결과 단기적으로는 금융저축이 획기적으로 늘어나기 시작하였고 물가도 안정을 찾아가기 시작하였다.

물론 이런 정책의 부작용도 매우 컸다고 할 수 있다. 당시처럼 금융이 발전 안 된 상황에서 아무리 일시적 조치라 할지라도 은행의 경영은 염두에 두지 않고 대폭적인 역금리의 도입을 시행한 것은 금융업을 정부의 마음대로 할 수 있는 산업으로 치부하게 되어 오늘날까지도 금융이 정부의 규제와 간섭에서 벗어나지 못하게 만든 단초가 되었다고 할 수 있다. 다른 각도에서 보면 당시 한국경제는 지금과 같은 금융체제를 가지기 전이므로 모든 것은 정부 마음대로 할 수 있다는 인식에서 출발되었다고 판단한다. 그러나 과정은 옳지 못하였지만 결과는 좋았다고 평가할 수 있다.

2. 외자의 활용

1960년대 중반 한국정부가 취한 획기적인 내자동원체제의 구축으로 국내저축이 급속도로 증가하기는 하였지만, 그 절대규모가 왜소하여 초기 경제개발 투자수요에는 많이 모자라는 수준이었다. 그렇다고 절대소득수준이 낮은 당시로서 국내저축을 일시에 획기적으로 증대하는 다른 방안을 찾을 수도 없었다. 그런 상황에서 해결할 수 있는 방안은 외자를 도입하는, 즉 국민계정상의 수출입차이인 해외저축을 활용하는 방안밖에 없었다.

국민총생산의 총수입과 총수출의 차이로 표시되는 해외저축은 수출규모가 미미하여 수출로 벌어들이는 수입(收入)으로 상품수입(輸入)대전을 감당할 수 없기 때문에 부족분을 외국이나 국제기구의 원조나 차관에 의존하지 않을 수 없게 된다.

개발전략의 측면으로 설명하면 외자를 도입하면서까지 투자를 확대하여 갈 것인가, 아니면 국내저축의 범위 내에서 투자를 작게 하고 경제성장 속도를 낮게 유지해 갈 것인가의 선택의 문제이다.

물론 논리적인 이야기이지 당시 한국경제구조상 수입의 대부분이 국내총수요 부족분을 메우기 위한 일상생활에서 긴요한 물자였던 점을 고려하면 당시 수출대전으로 감당할 수 없는 부족분을 외자도입으로 충당함은 불가피한 선택이 아닐 수 없었다. 논리적으로는 내수의 부족을 내핍으로 감내하고 투자를 작게 하여 성장의 속도를 천천히 하는 전략을 선택할 수도 있다. 제2차 세계대전 이후 1960년대 후진국의 경제개발의 기본전략이라는 측면에서 이 문제에 대한 상반된 이론이 당시 대두되었다.

첫째는 소위 제국주의(imperialism) 이론에 입각하여 외자도입, 특히 외국인의 직접투자 등에 대하여 극렬히 비난하는 입장이다. 이 이론에 의하면 외자의 도입은 선진기술과 자본력을 토대로 한 제국주의 근성에 따라 항상 새로운 기술과 이를 지원할 자본을 쫓아다녀야 하는 예속성(dependency)을 면할 수 없게 된다는 것이다.

기존시설은 새로운 기술에 따라 새것으로 대체되어야 하고, 새 기술을 습득하기 위하여 비싼 기술 이전비를 지불해야 한다. 물론 기술의 속성상 이런 현상은 역사적으로도 언제나 존재하는 것이고 지금도 물론 존재하는 현상이라 할 수 있다. 그러나 제국주의 이론이 매력을 끌었던 1960년대 대부분의 개발도상국가들의 경제구조는 이런 현상이 선택의 문제가 아니라 국가를 유지하기 위하여, 즉 국민의 일상을 유지하기 위하여 불가피한 경제구조였다고 할 수 있다. 때문에 문제의 심각성이 있었다. 나라와 여건에 따라 제국주의 이론에 입각하여 국가의 운영을 내수만을 위한 운영을 할 수 있는 개발도상국도 존재할 수 있었고 그런 전략을 선택한 나라도 많았다. 앞서 설명한 남미의 여러 나라들 그리고 인도, 파키스탄 같은 나라들이 이에 속하였다. 굳이 구분하여 본다면 중국이나 김일성이 이끄는 북한경제도 이런 것을 알고 하였든 모르고 하였든 이런 나라의 부류에 속한다고 할 것이다.

그러나 거의 대부분 오늘을 살아남기 위한 선택이 아닌 필수로 외자의 도입으로 국가를 경영할 수밖에 없는 나라가 당시 대부분의 개발도상국가라고 할 것이다.

이러한 현상은 개발도상국들로 하여금 외국투자가들의 목적달성을 위하여 전개하는 소위 '자유화전쟁(liberal war)'에 끌려다니게 만든다. 즉 경제의 예속성을 면할 수 없게 만든다는 것이다. 이와 같은 이론은 한때 남미경제학자들 사이에 상당한 호응을 받았으며, 이들의 종속이론(dependence theory)에 근거하여 외자도입을 강력히 반대하는 주장을 폈다. 오늘날과 같은 글로벌경제에서 현실과 상당한 거리가 있는 논리 같지만 1900년대 후반 세계경제운영에서 상당한 비중을 차지하기도 하였다. 그러나 그 이론의 중심내용에서 우려하는 사항들이, 특히 기술이전의 속도가 빨라진 오늘날 경제운영에도 여전히 문제로 남기도 한다.

반면 많은 경제학자들은 당시에도 이에 동조하지 않고 있었다. 최근 경제개발의 일반적 모형이 국제무역을 중심으로 한 글로벌 경제운영이고, 이를 통하여 외국자본과의 거래가 더 빈번하여지는 것이 일반적 현실이다. 외자의 도입과 관련하여 미국의 석학 알버트 허쉬만(Albert O. Hirshman)은 이렇게 주장하고 있다(Albert Hirshman: The strategy of Economic Development). 즉 외자의 도입은 종래의 투자형태를 혁신적인 형태(innovation type)로 가능하도록 하고, 개발초기에 보게 되는 기업의 자본·원료들의 공급애로를 타개하여 준다. 특히 개발도상국의 국제수지 어려움을 외자도입은 해결하여 줄 수 있다.

21세기 글로벌경제에서 외자도입의 타당성 여부를 검토하는 것이 의미를 잃고 있다고 보아야 할 것이다. 이제는 자본이 종래와 같이 실물거래의 결재수단으로서 이동되는 것 이외에, 자본이 자본 자체의 이해에 따라 독자적으로 움직이는 독립변수로 작용하고 있기 때문이다.

디지털시대 모든 경제활동의 이동이 실시간대로 이동되어 이동시간이 최소화되면서 세계적으로 이루어지고 있다. 법률상의 국경개념이 경제활동에서 그 비중이 낮아지고 실물과 자본이 자체의 이해에 따라 실시간대로 이동되고 있다.

무역보다는 현지생산체제로 전환되고 자본이 필요로 한 곳에 자본은 이동하게 되어 있다. 여기서 존재하는 안에서의 보호나 밖에 대한 규제는 점차 사라지고 있다. 돈이 있어서 투자하는 개념보다는 투자의 타당성이 있고 돈이 필요로 하는 곳에 자본이 들어가는 세계경제환경에서 개발전략으로서 외자도입여부는 그 의미를 점차 상실해가고 있다.

1960년대 한국경제의 현실로 돌아가 보자. 경제개발 초기 투자수요는 국내저축에 비하여 월등이 많았다. 그러니 부족한 물자의 공급을 늘리기 위하여 물품수입을 늘리지 않을 수 없었다. 이에 따라 1962년 한국의 수입액은 수출액의 7배에 달했다. 이런 상황에서 외자를 도입하지 않고는 다시 이야기해서 돈을 빌려오지 않고는 수입대전을 감당할 도리가 없었다. 또한 국제수지를 방어할 방도도 없었다.

1960년대 중반 당시 한국의 정치권에서는 소위 '차관 망국론'이 관심의 초점이 되었다. 차관이 나라를 외국에 종속시키는 결과를 가져오게 된다는 우려가 강조되었다. 당시 경제기획원 장관은 국회가 열릴 때마다 이 차관 망국론에 시달려야 하였다.

다른 방안은 앞에서 이야기한 것처럼 내수는 허리띠를 졸라매고 투자수요를 줄여가는 방법인데, 이 길을 선택하기보다는 외자를 활용하여 국내투자를 확대하고 발전의 속도를 높이는 발전전략을 선택한 것은 올바른 정책의 선택이었다고 할 수 있다.

균형개발과 불균형개발

1960년대 후반에 들어서자 한국경제는 그동안 공업화 전략에 도움을 받은 경공업부문과 생산성향상이 더딘 농업부문 사이의 발전에 있어 불균형의 문제가 제기되기 시작하였다. 특히 1967년 그리고 1968년 두 해에 걸친 농작물의 흉작에 따라 이 문제는 심각한 정책이슈로 등장하게 되었다.

그러나 개발초기 균형개발을 전제로 생산성향상이 느린 저생산성부문을 손대기 시작하면 그만큼 전체적인 발전의 속도는 느리게 될 수밖에 없다. 한국경제는 당시 국민총생산의 절반수준이 농림수산부문에 의존하는 상황이었는데 생산성향상이 느린 이 부문에 재원을 할애하기 시작하면 그만큼 전체적인 발전의 속도는 느리게 될 수밖에 없다. 이러한 현실문제뿐만 아니라 논리적으로도 균형개발과 불균형개발 어느 쪽에 더 역점을 두어야 할 것인가에 관한 일반론적 논의가 당시에 제기되기 시작하였다.

물론 균형론의 입장에서 보면 경제의 어느 특정부문만 개발이 되고 여타부문은 이에 따르지 못하는 경우 전체적인 수요공급에 과부족 현상이 생겨서 계속 발전할 수가 없다. 따라서 각 부문이 동시에 균형 있게 발전함으로써 지속적인 발전이 가능하여 진다.

이러한 주장에 대하여 정면으로 반대하는 것이 소위 불균형 개발론이다. 이들에 의하면 균형론은 경제가 균형상태를 이룬 어느 시점과 발전을 이룬 다른 시점에서 그 당시의 현상을 설명하는 것에 불과하다고 주장한다.

경제발전이라는 것은 동태적으로 상호연관(linkage)을 가지고 발전하는 것이다. 그래서 어느 부문이 개발되면서 이와 관련된 부문의 투자가 이루어져, 즉 유발투자(induced investment)가 이루어져 이와 관련된 부문의 개발이 이루어지고 이에 따라 경제전체가 발전되는 과정을 밟게 되는 것이다. 예를 들어 맥주의 수요가 증가되면 양조장이 확장됨은 물론, 이와 관련하여 병, 유리공업이 발전하고, 맥주 생산농업이 발전하게 된다. 이와 같은 연관효과는 어느 부문의 생산이 이루어지면 이를 사용하여 타 부문이 발전되는 전방효과(forward linkage)와 그 산업의 중간재 공급 등을 위한 산업이 발전되는 후방효과(backward linkage)가 있다고 허쉬만은 주장하고 있다.

그러나 따지고 보면 균형론이나 불균형론이나 이론적 관점에서 제기될 수 있는 문제이지 현실적으로는 별 의미가 없다고 할 수도 있다. 경제가 발전하여 가는 데 모든 부문이 동시에 같은 조건으로 출발할 수는 없을 것이며 그렇다고 정부가 산업부문별로 투자순위를 먹이면서 출발할 수도 없을 것이다. 당시의 개발여건에 따라 비교우위를 살리면서 출발하게 마련일 것이다. 특정산업의 선택이나 특정부문의 포기 등을 내걸고 경제개발이 출발되는 것이 아니라 모든 부문이 균형 있고 고르게 발전하고자 하는 의도를 가지고 출발하게 될 것이다.

종합경제개발이 시작된 1962년부터 10여 년 사이 한국경제는 공업부문의 비약적인 발전이 이루어졌다. 상대적으로 농림어업분야는 발전의 속도가 낮아 1960년대 말 농업부문은 타 부문에 비하여 낙후되는 모습을 나타내기 시작하였다.

농림수산업이 GNP에서 차지하는 비율이 1961년 38.7%에서 10년 후인 1971년에는 15.4%로 감소하였다. 1963년 63%에 달했던 총 취업자수 중 농림어업취업자의 비율도 1971년에는 48.1%로 낮아져 고용구조 면에서도 변화를 가져왔다. 생산성향상 속도가 상대적으로 낮은 농업부문의 낙후가 자연스러운 것이고 이에 따라 농업에 종사하던 인력이 생산성이 높은 부문으로 이동하여 전 산업의 발전속도를 높이는 것이 경제개발의 방향이기도 하다.

하지만 전통농업국가로서 농촌지역의 상대적 낙후를 함께 동반하는 농림어업의 느린 발전은 많은 정치사회문제를 제기하였다. 그래서 시작된 것이 1960년대 말 한국경제에서의 균형개발의 논리였고 이 결과 농업의 중점개발이 개발전략으로 제기되기도 하였다.

1970년대에 들어서면서 한국사회는 경제개발 문제뿐만 아니라 비경제적 문제, 즉 정치·사회적 문제들이 여러 측면에서 제기되기 시작하였다. 월남파병, 방위산업개발, 정치유신 그리고 중화학공업개발과 같은 큰 정치사회적 이슈들이 등장하면서 농업문제는 경제적 이유보다 이들 정치적 이슈와 혼합되어갔다.

우선 양곡수매제도 등 적극적인 농촌지원정책이 시작되었다. 상대적 낙후를 방지하고 균형개발을 하자는 논리로 시작된 한국의 농업부문 지원은 오늘날까지도 많은 경제적·정치적 문제를 만들어내고 있다. 그 대표적인 예가 쌀 시장의 개방문제다.

2001년 말 세계무역기구(WTO) 각료회의는 새로운 다자협상(New Round)의 출발을 선언하였다. 이에 따라 한국의 경우 쌀은 최소 2004년까지 그리고 일반농산물의 경우도 3년 이내에 개방이 불가피할 것으로 결말지어졌다. 이미 수년 동안 추진된 한국의 쌀 개방문제는 막다른 골목에서 2014년까지 다시 10년의 물량규제를 연장하였다.

2015년 5월 현재 한국경제는 세계 많은 경제와 자유무역협정(FTA)을 체결하였는데 이 경우 언제나 쌀은 예외품목으로 남아있다. 현재 진행중인 중국과의 자유무역협정 협의에서도 쌀은 처음부터 예외취급을 하고 있다. WTO가 되었던 FTA가 되었던 쌀 시장 개방을 예외로 하기 위한 대가는 엄청나다고 할 것이다.

2015년, 이제 겨우 한국은 쌀의 관세화에 합의를 하고 있다. 세계에서 필리핀을 제외하고는 꼴찌로 한국은 쌀의 관세화에 겨우 들어갔다. 일본은 말할 것 없고, 대만보다 훨씬 늦게 시작된 쌀의 관세화는 이를 계기로 얼마나 많은 지원을 또 농업에 하게 될지 알 수가 없다. 정부지원에 길들여진 농민들은 이를 알고 대규모 데모를 하고 있고, 정부나 정치권은 서로 손을 대지 않고 팔짱을 끼고 있다.

당초 한국의 균형개발논리는 이런 것이 아니었다. 저생산성부문의 개발은 타 부문의 발전에 보완적 기능을 할 때 개발의 타당성이 있는 것이지 타 부문의 발목을 잡는 또는 대체적 기능을 하는 것은 개발전략상 옳지 않은 선택이 될 것이다.

제5절) 1960년대 경제운영의 평가

1960년대는 역사적 시각으로 본다면 한국경제발전에서 큰 변화의 길목으로 평가할 수 있을 것이다. 정치적으로 우선 군사 쿠데타에 의한 박정희 대통령의 집권이 시작된 시기이다. 집권초기 박정희대통령 정부가 여러 가지 정치 및 사회활동의 제한을 가하였던 시기이다. 특히 권력구조는 국가재건최고회의라고 하는 초 헌법기구가 만들어져 입법·행정기능을 모두 수행하였다.

이 기구가 국민에게 내걸은 공약인 '민생고를 시급히 해결'하기 위하여 만들어진 것이 제1차 5개년경제개발계획이었다. 따라서 그들이 존재하는 이유와 합리화를 위해서라도 경제부흥은 혁명정부의 지상과제가 되지 않을 수 없었다. 경제부흥 출발의 첫 번째 과제는 '절대빈곤의 퇴치'이고, 다음이 '장기적인 개발기반의 마련'으로 집약할 수 있다.

이러한 일은 상당한 전문지식과 두뇌를 필요로 하는 작업이 아닐 수 없다. 이런 일을 당시 혁명을 거사한 일부 군의 인사들이 담당할 수는 없었고, 또 그들은 자기들이 그 일을 할 수 없음을 잘 알고 있었기 때문에 일부 대학교수를 비롯한 전국적인 두뇌의 동원체제에 들어갔다. 당시 기관에서는 한국은행이 경제전문인력을 많이 가지고 있기 때문에 한국은행 조사부 일부 인력들이 초기 계획작업에 참여하였다. 한국은행 조사부장 출신의 안종직 씨가 초대 경제기획국장을 맡아 혁명정부의 제1차 경제개발계획 작업을 진두지휘하였다. 이분뿐 아니라 여러 한은 출신들이 정부

에 들어와 소위 싱크탱크의 역할을 하였다. 그 후 1962년 경제기획원이
출범되어 경제계획의 작성, 추진 그리고 경제정책의 조정에 이르는 포괄
적 기능을 수행해 가게 되었다.

경제기획원은 당시 우선 제1차 경제개발계획의 추진과 1960년대
초 연이어 시작된 제2차 계획 작업을 담당하게 되었다. 비로소 전문적
으로 경제개발계획의 성격, 개발전략 그리고 장기발전 비전을 정리·
정돈하게 되었다.

경제기획원은 신설된 기구이기 때문에 과거에 직간접으로 관련되
어 있던 인사들과 전 정부의 부흥부 등에서 계획작업을 준비하던 작
업 팀 그리고 새로 경제관료에 등용된 젊은 공무원들로 구성되어 당
시로서는 비교적 신선한 인력집단이 되었다. 경제기획원은 당시 미국
을 비롯한 선진국과 국제기구에서 원조의 형태로 이루어지는 각종 지
원을 받으면서 그들로부터 한국경제개발에 필요한 전문지식을 전수받
기 시작하였다.

특히 1951년 7월부터 시작된 국제연합의 한국부흥위원단(UNKRA:
United Nations Korea Reconstruction Agency)이 로버트 네이산(Robert
Nathan)에게 위촉하여 출발한 전문 용역 팀인 소위 'NATHAN' 팀은
경제기획원 내에 그것도 경제기획국 바로 옆에 함께 근무하며 계획작
업에 직·간접으로 도움을 주고 그들이 제출하는 보고서들은 당시 한
국경제정책의 수립을 위하여 많은 도움을 주었다고 할 수 있다. 이러
한 기구와 인력들이 만들어낸 한국경제의 초기 개발전략들은 적절한
것이었고 그 후 30여 년간 한국경제운영의 발판이 되었다고 평가할
수 있다.

무엇보다 당시 경제기획원이 행한 일 중에 우선 서둘러 발표된 제1차 5개년계획의 보완작업과 제2차 계획의 준비를 함께 추진하면서 경제개발 초기 추진해야 할 경제개발 전략을 준비한 것은 큰 업적으로 평가되어야 할 것이다.

우선 경제개발을 수출을 중심으로 대외지향적인 개발전략을 선택하고, 생산성 향상이 빠른 경공업개발에 전략의 초점을 맞춘 것부터 잘된 일이었다. 이어 자본동원의 전략으로 내자동원을 위한 현대 조세체계의 도입 그리고 조세징수기구의 확충이 이어졌고, 많은 논의 가운데 외자도입정책을 채택한 것은 당시로서는 경제기획원의 업적이라고 평가할 수 있다.

특히 이 기간 동안 한국경제는 지금까지의 연 4~5%의 저성장에서 고성장으로 괴도를 수정하였다. 1962~1971년까지 연평균 경제성장률은 8.8%를 이루어 이 기간 동안의 세계평균성장률 5%를 훨씬 초과하였다. 개발초기인 1961~1966년까지는 경제개발 기반조성에 중점을 두었기 때문에 이 기간 부가가치 증식은 연평균 7.8%에 머물렀다. 그러나 1960년대 후반기에 들어오면서 공업부문의 개발과 수출의 호조에 힘입어 제조업부문의 성장이 두드러져 1967~1971년까지 9.7%의 연평균성장률을 이루었다.

경제의 고도성장 진입은 산업구조 그리고 고용구조 등 많은 부문에서 발전되는 모습을 갖추어가게 되고, 이 기간 동안 1950년대에 있었던 전쟁 인플레에서 완전히 벗어나 경제가 전반적으로 안정국면으로 진입하기 시작하였다. 외자도입에 의한 높은 투자가 높은 성장을 가져오고 이는 국내저축의 빠른 증가로 선순환되어 한국경제는 후진국 개발의 성공모델로 떠오르기 시작하였다.

물론 한국경제개발에 대한 당시 부정적 시각도 등장하기 시작하였다. 특히 '개발독재'로 명명되는 '경제우선'의 국가운영이 가져오는 부작용이 1970년대의 경제운영과 연계하여 부정적으로 제기되기 시작하였다. 지난 10년의 경제실적도 모든 경제운영의 역작용을 물리적 힘으로 눌러놓고 오로지 경제성장이라는 한 길로 몰아간 경제운영의 결과라고 부정적으로 평가하고, 누군들 그렇게 하면 못할까 하는 경제실적에 대한 폄훼가 나오기 시작하였다.

그러나 이러한 경제운영의 다른 평가는 나올 수 있지만 모든 한국사람이 이런 부정적 평가에 동의할 수는 없었을 것이다. 세계각국이 그리고 전문기관들이 한국경제발전을 긍정적으로 평가하고, 특히 세계은행 같은 곳에서는 한국의 절대빈곤, 인구의 빠른 감소에 대하여 매우 높은 평가를 하였다. 대내적으로도 이 기간의 경제운영 평가는 모든 국민에게 '경제하려는 의지'를 심어주고, '하면 된다'는 자신감을 한국국민으로 하여금 갖게 하였다는 점이 될 것이다.

제 4 장

1970년대 농촌근대화와
중화학공업개발(1972~1979)

　　1960년대 한국경제는 1950년대 초 전쟁기간 중 일어난 경제 황폐화를 딛고 어느 정도 경제개발의 기반을 구축하게 되었다. 대외지향적 공업화 전략에 따라 경공업제품의 수출은 획기적으로 신장하였고, 이의 영향으로 한국경제는 고도성장 괴도에 진입하게 되었다. 이와 함께 한국경제는 또한 여러 가지 새로운 문제를 만나게 되고, 한편 구조적으로 전환과제에 직면하게 되었다.

　　앞에서 설명한 것처럼 1960년대 초 경제기획원의 출범과 함께 제1차 경제개발 5개년계획의 보완작업 일환으로 정부는 개발연대 개발전략을 수립하기 시작하였다.

　　대외지향적 개발전략을 선택하고 이를 위하여 경공업개발에 역점을 두어 수출을 빨리 신장시킬 수가 있었다. 후진국개발에 제1차적인

디렘머인 자본동원의 한계를 극복하기 위한 조세체계의 현대화, 금융
저축의 증대 그리고 외자도입 정책을 추진하였다. 이 과정에서 한국정
부는 역금리정책의 시행과 차관 망국론의 시련을 겪으며 이를 헤쳐나
갔다.

이를 통한 공업화의 전략은 빠른 수출의 신장을 통하여 경제를
고성장의 괴도 진입에 성공하게 하였고, 더 나아가 전쟁과 경제개발
초기 인플레를 진정시키는 데까지 성공시켰다. 1964년 처음 1억 달러
수출이 달성되었고, 1950년대 4% 수준의 경제성장은 1960년대 8%대
로 두 배 뛰었다. 1960년대 후반에 들어서 경제성장 속도는 더욱 빨라
지게 되고, 수출도 10억 달러가 눈앞에 다가 왔다. 세계은행 등 국제
기구에서도 한국경제의 발전에 긍정적인 평가와 함께 기대를 걸게 되
었고, 1960년대 말 세계은행은 처음으로 한국에 대규모 차관 공급을
시작하여 4천만 달러에 달하는 대규모 차관으로 금강평택농업지구 개
발을 지원하게 되었다.

혁명정부의 입장에서는 어느 정도 경제발전에 대한 자신감을 얻
게 되었다. 오원철 당시 청와대 경제2수석이 '박정희는 어떻게 경제강
국을 만들었나'에서 기술한 바에 의하면 당시 박정희 대통령은 이러한
경제실적을 배경으로 김일성의 무력증강에 맞서는 자주국방을 목표로
방위산업개발계획을 내부적으로 준비하였다고 한다. 물론 보안사업이
므로 그 내용을 제대로 알 수는 없지만 1960년대 말 1970년 초 시작
된 이 작업은 일반적인 경제구조의 개혁, 특히 산업구조의 변화 요구
와 서로 맥을 함께하고 있다.

그 첫 번째로 산업구조의 조정을 하는 문제가 제기되기 시작하였

다. 공업화 전략에 따라 제조업 부문은 빠른 발전을 한 반면 전통산업인 농업분야는 상대적으로 낙후되는 문제가 제기되었다. 또한 경공업 개발에 중점을 둔 결과 원료, 소재 등 중간재의 원활한 공급체제가 문제로 등장하기 시작하였다. 섬유, 신발, 가발 등 개발초기 산업이 점차 고부가가치 산업으로 발전되기를 기대하면서 철강, 기계, 원사 등 중간투입물의 적시 적량 확보가 문제로 등장하기 시작하였다. 기초소재공업의 개발이 문제로 제기되기 시작한 것이다. 한편 전통산업인 농업분야의 상대적 낙후문제가 제기되었다. 이와 같이 농업 같은 상대적 낙후부문이나 경공업의 기초소재공업 등의 균형적 발전이 산업구조상 문제로 부상하게 되었다.

둘째, 저임금에 의한 노동집약적인 조립. 가공업에 기반을 둔 수출확대가 임금상승과 기술낙후로 인하여 점차 한계를 나타내기 시작하였다. 따라서 고용수요를 흡수하면서 비교적 기술집약적이고 좀 더 세련된 상품의 생산체제가 필요하게 되었다.

셋째, 절대빈곤과 원시산업체제에서 어느 정도 벗어나는 상황 속에서 이제 한국경제가 시각을 넓혀 지속적으로 발전을 해나가기 위한 거시적 경제운영구조를 달성하기 위한 조건을 생각하게 되었다. 이를 위해서는 우선 투자재원을 자력으로 조달하는 기반을 마련하고, 아울러 국제수지를 관리할 수 있는 구조를 만드는 것이 과제로 등장하게 되었다. 지난 10년의 세월 속에 한국경제가 이만큼 성장하였다는 증거이기도 하다. 아무튼 한국경제가 대외여건의 변화에 능동적으로 대처하면서 지속적으로 발전할 수 있는 기반을 갖추자는 정책의지의 표현이라고 할 수 있다.

넷째, 여기서 욕심을 부려 한 걸음 더 앞으로 나아갔다. 경제개발

의 결과가 보다 형평하게 분배되는 조건을 생각하기 시작하였다. 물론
이것은 솔직히 말해 아직 정책화하기엔 너무 이른 과제이기는 하지만
국민생활의 양적·질적 향상을 위한 장기과제가 경제계획 담당자들에
게 제기되기 시작하였다.

　이상의 과제들은 비단 이 시기에만 해당되는 것이 아니고 경제발
전에서 끊임없이 제기되는 테마라고도 할 수 있다. 특히 한국경제처럼
천연자원이 부족하고 남보다 늦게 개발에 참여한 경제로서는 장기적
인 숙제라고도 할 수 있다. 또 그러나 한편 이런 문제의식은 절대빈곤
의 기아선상에서 어느 정도 벗어나서 제기되는 문제이기도 하다. 다급
한 불은 껐다는 이야기도 된다. 한국경제가 선진경제를 지향하는 기대
속에 당시 경제운영자들이 갖게 되었던 문제의식이라는 점에서 그 의
미를 가진다고 할 것이다.

　본 장에서는 산업구조의 균형발전이라는 측면에서 농업개발과 중
화학공업개발 정책들을 정리하여 보고, 더 나아가 개발연대를 졸업하
기 위하여 당시 경제계획 전문가들이 가지고 있었던 자력성장구조 실
현을 위한 확대균형정책들을 토론하여 보고자 한다.

제1절   농촌 근대화

　1950년대까지 한국경제의 주축산업이었던 농림어업부문은 1960
년 본격적인 종합경제개발이 시작되고 경공업부문의 개발을 통한 수

출촉진정책의 추진으로 전 산업에서 차지하는 비중이 급격하게 감소하였다. 즉 국민총생산 중 농림어업의 비중이 1961년 38.7%에서 1971년에는 15.4%로 줄어들었다. 물론 경제개발계획의 추진에 따른 예정된 결과이고 옳은 길로 가는 과정이라 평가할 수 있다. 그러나 농업을 담당한 농민이나 농촌의 입장에서는 소득증가속도나 근대화의 측면에서 상대적으로 낙후되는 모습을 실감하게 되는 것이 당연하다 하겠다.

또한 국민총생산에 대한 비중이 10년 전에 비하여 절반 이상이 줄어든 농업부문이지만 아직도 고용은 전체고용의 과반에 가까운 48.4%를 1971년까지 가지고 있었다. 부가가치 증식에 크게 기여하지 못하는 많은 인력들이 아직도 농업부문에 많이 남아있는 결과가 된다. 여기에 더하여 한국의 농촌에는 과거의 인습이라고 할 수 있는 농한기의 게으름과 이를 틈탄 도박행위 등 비생산적 활동이 1970년대 초까지 남아 있는 실정이었다.

1. 새마을운동

이러한 오래된 인습과 비생산적 분위기에 대한 적극적인 대처가 1970년대 초 일어나기 시작하였다. 즉 '잘 살아보세'를 구호로 하는 새마을운동을 주축으로 하는 농촌근대화 운동이 그것이었다.

경제발전의 이론적 측면에서 볼 때 당시의 새마을운동은 농촌사회의 발전지향적인 의식구조를 만들어가게 되었다는 점에서 큰 의미를 찾아야 할 것이다. 실의와 퇴폐적 의식이 팽배하였던 것이 과거 한국농촌사회의 특징이었다. 이런 의식구조와 행태를 가진 국민에게 아무리 훌륭한 경제개발계획이나 전략을 제시하더라도 이를 수용할 수 없을 것이다. 경제개발을 시작하면서 가장 먼저 해야 하는 일이 국민의 의식을 퇴행과 안일에서 벗어나 무언가 해 보고자 노력하게 만드는 것이라 할 수 있다. 농민의식의 근대화라 해도 좋고 농민 스스로 잘 살아보려는 개발의지의 확립이라도 좋을 것이다. 이런 점에 착안된 것이 바로 당시의 새마을 운동이었다.

따라서 새마을운동은 루이스(W. Arther Lewis)가 주장한 '경제(발전)하려는 의지(will of economize)'와 상통한다고 하겠다. 루이스는 '국민의 전통적인 인습·금기들을 타파하고 자발적으로 새로운 것을 향하려는 모험심'을 경제하려는 의지라고 표현하고 있다. 결국 국민의 미래지향적이고 발전지향적인 의식구조를 의미한다 할 것이다.

한국의 새마을운동은 '근면·자조·협동'을 행동지침으로 하였다. 한국의 새마을운동은 고 박정희 전 대통령의 의지로 시작된 것으로 이해되고 있다. 누구의 아이디어와 누가 이니시에이트를 하였던 한국정부는 새마을 운동을 국민운동으로 지정하고 이를 국민운동으로 추진하기 위한 기구와 지원체제를 마련하였다.

새마을운동은 1970년대 초 농촌의 환경근대화부터 시작하여 개인의 정신운동으로 승화되어 갔다. 이것이 발전되어 농업부문의 생산성 향상을 위한 생산의 협동화·과학화 운동으로 발전·전개되었다. 이러한 농촌지역의 새마을운동은 생산성향상, 능률의 향상이라는 면에서 도시, 공장들로 확산되어 온 국민의 정신운동으로 점차 발전되어 갔다.

이 새마을운동은 당시 국제전문기관들로부터 매우 긍정적인 평가를 얻게 되었고, 훗날 한국경제발전뿐만 아니라 한국국민 의식구조의 현대화에도 긍정적인 기여를 한 것으로 평가되고 있다.

오늘날 경제발전 초기에 있는 많은 국가들이 한국의 새마을운동을 배우고자 노력하고 있는 것을 본다. 한국의 발전경험을 개발도상국들에 전수하는 사업에서도 빼놓을 수 없는 한 분야가 정신적인 면에서의 개혁의지를 강조하게 되고, 이의 한 예로 한국의 새마을운동을 이야기하게 된다. 자자는 한국의 새마을운동과 루이스의 'will of economize'가 같은 뜻으로 이해하고 있다.

2. 농업의 기반시설 확충과 농업기술 개발

1970년대 한국의 농촌근대화를 위하여 정신적인 면에서 새마을운동을 전개함과 동시에 한국정부는 더 나아가 농업이 하나의 산업으로서 경쟁력을 갖추도록 하는 정책을 추진하게 되었다.

첫 번째가 농업의 인프라인 기반시설을 갖추는 사업을 전개하고, 다음이 농업기술개발을 정부가 앞장서 추진하게 되었다. 단위당 면적의 생산량을 제고시키는 이런 정책과 함께 한국정부는 농민이 생산한 쌀을 높은 가격으로 수매해주는 농업지원정책을 펴 나갔다.

농업의 기반시설은 농업용수개발 그리고 경지정리 등이다. 이러한 수리관개시설은 규모가 크고 다년간 계속되는 대규모사업들이다. 한국정부는 이런 관개시설을 세계은행(IBRD)과 아시아개발은행(ADB) 등의 지원을 받아 대규모로 추진하게 되었다. 1969년 세계은행이 한국의 '금강평택지구 개발' 사업으로 4천만 달러를 처음 지원하였다. 지금 보면 별것도 아니겠지만 당시 현지를 방문한 저자의 눈에도 이 드넓은 평야를 세계은행의 지원으로 개발한다는 것이 정말 대단하고, 다행스럽다는 생각을 하게 되었다.

2000년대 들어 되돌아보면 한국의 농업기반사업은 거의 완료단계에 있고, 기반시설의 확충이 쌀 등 일부 주곡의 과잉생산으로 다른 고민을 만들어내고 있다. 그러나 그것은 개발의 결과론이지 개발초기 당시로서는 농업기반사업이 정부의 계획사업 중에서도 대규모사업의 하나였기 때문에 그 중요성이 강조되고, 그렇기 때문에 한국정부로서도 농업기반사업의 진척상황을 직접 점검하고 추진할 정도로 큰 비중을 차지하였다.

다음 농업기술의 개발로 정부가 가장 힘을 쏟았던 일은 쌀의 종자 개량이었다. 단위당 생산량을 높여 쌀의 자급을 조속히 실현하는 첩경은 단위수확량이 많은 씨앗을 개발하는 것이었다. 그래서 태어난 것이 당시 이름으로 'IR667', 후일 '통일'로 명명된 새로운 볍씨였다. 이를 통해 단위당 수확량을 크게 개선하였다. 1960년대 말 이 볍씨를 하루빨리 연구하고자 한국정부는 다모작이 가능한 필리핀에 가서 연구를 하게 되었고, 완료단계에 나타난 결과를 보고 받으면서 전 정부적으로 흥분하고 들떴던 분위기를 저자는 지금도 생생하게 기억하고 있다.

이 쌀이 밥맛이 좋지 않아 문제가 된다는 이야기가 나왔을 때 대통령, 부총리 할 것 없이 '무슨 배부른 소리냐'고 실무자를 통박하였다. 그러나 그러한 통박에 대하여 누구 하나 투덜거리지 않았다고 기억한다. 저자도 잠시 밥맛이 없으면 어떻게 하지? 하는 생각을 하였지

만, 즉시 무슨 소리야 기아가 없어질 판인데 하는 마음이 다시 들었
다. 당시 경제기획원 간부회의에서 어느 국장이 이 밥맛 문제를 제기
하였다가 부총리로부터 심한 꾸중을 듣는 것을 참석자들은 모두 기억
하고 있을 것이다. 그만큼 당시 한국경제로서는 배고픔에 대한 절실함
이 누구에게나 있었기 때문이다.

그러나 훗날 쌀의 생산량이 지나쳐 재고가 늘어날 때 정부는 농
민으로부터의 쌀 수매량을 감축하지도 못하고, 농민은 밥맛이 좋은 새
볍씨를 생산하기보다는 수확량이 좋은 통일벼를 계속 생산하고자 하
였고, 정부는 이를 모두 비싼 값으로 수매해 주었다. 결과 정부미 재
고가 늘어나고 재정적자는 늘어만 가는 요인이 되었다. 그러나 그동안
절대공급량이 부족하였던 역사를 되돌아보면서 당시 정부는 이 정책
을 큰 성과로 평가하였다.

3. 이중(二重)곡가제도와 추곡수매제도

농업지원정책으로 가장 중요하였던 것이 이중곡가제도, 즉 쌀의
정부 수매가와 정부 판매가를 달리하는 일종의 가격보조제도와 정부
가 추곡을 정부가 정한 값으로 수매하여 주는 추곡수매제도를 들 수
있다.

이 정책들은 일본이 이미 써왔고 지금도 씀으로 해서 엄청난 재
정부담을 안게 된 제도인데, 이것을 한국정부가 그대로 답습한 정책이
다. 한술 더 떠 일본보다 오히려 더 많은 보조와 지원을 해주는 정책
이다. 이 정책의 도입으로 지금도 한국정부 재정은 큰 부담을 안고 있

고, 이 지원정책에 길들여진 농민은 모든 농업사업을 시장경쟁원리보다는 지원을 통해 해결하고자 하고 있어 농업정책의 경직성을 가져오게 만든 단초가 되고 있다.

2001년 현재 한국의 쌀 수매가격은 국제시세에 비하여 6배 이상 비싼 가격을 유지하고 있다. 2013년 현재도 한국의 쌀 수매가는 국제시세에 비하여 2~3배 높은 수준을 유지하고 있다.

2001년 11월 15일 아프리카 도하에서는 세계무역기구(WTO)의 뉴 라운드가 발족되었다. 이 회의에서 앞으로 2003년까지 모든 회원국은 자국의 관세인하 계획을 마련하여 이를 협의하기로 결정하였다. 우르과이 라운드에서 상세하게 들어가지 못하였던 농업, 금융, 서비스, 지적재산권 등 모든 분야에 대한 개방이 이루어지도록 협의가 이루어진 것이다. 한국으로서는 아직 수입개방이 되지 않은 농산물의 수입개방을 하는 것이 가장 시급한 과제였다.

그 중에서도 쌀 개방인데 이것은 이미 WTO 발족과 함께 1996년 8년의 유예기간을 가지고 최소 시장접근을 2004년까지 끝내고, 2005년부터는 관세로 쌀 시장을 보호하기로 원칙적인 협의를 해 놓은 분야이다.

지난 8년 동안 김영삼, 김대중, 노무현, 이명박 정부를 거치면서 쌀 관세화에 대한 대책을 적극적으로 강구한 정부는 전연 없었다. 역대 대통령 중 총체적으로 책임을 지는 자세를 가지고 문제를 해결하려는 자세를 가진 대통령은 하나도 없었다. 폭탄 돌리기 놀이하듯 어떻게 하면 이 시한폭탄이 내 임기 중에 문제가 되지 않고, 다음으로 넘어가기만 바라는 그런 형국이었다.

뉴 라운드에서 쌀 시장에 대한 직접적인 협의는 없었다 하더라도 한국이 농산물에 대한 개발도상국 지위 유지가 어려울 전망이고, 일반 농산물에 대한 추가 개방이 요구되는 뉴 라운드 협의내용으로 볼 때 2005년부터 쌀 시장의 개방이 불가피할 것으로 평가되었다.

지금까지 8년의 세월이 지나는 동안 한국정부는 쌀의 관세화에 대한 노력은 전연 하지 않은 채 이 문제를 뒤로 미루기만 하고 근본적인 접근을 하지 않았다. 이 기간 동안 정부는 농촌의 개발을 위한다는 이름으로 100조원에 달하는 막대한 자금을 농촌에 넣으며 오히려 증산기반만을 확충시키고, 그 증산된 쌀을 정부는 수매가격을 올려주면서 사주는 종래의 정책을 반복하고 있었다.

이 기간 동안 이런 막대한 재원을 활용하여 쌀의 생산을 조절하고, 반면 쌀의 소비를 촉진하는 정책을 펴왔어야 했었다. 그러나 돈의 투입은 종래 방식인 증산정책에 쓰고, 농촌의 빚 탕감 등 농민을 보다 정부의존적으로 만드는 반대의 정책을 써 왔다. 전형적인 인기영합정책이다.

그 결과 쌀 재고는 2001년 말로 10백만석이 넘게 되어 재고의 관리비만 해도 한 해에 1천억원 이상 들게 되었다. 또 정부의 쌀 수매가격은 매년 올리기만 하여 1995년을 100으로 하였을 때 2000년 말 현재 142.9가 되는 모습을 만들었다. 2001년 쌀 농사는 대풍을 이루었으니 농민들은 수매량을 늘리고 수매가격은 올리라고 연일 데모하고 있었다. 그동안 쌀 수매가격을 올리는 데 팔을 걷어붙이던 정치권은 여야를 막론하고 막판에 와 농민을 자극하지 않기 위하여 소가 닭 쳐다보듯 하고 있고, 정부의 지원에 길들여진 농민들은 세계정세의 흐름을 알면서도 정부에 대하여 추가지원을 요구하고 있었다.

　1996년 WTO의 발족과 함께 한국의 쌀 최소시장접근을 8년의 유예기간을 얻어 2003년까지 관세화를 하게 되었었다. 이 기간 동안 한국정부는 앞서 논의한 것처럼 농민의 환심을 사기 위하여 100조원에 달하는 거금을 들여 엉뚱한 쌀 증산정책을 써 왔다. 김영삼, 김대중 그리고 노무현 대통령에 이르기까지 이들은 농민의 당장의 환심을 사기 위한, 즉 해를 거꾸로 돌리는 정책을 써왔다. 물론 정치권은 말할 것 없다.

　이제 WTO 뉴 라운드는 비단 쌀뿐만 아니라 모든 분야의 개방이 이루어지도록 협의가 이루어졌다. 한국의 쌀도 그 이전에 이미 2004년까지 최소시장접근을 하도록 원칙적인 협의를 해 놓은 상태다. 그리고 2005년이 넘어가고 다시 2007년이 되었는데 쌀 시장접근에 대하여 한국정부는 아무런 준비가 없었다.

　2004년부터 2007년까지 4년 동안 아무것도 한 것이 없었다. 그리고 무책임하게 한국정부는 시한연장을 협의하여 2005년부터 2014년까지 10년 시한연장을 다시 받았다. 2007년의 한미자유무역협정(FTA) 협상에서도 한국의 쌀 개방은 처음부터 논외로 하기로 하고 지나갔다. 이명박 정부도 그대로 지나갔다. 물론 어려운 문제이지만 이렇게 문제의 천연만 하는 것이 과연 한국의 쌀 농업에, 또 한국경제 전체에 얼마나 도움이 되는지 얼마나 손해를 보게 되는지를 따지고 갔어야 한다. 그러나 그 누구도 고양이 목에 방울 달기를 싫어하는 이 문제가 해결의 실마리를 잡지 못하고 지연되고 있었다.

　그리고 10년 연장의 마지막 연도인 2014년 9월 박근혜 정부에 들어와 이제 절체절명의 마지막 순간이고, 더는 연기가 불가능하다는 판단하에 쌀의 관세화를 결정하고 2015년 1월 그 시행에 들어갔다.

2014년 9월 30일 WTO 사무국에 제출한 한국의 쌀 관세화 안은 2015년 1월 1일부터 시행에 들어가게 되었다. 이 관세화 안에 의하면 한국의 수입쌀 관세율은 513%가 된다. 2014년까지 존재하던 쌀의 최소시장접근(MMA)에 의한 의무수입량 409천M/T은 계속 5%의 관세율로 들여와야 하고, 나머지는 일반관세율 513%로 들어오게 되어 있다. 그동안 관세화 유예로 부담하게 된 최소수입량 409천톤은 그대로 들여오고 나머지만 관세화하게 되는 것이기 때문에 그동안의 무리한 관세유예가 결과적으로 얼마나 한국경제에 부담을 주는지를 알 수 있다.

일본은 1994년 UR의 결정 이후 UR과 협의한 2000년보다 2년 앞당겨 관세화 조치를 취했다. 2001년 WTO에 가입한 대만은 2003년 관세화에 들어갔다. 이들 국가들은 지금 한국처럼 무거운 의무수입량의 부담은 없을 것이다. 우리는 정부의 늦장 대응과 농민들의 저항으로 연간 쌀 소비량의 9%에 해당하는 409천톤을 앞으로도 계속 5%의 관세로 의무 수입해야 한다. 그 책임은 누가 져야 하나?

그동안 쌀시장의 개방을 막기 위한 한국경제의 부담들을 계량화한다면 엄청 부담이 되었을 것이다. 관세화가 된 지금도 관세화 지연에 따른 의무수입량 증가 지속과 이를 앞으로도 계속 수입해야 하는 부담을 합친다면 과연 쌀 개방에 반대하여 온 농민이나 정부 그리고 정치권은 일반국민에게 죄를 지은 것이나 다름없다. 엄청난 부담만 안겨주었음을 고백하고 죄를 청해야 할 것이다.

세계에서 쌀 개방을 하지 않은 나라는 이제 필리핀 한 나라다. 필리핀은 이의 유예로 의무수입량이 350천톤에서 2017년까지 805천톤으로 늘어났다. 그 나라의 쌀 재배농가에 대한 가격보조는 우리보다는 훨씬 작을 것으로 짐작되지만 이 나라의 부담도 매우 무거울 것으로 짐작된다. 아무튼 한국의 쌀 시장은 이런 우여곡절을 거쳐 관세화에 들어갔다. 이런 엄청난 정책실패의 연원은 1970년대 농촌개발정책으로 도입한 쌀 수매제도와 가격보조정책이 만들어낸 결과이다.

결론적으로 1970년대 한국의 농촌근대화작업은 다음에 검토할 중화학공업의 개발과 함께 한국경제의 자력성장구조 실현을 위한 양대 축이었다. 농촌근대화사업으로 한국경제는 농지기반사업을 완성하게 되었고, 쌀과 보리 등 소위 주곡(主穀)이 자급체제를 갖출 수 있게 되었다. 또한 새마을운동으로 농촌의 환경개선과 정신운동이 일어나고, 2중곡가제의 도입으로 한국경제 전체로는 큰 비용을 치렀지만 농민의 입장만 본다면 소득의 빠른 향상 효과를 얻을 수 있었다.

그러나 이 사업들의 배후에는 당시 박정희 대통령의 장기집권을 위한 유신체제의 구축과 맞물린 정치복선이 있었다고 평가하지 않을 수 없다. 농촌·농업·농민에 대한 개념정립 없이 두루뭉술되어 지나친 선심과 무리한 정책을 도입한 결과가 되었다. 당시로서는 이러한 일들이 농촌을 빨리 발전시키고 상대적으로 낙후된 농가의 소득을 증대시키는 좋은 효과가 나왔다고 평가하였지만 시간이 지남에 따라 문제의 해결보다는 문제를 그대로 천연하는 일에 농민은 길들여지고, 그에 따라 농민은 다다익선 지원확대를 요구하게 되었다.

정치권은 오히려 이를 이용하는 악순환을 가져왔다. 이 정책의 연원을 박정희 대통령에게서 찾을 수 있지만 그 후임 대통령들도 누구 하나 이 문제를 책임지려 하지 않았다. 특히 민주화 이후 오히려 농민에게 선심정책을 더 부추긴 김영삼, 김대중, 노무현 대통령의 책임이 크다고 할 것이다.

이것이 훗날 한국경제 그리고 특히 재정부담에 엄청난 부담을 가져왔고, 정치권은 앞 다투어 농민의 부채를 탕감하여주는 공약을 걸면서 농민을 유혹하기에 이르렀다. 정부 내 관계부처에서도 농업개방에 대비해야 할 중대한 시기에 종래 방식대로 증산정책을 확대하는 어처구니 없는 우를 범하고도 반성이 없고 지금도 계속되고 있는 정책실패의 대표적 예라고 평가해야 할 것이다.

제 2 절) 중화학공업의 개발

경제개발 초기 전통산업 위주의 경공업부문 발전은 단기적으로 생산확대와 수출증대에 크게 기여하였다. 그러나 10여 년간의 산업화가 진전되면서 더욱 발전하기 위한 몇 가지 과제가 제기되기 시작하였다.

첫째, 원료 및 중간재의 도입규모가 점차 커지게 됨에 따라 이 부문의 대외의존에서 유발되는 문제가 발생하기 시작하였다. 물론 이들의 국제시장 가격이 안정되고 구입이 용이한 경우에는 별 문제가 없겠으나, 1970년대 초처럼 국제적인 자원파동이 일고 이에 따라 원유의 구입은 말할 것도 없으며, 석유류 중간재의 구입이 어려움을 겪지 않을 수 없었다. 비단 석유류뿐만 아니라 공업생산의 중간재가 되는 철강, 구리 등 시장가격이 불안해지고 그의 확보 또한 불안해 지면서 공업원료나 중간재의 안정된 도입이 문제로 제기되기 시작하였다.

둘째, 지금까지 값싼 노동력을 토대로 한 비교우위는 한국을 뒤쫓고 있는 후발개발도상국들에 의하여 위협받기 시작하였다. 따라서 지금까지 비교우위를 가지고 있던 섬유·합판·신발류 등의 경공업 제품들은 고급화로 계속 발전시키면서 보다 기술집약적인 새로운 산업의 개발이 요청되고 있었다.

셋째, 이제 경공업제품 위주의 수출체제도 점차 한계를 드러내기 시작하였다. 단순노동집약적인 경공업제품에서 숙련노동집약적인 산업분야로, 그리고 더 나아가 기술집약적인 공업제품의 생산이 요청되고 있었다. 1970년 한국의 수출규모가 10억 달러가 넘어서자 새로운 수출상품이 요청되었고 이에 따라 기술에 기반을 둔 상품이 필요하게 되었다. 이러한 문제의 제기에서 출발된 것이 중화학공업의 개발이었다고 할 것이다.

중화학공업의 용어 정의에 관하여는 나라에 따라 각기 상이한 분류기준을 가지고 있다고 할 수 있다. 이 용어는 학문적 개념이라기보다는 보다 행정적, 실무적 차원의 필요에 의하여 편의적으로 분류된 것이다. 한국의 경우에는 제3차 경제개발 5개년계획을 만들면서 소위 중화학공업개발이라는 용어를 사용하였다. 계획서에 의하면 제3차 5개년계획의 주축을 '농어촌경제의 혁신적 개발, 수출의 획기적인 증대 및 중화학공업의 건설'에 둔다고 하였다. 계획작업 당시의 문제의식은 경공업에 대비한 산업구조 심화 차원에서 중화학공업 건설이라는 용어를 사용하였다고 할 수 있다. 제3차 계획서의 산업계획에 나타난 철강, 기계, 조선 등의 산업개발계획은 다분히 일반 전통산업과 대비되는, 그래서 산업구조를 보다 심화시킨다는 차원의 작업결과 표현이라고 분석할 수 있다.

한국경제개발에서 일반적으로 이해하고 있는 중화학공업개발계획과는 다른 것이기 때문에 제3차 계획에 표시된 중화학공업개발을 추진한다는 것과 혼동될 수 있다. 제3차 계획에 사용한 용어의 정의에도 명확한 기준이 있었던 것이 아니고 이 계획의 범위 내에 들어가는 산업을 중화학공업으로 취급한 것이다. 따라서 이 경우 중화학공업의 개념은 이론적인 것이라기보다 계획 목적적인 것으로 이해하여야 할 것이다.

1970년대 초 저자는 중화학공업의 논리적 근거를 찾아보려고 일본의 산업합리화 자료를 검토하여 보았다. 이 자료에 의하더라도 일본은 5개의 중화학공업분야를 선택하였는데 그것도 모두 정책목적적으로 이루어진 것이었다. 훗날 청와대에서 결정한 한국의 중화학공업산업분야를 철강, 기계, 자동차, 전자, 조선 그리고 석유화학 등 6개 부문도 다분히 이런 정책목적적으로 결정되었다 할 것이다.

중화학공업의 개발은 경공업부문의 개발에 비하여 일반적으로 자본, 기술 그리고 위험부담이 더 요청된다. 따라서 1970년대 초 10여 년의 산업화가 진행되었다고는 하지만 중화학공의 개발을 뒷받침할 만한 자본력과 기술력이 한국경제로서는 많이 부족하였다고 할 수 있다.

따라서 1970년대 초 한국의 중화학공업개발은 의욕만 가지고 무리한 계획을 당시 정부는 모든 역량을 투입하여 추진하였다고 할 수 있다. 앞서 이야기한 바와 같이 박정희 대통령이 김일성의 방위산업에 뒤지지 않으려는 정책의지의 발상에서 방위산업을 개발하게 되고, 이어서 연관된 중화학공업개발을 추진한 결과라고도 설명할 수 있다. 또한 산업구조의 심화라는 측면에서 경공업과 중공업의 균형발전을 추진한 전략이라는 긍정적인 평가를 할 수도 있다.

그러나 의욕이 너무 앞서고, 장기집권을 합리화하기 위한 수단으로서 괄목할 만하고 가시적인 대형사업을 추진한 것이라는 부정적 시각도 존재한다. 당시 한국의 중화학공업개발이 결과적으로 1970년대 말 그리고 1980년대 초 한국경제의 크나큰 부담으로 작용한 것도 사실이다. 그렇다고 해서 1970년대 초 중화학공업개발전략을 선택한 것까지 폄훼할 필요까지는 없다고 본다. 다만 그 추진방법, 속도, 타 부문과의 균형 등에서 문제가 있었던 것이라 할 것이다.

제 3 절   덜 자본집약이며 기술 및 숙련노동집약적인 산업의 개발

1970년대에 들어오면서 한국경제는 선진국과 한국을 뒤쫓아오는 후발 개발도상국의 틈바구니에서 새로운 비교우위를 모색하게 되었다. 세계역사의 흐름 속에서 보면 언제나 서로 쫓고 쫓기는 경쟁관계 속에서 발전하는 것이지만 1970년대 후발국들이 제2차 세계대전 이후 30여 년의 개발경험을 토대로 선발과 후발 사이에서 경쟁력을 가지고 발전의 속도경쟁을 하고 있었다. 1950년 한국전쟁과 1961년 군사쿠데타에 의한 군사정권으로 한국의 민주주의는 잠정 유보된 채 경제개발에 집중되었다. 이에 따라 한국경제는 타 개발도상국에 비하여 빠른 발전을 할 수 있었고 이 결과 후발국과의 격차를 점점 벌려나갈 수 있었다.

그러나 그것도 시간이 지남에 따라 후발국들은 그들이 가지고 있는 풍부한 인력과 저임금을 바탕으로 한국경제를 추격하게 되었고, 반면 선진국들은 그들이 개발한 기술력과 자본력을 바탕으로 한국의 추격을 허용하지 않는 상황으로 변모해 가고 있었다.

이러한 흐름에 따라 한국경제는 단순노동집약적인 산업은 점차 후발개발도상국들에게 넘겨주고, 선진국들의 틈새라 할 수 있는 덜 자본집약적이고 그러나 기술집약적인 또 숙련노동집약적인 그런 산업을 찾아 비교우위를 점하는 노력을 하지 않을 수 없게 되었다. 이러한 현상은 30여 년이 지난 1990년대 말 극명하게 나타나 한국경제는 점차 경쟁력을 잃게 되고, 게다가 수출이 되지 않아 외환위기를 맞게 되는 간접적인 원인 중의 하나가 되었다고 할 수 있다.

그렇다면 1970년대 당시 한국경제가 가지고 있었던 비교우위산업은 무엇이었나? 비교우위를 찾아보기 이전에 당시 한국경제가 가지고 있었던 제약조건을 찾아보면 다음 두 가지로 평가할 수 있다.

하나는 기술집약산업의 선택도 당시 한국의 자본과 기술수준에 맞는 그런 기술집약산업이어야 했다. 기술개발은 많은 자본과 시간을 요구한다. 따라서 당시 한국경제는 지난친 고급기술을 요하는 산업은 감당할 수가 없었다. 예를 들어 항공·우주산업 같은 것은 당시 한국경제로서는 지나친 자본과 기술을 요하는 분야라 할 수 있을 것이다.

다음의 제약조건은 고용흡수가 큰 산업이어야 하였다. 인구흐름

으로 볼 때 한국전 이후 소위 다산기에 태어난 인력들이 1970년대 중
반부터 노동시장에 들어오게 되어 있고 여성의 경우 가임(可姙)계층에
들어가게 되어 있다. 따라서 한국경제는 앞으로 고용기회를 최대한 확
보하여 이 새로 늘어나는 인력을 흡수해야 한다. 이를 위하여는 노동
집약적인 산업이 개발되어야 했다. 그러나 단순노동집약적인 산업은
경쟁력이 없으므로 결국 숙련노동집약적인 산업이어야 한다.

이 두 가지 제약을 충족시킬 수 있는 산업, 즉 딜 자본집약적이고
기술집약적인 그리고 숙련노동집약적인 산업이 1970년대 한국경제가
가지고 있었던 비교우위분야라 할 수 있다. 구체적으로 이런 산업이
당시로서는 기계, 전자, 조선 등의 부문이라고 할 수 있다.

이에 따라 기술개발은 1970년대 주요 개발전략의 하나가 되었다.
특히 선진기술을 신속히 도입, 토착화하고 자체 기술개발능력을 향상
시킬 수 있도록 여러 가지 유인정책이 당시 강구되었다. 우선 기술도
입의 행정절차를 대폭 간소화하고, 도입허가제를 대부분 자동허가제
로 전환하였다. 기술개발에 대한 세제상의 혜택도 부여하였다. 이와
아울러 기술계인력을 확보하기 위하여 외국의 과학기술인력을 초빙하
고, 기술계대학 정원을 확대하는 유인정책들을 당시 과감하게 강구하
였다. 그러나 이러한 유인정책들은 당시로서는 최선을 다하고 과감하
였다고 할 수 있을지 몰라도 아직도 충분하다고 할 수는 없고 50년이
지난 지금과 앞으로도 계속 확대되어야 할 부문이다.

제 5 장

자력성장구조의 실현과 확대균형정책

제1절) 자력성장구조의 실현

1970년대 중·후반기는 한국경제가 많은 도전과 자신감 그리고 위기감에 휩싸이게 되는 시기이다. 우선 당장 다가오는 도전은 과연 정부에서 거두절미 내지른 중화학공업 프로젝트들을 소화하는 것이었고, 1977년 100억 달러 수출이 달성되고 10%대의 고성장을 맛보는 시기이었다. 중동진출 근로자 가정에서는 기대보다 많은 송금에 소비가 향상되었고, 국가 재정운영도 호경기의 세수확대와 1978년 부가가치세제의 도입 등으로 세수기반을 닦아놓게 되었다. 어두운 면, 밝은 면이 혼재하는 1970년대 후반의 경제상황이었다.

위기감은 1979년 박정희 대통령의 시해 이후 정국은 다시 군부로 넘어가고, 그동안 넘겨져 왔던 중화학프로젝트들의 구조적 문제가 한꺼번에 터지기 시작하는 데서 시작되었다.

국가는 다시 비상체제로 운영되고 이를 감당할 전문가 집단은 전문관료들뿐이었다. 당시 전문관료들 사이에서 두 가지 문제의식이 제기되었다고 분석된다. 물론 여기서 말하는 전문관료집단은 당시 경제기획원에서 경제계획을 담당하고 있던 계획관료집단을 중심으로 한다. 물론 정부 내 각 분야의 관료집단들도 각기 자기분야의 발전을 위한 소임을 다하였다. 경제계획관료를 중심으로 한 전문관료집단에서는 당시 두 가지 큰 문제의식을 가지고 있었다.

하나는 한국경제의 기반이 이제 스스로 문제를 풀어갈 수 있는 자력발전구조를 갖게 하는 것이었다. 그동안 한국전쟁 이후 주변 국가와 국제기구로부터 직·간접 많은 도움을 받아 온 한국경제다. 1970년대에 들어와 한국경제는 100억 달러 수출국이 되었고, 10%의 고성장을 유지하는 경제로 변모되었다. 물론 일시이기는 하였지만 1977년 국제수지상, 경상수지 균형도 맛보았다. 우여곡절과 정치적 결단으로 한국경제는 선진국도 잘 하지 못하는 부가가치세제도를 도입하였다. 이제 한국경제도 스스로 힘과 스스로의 지혜를 동원하여 발전하여 가는 구조를 만들어야 하는 것 아닌가 하는 것이 계획전문가들 사이에 제기된 현실 인식이었다.

다른 하나는 한국경제가 더 나아가 이제 정부주도의 개발경제체제에서 벗어나야 하는 것 아닌가 하는 문제의식이었다. 지난 20년간의 아니 어찌 보면 역사 이래 정부주도의 경제운영에서 이제 시장에 넘겨지는 것을 준비해야 되는 것 아닌가 하는 시장경제운영 문제의식이 제기되었다.

본 장에서는 개발경제시대를 마감하면서 한국경제가 스스로 운영될 수 있는 조건을 얼마나 가지고 있고, 이를 이용하여 자력으로 확대균형이 이루어 질 수 있는 조건이 어느 정도 충족되는지를 검토하고자 한다. 그리고 이제 개발연대를 졸업하고 시장경제운영으로 들어가는 한국경제의 도약을 다음 6편에서 분석하고자 한다.

경제발전의 궁극적 목표는 국리민복(國利民福)에 있지만 경제 자체만 생각하면 경제의 자립체제의 달성일 것이다. 여기서 말하는 자립의 의미는 외부에 의존하지 않는다는 의미에서 봉쇄경제(closed economy)와 혼동될 가능성이 있다. 봉쇄경제는 오늘날 현실적인 개념이라기보다는 논리적인 개념이지만, 이러한 혼동을 피하고 경제의 자립체제라는 취지에서 가장 가까운 말을 찾아보았다. 그 결과 '자력성장구조(self sustaining growth structure)'라는 용어를 제4차계획에서부터 사용하고 있다.

그렇다면 자력성장구조 실현이 갖는 경제발전론상의 의미는 무엇인가? 한국의 제4차 5개년계획서에서는 이 개념을 명확히 하고 있다. 즉 투자재원의 자력조달, 국제수지의 균형달성 그리고 선업구조의 심화, 즉 산업의 국제경쟁력 강화를 충족하는 조건을 의미한다고 하고 있다.

이는 1970년대의 제1차 석유파동을 시작으로 식량 등 자원파동으로 확대되고 이에 따라 세계경제는 많은 어려움을 겪게 된다. 이 과정에서 한국경제도 외부경제환경변화에 많은 시달림을 받게 되었다. 따라서 이러한 외부환경 변화에 휘말리지 않고 독자적인 능력으로 경제발전을 계속할 수 있는 능력을 갖추는 것이 당시로서는 절실한 과제이었다. 이러한 과제를 달성하기 위하여서는 당시 한국경제로서는 앞서 지적한 세 가지 조건을 갖추는 것으로 판단하였다. 물론 투자재원의 자력조달과 국제수지 균형은 상호 같은 현상에 대한 다른 시각의 분석으로 동전의 양면과 같은 것이고, 산업구조의 심화는 경제구조 전체의 발전과 연관된다고 하겠다.

1. 투자재원의 자력조달

1970년대 한국경제는 소득수준의 빠른 향상에 대한 국민의 기대와 새로이 고용시장에 들어오는 인력의 고용흡수를 위해 높은 성장을 지속하여야 했다. 높은 성장은 높은 투자율의 유지 없이는 불가능하다. 투자율은 저축률로 뒷받침된다. 저축은 국내저축과 해외저축으로 구성된다. 국내저축은 GNP에서 소비를 제외한 것이고 해외저축은 총수입과 총수출의 차이를 의미한다.

여기서 투자재원의 자력조달이라 함은 당해 연도 투자를 당해 연도 국내저축으로 모두 충당함을 의미한다. 따라서 국내저축의 급속한 증대 없이는 높은 투자율의 유지가 불가능하여진다. 그렇다면 국내저축의 증대를 위하여 여러 가지 여건조성과 정책이 추진되어야 한다.

여건조성을 위하여 그리고 저축증대 정책을 위하여 어떻게 하여야 하나? 가장 중요한 것은 높은 소득의 증대이다. 저축을 위하여는

무엇보다 소득이 높아야 한다. 소득을 늘리는 첫 번째 길은 높은 경제
성장이 있어야 한다. 다음은 물가의 안정이다. 저축은 총 소득 중 소
비를 제외한 것이므로 당연히 소비를 줄이기 위하여는 물가안정이 중
요하다. 다음은 가능하면 소비하지 말고 씀씀이를 절약하게 만드는 정
부의 세제 등 여러 형태의 지원정책이 필요하다.

다음은 총 소득 중 소비를 한 것을 제외한 나머지, 즉 저축이 어
떤 형태로 남아 있느냐 또한 중요하다. 즉 부가가치를 연속적으로 증
가시키게 하는데 보다 효율적인 저축형태가 어느 것이냐가 중요하다.
개인이든 국가든 총 소득 중 소비를 제외하고 남은 자산이 새로운 부
가가치 증식을 위한 활동에 보다 용이하게 활용되는 어떤 자산형태여
야 하느냐도 중요하다. 금융제도가 발전되어 금융자산이 커지면 국가
전체의 부가가치 증식활동에 직접 활용될 수가 있다.

1970년대 한국경제의 성장은 1960년대에 비하여 성장률의 기복
이 큰 시기였다고 할 수 있다. 1972년부터 1978년 기간 동안 연평균
경제성장률은 10.4%(새로운 시계열로 8.5%)로 1960대와 비슷하였지만,
이 기간 동안 성장세의 부침은 심하였다. 한국경제는 1970년대 초반
과 후반의 고성장기를 가지게 되었다. 1973년 한국경제는 세계경기의
호황에 힘입어 12%의 높은 성장률을 기록하였고 특히 광공업 성장률
이 29.0%로 엄청난 기록이 나왔다. 그러나 이러한 성과는 한국경제가
구조적으로 좋아졌기 때문이라기보다는 우연과 정치적 이유 등이 함
께한 결과라고 할 것이다.

첫째, 우연한 행운이다. 1972년 한국경제는 농작물의 부진한 작

황과 경기침체로 4.5%라고 하는 당시로서는 매우 낮은 성장을 기록하였다. 이 과정에서 정부는 수요촉진을 위하여 기업들에게 막대한 재고금융 정책을 써서 기업들은 많은 원료 중간재 등의 재고를 가지고 1973년으로 넘어오게 되었다. 결국 높은 재고수준과 전년도의 낮은 성장률에 의한 기저효과가 1973년 높은 성장률을 가져오게 한 요인이 되었다. 1972년 하반기 세계는 제1차 석유파동으로 경기가 요동을 칠 기미를 보이기 시작하였는데 그런 세계흐름은 아랑곳하지 않고 나쁘게 표현하면 전년도에 사놓은 재고를 파먹고 앉았던 형상이 되었다. 물론 이 재고정책은 당시 정부가 석유파동을 알고 미리 대비한 것이 아니라 단순한 국내경기대책으로 한 것이 한국경제에 어려운 고비를 그래도 잘 넘길 수 있게 한 행운이었다. 만일 당시 한국정부가 이런 행운을 전략적으로 잘 활용하였으면 한국경제에 큰 도움과 더 높은 비약의 기회를 주었을 것이다.

둘째는 정치적인 이유다. 당시 유신체제가 시작되는 상황에서 정부는 국민을 안돈시키는 다다익선의 고성장정책을 쫓았다. 선심정책으로 이미 8.3조치를 취해 기업인과 농민에게 빚 탕감을 하여 주었고, 대기업과 손 잡고 중화학공업의 밑그림을 그려가고 있었다. 농민에게는 '잘 살아보세' 하며 새마을운동을 시작하였다. 이런 저런 이유로 1973년은 높은 성장을 이루고 이어진 1974~75년의 석유파동 기간 중에도 선진국들이 모두 마이너스 성장을 하는데 한국경제는 4~5%의 플러스 성장을 유지할 수 있었다. 이것은 당시 박정희 유신정부의 행운이었다.

1970년대 중반 이후 세계경기가 다시 부상하기 시작하였을 때 마침 산유국인 중동지역의 건설 붐이 한국경제에 다시 호경기를 맞게 하였다. 세계 곳곳이 고유가 시대에 맞는 구조조정으로 애를 쓰고 있을 때 한국경제는 독야청청 호경기를 구가하고 있었다.

마치 우연치 않게 사 놓은 강남의 땅 부자 행운처럼 한국은 홍청 망청하다가 중동건설이 시들해지는 1970년대 말 혹독한 시련기를 맞이하게 된다. 결과론이고 경제논리에 불과한 것이지만 만일 한국경제가 석유파동이 왔을 때 가지고 있었던 중간재의 재고들을 짜임새 있게 잘 활용하여 경제를 좀 더 건실하게 운용하였으면 1970년대 말의 경제적·정치적 격동기를 거치지 않았을지도 모른다. 그러나 어떻던 고성장의 덕으로 1인당 GNP는 1972년의 306달러에서 1978년에는 1,330달러로 급격한 상승을 나타냈다.

1970년대의 물가는 대내적으로는 새로 시작한 양곡가격지지정책과 밖으로는 석유파동에 따라 큰 폭의 상승을 하였을 뿐만 아니라 1970년대 중반 이후 중동건설에 따른 임금상승 그리고 큰 폭의 통화공급 등에 따라 한국경제는 물가지수뿐만 아니라 세상 모두가 들썩들썩하는 불안정한 시기였다. 특히 1974~1975년 사이에는 석유류 관련 중간재들의 국제가격이 급등하여 외국에서 들어오는 자본재, 생산재 등이 국내물가를 주도한 시기였다. 이에 따라 1974년 한 해 동안 한국의 도매물가는 42.1%의 가공할 상승률을 기록하였다.

본론인 국내저축의 증대로 돌아가자. 이상의 경제불안에도 불구하고 1970년대 소득수준의 더 빠른 향상에 따라 국내저축은 괄목할 증가를 보인 시기이다. 1972년 15.7%를 기록하던 국내저축률은 1978년에 26.4%까지 향상되어 총투자의 84.7%를 국내저축으로 감당하는 구조를 이루었다. 국내저축률은 GNP에서 총 소비를 제외한 것을 의미하므로 GNP 한 단위가 늘어날 때 늘어나는 저축의 증가, 즉 한계저축률은 1972년의 0.173에서 1978년에 0.300으로 개선되었다. 다시 말해서 이제 투자의 자력성장구조가 그만큼 튼튼하여진 것을 의미한다 하겠다.

2. 국제수지의 균형추구

1972~1978년간의 상품수출 증가율은 연평균 41.3%를 이루어 1978년 상품수출액은 127억 달러에 이르게 되었다. 한국의 상품수출은 1961년 41백만 달러로 시작하여 1964년 1억 달러, 그리고 1970년 10억 달러가 되었다. 그리고 다시 7년 후인 1977년에는 100억 달러가 되는 괄목할 신장을 하였다. 13년 사이 수출규모는 백배 늘어났다. 수출 구조도 개선되어 수출 중 공산품의 비중이 88.6%까지 상승하였고 그 중 중화학제품의 비중도 중화학공업개발에 따라 1978년에 39.6%까지 제고되었다. 이에 따라 한국의 수출액은 세계각국의 수출규모와 비교할 때 이미 15위권에 들게 되었고 GNP에서 차지하는 수출의 비율도 27.6%가 되었다.

수출과 관련하여 당시로서 관심이 가던 정책과제는 외화가득률이었다. 한국경제처럼 수출을 위한 원자재 등의 수입이 불가피한 경우 총 수출 중 투입원자재를 제외한 금액의 총 수출액에 대한 비율을 외화가득률이라 할 때 이 비율이 기술개발과 상품 품질의 향상에 따라 얼마나 개선되느냐 하는 데에 관심을 갖게 된다. 소위 싸구려 수출이

나 출혈수출이 되어서는 안 된다는 문제의식이었다. 특히 수출촉진을
위하여 수출에서 손해를 본 것을 국내시장에서 비싼 값으로 보상받던
당시의 일부 관행을 없애자는 문제가 제기되기 시작하였다. 이 문제는
한국경제에 씹다 버린 껌 딱지처럼 아직도 한국경제에 붙어있다. 같은
자동차라도 국내에 시판되는 차와 수출하는 차의 품질이 상이하고, 가
격도 국내가격이 비싼 그런 문제들이 남아있다고 할 수 있다. 비단 자
동차뿐만 아니라 기계 전자 등 여러 생활용품들의 생산업체들이 아직
도 국내 소비자를 향하는 '갑질'의 구태가 완전히 사라졌다고 할 수는
없을 것이다.

수입도 수출의 신장과 함께 빠른 속도로 증가하였다. 1972년 상
품수입규모는 2,250백만 달러였던 것이 1978년에는 14,491백만 달러
로 6.4배 불어났다. 수입의 형태에 있어서도 초기 자본재, 수출용 원
자재 및 내수용 원자재가 큰 비중을 차지하였으나 1974~1975년에는
석유류의 비중이 종래의 배 이상으로 증가하였고 1970년대 말에 들
어와서는 수출용원자재와 석유류 수입비중이 감소하고, 자본재와 내
수용원자재의 비중이 확대되고 있었다. 수입의 재원구성에 있어서는
보유재원(KFX) 수입이 1972년에는 65.7%이었으나 1978년에는 81.8%
로 증가하여 수입재원의 11.4%만이 외국 자본에 의존하는 모습으로
변하였다.

상품의 수입가격과 수출가격과의 가격지수의 비율을 상품교역조
건이라 하는데 당시로서는 석유파동으로 교역단가가 불리하였다. 그
러나 1970년대 말 점차 회복되는 모습을 볼 수 있다.

당시 한국경제의 관심은 무역의존도 심화의 문제였다. 무역의존

도라 함은 수출액 또는 수입액의 GNP에 대한 비율을 의미한다. 물론 GNP라 함은 부가가치의 개념이고 수출 또는 수입은 매출 또는 매입액의 개념이기 때문에 서로 다른 개념을 단순 비교하는 데는 문제가 있다. 그러나 이것을 논외로 하고 그 나라 경제가 세계경제와 얼마나 관련이 있느냐 하는 해외 관련도라는 측면에서 검토하여 보자.

한국의 경우 수출액의 대 GNP 비율이 1978년에 25.9%, 수입액의 비율이 29.5%가 되어 일반적으로 미국, 일본 등 선진국에 비하여 높다.

이와 관련하여 이것을 경제의 의존도라는 관점에서 걱정할 수가 있다. 그러나 한국과 발전여건이 비슷한 네덜란드가 수출액의 대 GNP 비율이 47.5%, 벨기에가 같은 시기 51.8%로 한국보다 훨씬 높은 경우도 존재한다. 그럼에도 불구하고 이들 나라들은 세계환경의 변화에 큰 영향을 받지 않고 발전을 지속하고 있음을 볼 수 있다. 반면 일반적으로 세계경제환경의 변화에 따라 해외관련도가 큰 경제가 그것이 작은 나라에 비하여 영향을 많이 받을 가능성이 있는 것도 사실이다. 문제는 한국경제가 개발전략을 대외지향적인 공업화에 둔 이상 발전초기 국민경제운영에서 해외관련도가 높은 데서 오는 영향이 불리하게 작용되지 않도록 노력해야 할 것이다.

이와 같은 우려에 대하여 제4차 5개년계획서에서는 분명하게 한국경제의 기본방향을 제시하고 있다. 만일 해외관련도의 심화문제 때문에 1980년대 이전에 제한된 투자재원을 수입대체산업으로 집중 투입한다면 국내시장규모의 제약으로 한국경제의 성장률은 하락하게 되고 고용사정은 악화될 것이다.

결론은 수출증대를 통하여 높은 경제성장률을 유지하면서 해외관련도가 높은 데서 오는 위험부담을 최소화하도록 노력하여야 할 것이다. 무엇보다 수출상품을 다양화하고 품질을 고급화하며 시장을 다변화하도록 노력하여야 할 것이다. 시장의 다변화는 각국의 경기후퇴가 동시적이 아닌 한 한국경제에 미치는 영향을 완화할 수 있을 것이며, 오히려 역설적으로 국내요인의 변동요인을 무역상대국의 경기변동에 일부 흡수시킬 수 있는 이점도 있다 하겠다.

이와 아울러 주요물자의 비축을 증대하고 외환보유액을 적정선에서 유지함으로써 한국경제에 대한 외부로부터의 충격을 완화하여 가도록 하여야 할 것이다. 물론 이런 제4차 5개년계획의 가정은 21세기 글로벌경제운영체제에서 잘 맞지 않는 면이 있다. 해외관련도의 심화는 21세기 들어와 비단 무역뿐만 아니라 모든 경제활동에서 심화되고 있다. 디지털경제에서 모든 정보의 신속성과 정보의 공유로 인하여 세계경제는 점차 동시화(synchronization)되어 가고 있다. 따라서 이제 개방체제에서 경제를 외부환경변화에 덜 흔들리게 하는 방법은 원자재의 확보나 외환보유액의 확대 등의 전략보다는 국내경제운영을 보다 건실하게 하여 경쟁력을 유리하게 이끌고 가는 방법밖에 없을 것이다.

1970년대 중반 이후 한국경제가 제4차 계획을 준비하는 과정에서 이 경제의 해외의존도(dependency) 문제가 심각한 정치문제로 제기되었다. 국회에서는 연일 이 문제로 열띤 토론이 제기되고 있고, 제4차 계획서 집필을 마감하는 계획실무진 들은 이 문제에 대한 해답을 얻기 위하여 고심에 고심을 하고 있었다.

당시 종합기획과장이었던 저자와 경제기획국장이던 고 김재익 박사는 홍릉의 당시 KIST 영빈관에서 한 달여를 숙식하면서 계획서 마감 집필을 하고 있었다. 당시 우리의 고민은 대외개방 경제하에서 경제가 무역이나 외자의 도입 등에서 중립적으로 움직이게 하는 방법은 없는 것인가 하는 것을 찾고 또 찾아보았다. 그래서 얻은 결론이 당시 무역시장의 다변화이다. 무역시장이 다변화되면 경기의 부침이 각기 다를 것이기 때문에 어느 시장이 안 좋으면 다른 좋은 시장으로 무역을 확대할 수 있어 오히려 개방이 덜 된 경제운영보다 경제를 경기중립적으로 운영할 수 있다는 결론을 얻었다. 자본도입도 결국 기술도입 개발 측면에서 적극화해야 하는데 문제는 많은 정보력을 토대로 하는 수밖에 없고 이것도 넓은 기술시장을 상대로 하는 것이 보다 위험 중립적이라는 결론을 얻었다.

지금 생각해보아도 문제는 개방을 보다 적극화하고, 국내경제운영을 개방에서 오는 외부충격을 흡수할 수 있도록 건실하게 운영하고 외부충격에 대하여는 오히려 적극적으로 대응해 가는 방법밖에 없을 것 같다. 외부 충격이 무섭다고 문을 닫는 그런 우를 범하는 나라는 지금 그리 많지 않다. 결국 발전된 나라와 발전이 안 된 나라의 차이가 여기에서 난다고 할 수 있다.

1970년대의 국제수지의 추이를 살펴보면 한국경제가 사상 처음으로 국제수지의 균형을 맞보았던 시기이다. 물론 외국의 원조에 의하여 1950년대와 1960년대 초 국제수지상의 경상수지가 흑자를 이룬 경험이 있기는 하지만 이것은 자력에 의한 균형을 이루었다고 할 수 없다. 때문에 수출신장에 따라 자력으로 경상수지가 균형을 이룬 것은 1970년대로 보아야 할 것이다. 1972년 그리고 1973년 한국경제는 수출의 신장에 따라 국제수지상의 경상수지가 급속히 개선되어 갔다. 두

해의 경상수지 적자는 3억 달러대로 축소되었다.

그러나 1974년 1975년에는 제1차 석유파동으로 수입가격이 올라 교역조건이 악화되었다. 경상수지 적자는 대폭 확대되었다. 1974년의 경상수지 적자는 GNP의 11%에 달하는 20억 달러에 달했다. 1975년에는 조금 개선되어 GNP의 9%에 달하는 경상수지 적자규모를 나타내었다. 이에 따라 국제수지표상의 장기자본수지를 합친 기초수지도 크게 적자를 내었다.

그러나 제1차 석유파동에서 온 후유증이 점차 치유되면서 당시 석유수출국들인 중동국가의 건설 붐이 일어나 여기에 한국건설업체들이 참여하게 되어 한국경제는 무역수지와 무역외수지가 모두 크게 개선되었다. 이에 따라 1977년 수출이 100억 달러가 되고 국제수지표상의 경상수지가 사상 처음 12백만 달러 흑자를 나타내었다. 이러한 경상수지의 흑자 실현에 따라 장기자본수지를 합친 기초수지도 13억 달러 흑자를 내었고, 외환보유액도 43억 달러가 되어 경상지급액의 32.4%까지 증가되었다. 이러한 국제수지의 모습은 한국경제의 자력성장구조의 실현이라는 측면에서 큰 의미를 가진다 하겠다.

그러나 여기 부작용도 함께 있었다. 단기적인 경상수지의 균형은 해외부문의 통화관리를 어렵게 만든다. 즉 경상수지 적자구조에서는 해외부문은 언제나 통화의 흡수기능을 하는데 이것이 단기적으로 흑자가 나니 이를 통해서 통화가 확대공급된다. 이것이 초과수요를 만들어 인플레의 원인이 되고 이에 따라 한국경제는 물자부족과 임금상승이라고 하는 악성인플레를 맞이하게 되었다.

　여기서 외환보유액의 적정화 문제를 당시 한국경제는 어떻게 생각하였는지를 살펴보기로 하자. 외환보유액이라 함은 대외지불수단으로 국적은행들이 가지고 있는 외환표시 현금 또는 채권을 의미한다. 따라서 대외지불준비를 위한 안전도라는 측면에서 외환보유액은 많으면 많을수록 좋을 것이다. 특히 한국과 같이 세계를 상대로 무역을 하고 또 국가안보를 위한 긴급수요가 있을 가능성이 많은 경우 외환보유액을 충분히 가지고 있는 것이 유리할 것이다.

　그러나 외환보유액도 자본의 보유인 만큼 장래수요에 대한 대기적 성격과 함께 그 자본의 기회비용(opportunity cost)을 생각해야 한다. 당시로서는 국내 및 국외의 자본이익률(rate of return)이 국내가 훨씬 큰 경우가 많았으므로 장래의 기대수요를 위하여 이익률이 낮은 현금이나 외국채권의 형태로 자본을 보유하기보다는 오히려 자본을 활용하여 이익을 극대화하는 투자가 보다 이익이 된다는 논리도 성립한다. 더군다나 외환보유액의 구성이 대부분 외부로부터의 차입에 의한 것이므로 더구나 이는 비용이 드는 자본임을 생각하면 그러한 논리가 성립한다. 당시 한국의 일반적 투자수익률이 20% 수준이고 외국은행의 예금금리가 7% 수준이었음을 생각하면 그런 논리에 대한 이해가 쉽게 될 것이다.

　그렇다면 일반적으로 적정외환보유액은 어느 정도를 의미한다고 할 수 있나? 당시 세계은행 등의 연구로는 경상외환지급액의 20~25% 수준을 제시하였다. 한국의 안보상 수요를 감안한다 하더라도 적정외환보유액은 외환지급액의 30% 수준이면 적절할 것으로 해석하였다.

　그러나 20여 년의 세월이 지난 1990년대 세계경제는 질적인 면에

서 많은 변화를 가져왔다. 무엇보다 자본거래가 무역의 결재수단으로
서뿐만 아니라 자본 자체의 이윤추구를 위한 독립변수로 작용되어 그
규모도 엄청나게 증가하였다. 21세기 들어와 세계경제는 미국의 월스
트리트의 기능확대와 함께 경제활동의 견인기능을 자본에서 찾는 시
대로 변모되었다.

　1990년대 말 국제금융시장에서 1일 거래되는 자본량이 1조 5천
억 달러를 상회하고, 2015년 현재 그 규모는 상상을 초월하게 증가되
었을 것이다. 또한 디지털시대를 맞이하여 국제금유시장에서 거의 모
든 금융거래가 실시간 대에 동시적으로 일어나고 있다. 이러한 시장상
황의 변화는 이제 외환보유액의 기능이 과거와는 상이한 모습으로 다
가온다고 할 것이다.

　실물경제의 결재수단으로서의 외환보유나 비상시 지변을 위한 위
험 헤지수단으로서의 외환보유기능은 많이 축소되었다고 보아야 할
것이다. 자본이 자본 자체의 이익을 위하여 거래되는 시대에 위험 헷
지기능으로서의 외환보유는 오히려 자본의 이익창출을 위한 경제재
기능으로 변신되고 어쩌면 요즘 유행하는 국부펀드 비슷한 기능으로
변모되고 있다고 할 것이다.

　1998년 한국의 외환위기도 그 근본 원인을 덮어놓으면 이러한 세
계금융시장의 질적 변화에서 찾을 수도 있을 것이다. 이러한 상황에서
작은 경제의 외환보유액 GNP의 30%가 어떻고 하는 것이 물량면에서
보면 세계 하루 거래자본량의 몇 십분의 일도 안 된다는 점에서 무슨
큰 의미가 있을까? 그러나 한국경제는 안보수요의 긴급성과 특수성을
생각하면 다른 나라에 비하여 보다 안전한 규모(?)의 외환보유액을 가
지는 것이 의미가 있을 것이다. 결국 21세기 적정외환보유액은 그 양

의 크기보다는 그 나라 경제운영의 건실도 전체에 달려있다고 할 것
이다.

3. 산업구조의 심화

자력성장구조의 실현은 산업구조에서도 찾아야 한다. 2015년 현
재와 시간 간격이 큰 1970년대 한국경제의 비교우위는 기술집약적이
고 숙련노동집약적인 산업에서 찾아야 했다. 이러한 비교우위를 바탕
으로 중화학공업을 개발함으로써 중간재와 자본재의 생산기반을 확충
하고자 하는 전략을 추진하였다. 이를 통하여 산업의 국제경쟁력을 향
상시킴으로써 자력성장구조를 실현하고자 하였다.

그러나 이러한 이상과 전략은 지식의 부족과 지나친 의욕으로 큰
시행착오를 겪게 된다. 정부의 일방적 지시와 지원, 이에 결탁한 일부
산업자본가들의 비경제성 부문의 투자 등으로 한국경제는 큰 부실기
업(white elephants)을 양산하게 되고 이것이 1970년대 후반 한국경제
로 하여금 중화학공업 구조조정기를 거치게 하였다.

일반적으로 산업구조 심화에 대한 문제를 다룸에 있어 제일 먼저
생각되는 것이 공업구조의 심화이다. 공업구조는 우선 경공업과 중화
학공업의 비율, 중공업 내에서도 철강, 기계, 석유화학 등 전후방연관
효과가 큰 공업의 비중을 살펴보게 된다. 이러한 연관산업비율이 큰
산업이 발전할수록 공업구조가 심화되었음을 의미하게 된다.

다음은 기술개발의 정도에 따라 어느 산업이라도 그 산업 내에서
전후방연방효과가 큰 산업과 그렇지 않은 산업을 구분할 수 있다. 섬

유산업 자체 만 가지고 공업구조의 심화문제를 이야기할 수는 없지만, 섬유산업 내에서도 특수 기술과 관련된 분야의 발전이 많이 될 경우 이것도 하나의 산업구조 심화로 보아야 할 것이다.

또한 이론적인 면이 클 수 있지만 산업간의 균형발전 또한 산업구조의 심화로 접근할 수 있을 것이다. 한국경제처럼 전통적인 농림어업의 비중이 큰 경제라든가, 사회적 인식이 그리 크지 못하고 오히려 홀대를 받아 전 산업 중 비중이 크지 못하였던 서비스업 등의 산업비중이 점차 발전하여 커지고 균형을 잡아가는 상태를 지칭하여 산업구조의 심화라고 부를 수도 있지 않을까 생각된다.

1977년 고성장의 산업구조는 공업구조의 심화에서 오는 성장동력이 컸다고 분석될 수 있지만, 다른 면에서는 농림어업의 비중이 상대적으로 적정하게 축소되고 서비스산업의 발전에 따른 부가가치의 증대가 컸던 상황도 광의의 산업구조 심화로 명명될 수 있을 것 같다.

이상에서 자력성장구조의 실현이 갖는 경제운영상의 의미를 정리하여 보았다. 이를 토대로 1970년대 한국경제의 자력성장구조가 어느 정도 실현되었는지를 분석하여 보자.

총체적으로 이야기하면 한국경제는 1961년 이후 세 차례의 5개년계획을 비교적 성공리에 추진한 결과 1970년대 후반인 1977년을 고비로 자력성장구조의 달성단계에 접어들었다고 평가할 수 있다.

즉 1977년 경제실적을 보면 쌀은 4천만석 이상 생산하여 주곡의 자급체제가 강화되었고, 상품수출은 100억 달러를 이루어 국제수지상의 경상수지는 12백만 달러의 흑자를 나타냄으로써 균형을 달성하였다. 산업구조도 심화되어 제조업 생산에서 중화학공업이 차지하는 비율이 절반인 50%수준에 이르게 되었고 수출 중 중화학공업 제품 비율도 32%가 되었다. 투자율은 27%, 국내저축률은 25%로 투자재원의 자력조달이 이루어지는 단계에 도달하였다. 당시 투자율과 국내저축률과의 차이 2%포인트는 통계상 오차 1.6%포인트와 해외저축 0.6%포인트로 구성되어 있다. 이러한 높은 투자율의 유지는 당해 연도 경제성장률 10.3%를 가져와 소득수준 향상에 기여하였다.

이상과 같은 1977년의 경제실적지표는 한국경제의 자력성장구조 실현을 시사해 주고 있으나, 1978년 이후 다시 어려움을 겪게 된다. 다시 말해서 1978년 다시 찾아온 제2차 석유파동이 세계경제를 어렵게 만들었고, 안으로는 무리한 중화학공업 육성과 방만한 통화관리로 인하여 한국경제는 경쟁력을 상실해 가고 있었다. 이에 따라 수출의 둔화와 인플레이션으로 한국경제의 자력성장구조는 일시 후퇴하게 된다. 그러나 이러한 상황은 대외여건의 불리와 경제운영상의 시행착오이지 자력성장구조를 달성할 수 있는 한국경제의 능력 자체를 상실한 것이 아닌 것으로 이해하여야 옳을 것이다.

제 2 절 확대균형과 축소균형

1977년 자력성장구조의 기대감을 한껏 높여주었던 해를 보내고 한국의 계획당국은 1978년 경제운용계획작업에 들어가면서 1977년

경제실적 중 자력성장구조의 실현이 갖는 당시의 의미를 다시 반추하여 보았다.

제4차 계획에서는 한국경제의 자력성장구조가 1980년경에야 가능할 것으로 보았다. 그것이 3년 앞당겨졌다. 앞당겨졌다는 뜻은 다른 조건들은 기대한 만큼 달성되지 않은 상태에서 투자와 저축의 균형을 이룬 것을 의미한다. 다시 말하면 국내저축률이 30% 수준이 되고, 국제수지가 균형을 이루고, 이에 따라 투자율이 30% 수준이 되는 것을 기대했는데, 투자가 28% 수준에서 저축과 국제수지가 상호 균형을 달성했다는 것을 의미한다. 숫자 괴리의 크기가 그리 크지 않지만, 국민경제운영의 측면에서 이러한 기대 이하의 균형이 가져올 수 있는 문제가 무엇인가를 정리하여 보자.

첫째, 투자율이 낮은 만큼 고성장률의 유지가 불가능하여질 것이고 소득수준의향상이 그만큼 늦어지게 될 것이다. 둘째, 성장률이 낮은 만큼 고용의 흡수가 작아 실업의 문제가 제기될 것이다. 셋째, 1인당 GNP가 1,000달러 수준이 되면 국민의 소비구조가 크게 변화를 가져온다는 당시의 일반론과 유사하게 당시 한국경제는 국민 소비구조의 큰 변화를 체험하게 된다. 즉 소득수준 향상에 따라 내구성소비재의 수요가 급격하게 늘어나고 있는데 산업생산의 증가가 이를 따르지 못할 경우 공급부족에서 오는 물가상승 압력이 나타나게 된다.

그렇다면 국내저축률을 빨리 올릴 수 있는 방법은 없는가? 물론 저축유인정책에 따라 저축률 증가속도를 증가시킬 수 있다. 그러나 한국경제의 지난 경험으로는 국내저축률은 연평균 1~2%포인트 수준으로 제고되어 왔다. 따라서 단기간 내에 국내저축률을 26%에서 30%

수준으로 갑자기 올리기는 어려운 형편이라 할 것이다. 결국 낮은 저축률과 이에 따른 낮은 투자율의 실현, 이에 의한 낮은 경제성장률 속에서 단기적으로 공급부족에서 오는 물가상승 가능성을 예상할 수 있다. 경제가 많이 발전된 시점에서 보면 이런 수준도 이미 상당히 높은 수준이지만 빠른 성장괘도에 진입되어 있던 당시의 한국경제로서는 이 정도의 속도를 받아들이기 오히려 부족하다고 느끼지 않을 수 없었다.

그렇다면 차라리 국내저축률이 충분히 상향될 때까지 해외저축을 활용하여 고투자 고성장률의 전략을 선택하는 것이 나을 것 아닌가? 여기에는 두 가지 전제에 대한 답이 필요하다. 하나는 한국경제구조가 국제수지를 필요에 따라 이를 적자로도 할 수 있고 또 필요할 경우 정책적으로 균형을 시킬 수 있는 능력이 있느냐 하는 점이다.

물론 국제수지의 균형여부는 사전적 정책변수가 아니고 경제운영의 사후적 결과치이다. 그러나 건실한 경제운영을 함으로써 수입을 절제하고 수출을 독려할 경우 대외균형이 올 수도 있는 구조적 능력이 있느냐는 큰 의미를 가진다고 할 수 있다. 경제개발 초기 물품 부족상황 속에서 수입을 절제하고 싶어도 절대공급부족을 해결할 대책이 없기 때문에 국제수지 적자는 불가피한 경우가 일반적이다. 당시 한국경제는 충분치는 못하지만 수출구조가 다양화되고 수출시장도 다변화되어 있어 대외거래의 균형은 가능하다고 판단하였다.

다음 초보적인 문제이지만 한국경제가 해외저축을 흡수할 수 있는 능력(absorbable capacity)이 있느냐 하는 것이다. 수입의 대종이 국내의 최종소비재의 수요에나 충당될 수 있는 경제능력이라면, 다시 말

그림 5-1   저축률과 성장률

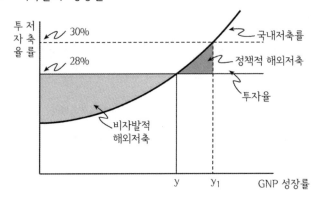

해서 해외저축을 활용하여 확대재생산의 기반을 형성하지 못한다면
이는 단순한 공급의 확대에서 오는 물가안정효과밖에 없을 것이다.

　　그러나 한국경제는 그동안의 발전을 통하여 산업구조도 어느 정
도 심화되고, 해외저축을 활용하여 부가가치 증식에 기여할 수 있는
능력도 가지고 있다 할 수 있다. 따라서 당시로서는 1980년대까지는
해외저축을 활용하는 체제로 나아가는 경제개발전략을 선택하는 것이
타당하다고 판단하였다. 전자의 경우를 축소균형정책이라고 한다면
후자는 확대균형정책이라 할 수 있다. 확대균형정책을 도표로 설명하
여 보자.

　　[그림 5－1]의 종축에 투자율과 저축률을, 횡축에 GNP 성장률을 표
시하면 투자율과 저축률이 28%에서 균형되는 때의 성장률은 y가 될 것이
다.이 시점에서 해외저축률을 활용하여 투자율을 30%로 제고한다면 성장
률은 y에서 y1으로 증가하게 될 것이다. 여기서 국내저축률 28% 이전의
해외저축률과 그 이후의 해외저축률은 어떤 정책적 의미를 가지는가? 전
자는 그 당시 필요성장률을 달성하기 위하여 불가피한 비자발적인 해외저

축이었다면, 후자의 경우는 정책의 선택에 의하여 신축성 있게 조절될 수 있는 정책적 저축이라는 점에서 의미의 차이가 크다고 할 수 있다.

지금 생각하면 당연한 귀결이지만 당시 한국정부의 계획당국에서는 이 문제를 매우 의미 있게 받아들였다. 사실 능력보다는 과부하된 중화학공업개발정책은 경제운영 전반에서 많은 부담을 주었고, 특히 해외로부터의 자본도입 시 도입선으로부터 한국경제의 감내가능성에 대한 의문 제기가 있을 수 있었기 때문에 이 문제에 대한 명쾌한 이론 기반의 구축이 필요하였다. 물론 안으로도 우리가 추진하는 개발경제의 마지막 단계라고 할 수 있는 이런 자력성장구조를 실현전략이 한국경제의 미래에 대한 확신을 국민에게 주는 것이라는 측면에서 그 중요성을 가지고 있었다. 당시 경제기획국에서 이 문제에 대한 해답을 이런 간단하고 명확한 그림으로 제시하자 당시 남덕우 경제부총리는 매우 만족해 하면서 우리와 많은 이론적 토론을 한 기억이 난다.

제 3 절) 사회개발정책의 추진

경제개발의 궁극적인 목적은 국민생활의 양적·질적 향상에 있다. 따라서 경제개발 초기 절대빈곤의 타파가 일차적 과제가 된다면, 다음 과제는 국민소득의 지속적 증가와 함께 국민생활의 질을 얼마나 개선하게 하느냐에 있다 하겠다. 다음으로 경제개발의 결실이 모든 국민에게 얼마나 형평하게 돌아가게 하느냐가 새로운 과제로 등장한다. 시장

경제의 기본방향에 따라 개인 개인의 노력의 대가가 일한 만큼 형평
하게 배분되도록 만들어 가느냐, 그리고 한걸음 더 나아가 국부 전체
가 합리적으로 배분되어 일정 인구에 편재되지 않도록 만들어가느냐
가 중요한 과제로 등장한다.

　　2015년 현재 경제정책의 흐름은 칼 맑스 이후 시장경제에서 자본
과 일반국민 소득의 증가 속도가 달라 일부 자본가 계급에 부의 편중
이 일어난다는 논리를 제기하는 토마 피케티의 이론이 관심의 대상이
되어가고 있다. 부의 편중, 소득의 불균형 등 시장경제 운영에서 유래
되는 근본문제를 문제로 제기하는 이론이 일고 있음을 앞에서 소개한
바 있다.

　　지금부터 40여 년 전인 1970년대 중반부터 이러한 형평한 소득
분배를 중심으로 한 문제제기가 경제계획 차원에서 제기되기 시작하
였다. 1970년 중반 제4차 5개년계획작업을 시작하는 단계에서부터
이 문제가 문제로 제기되기 시작하였다. 경제계획을 준비함에 있어
우선 결정해야 할 일이 계획의 기본 이념이랄까 철학을 정돈하는 것
이다.

　　1976년부터 1981년까지 제4차 계획 기간 동안 추구해야 할 계획
의 기본이념을 '성장, 능률, 형평'으로 정하는 과정에서부터 반론이 제
기되었다. 문제가 제기되기 시작한 것이 형평에서부터였다. 당시만 해
도 한국경제가 지금 속도를 내며 앞으로 빨리 나아가는 것이 중요하
지 균형이나 형평을 따지는 것은 너무 시대에 앞선 것 아닌가 하는 것
이었다.

　　사실 굉장히 추상적이고 이념적인 이런 작업에서 당시 정부의 기

본 정치철학을 읽을 수 있다고 본다. 당시 중화학공업의 추진이라고 하는 절체절명의 중요한 과제는 이에 반하는 다른 이슈의 등장을 기피하게 하였다. 내세우는 논리는 한국경제가 지금 얼마나 발전하였다고 이런 사치스런 이념을 들고 이러느냐 하는 논리로 면박을 준다. 물론 정치적 접근에 의한 이러한 시세적 논리로 계획당국의 균형감 있는 접근을 막을 수는 없다. 여기서 출발한 형평의 논리는 제5차 5개년계획에 이르러 절정에 달해 계획의 이름부터 '경제개발5개년계획'에서 '경제사회개발5개년계획'으로 변경하였다.

한국경제는 경제개발의 출발시점에서 국부가 비교적 격차가 적게 배분 되었다고 할 수 있다. 1948~1950년의 농지분배와 6.25전쟁 동안의 산업시설의 파괴는 부의 배분을 결과적으로 비교적 고른 상태로 하였다고 할 수 있다. 다 같이 못사는 기반 위에서 개발은 시작되었다. 1960년대 이후 교육기회의 확대로 개인의 소득원이 함양되고 수출산업의 육성을 통한 고용의 확대와 새마을 사업을 통한 농업개발은 농가의 소득향상에 도움이 되었다. 이에 따라 1970년대 중반까지 한국경제의 소득분배 상태는 다른 경제에 비하여 비교적 양호하다는 것이 일반적 평가였다.

그러나 수출산업의 육성과 중화학공업의 개발에 따라 이에 참여한 기업이나 개인과 여기에 참여하지 못한 기업이나 개인의 소득은 격차가 벌어지기 시작하고, 정부의 지원 속에서 성장한 기업은 점점 대기업군을 형성하게 되어 한국경제에 '재벌'이라는 이름의 대기업군이 탄생하게 되고, 때마침 불어 닥친 중동건설 붐으로 이에 참여한 기업과 개인의 부는 단기적으로 타 부문과의 격차를 확대하여 가기 시작하였다.

제4차 계획에서는 소득분배정책의 일환으로 사회개발정책을 주요정책과제로 제기하였다. 이에 따라 사회개발의 기본목표를 다음과 같이 설정하였다. 즉 '그동안의 개발성과를 바탕으로 종합적이고 체계적인 사회개발을 추진함으로써 형평을 더욱 증진하고 생활의 질을 향상하여 우리경제의 장기적인 성장잠재력을 배양해야 할 것이다(제4차 경제개발5개년계획).'

당시로서는 사회개발의 기본목표를 장기적인 성장잠재력을 배양하는 것으로 분명히 하고 이를 실현하기 위한 정책수단으로서 1차적 소득분배개선에 중점을 두어 고용·주택·교육·보건·직업훈련 등을 강화하여 가겠다고 하였다. 또한 장기적인 복지실현을 위하여 종합소득세제와 정부의 이전지출 등을 통한 2차적 소득분배 개선의 제도와 기반을 마련하겠다고 천명하였다. 이러한 계획서상의 소득분배정책은 정책의 선언보다는 그 실천이 보다 어려운 과제이다. 그러나 한국경제로서는 그동안의 개발성과를 토대로 처음으로 종합적인 소득분배정책을 마련하였다는 점에서 정책적 의미가 있다 할 것이다.

제 6 편

시장경제운영의 출발

한국경제는 1960년대와 1970년대를 거치면서 개발초기 많은 어려움을 극복하고 연평균 9%의 높은 성장을 이룩하여 왔다.

경제도 농업위주의 산업구조에서 탈피하였다. 1960년대 경공업개발과 1970년대의 중화학공업의 개발로 제조업 중심의 산업구조를 이루었다. 수출을 중심으로 한 대외개방정책을 채택하여 국내수요의 제한에서 오는 경제성장의 한계를 극복하고, 1960년대 중반 과감한 세제개혁과 금융시장의 정돈을 통하여 내자동원체제를 구축하고, 과감한 외자도입을 통하여 필요투자에 자금과 기술을 공급하였다.

1970년대에 들어와 농어촌 근대화 추진을 위한 새마을운동 전개와 제조업에서의 원료 및 중간재 공급체제를 구축하기 위하여 중화학공업의 개발을 서두르게 되었다. 때마침 불어온 중동건설 붐에 참여하여 대외환경의 어려움 속에서도 한국경제는 높은 성장과 번영을 이룰 수가 있었다.

이러한 경제개발에는 '정부의 지도(指導)'라고 하는 개발연대의 철학이 뒷받침하였다. 특히 중화학공업의 개발전략은 음과 양이 혼재하지만 개발 초기 정부의 강력한 의지가 없었다면 거의 어려웠을 것이다.

그러나 이런 정부의 개발의지는 과잉과 과속이라는 부작용을 가져오기 마련이다. 한국의 중화학공업개발계획은 처음부터 종합경제개발5개년계획과 동떨어져 만들어진 특별사업계획들의 종합이었다. 때문에 정부와 특정 회사와의 이해 합치 등으로 처음부터 다다익선의 행보로 진행되었다. 개발초기 내세웠던 원료와 중간재의 자력공급이라고 하는 수입대체 전략은 어느덧 수출촉진으로 변모되어, '더 크게 그리고 보다 빨리'라고 하는 다다익선의 개발전략이 중화학 초기에 나타났다.

금융과 재정지출 증대가 불가피한 상황이었다. 이러한 구조적 문제 상황과 별개로 마침 중동 진출인력의 국내송금과 국제수지상의 경상수지 흑자 전환으로 해외부문에서 통화가 급격하게 늘게 되어 있다. 이러한 통화공급확대 환경에 한국정부는 낯설었다. 이에 따라 제대로 대응하지 못하여 높은 통화공급에서 오는 인플레가 만연하기 시작하였다.

인플레심리까지 만연한 가운데, 1970년대 후반 중동건설 붐이 시들해지면서 두 번째 몰려온 석유파동은 한국경제를 코너에 몰아넣는 계기가 되었다. 그동안 추진하였던 대형 중화학공업사업들이 이제 거의 완성단계에 들어갔거나 본격적인 투자단계에 들어가면서 이 사업들에서 발생하는 생산물의 판로에 대한 문제가 현실화되어 다가왔다.

지나친 욕심에서 시작된 한국의 중화학공업사업은 생산물의 시장성이 없고 그러니 돈이 들어올 곳이 없어 자금 유통에 어려움을 겪게 되었다. 물건을 팔 데도 없고 돈도 없다. 거기다가 1970년대 후반 나타난 인플레의 만연과 인플레심리가 한국경제의 미래를 어둡게 하였다. 설상가상으로 한국경제는 고 박정희 대통령의 시해사건까지 발생하여 더 이상 발전지속의 구심점을 잃고 말았다.

본편에서는 1970년대 후반에 나타난 높은 인플레이션과 중화학 등 대형사업의 추진과정에서 나타난 교착상태(deadlock) 앞에 정부의 지도가 능력의 한계를 나타내고 있는 현실을 분석하고자 한다. 이 현실 분석은 2008년 발간한 본인의 졸저 '번영의 조건'의 내용을 일부 원용하고자 한다.

그리고 이러한 상황을 토대로 그 대응책으로 등장한 시장경제운영의 불가피성과 시장경제운영 전략을 정리하여 보고자 한다. 정부주도에 의한 개발연대를 졸업하고 바야흐로 시장경제 운영시대로 들어가는 한국경제의 1980년대와 1990년대를 정리하여 보고자 한다. 그것의 출발은 종합안정화시책의 추진이라는 이름으로 시작된 한국경제의 구조조정정책들을 종합적으로 정리하는 데서 시작한다.

제 1 장

1970년대 물가상승의 특징

1970년대 한국경제의 국내물가 상승은 복합적인 형태로 나타났다. 물론 1950년대 초·중반의 전쟁에서 오는 공급부족 그리고 전후 복구 등 특별수요의 급증 등으로 물가의 급격한 상승을 경험하였고, 1960년대 중반엔 기후조건 등에 따라 식료품 수급 차질에서 오는 물가상승을 경험하였지만 대개 단편적이고 그 기간도 그리 길지 않은 물가상승이었다고 할 수 있다.

물론 1970년대 물가도 그 상승원인을 단편적으로 쉽게 찾을 수 있는 경우도 있지만, 전보다는 보다 복합하고 구조적이고 상호상승작용으로 장기화되는 그런 물가상승이라는 특징을 찾을 수 있다.

1970년대 초반의 물가상승은 주로 식료품, 특히 곡물가격의 상승에 의하여 주도되었다. 이전의 곡물가격은 일시적인 천재 등 자연조건에 연유된 경우가 보통이었지만, 1970년대 초 곡물가격의 상승은 정부가 1960년대 말부터 추진한 농산물 가격 지지정책, 특히 쌀값 지지정책에 따른 결과라고 할 수 있다. 시장의 물자수급의 불안정에서 시작되는 물가상승이 아니라 정부의 가격지지정책에서 유발된 정책물가 상승이라고 할 수 있다.

이 기간 동안 상대적으로 안정을 이룬 식료품 이외의 가격은 1972년 소위 8.3조치 등의 영향으로 우선 원가상승요인이 완화되었기 때문으로 보아야 할 것이다.

1960년대 말부터 시작된 쌀값 지지정책은 한두 해에 끝이 날 것이 아니고, 해가 갈수록 그 가격지지의 폭이 커지고 있음을 경험하였다. 정치 상황에 따라 가격지지율의 폭은 달리 나타났지만, 한번 길들여진 이 정치적 가격보조정책은 50여 년이 지난 지금까지도 지속되고, 농민들의 고질적인 인상요구와 정치적인 인상의 지속이 이어지는 어려운 문제의 출발이었다.

반면 1970년대 중반, 즉 1974~1975년의 물가상승은 원유를 비롯한 자원가격의 상승에 따른 도입원자재가격의 급상승에 의한 것이었다. 이 자원가격의 상승은 거의 모든 생산활동에 직접적으로 영향을 주었고 또 그 상승폭이 종래의 물가상승과는 비교되기 어려우리 만치 모든 상품에 큰 폭으로 상승 압력을 주었다.

지금까지, 즉 1960년대 그리고 1970년대 한국정부는 물가지수 관리를 정부가 맡아 관리하여 왔다. 여기서 관리라 함은 상황에 따라 정부가 정책을 활용하여 물가의 시장흡수를 돕는 그런 역할을 함을 의미한다. 일시적으로 시장충격이 크게 되는 경우 이를 이연한다든가,

다른 보조수단을 활용하여 실제 시장에서 나타나는 물가의 상승을 어
느 정도 완화한다든가 하는 정책을 써 왔다. 경제기획원(현 기획재정부)
에 물가정책국이라는 조직을 두고 물가를 조석으로 관리하는 체제였
었다. 1970년대 평시의 경제기획원 장관의 가장 큰 일 중의 하나가 물
가관리였다. 그러므로 언제나 경제기획원 장관은 물가상승요인을 연
기하든가, 다른 보조수단을 강구하여 이를 현실로 나타나지 않도록 하
는 데 최선을 다하고 있었다고 할 수 있다. 그것이 경제수장으로서 부
총리에 대한 종합평가라고 여길 정도였다.

그러나 1970년대 중반 찾아온 석유가격 파동에 따른 자원가격 상
승은 그 상승폭이 크고 이를 일시 완화하는 정책을 활용한다 하더라
도 이를 계속 관리해 나갈 수 없을 정도로 심각한 것이었다.

당시 정부는 종전의 예와 달리 물가상승요인이 발생한 것을 미루
지 않고 그대로 시장에 흡수하기로 결정을 하였다. 여기에는 당시 경
제기획원 실무진들이 더 이상 물가상승요인을 뒤로 미루는 정책을 쓰
는 것에 반대하였고, 부총리였던 고 신현확 장관이 어려운 여건 속에
서도 이를 받아들이는 결심이 있었기 때문에 가능하였다고 할 수 있
다. 이에 따라 1974년 물가는 한 해 동안에 도매물가 기준으로 42.1%,
1975년은 26.5% 상승하였다.

1970년대 중반까지의 물가가 주로 국내외의 원가상승 요인에 의
하였다면, 1970년대 후반 물가는 다른 모습으로 상승되기 시작하였다.
1970년대 중반 제1차석유파동의 영향을 대체적으로 흡수한 한국 물가
는 1976년 이후 총지수에서는 다소 소강상태를 보이기 시작하였다.

그러나 중동진출에 따른 송금과 국제수지 균형으로 통화의 급격

한 증가가 나타나 유효수요의 팽창에서 오는 인플레가 나타나고, 높은
성장에서 오는 가계소득의 증가는 한국가계의 소비구조 변화를 나타
내기 시작하였다. 이런 수요측면에서 기인한 물가상승 현상이 1970년
대 후반 한국경제의 인플레를 다시 점화하는 계기가 되었다.

1977년 이후 한국경제는 식료품 가격의 급등을 경험하게 된다.
1972~1973년까지 식료품 가격의 변동은 주로 곡물 그것도 주곡인 쌀
과 보리 등의 가격이 급격한 상승에서 연유되었다. 곡물의 작황에 따
라 그리고 정치적인 양곡가격 지지정책에 따른 정부 수매가 인상 등
에 따라 곡물가격은 급등하였다. 그러나 1976~1978년 물가상승은 지
금까지와는 달리 곡물 이외에서 상승하였다. 즉 육류, 어류, 채소, 과
실 등 비곡류에서 일어났다. 이는 주로 가계소득 증가에 따른 식품소
비구조의 변화에 연유하는 것으로 자연스러운 발전의 모습으로 평가
할 수 있다.

다만 여기서 제기되는 문제는 당시 한국의 식료품 가격수준이 국
제가격에 비하여 높다는 점에서 가계의 부담이 크다는 데 문제가 제
기되었다. 물론 식료품의 수입이 국내생산자 지원을 위하여 높은 관세
나 물량규제 등의 규제에 따른 결과라는 데 있다. 국내 생산자보호 중
심의 정책에 익숙한 한국의 가계는 이러한 소비구조의 변화 앞에서
결국 생산자보호가 일반가계의 부담으로 이어진다는 것을 깨닫게 되
었다. 이런 생산자보호가 일반가계부담으로 전가되는 점을 고려하면
결국 같은 소득수준의 국가들 가계에 비하여 한국국민의 생활수준이
그만큼 낮아지게 된다는 문제를 실감하게 되었다.

어떻든 1970년대의 물가는 곡물가격 인상과 제1차 석유파동에 따른

원가상승요인에 의한 물가상승(cost push inflation)과 함께, 가계의 소득수준 향상에서 오는 소비구조의 변화에서 연유된 물가상승을 함께 경험하게 되었다.

이와 함께 앞서 언급한 바와 같이 한국경제의 국제수지균형에서 나타나는 통화량 증가 및 해외근로소득 증가에서 오는 송금 증가 등으로 유동성이 급격히 증가하는데 이에 대한 정부의 대응이 느슨하여 총수요관리에 문제가 발생하였다. 즉 느슨한 총수요관리로 초과수요가 발생하여 나타나는 물가상승(demand pull inflation) 등 인플레의 제반 요인들이 함께 또는 따로 나타났던 특징을 가지고 있다 할 수 있다.

이러한 복합된 인플레이션 현상은 사실 경제개발 초기에는 그리 크게 문제로 제기되지 않는다고 할 수 있다. 왜냐하면 나라에 따라 다르겠지만 한국의 경우 개발초기 가장 큰 관심은 경제개발 기반을 갖추기 위한 전력 등 사회간접자본시설의 확충과 절대빈곤에서 탈출하는 것이었다.

그러나 이런 긴급과제들이 어느 정도 정돈되면서 자연스럽게 국가경제 운영에 기본적인 과제인 인플레 그리고 소득수준의 빠른 향상을 위한 고용 등의 문제가 현실문제로 제기되게 마련이었다. 한편 한국경제가 수출주도의 공업화 전략이 자리를 잡아가면서 제품의 국제경쟁력이 가장 중요한 과제로 등장하게 되었다.

제품의 경쟁력은 가격과 상품의 품질에 의해 결정된다. 이와 관련하여 제일 먼저 찾아온 반갑지 않은 손님인 인플레 문제가 국가경제운영자의 책상 위로 먼저 올라왔다. 단기적으로 제품의 가격이 오르지 않아야 한다. 인플레의 원인을 수요와 공급 그리고 원가상승요인 등 모든 방면에서 정리하여보자.

제1절) 인플레이션의 원인

1970년대의 물가상승은 앞서 설명한 바와 같이 거의 같은 기간대에 수요측면, 원가상승 측면 그리고 소비구조 측면에서 때로는 단독으로, 때로는 복합되어 나타났다고 할 수 있다. 인플레이션의 원인이 어느 특정부문에서 유래되었다고 설명하기엔 그 성격이 보다 복합적이고 또 심리적인 면도 존재하는 종합적인 결과라고 보아야 한다.

그러나 인플레의 원인으로 일반적으로 정형화되어 있는 원인들이 이 시기에 집중적으로 나타났고 그것이 경제발전 초기 한국경제운영의 틀을 흔들어 놓을 만큼 큰 충격으로 다가왔다. 따라서 당시 한국경제의 인플레 원인을 분석하고 이에 대한 당시 정부의 대응을 정리하여 봄으로써 한국경제운영의 전환을 가져오게 된 배경을 설명하고자 한다.

1. 초과수요의 발생

1970년대 말 인플레의 원인 중 먼저 손꼽아야 할 것이 수요측면일 것이다. 거시적인 관점에서 초과수요는 늘어나는 통화의 공급량에 비하여 실물의 공급이 따라가지 못할 때 발생하는 현상이라고 말할 수 있다. 실물증가에 비하여 통화공급이 지나치게 많은 데서, 즉 통화의 초과공급에서 인플레가 연유한다고 할 수 있다.

인플레의 다른 요인은 일정부문의 수요가 급격하게 증가하여 실물의 공급이 이를 따라가지 못하는 경우를 상정할 수 있다. 가계의 소득 증가로 일반적인 소비수요가 늘어남은 물론, 생활수준의 향상에 따라 소비구조가 바뀌어 추가적인 수요가 창출되는 경우로 설명될 수 있다.

이상과 같이 국민경제의 운영과 관련하여 실물과 통화의 균형이 전제가 되는 적정통화의 공급이 정책과제로 제기된다.

현대 경제에서 실물과 자본의 흐름에 괴리가 생기는 것이 종래 실물과 연관된 변수로서 적정 통화공급의 개념이 바뀌어 가는 데도 찾을 수 있다. 오늘날처럼 실물과 통화의 흐름에 괴리가 생기고 통화, 즉 자본이 자본 자체의 이해에 의해 움직이는 시대에는 사실 적정통화개념을 정리하기가 매우 어려운 면이 있다. 그러나 1970년대에는 지금보다는 실물과 통화와의 관계를 잘 설명할 수 있다고 믿었다.

또 다른 한 가지 전제인 소비구조의 변화에 따른 인플레는 수요구조의 변화에 탄력적으로 대응할 수 없는 규제된 공급체제가 전제된다. 그러나 시장의 발달과 시장 자체의 수급조절기능 확대에 따라 공급의 정책적 배려가 별로 없는 현대와 다른 시대에 제기되었던 문제들이다. 아무튼 이런 전제들을 수용하면서 당시의 수요증가의 원인을 찾아보자.

(1) 통화의 초과공급

1970년대 말 통화추이를 살펴보면 1977년에 통화량(M1) 기준으로 전년대비 40.7%가 증가될 만큼 높은 수준의 증가세를 유지하였다.
그렇다면 이렇게 단기간에 통화가 급격하게 증가하게 된 통화공급의
원천들을 찾아 본 표가 아래와 같다.

표 1-1 **통화 추이**(단위: 순증, 10억원)

	1975	1976	1977	1978
국내여신 (증가율, %)	967.7 (32.2)	863.5 (21.7)	1,141.8 (23.6)	2,743.3 (45.9)
정부	202.5	-44.3	-104.7	69.5
비료	90.0	-	100.0	30.0
민간 (대외관련) (기타일반)	675.2 (149.0) (526.2)	907.8 (153.9) (753.9)	1,146.5 (308.6) (837.9)	2,643.8 (1,205.9) (1,437.9)
해외부문 (NFA, 백만$)	-53.6 (410)	512.4 (616)	656.1 (1,305)	-270.8 (-408)
기타	-220.8	-321.1	-128.4	-418.1
총통화	693.5	1,054.8	1,669.5	2,054.4
저축성예금 (비총통화, %)	471.9 (68.0)	669.7 (63.5)	974.8 (58.4)	1,543.8 (75.1)
통화 (증가율, %)	236.0 (25.0)	362.3 (30.7)	628.6 (40.7)	541.2 (24.9)
화폐발행액 (증가율, %)	106.3 (23.4)	175.4 (31.3)	297.7 (40.4)	457.8 (44.3)

자료: 한국은행, 통화금융 주요 지표.

통화의 공급은 국내여신과 해외부문으로 나누어진다. 이를 합친
개념이 총통화(M2)이고 여기서 금융기관으로 돈이 다시 환류하는 저
축성 예금을 제외하면 통화량(M1)이 된다. 이 구조를 좀 더 세밀하게
나누어 살펴보자.

국내여신은 정부부문과 민간부문으로 구분되는데 이는 재정수지
와 시중은행을 통하여 공급되는 민간여신으로 통화표에 반영된다. 비
료계정과 양곡관리계정의 적자들은 물론 모두 정부부문에 포함된다.

1970년대 초까지는 양곡관리 계정의 적자가 그리 크지 않아 이를 통화표에서 따로 구분하지 않고 오히려 비료지원을 위한 비료계정의 적자가 상대적으로 크기 때문에 통화표에서 이를 따로 구분하여 표시하였다.

그리고 해외부문은 국제수지표상의 경상수지와 장단기 자본수지를 합친 종합수지의 증감에 따라 통화표에 반영된다. 즉 수출과 수입의 격차를 얼마나 벌리고 있는가에 따라 상품수출이 늘면 수출대전이 국내에 지급되어야 하기 때문에 국내 통화는 늘고, 수입이 늘면 상품대금을 수입선에 지불해야 하기 때문에 통화는 줄게 된다. 결국 수출수입의 차이인 국제수지상 경상수지의 흑자 또는 적자에 따라 국내통화량은 자동적으로 변화하게 된다.

경제개발 초기 국제수지가 적자구조를 유지할 경우 통화의 조절은 해외부문을 통하여 지속적으로 흡수되게 된다. 한국경제는 1977년 이전까지 만성적인 국제수지 적자가 지속되어 왔다. 국제수지의 적자에 대한 보전(처리)은 외국에서 돈을 빌려 처리하게 되는데, 돈을 빌리고 상환하는 계정을 국제수지표에서는 자본계정이라 하여 자본의 유출입을 관리한다. 통화표상의 해외부문은 이 국제수지상의 경상수지와 자본수지의 변동에 의한 종합수지의 변화로 나타나게 된다.

경제개발 초기 통화의 관리는 구조상 크게 정부의 재정수지, 민간여신 그리고 해외부문을 관리하게 된다. 그러나 경제개발 초기 민간여신은 공급능력에 비하여 수요가 크고 또 일정수준을 언제나 추가로 공급해야 할 만큼 공급이 경직적이었다고 할 수 있다. 민간여신의 수요가 언제나 공급능력을 초과하게 된다는 이야기이다. 문제는 민간여신의 공급을 유지하면서 적당량의 통화량을 유지하기 위하여는 재정수지와 국제수지가 통화의 흡수 또는 완충기능을 해 주어야 한다.

재정수지는 정부의 의지에 따라 수지의 조절을 사전적으로 할 수도 있지만, 국제수지는 경제운영의 사후적인 개념이기 때문에 이를 사전적으로 조절한다는 것이 어려운 상황이다. 다만 경제개발 초기 재정수지는 정부의 의지에 따라 조절이 어느 정도 가능하고 거기에다 국제수지는 만성적인 수입초과의 구조이기 때문에 국내 통화의 흡수기능을 하게 된다.

단기적으로 국제수지 적자가 크면 클수록 국내통화 관리는 여유가 생기게 된다. 1970년대까지만 하더라도 정부부문에서도 통화를 어느 정도 중립적으로 유지될 만큼 재정수지가 건실하였고, 해외부문인 국제수지 적자가 만성적으로 컸기 때문에 통화를 관리하는 측면에서는 높은 베개를 베고 누워있을 만하였다고 할 수 있다. 그래서 통화관리자는 중앙은행인 한국은행을 통하여 시중은행별로 여신의 기준과 한도를 정하여 주고 각 통화성 금융기관들은 이 범위 내에서 국내여신을 공급하게 된다.

이를 연도별로 정리하여보면 정부부문은 1966년 이후 균형 내지 흑자를 유지하여(엄밀한 의미에서 균형재정이라는 말은 모순이 있지만 통화측면에서는 일단 그렇게 부르자) 계속 통화를 흡수하여 왔다. 다만 1974~1975년에는 불경기 타개를 위한 재정지출확대에 따라 통화를 증발하였지만 이 기간을 제외하면 정부부문은 주로 통화를 흡수하는 기능을 하여왔다.

한편 만성적인 국제수지 적자구조하에 있던 한국경제는 1974년과 1975년에는 통화를 많이 흡수하여 주었다. 물론 해외부문도 1977년 국제수지 개선에 따라 일시 통화의 흡수기능이 작아지기는 하였지만 곧이어 국제수지 적자의 확대에 따라 통화의 흡수기능은 여전히 유지되어 왔다.

여기에 정부의 금융저축 증대노력으로 금융저축도 빠른 속도로 증대하였다. 따라서 민간여신 증가에서 풀려나간 돈이 금융기관으로 다시 되돌아오는 기능에 따라 협의의 통화인 통화량(M1)은 비교적 안정된 모습을 유지할 수 있었다. 결국 통화당국은 재정의 건실한 운영과 해외부문의 통화흡수 그리고 금융저축의 증가분을 가지고 필요한 민간여신을 늘리면서 통화를 적정수준 유지할 수 있게 되었다.

이를 시대 구분하여 수치를 가지고 구체적으로 살펴보자. 1960년대 말 통화는 매년 M2 기준으로 60%대, M1기준으로 40%대의 높은 증가율을 나타내었다. 이 시기는 경제성장률도 10% 수준을 유지하였고 또 높은 성장을 위하여 정부가 민간여신을 정책적으로 늘린 시기라고 할 수 있다. 이 시기 정부부문이나 해외부문은 전체 경제규모에 비하여 상대적으로 그리 크지 않았고 재정수지도 확장정책으로 적자를 만들어 통화를 흡수하지 못하였다. 이에 따라 이 기간 높은 통화증가가 나타났다.

다음 1974~1975년에는 정부가 경기부양을 위하여 재정지출을 확대하였던 시기인데 이 기간 국제수지의 적자가 크게 확대되어 해외부문에서 통화를 흡수하여 주었다. 그 상쇄의 결과 두 해의 통화량 증가율은 30% 미만으로 유지할 수 있었다. 1977년과 1978년의 통화는 정부재정의 개선에 따라 약간의 재정수지의 흑자를 실현하여 통화조절에 도움을 주었지만, 반대로 지금까지 국제수지 적자에 의하여 통화조절 면에서 큰 기여를 하였던 해외부문이 수출의 증가에 힘입어 국제수지가 균형을 이루어 감에 따라 통화흡수를 하지 못하게 되어 전체의 통화공급은 크게 확대되었다.

그러나 1978년 이후 한국경제는 구조상 많은 어려움이 예상되었다. 무엇보다 중화학공업계획의 추진이 가져온 단기적인 사업실패와 인플레를 조절하지 못한 정책실패 등으로 부실기업이 크게 증가하였다.

이를 뒷받침하기 위한 여신수요는 크게 증가하고 있는데 재정도 경기 진작을 위하여 지출을 확대해야 할 형편이었다. 결과적으로 통화는 크게 늘게 되고 인플레는 만연할 상황이 되었다. 한편 정책실패에 따른 부실기업에 대한 처리는 시장의 기능에 한계를 가져와 더 이상 자생능력을 기대하기 어려운 상황이 되었다. 이런 가운데 한국경제가 안정적 발전을 기대하기는 어렵게 되어 있었다.

(2) 소득수준의 향상에 따른 소비수요 구조의 변화

다음은 1970년대 말의 소비수요구조의 변화를 살펴보자. 1978년의 물가는 전 도시 소비자물가를 기준으로 하여 볼 때 [표 1-2]에서 보는 바와 같이 식료품은 16.7%가 전년에 비하여 상승하였고 식료품 이외에서는 12.5%가 상승하여 전체적으로는 14.4%가 상승하였다. 이러한 식료품가격의 상승은 1976년 이후 계속되고 있음을 알 수 있다.

당시 식료품가격의 상승은 1972~1973년의 곡물가격 주도의 상승 시와는 패턴이 다르다고 할 수 있다. 1978년 곡물가격은 6.5%의 상승에 그쳤으나 곡물 이외의 식료품은 24.1%가 상승하였는데 이는

표 1-2   1976년 이후의 물가상승 추이(단위: %)

	1976	1977	1978
소비자물가상승률	15.3	10.1	14.4
식료품	17.8	11.6	16.7
곡물	16.7	5.9	6.5
곡물 제외	18.8	16.0	24.1
육류	37.3	20.4	18.2
어류	42.1	30.4	23.7
채소	8.0	21.2	31.6
과실	10.4	23.6	18.0
식료품 이외	13.2	8.7	12.5

자료: 경제기획원, 한국통계월보.

1976년 이래 계속되고 있는 현상이다. 도표에서 보는 바와 같이 곡물 이외의 식료품 중 육류는 1976년의 37.3%, 1977년에는 20.4%가 상승 하였으나 1978년에는 18.2%에 그쳤다. 이는 육류수요의 주종인 쇠고 기 가격이 이미 높은 수준에 올라있고 그 이상의 상승을 막기 위하여 쇠고기 수입을 증대시킨 데 그 원인이 있었다. 그 이외의 식료품으로 서 어류, 채소, 과일 등이 1976년 이래 계속 강세로 상승하고 있다. 이 러한 식료품의 계속된 가격상승은 소득증가에 따른 식품 소비구조의 변화를 반영한 것이라고 분석된다.

식료품 가격의 상승은 당시로서 빠른 상승추세도 문제지만 국내 가격수준이 국제가격에 비하여 월등히 높아 [표 1-3]에서 보는 바와 같이 이것이 가계부담으로 귀착된다는 점이다. 가계부담이라는 면에 서 보면 그만큼 상대적으로 다른 나라에 비하여 생활수준이 낮게 된 다는 것을 의미하게 된다.

그렇다면 1970년대 말 왜 갑자기 이런 소비 수요구조의 변화가

표 1-3 주요 농산물의 국제가격비교(단위: 원)

	단위	국내가격*(A)	국제가격**(B)	A/B
대두	M/T	323,480	129,980	2.5
참깨	M/T	1,851,138	436,500	4.2
마늘	M/T	1,312,267	688,700	1.9
낙화생	M/T	1,200,240	426,800	2.8
감자	M/T	173,067	82,935	2.1
고추	M/T	3,220,617	717,800	4.5
양파	M/T	178,933	121,250	1.5
옥수수	M/T	122,867	59,170	2.1
쇠고기	M/T	3,681,667	683,850	5.4
돼지고기	M/T	1,975,500	955,450	2.1
닭고기	M/T	1,010,000	582,000	1.7

주: *국내가격: 78.1~12월 평균가격
    **국제가격: 78.1~11월 평균가격(CIF 기준)
자료: 관세청, 무역통계월보, 한국은행, 통계월보 등

나타나게 되었는지를 살펴보자. 이는 당시 가계소득의 증가에서 찾을 수 있다.

1977~1978년 통화구조를 살펴보면 통화의 공급경로가 과거와 다른 양상을 나타내고 있음을 발견할 수 있다. 과거에는 민간여신을 확대하여 기업의 자금수요에 충당되었다. 대신 정부부문과 해외부문에서 어느 정도 이를 흡수하여 줌으로써 일정 수준의 통화공급량을 유지하였다. 그러나 1970년대 말에 들어와서는 양곡수매제도의 확충에 따라 정부부문을 통하여 통화의 많은 양이 농가소득으로 흘러 들어가게 되었고, 또 국제수지 흑자에 따라 해외부문을 통하여 많은 통화가 해외진출근로자 가계 쪽으로 흘러들어가게 되었다.

이렇게 늘어난 통화량을 조절하기 위하여 민간여신부문을 확대하지 못하고 특히 내수산업 부문의 여신 증가가 둔화되는 결과를 초래하였다. 이와 같이 가계 쪽으로 흘러들어간 통화는 가계의 소비구조를 변화시켰다. 소비구조변화의 1차적 반응은 식료품 수요의 변화로 나타났다. 당시로서는 육류수요의 급격한 증가 그리고 과일, 채소 등 고급식품 쪽으로 발전하였다. 다음은 흑백TV, 냉장고, 세탁기, 승용차 등의 내구소비재 수요가 크게 늘어났다고 할 수 있다.

2. 수입자유화 논리의 등장

다음은 소비구조의 변화에 따라 급격히 증가하는 수요부문에 대한 대응은 어떻게 하여야 하나? 당시 한국경제가 가지고 있었던 논리는 간단하였다. 무엇보다 장기적으로 새로운 수요의 증가에 대비하기 위하여 국내생산능력을 확충하는 것이라는 인식이었다. 즉 앞으로 소득수준의 향상에 따라 우선 육류, 야채를 비롯한 고급식품수요가 계속 증가할 것이다. 거기에 더하여 주택, 가전제품 등 문화생활을 위한 수요가 추가될 것이다. 따라서 이런 부문에 대한 투자를 확대하여 공급능력을 키우도록 하는 것이 그 답이었다.

그러나 지금 일어나고 있는 수요의 증가에 단기적으로 국내공급능력을 확대하여 대응하기에는 한계가 있었다. 투자규모의 한계와 시간의 긴급성에 해답이 있어야 하였다.

결국 단기적 해결방법은 다른 나라에서 만들어 놓은 물건을 활용하는 길이다. 즉 수입의 확대이다. 논리적으로는 수입의 확대가 문제의 해결이라고 할 수 있지만 현실은 그리 쉬운 해결책이 아니다. 지금까지 한국경제정책의 기본 철학은 국내 생산자 보호인데, 이를 위한 자금지원과 가격보조 등의 정책에 대한 접근방법이 변경되어야 한다.

국내생산자 보호를 위한 여러 가지 규제는 수입을 어렵게 할 뿐만 아니라 수입시기의 지연, 물량제한 등으로 국내가격은 이미 올라있거나 오른 가격이 내리기 힘들도록 되는 것이 현실이다. 결국 국내생산자보호를 위한 이런 접근방식의 변화가 요구된다고 할 것이다.

따라서 이에 대한 해답은 시장기능에 모든 것이 맡겨져야 한다는 결론이 나온다. 이것은 정책적으로 '수입자유화'를 의미한다. 이 일은 당시 한국경제로서는 매우 어려운 문제였고 21세기, 그것도 10년이 지난 2010년 언저리 시점에서 해결될 만큼 어려운 일이었다. 2015년 현재 한국경제의 무역자유화는 거의 실현되었다.

그러나 아직도 이와 관련하여 남은 과제들이 있다. 2015년 5월 마침 미국에 이어 중국과 한국의 자유무역협정(FTA)이 체결되었다. 이제 한국경제가 세계에서 가장 많은 FTA를 한 경제가 되었지만, 아직도 쌀은 자유화 품목에서 제외되어 있다. 한국의 쌀은 2015년 1월에야 관세화가 실현되었다. 필리핀을 제외하면 세계에서 꼴찌다.

1970년 말 한국경제는 이런 시장의 수요와 관련하여 지금까지 거의 논의조차 없었던 수입자유화 정책 논의가 정부 내에서 처음 시작되었다. 이 논의는 정부 안에서 이 주장에 앞장섰던 경제기획원 경제기획국과 농림수산부, 상공부 등 관련부처와 감정 섞인 수입자유화 논쟁을 유발시켰다. 논리적으로 보면 이것은 공급측면에서 본 인플레요인으로 보아야 하는데 1970년대 말 한국경제로서는 경직된 공급구조가 수요의 급격한 증가를 따라잡을 수 없었던 현상이고 이를 해결하는 원천적인 시장의 자유경쟁원리인 수입자유화 정책논리가 한국경제에 부상되는 계기가 되었다.

3. 생산비용의 상승

지금까지 1970년대의 인플레 요인을 수요측면에서 분석하여 보았다. 다음은 인플레의 원인을 비용측면서 분석하여 보자. 제품의 생산비용은 크게 인건비와 중간자재투입비용 그리고 기술관련 비용 등으로 구분할 수 있다. 기술개발과 관련된 비용의 증감은 물론 제일 중요한 부문이지만 투자성격 비용이고, 여기서 논의하는 생산비와 연관된 기술관련비용은 단기적으로 중립적이라고 해야 할 것이다. 중간자재비용도 시장의 큰 변화가 없는 한 가격변동이 중립적으로 보아야 할 것이다.

단기적으로 생산비에 제일 영향을 미치는 것은 임금비용일 것이다. 1970년대 초인 1972년 그리고 말인 1979년 두 차례의 국제석유파동이 있었다. 특히 제2차 석유파동은 고유가 부담에서 오는 원가상승에 크게 영향을 미쳤다. 다음 1970년대 말 부동산 투기 그리고 농산물의 전근대적인 유통구조의 문제 등이 제품의 원가상승요인으로 작용하였다. 특히 제2차 석유파동은 막 제품시장으로 진출하려던 한국의 중화학공업 제품들의 원가에 치명적인 영향을 주었다고 할 수 있다. 그러나 이런 요인들은 산유국을 제외한 모든 나라들이 각기 환경의 차이는 있지만 공통적으로 겪는 요인이라고 할 수 있다.

당시 인플레하에서 한국경제 제품의 원가상승 중 제일 큰 요인은 무엇보다 인건비 상승이었다. 여기서는 이례적으로 급상승한 임금상승현상과 인건비 상승이 가져왔던 기업경영에의 영향 그리고 전체 경제운영의 부담에 대하여 분석하여 보자.

임금의 경제적 의미는 근로자의 입장에서 보면 가계를 꾸려가는 생계의 원천이 되며, 사용자의 입장에서 보면 제품생산비의 여러 요소 중의 하나가 된다. 인건비의 상승은 근로자에게 복지의 증진을 통하여 생산성을 올리고 여유소득을 통한 국내시장의 수요증가, 나라 전체의 구매력의 크기를 가늠하게 한다. 반면 사용자의 입장에서는 임금비용과 대체되는 기계 등 설비투자나 기술투자를 결정하는 데 중요한 기준이 되기도 한다.

이러한 양면성을 가진 임금은 근로자와 사용자의 입장에서 적당한 수준이라고 인식되는 수준에서 결정되는데 이의 판단기준을 일반화하면 다음과 같다.

즉 기업의 지불능력은 기대되는 생산성 향상을 감안하여 결정된다. 종업원의 생계비는 물가상승률, 기본생계비, 최저생계비 등이 기준이 된다. 그리고 일반적 환경으로는 개별기업의 노사관계, 노동시장의 유연성 그리고 동종업계의 임금수준 등이 고려된다. 이러한 임금수준의 결정요인을 통계화하여 분석하는 것 중 가장 대표적인 지표는 실질임금, 노동생산성 그리고 단위노동비용 등이 된다.

1970년대 중반 이후 한국경제는 임금 수준과 구조 면에서 큰 변화가 오기 시작하였다. 우선 해외건설의 활성화로 건설업 종사자의 국내수급에 큰 과부족이 생겨 임금이 급격히 상승하기 시작하였다. 이러한 건설직종의 임금상승은 여타 직종으로 전파되었다. 1974년 이후

표 1-4 **노동생산성과 임금지수의 상승률**(단위: %)

연도	노동생산성	소비자물가	명목임금	실질임금
1971	8.9	13.4	15.4	1.7
1972	7.7	11.7	17.5	5.2
1973	8.3	3.2	11.5	8.0
1974	10.1	24.3	31.9	6.1
1975	11.0	25.3	29.5	3.3
1976	6.8	15.3	35.5	17.5
1977	10.2	10.1	32.1	19.9
1978	11.5	14.4	35.0	18.0

자료: 한국생산성본부, 노동생산성,
경제기획원, 소비자물가 및 한국통계월보,
노동부, 명목임금 및 실질임금

광공업의 명목임금 상승은 매년 30%를 상회하기 시작하였다. 당시만 하더라도 아직 생산성이 낮은 농림수산업 근로자, 중소기업에 종사하는 근로자의 임금은 낮은 수준이었으나 이들 부문에 종사하던 많은 인력들이 고임금부문으로 이전하여 전체적인 임금상승을 가져오기 시작하였다. 반면에 해외건설업이나 수출입업에 종사하는 근로자 가계는 갑작스런 임금상승으로 여유자금을 활용한 부동산 구매수요가 증가하기 시작하였다.

1970년대 임금상승을 정리한 표가 [표 1-4] 노동생산성과 임금지수의 상승률이다.

당시의 노동생산성과 실질임금상승률의 상관관계를 보면 1975년까지는 실질임금이 노동생산성 범위 내에서 이루어졌음을 알 수 있다. 그러나 1976년 이후에는 실질임금이 노동생산성 증가보다 앞질러 가고 있음을 알 수 있다. 물론 실질임금은 생산성 범위 내에서 이루어져야 한다. 실질임금이 생산성 범위를 초과할 경우 기업은 종업원의 근로조건 개선을 하지 못함은 물론 기업의 적정이윤이 불가능하여진다. 이어 기업의 적정투자 유지가 불가능하여지고 결국 기업은 퇴출의 길을 걸을 수밖에 도리가 없게 된다.

1976년을 계기로 한국경제의 임금상승이 거꾸로 된 이유는 두 가지로 생각할 수 있다. 첫째는 해외진출 인력이 1976년 이후 급격히 증가하여 건설부문 기술인력의 수급에 불균형이 나타나게 되고 이 부문의 임금인상이 전체 임금인상을 선도한 결과가 되었다. 둘째는 한국경제의 발전과정에서 찾아야 할 것 같다. 즉 1960년대 일본경제가 경험한 것과 마찬가지로 한국경제도 1970년대에 공업발전의 폭발기(explosion period)에 들어갔다고 할 수 있다. 물론 여기에는 이론이 있을 수 있고 중화학공업개발이 가져온 부작용으로도 해석할 수 있을 것이다.

아무튼 1970년대 초부터 시작된 한국의 중화학공업 사업들이 5~6년의 세월 속에 점차 완성되어 감에 따라 1970년대 말 생산활동이 가속적으로 확대되어 가고 있었고 이러한 산업의 폭발적인 확장은 인력수요를 갑자기 증가시켰다. 물론 시행착오로 훗날 많은 실패사례 앞에 인력감퇴가 되었지만 1970년대 말 시장상황은 일시 이렇게 나타났고 이것이 노동시장의 수급불균형에 따른 임금상승을 가져왔다고 할 수 있다.

반면 이에 대비한 교육기회의 상대적 미발달로 인력수급에 차질을 빚게 되어 일부 공업부문의 임금상승이 갑자기 일어나게 된 요인도 있었다고 분석할 수 있다.

이 문제는 21세기 지금도 큰 문제로 제기되고 있을 만큼 한국교육의 문제는 심각하다고 할 수 있다. 2015년 최근 들어 공업계전문인력 양성의 필요성이 부각되고 있고 수요처인 기업 쪽에서도 이를 강조하면서 전문인력공급확대가 사회적 관심사로 떠오르고 있다. 경직적인 대학정원제와 각종 규제들 그리고 산업사회의 변화와 이에 대응하는 인력수요의 변화에 관심이 적은 한국의 인력공급체제가 아직도 한국발전에 장애로 작용하고 있다고 할 수 있다.

이상과 같이 1970년대 물가상승은 수요와 공급 그리고 시장의 미발달 등 각 측면에서 물가가 상승하고 이것이 상호 상승작용을 한 복합적인 물가상승이었다고 할 수 있다. 한마디로 인플레이션의 폭발기라고 할 수 있을 것이다. 지금까지 발전초기 한국경제가 경험하지 못하였던 문제들이 경제개발이 어느 정도 이루어지자 복합되어 나타나게 되었고 이것을 한국정부는 복합적인 인플레이션 대책으로 접근하게 되었다.

제 2 절 1970년대 말 인플레이션에 대한 대응

인플레가 국가경제운영이나 기업 그리고 가계에 미치는 영향은 매우 크다고 할 수 있다. 이에 대한 이론적 분석이나 실증적 사례는 매우 많고 복잡하다고 할 수 있다. 제2차 세계대전 전후 그리고 1970년대까지 케인즈를 비롯한 경제학자나 이들의 이론을 원용하여 정책을 구사하는 미국을 비롯한 선진국들의 관심사는 주로 수요의 계발

(demand pull)에 초점이 맞추어졌었다고 할 수 있다. 따라서 종합적인 인플레이션에 대한 대응보다는 반대로 어떻게 하면 수요를 촉발할 수 있는 정책을 개발하느냐에 정책의 초점이 맞추어져 있었다.

미국의 경우 1980년대 레이건 대통령 이전까지, 즉 루스벨트 대통령에서 카터 대통령에 이르기까지 8명의 대통령 정부들은 주로 정부의 재정정책을 가지고 유효수요 계발과 고용에 정책의 초점을 두었다고 할 수 있다. 때로는 재정지출을 줄이고, 때로는 세율을 조정하여 세수를 늘리고, 때로는 재정지출을 통한 경기부양을 하고자 하였다.

이와 같은 40여 년의 경제정책은 성공적인 경우도 없지 않았지만, 대부분 당시의 경제상황과 기대에 부응하지 못하고 총체적으로는 성공보다는 실패에 가까운 국가경제운영 기간이었다고 평가해야 맞을 것이다. 집권자의 취향이나 능력 등에 따라 경제상황에 대한 대처는 들쑥날쑥했고 전후 수요위축에 대한 대응도 제각각이었다. 큰 흐름으로 보면 미국경기는 살아나지 못하였다. 이러한 상황은 미국 이외의 선진국들도 대동소이하였지만 세계대전 승리를 주도적으로 이끈 세계의 지도국으로서의 미국의 위상은 흔들리고 있었다고 할 수 있다.

1970년대 후반 세계경기의 후퇴 속에 등장한 것이 1980년 제40대 대통령으로 취임한 레이건 정부이다. 레이건의 대통령 취임으로 미국경제는 다시 성공의 길로 들어서게 되었다고 할 수 있다. 레이건 정부는 총체적인 공급확대를 통하여 경기를 일으키려 하였다. 무엇보다 국민의 세금부담을 줄이고 재정규모를 축소하였다. 소득세를 3년에 걸쳐 10%씩 30% 삭감하였다. 정부규제를 완화하고 금리를 안정시키고 인플레이션을 억제하였다. 이러한 공급중심의 경제(supply side economics) 운영은 미국경제를 다시 활성화시켰고 이러한 미국의 위세 앞에 구 소련 공산주의 시스템은 붕괴의 길로 들어서게 되었다.

레이거노믹스의 제일 큰 업적은 시장 중심의 경제시스템, 즉 신자유주의의 계발이라고 할 수 있다. 신자유주의는 인플레에 대한 종합적인 대응에서 시작되고, 세율과 금리중심의 경제운영에서 통화량 자체를 큰 정책변수로 활용하기 시작하였다. 경제안정이 시장중심의 신자유주의의 밑바탕이 된 것이다.

인플레가 국가경제운영이나 시장에 미치는 영향은 매우 크다는 것은 말할 필요가 없을 것이다. 이를 위하여 이론적 분석뿐만 아니라 실증적 사례는 많고 복잡하다.

경제개발 초기 경제성장을 가속하기 위해서는 약간의 인플레도 필요하다는 면을 강조하기 위하여 케인즈의 소득결정이론이나 일반적인 금융이론 등이 원용되기도 한다. 그러나 이런 이론적 분석들은 당시의 경제구조, 인플레의 진행상황 등에 따라 달리 나타날 수 있기 때문에 이를 일반화해서 약간의 인플레가 경제성장에 도움이 된다거나 필요한 것으로 해석하는 것은 옳지 않다.

제2차 세계대전 이후 유행하였던 후진국 경제개발이론 등에서 가라앉은 수요의 촉발을 위하여 이러한 인플레의 필요성을 제기하기도 하였지만 당시의 주요관심은 무엇보다 절대빈곤의 퇴치를 위한 성장에 두었다고 보아야 할 것이다.

또한 기업경영에서 인플레는 정과 부의 효과가 교차하지만 오늘날처럼 기술개발의 깊이와 속도가 기업의 사활을 좌우하는 상황에서는 인플레는 기업경영의 독이 될 수밖에 없다. 가계 쪽에서 보는 인플레도 불안한 사회분위기 조성이나 금융저축의 어려움 등 부정적 효과가 크다고 할 수 있다.

결국 종합적으로 인플레는 경제발전에서 정보다는 부의 효과가 훨씬 크다고 할 것이다. 특히 경제발전이 성숙단계로 진입할수록 경제안정과 미래예측가능성이 강조된다. 이러한 일들이 어렵게 된다는 면에서 인플레는 경제발전에 가장 근본적인 문제를 제기한다고 하겠다. 더군다나 시장중심의 신자유주의 경제이론 입장에서는 인플레는 설자리가 없게 된다.

한국경제의 경우 1970년대 말의 인플레는 총수요관리의 실패, 임금인상 등 기업의 원가상승, 인플레 기대심리 그리고 시장기능의 비능률 등이 복합적으로 작용하여 발생하였다. 이런 상황 속에서 부동산, 증권 등 실물투기는 물론 건축자재와 생필품에 이르기까지 프리미엄이 붙었던 소위 프리미엄 경제시대를 열었다. 이러한 현상이 지속되고 점점 과열화되고 좀처럼 가라앉지 않았다.

이런 상황 앞에 한국정부는 일련의 대책을 마련, 추진하게 되었다. 무엇보다 통화증발을 억제하여 총수요를 안정적으로 관리하고, 다른 한편으로는 부동산 투기 등의 과열현상을 물리적인 방법으로 규제하여 인플레를 진정시키고자 하였다. 이를 종합하여 1979년 4월 17일 '경제안정화 종합시책'을 마련하였다. 이는 이름이 안정화 시책이지 내용을 보면 단순한 인플레에 대한 대책보다는 한국경제의 장기적이고 발전지향적인 면에서 경제전반의 구조조정정책이라고 할 수 있다. 다시 말해서 한국경제의 구조조정과 물가관리의 총합적인 정책패키지라고 할 것이다.

제 2 장

경제안정화 종합시책의 추진

1. 경제구조의 변화

1979년 4월 17일 추진에 들어간 한국의 '경제안정화 종합시책'은 한국경제가 정부주도의 개발연대를 졸업하고 시장경제운영의 기조로 정책전환을 이룬 경제운영 기조전환의 지침서라고 그 의미를 부여할 수 있다.

우선 당시 이 종합시책의 이름을 어떻게 작명할 지를 놓고 경제 기획원 내부에서는 많은 고민을 하였다. 내용은 시장경제운영이 그 골 격이고, 이에 들어가기 위하여 한국경제가 어떻게 구조전환을 할 것인 지를 제시하는 성격의 정책안이라고 할 것이다. 안정이라는 이름보다 는 오히려 구조조정 내지 이를 위한 정책의 혁신 내용들인데 이런 문구들이 당시 이해당사자뿐만 아니라 정부 내의 관련부처에서는 매우 예민한 반응을 할 것으로 판단하였다. 따라서 이러한 반응을 피하고 큰 거부반응이 없을 것으로 예상되는 '안정'을 거명함으로써 이해당사자들의 거부반응을 피해가고자 하여 '안정화 종합시책'이라고 작명하였다.

때문에 이름이 종합안정화시책이지 내용은 개발연대를 졸업하고 새로운 시대를 열어가기 위한 정책 준비이기 때문에 많은 논란과 반대 그리고 새로운 비전의 제시가 예견된 그런 정책추진이었다. 우선 한국경제의 구조변화를 점검하여 보자.

제1장에서 상세하게 그 성격을 규명한 1970년대 인플레이션을 환기하여 보면 다음과 같다. 1972년 제1차 석유파동을 겪고 1970년대 중후반 세계경기는 불경기에서 벗어나기 시작하고 조정과 회복과정을 거치고 있을 때 한국경제도 큰 변화를 맞게 된다.

일찍이 경험하지 못한 수출의 급속한 증가와 한국건설업의 중동진출에 따른 건설노동인력 수급의 왜곡에서 비롯된 국내 임금상승 그리고 자력으로는 사상 처음 국제수지의 경상수지 흑자실현의 기쁨과 연이은 통화의 큰 폭 증발로 인플레이션 시기 돌입 등 많은 변화에 직면하게 된다.

이런 변화를 종합해 보면 큰 발전의 흐름으로 파악될 수 있다. 그러나 발전의 흐름에서 제기되는 변화를 슬기롭게 대처하지 못하여 많은 시행착오와 어려움을 맞게 되는데 이것은 예나 지금이나 마찬가지이다. 당시 한국경제가 맞게 된 큰 변화를 일별하여 보면 다음과 같다.

▸ 수출규모가 1970년 10억 달러에서 1977년 100억 달러로 신장
▸ 국제수지 경상수지가 1975년 20억 달러 적자에서 1977년 12백만 달러 흑자전환
▸ 한국기업의 중동진출과 건설인력의 해외진출, 해외건설자본의 국내 유입
▸ 1976~1978년 연평균 13%의 높은 경제성장 기록
▸ 미곡풍작으로 주곡자급 달성
▸ 한국경제구조가 부족경제에서 과잉경제로 전환
▸ 경제개발 초기 경제구조에서 시장중심의 자력성장구조로 전환

이러한 경제구조의 변화는 경제정책에서 많은 변화를 요구하게 된다. 그러나 당시 한국사회는 정치적으로 20여 년의 장기집권에서 오는 사고의 경직으로 새로운 변화를 수용하는 데 한계가 있었다. 그저 현상을 유지하고 좀 더 '많이 많이' 하는 속도의 가속만을 요구하는 정치환경 속에서 속도의 조절이나 구조의 전환은 당초부터 한계에 부딪쳤다.

경제운영도 장기집권과 높은 경제성장의 매너리즘 속에서 경제구조 변화에서 오는 개혁을 수용하기 힘이 들었다. 일반사회도 분위기는 마찬가지여서 보조와 지원에 익숙해진 경제주체들은 그 지원 폭의 확대만을 고집하고 있고 정부관료들도 대부분 변화보다는 부처의 이기와 자신의 안전만을 희구하는 분위기였다. 각 경제주체가 자기 몫 찾기에 급급하는 모습이었다고 할 수 있다.

2. 경제운영의 매너리즘과 발전의 한계 노출

1970년대의 '인플레의 원인과 대응'에서 설명한 것처럼 당시 한국 경제는 장기집권에서 오는 안일과 경기호황 속에서 다음에 닥칠 경제의 구조개혁 필요성을 외면하고 있었다.

중화학공업사업의 계속적인 투자확대와 국제수지의 급속한 개선 그리고 풍작에서 오는 정부재정 부담증가 등으로 통화는 고삐 풀린 망아지처럼 늘어만 갔다. 임금은 생산성을 외면한 채 건설인력 수급의 불안정으로 유발된 임금인상이 전 업종으로 전파되고 있어 기업은 원가상승에서 오는 경쟁력 상실로 어려움을 당하고 있다.

미곡의 풍작과 정부의 양곡수매가 인상은 고스란히 재정의 부담으로 돌아왔다. 반면 가계는 갑작스런 소득의 증가로 주택, 내구소비재, 식료품의 수요가 급격히 늘어났다. 이에 연관하여 온통 세상은 프리미엄을 주어야 물건을 사는 프리미엄 경제시대가 되어갔다. 이러한 경제상황의 변화 앞에 각 경제주체들은 애써 눈을 감는 모습이었다.

우선 정부부터 보자. 정부는 총수요를 관리하여 경제가 안정을 찾도록 해야 하는데 이를 위한 통화의 안정된 운용, 금융산업의 조속한 발전 그리고 재정의 건실한 운영 등 구조적인 정책과제들을 외면하고 있었다. 정부의 정책의지나 능력을 찾을 수가 없었다.

기업도 마찬가지였다. 중화학공업 관련 대형사업들이 완공단계에 들어가 있는데 때마침 중동건설경기가 시들해지기 시작하자 대기업들은 자금, 판매 등 어려움을 함께 겪게 되었다. 새로 시작한 사업의 물건을 팔 데도 없고 가격도 맞지 않는다. 그러니 돈이 들어오지 않고 기업은 자금이 부족하게 되었다. 한편 급속한 국내소비 증가에 대비하여 수입이라도 확대해야 하는데 국내산업의 보호를 위하여 수입자유화라는 말을 꺼내기도 힘들었다.

이에 따라 각 부문에서 수요에 대비한 공급부족을 나타내어 인플레는 가속되고 경쟁력은 떨어져 경제전체의 발전잠재력이 사그러드는 현상이 나타나게 되었다. 이러한 경제전반의 구조적인 문제를 직접 제기하는 정부부처나 경제주체들은 당시의 경직된 사회분위기에 눌려 없었다 해도 과언이 아니다.

1979년 한국경제는 더 이상 문제를 덮어둘 수 없는 상황을 맞이하게 된다. 즉 마무리단계의 대형사업들에 대한 뒷감당이 어렵게 된 당시 경제는 더 이상 경기흐름을 방치할 수 없는 지경에 이르게 되었다. 이런 상황 앞에 당시 경제기획원 경제기획팀들은 이 문제를 본격적으로 검토하기 시작하였다. 때마침 정부에서도 개각을 단행하여 신현확 부총리 겸 경제기획원장관이 새로 취임하여 이들 문제는 문제로서 정부 내에서 공론화되기 시작하였다.

3. 안정과 성장은 선택이 아닌 상호보완 논리

일반적으로 개발도상국들의 발전과정에서 안정과 성장의 우선순위에 관한 논의는 1970년대까지 중요한 정책논의 과제 중 하나였다. 경제정책에서 안정에 중점을 둘 경우 성장속도가 줄어들고, 성장에 보다 중점을 둘 경우 어느 정도의 인플레를 감수해야 하는 것으로 이해하고, 그래서 일정시점에서 안정과 성장의 우선순위는 경제정책의 큰 비중을 차지하는 것으로 이해하였다.

이 두 가지 과제가 상호간에 상충(trade off)되는 과제로 해석되었기 때문에 발전 초기 성장의 속도를 최대한 가속화하고자 하는 개발도상국들의 발전전략에서는 안정을 어느 정도 희생하면서 발전의 속도를 가속화하는 것을 당연한 것으로 이해하였다.

그러나 이러한 논리는 1980년대에 들어서면서 변화되기 시작하였다. 오늘날 안정과 성장은 상호상충적 관계라기보다는 상호보완적(complementary) 관계로 해석하고 있다. 즉 안정이 없이 성장이 장기적으로 지속되는 것은 불가능하다는 논리이다. 기업경영에서 기술과 경영이 중요한 발전의 요소로 주목되는 현대경제에 있어서 안정은 성장을 가능케 하는 기술개발의 전제가 된다고 할 수 있다. 기술개발은 안정이 없이는 불가능하고, 안정이 없이는 투자를 가능하게 하는 저축이 불가능해 진다. 따라서 안정은 지속적 성장을 위한 필요조건이 되는 것으로 이해되고 있다.

1970년대 말 한국경제는 두 가지 큰 과제를 가지고 있었다. 하나는 지난 20여 년의 발전을 토대로 한 단계 더 높은 경제개발과 자력성장구조를 만들어가야 한다는 명제와 이를 실현시킬 방도로 중화학공업개발을 성공적으로 발전시켜야 한다는 산업전략이 그것이었다.

다른 하나는 장기집권체제를 합리화하기 위하여 어떻게 하든 국민에게 빠른 소득향상을 느끼도록 만들어가야 하는 것이 집권자의 소망이었다.

그런 전제하에 지난 10여 년 동안 추진되어 온 대형사업들이 그

중에서도 중화학공업관련 사업들이 이제 거의 마무리단계에 들어가게 되었다. 한국경제는 이제 곧 이들 대형중화학공업사업들이 한국경제의 제2의 폭발기를 가져다 줄 것으로 기대하였다. 여기에 더하여 때마침 세계경기 회복으로 수출이 급증하고 중동건설로 석유자본이 국내에 들어오게 되어 가계는 가처분 소득이 갑자기 불어나기 시작하였다. 호황기의 시작처럼 보였다.

그러나 이러한 햇볕 뒤에는 인플레와 국제경쟁력 감소라고 하는 어두운 그림자가 짙게 드리워져 있었음을 곧 알게 되었다. 1970년대 말 중동건설경기가 세계경기의 후퇴와 함께 가라앉기 시작하였다. 불행히도 한국경제가 그동안 무리하게 추진하였던 중화학공업 관련 대형사업들이 완공단계에 들어가게 되었는데, 이 사업에서 나온 제품의 원가와 판로가 어렵게 되었다.

당초 과욕과 정치적 판단이 함께한 중화학공업 사업들은 애당초 제품의 가격경쟁력이나 판로를 가볍게 생각하였다. 그러나 세계경기의 후퇴와 겹친 당시 상황은 한국의 중화학제품에 관심을 쏟을 여유가 없었다. 누구도 앞장서 이 어두운 그림자를 말하는 사람이 없이 세월은 흘러 한국경제는 점점 부실의 나락으로 떨어지고 있었다.

이를 알고 있는 경제관료들, 특히 경제기획원 경제기획국 사람들 중심으로 인플레의 근원적 치료만이 한국경제의 구조를 개선하고, 장기적 발전을 가능케 한다는 논리를 들고 나왔다. 소박하지만 당시로서는 절박한 과제의 제기였고, 이것이 다음날 '경제안정화종합시책'을 만들게 된 배경이 된다.

제2절에서는 한국경제의 1979년 시작한 경제안정화시책의 형성

과정과 시책의 내용 그리고 그 추진상황을 체계적으로 정리하고자 한다. 한국경제발전사에 하나의 큰 방향전환 정책이고, 다시 후세에 나올 것으로 기대하기 쉽지 않을 것 같은 한국 정부관료들의 혁신적 정책 패키지이기 때문이다.

물론 이 정책패키지가 제5공화국의 정책기반이 되었고, 한국경제의 자본주의를 보다 공고하게 한 밑바탕이 되었지만 한국정치민주화 투쟁 절정기인 1980년대 말 이 정책의 철학은 거의 모두 과거로 되돌아가는, 아니 더 개악이 되는 정책후퇴(set back)를 가져왔다.

그것이 IMF 구조조정기를 거쳐 다시 되살아나는 듯하였으나 역시 역사는 순탄을 싫어한다. 김대중, 노무현 정부를 거치며 시장경제는 닻을 잃은 항해를 계속하여 왔다. 결과 이명박 정부를 지나며 혹시나 하였지만 한 일 없이 시간만 소비하고 이제 한국경제는 엔진도 망가지고 닻을 달아 올릴 바람도 없다.

세계에서 가장 낮은 저속 항해를 하면서 그것도 물결 따라 이리저리 방향을 잃어가는 그런 모양새를 하고 있다. 이 글을 쓰고 있는 2015년 중간 시점 박근혜 정부의 경제회복에 대한 국민의 기대 시선은 먼 하늘만 바라본채 실망의 눈길로 변해가고 있다.

제2절 경제안정화시책의 형성과정

1979년 4월 17일 '경제안정화 종합시책'은 세상에 공표되었다. 대통령으로부터 지시가 있은 지, 더 정확하게 말하면 대통령의 허가가 떨어진 지 20일 만에 마련된 정책이다. 그 큰 줄거리는 재정금융의 긴축과 제도개선, 경쟁의 촉진, 수입의 자유화, 가격규제의 철폐 등 한국경제의 구조적 개선대책의 제시로 집약될 수 있다.

이러한 방대한 종합대책이 단지 20여 일의 짧은 시일 내에 만들어진 것을 이상하게 생각할 수도 있다. 그러나 당시의 종합안정화시책은 새로 만들었다기보다는 1977년 이후 계속적으로 논의 되고 단편적으로 제시되었던 경제정책들을 포괄적으로 정리정돈한 것으로 이해해야 한다.

한국경제발전사에 있어서 정부의 직접적인 지시와 지도로 일관되었던 경제개발 초기 경제운영방식을 시장기능에 접목시킨 큰 전환을 이루는 정책의 시도라는 점에서 당시의 경제안정화시책은 그 이름보다는 보다 종합적이고 정책선언적인 의미를 가지고 있다 할 수 있을 것이다. 따라서 이 정책이 형성되는 과정에서 정부의 경제관료 그룹들이 고민해 왔던 내용들은 후세 한국경제발전사를 연구하는 입장에서 매우 중요한 의미가 있다고 할 것이다.

돌이켜보면 1970년대 말을 기준으로 한국경제가 종합경제개발을 시작한지 20여 년의 세월이 흘렀다. 그동안 개발초기 절대빈곤을 퇴치하고 농업중심의 산업구조를 경공업 그리고 중화학공업을 발전시켜 성장의 동력으로 삼게 되었다. 이에 따라 연평균 10%에 가까운 높은 경제성장률을 지속할 수 있게 되었다. 국제수지도 자력으로 경상수지 흑자를 시현하게 되었다. 이는 한국경제가 이제 스스로의 필요에 따라 수입을 늘릴 수도 줄일 수도 있는 탄력을 갖게 되었다는 의미이기도

하다.

그러나 이러한 경제구조의 심화(격상)를 한국경제는 지금(1970년
대)까지 경험해보지 못하였다. 그러니 이에 대한 대응도 미숙할 수밖
에 없다. 지식도, 경험도 부족하다. 집권자들은 정치적으로 장기집권
을 위하여 변화보다는 경제현상의 지속적 유지가 필요하였다. 그 결과
1970년대 말 인플레를 맞게 되었고, 경제는 경쟁력을 잃고 다시 쇠퇴
의 늪으로 빠져들어 가고 있었다.

이에 대응하여 정부의 경제관료들이 들고 일어났다. 종합안정화
시책은 일반명사의 경제정책 같지만 그 내용은 한국경제를 개발경제
구조에서 벗어나 시장경제운용으로의 전환을 추구하는 구조조정대책
이라고 평가해야 할 것이다.

1. 1977~1978년의 정책전환 노력

종합안정화시책이 대통령의 지시에 의해 20여 일 만에 만들어진
것이 아니라 벌써 3년 전 1977년부터 정부 일각에서 이 준비가 진행
중이었음을 앞에서 언급하였다. 당시 이 일을 한 정부관료들이 무슨
생각과 문제의식을 가지고 있었는지를 알아보는 것은 매우 중요하다.
전문관료들의 전문성, 문제의식 그리고 추진력을 알아보는 것은 앞으
로 한국경제운영을 책임질 그들이기에 매우 중요한 의미가 있다고 평
가한다.

1970년대 후반에 들어서자 한국경제는 중동진출과 함께 수출이
호조를 이루고 정부의 미곡가격 지지정책과 정부수매제도가 지속적으

로 확대되어 가고 있는 가운데 미곡작황마저 풍년을 맞았다. 이에 따라 1977년 국제수지상의 경상수지가 자력으로 처음 흑자를 이루고 정부의 쌀값 지지정책이 확대 지속되는 가운데 양곡관리기금계정의 적자가 확대되어 갔다.

이에 따라 종래 통화의 축소부문이었던 해외부문과 재정부문이 통화의 축소에서 통화의 증발로 그 기능이 전환되어 전체적으로 통화가 크게 증발하는 문제가 심각하게 제기되기 시작하였다.

지금까지 국제수지 적자로 통화당국을 편안하게 만들어주었던 해외부문의 통화증발을 막기 위하여 수입을 늘리는 정책을 써야만 하였다. 발전초기 통화를 조절한다고 수출을 조절할 수는 없다. 이는 당장 고용문제를 제기하기 때문이고 한국경제의 수출은 바로 세계로 뻗어가는 창구인데 이를 줄인다는 것은 당시로서는 생각할 수 없는 선택이다. 그렇다면 수입을 늘려야 하는데 이를 위하여 당시의 소비수요확대에 맞추어 수입자유화가 논의대상으로 떠오르게 되었다.

한편 재정부문의 통화증발 창구인 양곡관리기금의 적자를 줄이기 위해서는 정부의 양곡수매가를 덜 올리든가, 아니면 정부 방출미가격을 인상하든가 하는 문제가 자연스럽게 제기되었다.

이것이 여의치 못하면 정부재정운용의 건실화를 통하여 일반재정부문에서 흑자를 내어 양곡부문의 적자를 보전하는 방안을 찾아볼 수밖에 없다. 그러나 이것은 말이 그렇지 정부의 일반부문에서 흑자를 내서 양곡부문을 지원할 만큼 한국정부의 재정운용이 여유가 있는 것이 아니다.

결국 문제해결을 위하여는 경제운영의 본질적인 문제로 자연스럽게 관심이 모아지게 되었다. 그러나 당시로서는 이러한 문제의 접근이 그리 간단하지 않아 단편적인 검토수준에서 머무르고 정책화의 실현으로는 가지 못하였다.

문제의 해결보다는 문제의 심각성만 확대되어 갔다. 통화증발에 의한 과잉유동성의 문제는 예상대로 부동산투기가 일어나고 이러한 투기는 경제의 모든 부문으로 전이되기 시작하여 한국경제는 바야흐로 프리미엄 경제시대로 들어가게 되었다.

이에 더 이상 이 문제를 방치할 수 없게 되고 이를 계기로 종합적인 시책의 제시가 나오기 시작하였다. 그러나 앞서 언급한 바와 같이 당시의 이런 정책제시는 경제기획원 실무진들의 노력으로 만들어지고 있었지만, 이를 상부에 보고하고 공론화할 사람이 없었고 그럴 분위기도 되지 못하였다. 때문에 만들어진 정책안들은 햇볕을 보지 못한 채 다시 책상서랍 속으로 들어가 낮잠을 잘 수밖에 없었다.

당시 경제기획원 내부에서 검토되었던 정책제안을 시기별로 정리하여 보고 당시 전문관료들이 본 한국경제의 전환정책 내용과 의지를 되짚어보고자 한다. 당시 실무진들의 정책제안서 중 의미 있는 것들은 다음과 같다. 당시 보고서를 중심으로 그 내용을 소개하고자 한다. 이 정책안은 KDI가 발간한 '경제안정화시책자료집'과 저자의 졸저 '번영의 조건'을 토대로 요약 정리한 것임을 밝힌다.

1978. 3   한국경제의 당면과제와 대책
1978. 4   통화안정을 위한 재정금융정책
1978. 8   한국경제의 당면과제와 대책
1979. 1   80년대를 향한 새 전략 (슬라이드)

(1) 1978년 3월 한국경제의 당면과제와 대책

1978년 3월 경제기획원이 작성하여 내놓은 '한국경제의 당면과제와 대책'은 1977년 이후 안정화 노력을 종합적으로 정책화한 최초의 대책이었다고 할 수 있다.

1) 문제의 제기

한국경제가 국제수지상 경상수지의 구조적 균형으로, 경제개발 초기 제기되는 개발인플레를 제거할 수 있고, 자력으로 수입을 확대할 수 있는 능력을 갖추게 되었다. 그러나 금융산업이 발달하지 못하여 실물부문과 화폐부문간의 괴리가 발생하였다. 주곡은 자급구조가 실현되었으나 무리한 쌀 증산정책과 정부수매제도의 확대로 양곡관리기금 적자가 누적되고 있다. 한편 소득수준이 향상되고 인력부족부문이 확대되어 식료품, 주택, 고급인력의 공급부족이 나타나고 있다.

2) 제기되는 당면문제

당면 문제는 수요, 공급 그리고 원가상승요인이 발생하여 물가상승을 유발하고, 물가상승은 당시 한국경제의 경쟁력 약화를 가져와 수출이 부진하고 저투자 저성장의 악순환이 이어지고 있어 종합적인 대책방향의 제시가 필요하다.

3) 대책방향

안정과 고도성장을 목표로 첫째, 물가안정을 위하여 수입확대, 인력공급확대 그리고 양곡기금적자 해소가 필요하며 둘째, 성장세 지속을 위하여 금융자율화가 필요하다. 이를 위하여 획기적인 시행방안을 다음과 같이 제시한다. 이에 대한 저자의 평가를 기술하여 보자.

첫째, 수입자유화가 필요하다. 한국경제발전사에서 처음 제시된 수입자유화정책 필요성 제시는 지금으로서는 너무 당연한 것이지만 당시 한국경제의 발전 정도, 특히 국민들이 가지고 있는 한국경제가 발전초기의 후진성이 아직 남아있다고 믿는 상황에서 수입자유화정책은 당시 국민들에게 신선보다는 황당한 발상으로 받아들여졌다. 정부 내에서도 타 부서는 말할 필요도 없이 경제기획원 내의 일부 고위간부들조차도 당시 수입자유화 정책에는 큰 거부감을 나타내고 반대하였다.

당시 정부 내의 수입관련부서는 말할 것도 없고 소관 업무와 직접 상관이 없는 부서에서도 한국경제가 수입을 자유화할 만큼 발전하기에는 아직 멀었다는 인식이 많았다고 생각한다.

당시 수입자유화를 지지하는 언론은 별로 없었지만 일부는 그 필요성을 인정하면서도 아직 너무 성급한 것 아닌가 하는 시기상조 논리가 대부분이었다. 심지어 대형신문들도 대부분 정부 내 일부 관료들의 수입자유화 주장을 철없는 백면서생의 논리라고 비난하고 나섰다. 수입자유화를 비애국으로까지 격상하여 비난하였다. 그런 글을 쓴 당사자들은 오늘 무슨 생각을 하고 사는지 궁금하다. 그 중 동아일보는 당시 사설을 통하여 수입자유화 필요성 제기를 백면서생의 철 없는 이야기라고 질타하고, 그러한 정책 제안을 철회할 것을 강력하게 요구하고 이런 부류의 관료들을 비난하였다.

둘째, 1980년부터 인력공급의 확대를 위하여 대학입학 정원제를 졸업정원제로 할 것을 제안하였다. 교육당국으로서는 당시 급격히 늘

고 있는 고급인력의 수급에 대한 관심보다는 교육의 질을 보장해야
한다는 논리에 따라 정부가 대학의 목줄을 잡고 있는 입학정원제를
고수하려 노력하고 있었다.

당시 이 정책을 실무적으로 책임을 지고 있었던 저자로서도 지금
생각하여도 당시 경제기획원에서 대학졸업정원제를 들고 일어난 것은
좀 지나친 감(과속)이 없지 않았다고 생각한다. 아무리 경제환경의 변
화에 따른 판단이라 하더라도 이 문제를 이렇게 단선적으로, 특히 인
력수급의 차원에서만 다루는 것은 좀 경솔하였다고 분석할 수 있다.

그러나 이것이 당시 채택되어 일시 운용에 들어갔으나 많은 부작
용을 이유로 다시 환원되었다. 한국의 문화가 객관적 기준에 따른 졸
업생의 성적 평가보다는 인정에 치우치는 경우가 많아 졸업정원제를
한국에서 시행하는 것은 적절하지 못하다는 것이 당시의 폐기주장 논
리였었다.

정책이 시행되자마자 이런 부정적 평가가 나온 것은 당시 주관부
처인 교육부의 앞장선 폐기운동에 더 많은 이유가 있었다고 판단한다.
인정에 치우친 교육 사회문화의 문제라면 그것을 좀 더 객관화할 수
있는 방안을 찾아야지 시행 첫해부터 입학생 전원이 졸업을 하는 상
황만을 이유로 이를 폐기시킨 교육부의 처사는 오히려 경솔하였다는
생각이 든다.

저자가 당시 경제기획원 경제기획국 경제기획관으로 있으면서 이
신 제도의 시행을 책임지고 있었다. 사실 생각하면 이 일을 경제기획
원에서 총대를 멜 일이 아니다. 교육부가 해야 하는데 교육부가 반대
하니 어찌 보면 기술인력 양성이 시급하다고 기획원에서 들고 나온

것이 우습기도 하고 철부지 같기도 하다.

지금도 기억나는 것이 시행 초 입학정원 모두가 전원 졸업하게 되니 제도로서 잘못된 것이 분명하다고 주장할 수 있다. 그러나 이런 결과에 대하여 오히려 좀 너그럽게 생각하고 점진적으로 개선할 것을 검토하면 되었지, 단순하게 입학정원 전원이 졸업하였다는 이유 하나만 가지고 어렵게 성사된 새 제도가 일 년 새에 사라지게 된 것은 애석한 면도 있다고 판단한다. 어떤 면에서는 입학생 전원 졸업이 왜 나쁘다고만 하는지 이해할 수 없는 면이 있다. 생각해 보자. 물론 입학생 전원이 졸업할 수 있는 것은 학교의 교육방법이 아주 잘 되었거나 또는 학생들이 이 신제도에 열심히 적응하려는 노력이 있었다고 판단할 수도 있다. 물론 그보다는 부정적인 평가가 더 현실적이라 생각이 들 수는 있지만 새 제도를 즉시 중단한 것은 오히려 새 제도의 피해자라고 생각하였던 당시 교육부의 졸렬한 처사라고 할 수도 있다. 이런 부작용을 시정할 책무는 교육부인데 교육부가 폐기되기를 바라고 있는 상황이니 방법이 없었다. 저자로서도 당시 자신 없기는 매한가지였다. 그러나 인력의 시장수요와 원활한 공급의 매치가 중요한 정책과제인데 아마추어적 발상이라고 이렇게 문전박대된 당시 상황을 지금도 아쉬움이 남는다. 교육권력의 갑질 아닌가?

생각해보면 한국의 교육정책은 예나 지금이나 완전하게 공급자 중심 시장이다. 시장의 수요보다는 공급자의 이해와 보수성에 바탕을 두고 있다. 대학의 정원을 정하여 주는 것은 지금도 교육부의 제일 큰 권한 중의 하나다. 그것을 포기하고 싶지 않았을 것이다. 만일 당시 경제기획원의 주장대로 졸업정원제로 전환하였으면 한국의 교육은 수요자 중심으로 변화되었을 것이다. 그리고 개인의 책임의식이 훨씬 고양되었을 것으로 본다. 그러나 아무리 그래도 당시 경제기획원의 그런 접근은 너무 단선적이었고 백면서생적 접근이라는 비판에서 완전히 자유로울 수는 없을 것 같다.

셋째, 당시 정부 재정부문의 적자확대가 문제로 떠올랐다. 경제개발 초기 어려운 가운데도 한국의 재정운용은 비교적 건실하게 운영되어 왔다고 할 수 있다. 그것이 1960년대 말부터 시행된 쌀값 지지 및 정부의 쌀 수매정책이 시행되면서 문제가 생기게 되었다. 양곡관리기금의 적자누증 문제가 확대되었다.

당시 미곡증산목표의 확대와 달성이 농림장관의 성패를 좌우하게 되었다. 따라서 시간이 갈수록 미곡증산 목표는 늘어가고, 이를 달성하기 위한 노력은 범 정부적으로 치열하게 전개되었다. 그러니 해마다 쌀의 증산목표는 확대되어 정하여지고, 이를 뒷받침하기 위한 정부의 수매는 늘어만 갔다.

이것이 양곡관리기금 적자를 늘리고 이어 재정적자의 확대로 정부부문의 통화증발요인이 되었다. 이를 해결하는 방안으로 양곡증산 목표를 적정한 수준으로 조정할 것을 제안하였다. 당시 주곡의 자급이 이루어지지 않았고, 비단 농민뿐만 아니라 한국사람 모두가 쌀 생산에 대한 전통적 향수가 남아 있던 때이다. 다다익선의 양곡생산 목표와 이를 달성하기 위한 갖가지 무리를 쓰던 때였다. 이 앞에 쌀의 생산을 지나치게 늘리지 말자는 제안은 주관부처인 당시 농림부를 경악하게 하였다.

그 후 20여 년의 세월이 흐르고 한국경제는 1996년 선진국의 상징이라 할 수 있는 OECD의 가입국이 되었다. 세계무역기구(WTO)는 1996년 모든 나라의 농업시장을 특히 쌀 시장은 개방하도록 결정하였고, 이에 따라 한국도 2015년부터 쌀을 완전하게 개방하게 결정되었다. 그리고 시간은 흘러 2000년대가 시작되고 이웃 일본이나 대만은 WTO의 결정에 따라 쌀 시장을 개방하였다. 반면 한국은 준비부족을 이유로 이 개방을 계속 미루어 왔다. 이제 한국을 제외하고는 필리핀만 남았다. 한국은 꼴찌에서 두 번째로 할 수 없이 2015년 1월부터 쌀 시장을 개방하게 되었다.

그동안 정권을 잡은 대통령들은 이 어려운 문제를 자기 임기 중에 처리하지 않게 하기 위하여 천문학적인 대 농민지원을 하여 왔고, 부수하여 개방을 안 하는 대신 엄청난 양의 외국산 의무수입량을 수입하지 않을 수 없었다. 그것이 WTO 결정이 있고 다시 20년의 천연 끝에 박근혜 정부 3년차에 겨우 해결되었다.

1978년 쌀 시장개방을 들고 나온 지 40년의 세월이 흐르고 이 문제를 세계무역기구의 요청으로 겨우 해결의 단초를 찾았다. 그러나 아직도 일은 많이 남아있다. 우선 수입쌀의 관세화를 어떻게 정돈하여 갈 것인가, 그동안 쌀의 관세화를 막기 위하여 매년 의무수입량이 늘어 엄청난데(40만톤), 2014년까지의 의무수입량은 관세화 이후에도 앞으로 계속 수입을 해야 한다. 이 손해는 누가 책임져야 하나? 이런 저런 일로 늘어나는 쌀의 재고관리를 위하여 얼마나 많은 돈을 계속 지출해야 하나? 앞으로 쌀 개방을 구실로 앞으로 얼마나 많은 대 농민지원 요구가 있을까? 이런 일이 앞으로 정부가 처리해야 할 일들이다.

이렇게 어려운 일이 한국의 쌀 정책이다. 물론 농민의 입장에서는 반발하는 것이 일리가 있다고 할 수 있지만, 어차피 종착역이 정하여 졌는데 무작정 달려가는 기차처럼 되어 있던 이 쌀 문제를 당시 경제기획원이 거론하고 나온 것은 무모하다고 할 수도 있었다. 그러나 달리 생각하여보면 국가의 긴 앞날을 내다본 올바른 정책입안자의 자세라고 평해야 옳을 것이다.

물론 이 실무안은 거기서 머무르고 물론 시행되지 못하였다. 경제기획원 기획국에서 이 실무안을 만드는 과정에서 당시의 농림부와 무수한 싸움을 하였다. 마지막 단계인 협의과정에서 당시 농림장관과 경제기획원 장관은 논리적인 협의를 시작하기보다는 그저 실무진들이 벌이고 있는 감정 섞인 싸움판만 구경하는 것이 일쑤였다. 그러나 그 어려운 쌀 개방을 일본은 WTO 허가일보다 2년 앞당겨 2001년 시행하였고, WTO 가입을 늦게 한 대만은 가입하자마자 쌀 관세화를 채택하였다. 그리고 10여 년의 세월 뒤에 한국이 쌀 개방을 한 것을 어떻게 평가해야 하나? 한국관료의 무능일까? 지나친 농민권력의 확대일까? 그리고 그 기간 동안 늘어난 의무 수입량을 앞으로도 계속해야 하는데 그 손해는 누가 책임져야 하나?

졸업정원제를 가지고 행하였던 교육부와의 협의가 교육부가 자기들의 힘을 믿은 탓인지 조용하고 냉정하고, 약간은 해볼 테면 해 보라는 식의 비아냥까지 있었던 협의이었다면, 농림부와의 협의는 처음부터 고성을 지르고 상대방을 잡아먹을 것처럼 협박하는 그런 감정이 앞선 협의 방식이었다고 저자는 기억한다.

그러나 지금 생각하면 교육부든 농림부든 내무부든 상공부든 모두 자기 분야를 옹호하고 지키기 위한 충정에서 비롯되었다고 평가한다. 한국정부 공무원들의 순수성과 나라를 위한 열정을 저자는 지금도 높이 평가하고 싶다.

(2) 1978년 4월 통화안정을 위한 재정금융정책

불과 한 달 전 '한국경제의 과제와 대책'이라는 이름으로 내놓았던 정책안에 대하여 경제기획원 실무진들은 그 안의 실현이 이루어지지 않은 데 대한 실망보다는 오히려 한 발짝 더 나간 전문적인 연구에 들어갔다.

그 결과 한 달 만에 다시 내놓은 안이 '통화안정을 위한 재정금융정책'이다. 이 안은 새로운 안이 아니라 앞서 한국경제의 과제와 대책에서 내놓았던 내용들 중 보다 세밀한 분석이 요구되는 재정수지의 적자요인 중 큰 비중을 차지하고 있는 양곡관리기금과 금융산업발전을 통한 저축성 예금 부문에 대한 보다 세밀한 분석을 하여 이미 내놓은 정책대안의 타당성을 뒷받침하도록 하였다.

문제의 초점을 통화증발에 따른 초과수요에 두고 이를 해결하기 위한 재정, 금융정책을 보다 구체화하였다. 특히 재정구조의 건실화를 위하여 양곡관리기금의 축소방안을 제시하였다. 이 분석에서 우리나라 양곡관리기금 적자가 재정수지에서 차지하는 비중의 증가를 분석하고 이런 적자가 1980년까지 정부부문의 통화증발에 어떻게 기여하게 될 것인지를 전망하였다. 특히 한국경제가 답습한 일본의 식관특별회계의 현황과 한국의 양곡관리기금 전망을 비교하면서 이미 한국 양곡관리기금의 적자가 일본보다 훨씬 심각한 수준임을 분석하고 양곡관리기금 적자의 축소방안을 제시하였다.

금융산업의 발전을 위한 정책안에서는 무엇보다 저축성예금의 증대를 위한 현황과 대책을 분석하고 단기적으로 금리인상과 정부관리은

행의 적자 축소방안을 구체적으로 제시하였다. 물론 이 보고서와 별도
로 추진된 것이겠지만 이 보고가 나온 지 두 달만인 6월 13일에 금리인
상이 시행되었다.

(3) 1978년 8월 한국경제의 당면과제와 대책

1978년의 복합적인 인플레와 부동산투기는 이미 단편적인 시책
만으로 처방하기에는 너무나 복잡하고 한계가 있다고 당시 경제관료
들은 판단하였다. 보다 종합적이고 체계적인 정책의 수립이 요청된다
고 판단한 당시의 경제기획원 정책수립가들은 지난 4월의 재정·금융
부문의 개혁과제 제시에 이어 4개월 만에 다시 정책안을 들고 나왔다.

물론 지금까지 두 번에 걸친 정책과제 제시안들을 토대로 1978년
8월에는 보다 종합적이고 체계적인 개혁안을 '한국경제의 당면과제와
대책'이라는 이름으로 내놓았다. 이 보고서는 경제운영기조의 변화를
직접 표방하지는 않았지만 그 내용에 있어서는 사실상 정책기조의 전
환을 강조하고 있다고 할 수 있다. 이 보고서는 다음과 같이 여섯 부
문으로 나누어져 있다.

‣ 고도성장의 제 양상과 문제점
‣ 안정화 시책의 추진상황
‣ 최근의 경제동향과 연간전망
‣ 앞으로의 정책과제
‣ 과제해결을 위한 경제운용원칙
‣ 요약 및 당면과제에 대한 건의

이 보고서는 내용이 방대하고, 지금까지 제기된 문제를 포함하여
한국의 경제정책의 전환과제들을 종합하였기 때문에 정책의 체계화에

역점을 두었다고 할 수 있다.

크게는 두 부문으로 분류할 수 있는데 첫 번째 부문은 안정화시책의 그 동안 추진 상황을 정리하여 한 묶음으로 정리하였다. 바로 다음 태어날 '경제안정화 종합시책'의 태동을 알리는 보고서라고 할 수 있다. 또한 물가불안요인들을 논리적으로 도형화하고 종합, 정리하였다는 점에서 경제운영의 포괄적 시책내용이라고 할 수 있다. 둘째로 이 보고서는 앞으로 풀어가야 할 구조적 문제의 접근방법에 대하여 기본 원칙을 제시하였다. 일종의 경제교과서 같은 기능을 하기를 바랐을 것이다.

▌ '종합안정화시책' 태동을 위하여 제시된 안정화시책 내용 ▐

안정화시책 작업의 추진상황에서는 우선 1978년 당시의 경제상황을 성장, 고용 투자 및 건축동향별로 분석하고, 경제현황에서 제기되는 문제를 물가, 인력부족과 임금상승, 그리고 부동산투기를 중심으로 제기하면서 이에 대한 종합안정화 노력을 체계화하여 제기하고 그 추진상황을 정리하였다.

물가상승요인을 수요, 공급, 원가 그리고 인플레심리 등 네 부문으로 구분하여 총수요관리 면에서 재정긴축과 종합재정수지, 금융긴축과 저축증대 그리고 건축수요의 억제 등으로 나누어 집중분석을 하였다. 제시된 내용 중에서 몇 가지를 소개하면 다음과 같다.

첫째, 양곡기금의 적자를 최소화하기 위하여 정부 방출미의 양을 확대하고 방출가격을 올려 적자를 줄이는 노력을 하되, 그래도 부족한 것은 정부의 일반사업과 경비를 긴축하여 흑자를 만들어 내어 총 재정수지의 균형을 이루어가야 한다는 전략을 제시하였다. 종합재정수지의 균형을 추구한 것은 이 보고서에서 처음 시도된 것으로 생각한다.

둘째, 금융긴축과 저축을 증대시키기 위하여 이 보고서는 지난 6월의 금리인상에 이어 계속해서 대출금리와 수신금리를 인상해 갈 것을 제안하고 있다.

셋째, 공급확대를 위한 정책제안을 네 부문으로 나누어 제시하였다. 즉 수출입 조절, 수입자유화를 통한 공급확대와 주요물자의 항구적 비축제도의 확립과 수급점검제 실시, 전(田)작물의 증산 그리고 공공요금과 공산품 가격 조정 등으로 나누어 분석하였다.

특히 이 보고서는 수입자유화 장기계획을 제시하였다. 자유화율을 1978년 초의 53%에서 1982년에는 75%까지 제고하는 안을 제시하였다. 지금 생각하면 까마득한 원시시대 같은 상황이 불과 40년 전 우리였다.

넷째, 원가상승 요인의 제거를 위하여 농산물 유통경로의 개선과 기능인력 양성의 확대를 제시하였다. 인플레심리, 즉 투기심리를 제거하기 위하여 부동산 투기억제를 위한 대책으로 토지거래에 대한 허가 및 신고제를 도입하고, 기준시가 고시 대상지역을 전국 36개 시·도시계획구역 전역으로 확대하도록 제안하였다.

▌구조적 문제의 접근방법에 대한 기본원칙 ▐

앞으로 풀어가야 할 구조적인 문제의 접근방법에 대한 기본원칙을 이 보고서는 제시하였다. 비단 경제의 안정화 노력뿐만 아니라 성

장 측면 등 경제운영 전반의 문제에 대하여 어떠한 시각과 해결방안
이 있는 것인지, 이 시점의 정책의 한계는 무엇인지를 원칙론으로 제
시하였다. 이 부문은 당시 장기집권에서 오는 경직된 사고를 가진 정
부·정치권·언론 등에서 일하는 인사들에 대한 교육적 효과를 얻어내
고자 한 것으로 풀이된다. 여기에서 다루어진 정책과제는 다음 여섯
개로 집약된다.

- ▶ 농업생산 및 농가소득정책의 재정립
- ▶ 수입자유화
- ▶ 내자동원체제의 확충
- ▶ 고등교육의 대폭 확충
- ▶ 시장기능의 제고
- ▶ 국민편익시설 투자의 확대

이 보고서에서 중복되면서 다룬 원칙문제는 중동건설수출에 따라
급격하게 증가하는 외화수입문제를 어떻게 처리할 것인가 하는 것이
었다. 즉 외환인플레를 막고 높은 성장을 유지하기 위하여는 국제수지
상의 경상수지를 당분간 정책적으로 적자를 유지하도록 하고 이를 보
전할 수 있는 자본수지는 흑자를 유지해야 하는 방안이 강구되어야
한다는 정책의 틀을 여러 페이지에 걸쳐 설명하고 있다.

▌ 과제해결을 위한 경제운용계획 ▐

이 보고서에서 마지막 결론으로 담은 1978년의 경제운영의 기본
원칙을 그대로 소개하고자 한다. 당시의 경제상황이 2015년 현재 한
국의 경제상황과는 어떤 면에서는 정반대의 상황이지만 당시 경제운

영자들이 가지고 있던 희망과 제약을 읽을 수 있다.

1980년까지 우리경제를 물가상승률은 10% 이내로 안정하면서, 경제성장률은 10% 수준을 유지하도록 하고 국민생활의 안정을 기하기 위하여 정책운용의 기본방향을 다음과 같이 한다.

▶ 경제성장률은 10% 내외에서 경기를 탄력적으로 조절한다.
▶ 통화증가율은 25% 수준을 유지한다.
▶ 양곡기금을 포함한 총 재정수지를 균형화한다.
▶ 경제안정화를 위하여 정책적으로 국제수지상의 경상수지는 적자기조를 운용한다.
▶ 중화학공업제품의 수출경쟁력을 제고하고 플랜트 수출을 촉진한다.
▶ 명목임금은 소비자물가상승률과 생산성향상의 범위 내에서 임금격차를 줄이는 방향으로 조정한다.
▶ 식료품가격을 안정화하고 국제가격보다 2배 이상인 식료품 가격은 2배 이하 수준으로 단계적으로 인하한다.

2015년 현 시점에서 보면 2%의 잠재성장률과 그 당시 지금의 다섯 배가 되는 10%대의 경제성장률이 남의 나라 일 같다. 이런 높은 성장을 유지하면서도 각 부문의 과제들을 균형을 맞추어 유지하고자 노력하였던 당시 정책운영자들의 고뇌를 읽을 수 있고 또 그때 이런 노력의 결과 오늘날 한국경제가 그래도 선진국대열에 합류할 수 있었다고 저자는 평가한다.

2. 1979년 경제안정화종합시책의 태동

1978년 한 해 동안 당시 경제기획원의 경제기획국을 중심으로 여

러 번에 걸친 한국경제 구조조정에 대한 정책을 개발하고 이를 추진
하고자 노력하였음에도 불구하고 종합적인 정책으로 햇볕을 보는 데
실패하였다.

거기에는 국민의 의견수렴이 부족하고 정부 내에서도 관련부처와
의 이해상충이 문제였다. 그러나 새 정책이 햇빛을 보지 못한 근본 이
유는 당시의 정치상황이라고 하지 않을 수 없다. 당시 정권으로서는
장기집권의 유지와 그 기반의 공고화가 최우선 과제였을 것이다. 그런
집권자들의 마음에 가장 들기 싫은 것이 정부의 힘을 줄이고, 시장기
능을 활성화하자는 논리일 것이다. 그것을 경제기획원 기획국에서 들
고 나오니 반가울 리가 없다. 당시의 부총리나 경제기획원 최고위층에
서는 이런 눈치를 뻔히 알고 있기 때문에 이 실무안을 대통령에게 설
득할 수도 없었을 것이다. 그러니 거의 같은 시기 초점만 약간 달리한
채 비슷한 내용의 보고서만 양산한 결과가 되었다.

해는 바뀌어 1979년 새해가 되었다. 지금도 그렇지만 당시 새해
가 되면 대통령에게 각 부처의 새해 업무보고라는 것을 하고 있었다.
각 부처의 장관으로서는 소관 업무의 내용을 잘 개발해 내고 그것을
요령 있게 설명할 수 있도록 만들어야 하는, 무척이나 신경을 많이 쓰
는 이벤트다. 경제기획원이 상위부처이므로 자연 제일 먼저 대통령에
게 보고하도록 되어 있다. 1979년 1월 이 보고의 자리에서 경제기획
원은 '80년대를 향한 새 전략'이라는 보고를 대통령과 내각을 비롯한
관계기관의 장에게 하였다. 이 보고는 본 업무보고에 앞서 특별 이벤
트성으로 슬라이드로 만들어졌다.

이 보고 내용은 지난해에 여러 번에 걸쳐 실무적으로 연구하였던

여러 시책들을 종합하여 한국경제가 이제 경제운영의 기조전환을 이루어야 할 단계에 왔음을 지적하는 것이 요지였다. 청와대 입장에서 보면 정말 끈질긴 정책전환의 요구이다. 특히 이번에는 외국 특히 서독(오늘의 독일), 일본, 영국 등이 경제발전의 전환과정에서 취한 정책선택을 한국경제가 시사와 교훈으로 삼아야 한다고 지적하고, 또 동시에 사회개발의 확대와 경제운영의 능률화 방안을 제시하였다. 이 보고서에서는 한국경제의 발전과정을 1950년대, 60년대, 70년대 그리고 1980년대로 구분하여 경제구조의 발전과제와 방향을 요약 정리하고 선진국들의 전환기 대응책을 열거하였다.

우선 독일에서 배울 점으로 안정기반 위에서의 고도성장, 개방체제에 의한 경쟁촉진 그리고 시장기능의 확대를 들었다. 현재 경제기획원 실무진들이 하고 싶은 정책전환이 거의 당시 서독의 경험에서 찾을 수 있다.

다음으로 이 보고서에서는 한국경제가 배우지 말아야 할 과거경험을 일본의 예에서 찾았다. 그 첫째가 미곡가격 지지정책으로 초래된 재정경직화이다. 물론 이것은 이미 한국정부가 일본의 예에서 배운 정책이므로 이제 와 배우지 말아야 할 정책으로 들고 나오는 것이 사후약방문이지만, 앞으로 더 악화되는 것을 막는다는 의미에서 제일 먼저 들고 나왔다. 다음으로 농산물 수입억제로 인한 식료품가격의 고공행진, 금리의 인위적 통제 지속, 대기업에 집중된 자금공급 등이 그 예이다. 또 일본에서 배우지 말아야 할 것으로 사회개발투자의 지연을 들었다.

그 이외에 영국의 대처리즘에서 배워야 할 것들로 무엇보다 노조의 강력한 요구를 초지일관 정돈시킨 정책의 일관성과 투철한 집행의지를 들었다.

50년의 세월이 지난 지금 생각해도 당시 한국경제가 다른 나라에서 배워야 할 점을 제시한 내용은 매우 적절한 것이었으며, 지금도 한국경제가 배워야 할 대목이라고 평가한다. 이어서 이 보고서는 1980년대 한국경제가 선택해야 할 기본전략을 다음 세 부문으로 제시하였다.

첫째, 산업의 선택에 있어서 중화학공업은 지금까지의 국산화 위주의 전략을 비교우위 산업전략으로 전환하고, 사업의 선택도 정부주도에서 민간주도로 전환하여 경쟁을 촉진하여야 한다. 농업의 구조개선을 위해서도 종래의 농산물가격지지정책에서 노동생산성향상지원정책으로 전환하고, 농가소득정책은 농업소득 중심에서 벗어나 농외소득에도 초점을 두도록 권유하였다. 그 외에 중소기업과 서비스업 등 저생산부문은 생산성향상을 통한 구조개선을 촉진해야 한다고 제시하였다.

둘째, 경제사회의 이중 구조를 탈피하기 위하여 사회개발을 확대해야 한다고 지적하였다. 이를 위하여 1970년대의 특정부문의 중점집중개발의 전략을 부문간의 조화전략으로 전환하고, 도시근로자의 생계비 안정, 생활편의 시설의 확대를 전략으로 내걸었다.

셋째, 경제운영의 능률화와 시장기능의 활성화를 위한 전략으로 건전재정의 확립과 정부기업의 민간이양, 금융시장의 개선 그리고 물가의 직접규제 지양, 수입자유화를 제시하였다.

'80년대를 향한 새 전략'이라는 이름의 이 슬라이드 보고는 다분히 이벤트성으로 그치게 되었다. 이 보고에 담긴 내용들이 당시로서는 너무나 엄청나고 충격적인 것들이기 때문에 당시 집권자들에 대한 교육효과는 매우 컸을 것으로 평가한다. 그러나 제시된 대안들에 대한 각계의 반응은 이해의 부족과 관계기관 간의 이해(利害)의 상충 등으로 이를 정책화하는 데는 한계가 있었다.

이러한 상황에서 당시 개각으로 새로 취임한 신현확 부총리 겸 경제기획원장관은 지금까지 논의된 안정화 시책의 타당성과 그 추진의 필요성에 대하여 강한 추진의지를 보였다. 당시 박정희 대통령은 본인의 의지와 상관없이 경제기획원 장관의 정책의지를 깨닫고 최종결정에 앞서 이와 관련된 전문기관들로 하여금 이 문제에 대한 독자적 보고를 하도록 지시하였다.

당시 대통령의 경제자문기구였던 경제과학심의회의, 한국은행 그리고 한국개발연구원(KDI)에서 각기 독자적으로 이와 관련된 문제에 대한 보고서를 만들어 대통령에게 직접 보고하게 하였다. 사실 당시 대통령이 이런 별도 보고를 접한 것은 잘된 일이었다. 본인의 의사와 상관없이 이런 상황에 대한 처리를 보다 공정하고 전문적인 기관의 자문을 받는 것은 대통령으로서 잘한 처사라고 하지 않을 수 없다. 그것도 경제기획원을 제쳐놓고 해당기관의 장만을 불러 보고를 받은 것은 중립적이고 전문적인 의견의 청취라는 점에서 옳은 일이라 할 수 있다.

반대로 얼마나 대통령이 이 문제를 받아들이기 싫었으면, 아니 그의 리더십 발휘에 도움이 되지 않는다고 생각했으면 다른 이야기를 들어보려 하였을까 하는 짐작도 든다. 얼마나 경제기획원의 전문가들을 믿고 싶지 않았을까 하는 생각도 든다. 아무튼 이런 장시간의 준비와 토론 그리고 우여곡절을 거쳐 대통령은 경제안정종합시책을 수립,

추진할 것을 경제기획원에 지시하기에 이르렀다. 이렇게 하여 2년 이
상 논의 되어온 경제안정화종합시책은 탄생하게 되었다.

　당시 정책형성과정을 마치며 떠오르는 저자의 소회를 첨가하면
다음과 같다. 당시 경제기획국 경제기획관이었던 저자는 실무진들과
함께 이를 총괄하는 입장에 있었다. 매일같이 밤을 지새우면서 채택되
지도 않는 정책안을 만들어내고 있는 실무진이 안쓰럽기 한이 없었다.
경제기획원 내의 고위층에서도 우리의 정책의지를 비판하는 사람들도
많고, 심지어 우리를 잘난척한다고 싫어하기도 하였다. 다만 당시 남
덕우 부총리만은 정책이 성사가 안 되더라도 언제나 우리를 따뜻하게
격려하여 주셨고, 관계부처와의 협의과정에서도 언제나 우리 편을 들
어주셨다. 그러나 이 일은 마지막 턱을 넘지 못하고 언제나 좌절되고
있었다.

　새로 취임한 신현확 부총리의 절대지지가 없었다면 아마 당시의
안정화시책은 성사되지 못하였을 것이다. 물론 신 부총리의 지지를 얻
어가는 과정에서 당시 실무 총책임자이었던 강경식 당시 차관보(후일
경제부총리)의 노력이 컸었다.

　당시 보사부장관이셨던 신부총리가 무슨 일로 구 소련을 방문하
게 되었었는데, 함께 수행한 강경식 당시 경제기획원 차관보가 비행기
안에서 안정화시책을 가지고 신 부총리에게 충분한 설명을 하였다고
귀국 후 우리에게 이야기 해 주었다. 그래서 그런지 아무튼 신부총리
의 안정화 의지는 확고하였었다.

　당시 KDI의 김만제 원장(후일 경제부총리)도 언제나 우리 일을 지
도하고 있었지만, 마지막으로 대통령을 설득하는 과정에서 많은 도움

을 주었다. 만일 이분들이 없었다면 한국경제의 종합안정화시책이 햇볕을 보지 못하였을지도 모른다.

물론 이 큰 일에 당시 기획국장으로서 국내 및 국제사회에 이 일의 중요성을 누구보다 앞장서 설득하는 노력을 한 분이 고 김재익 기획국장이었다. 이 기회를 빌려 이 분들께 후배의 입장에서 감사와 경의를 표하는 바이다. 아울러 당시 이 일을 꿋꿋하게 해 냈던 경제기획원 경제기획국 실무진 동료들에게도 감사를 표하고 싶다.

제 3 절 1979년 4월 17일 경제안정화를 위한 종합시책의 주요내용

1. 안정화시책의 기조

1979년 4월 17일 정부는 부총리의 기자 회견문을 통하여 안정화시책에 담긴 정부의 의지와 정책내용을 발표하였다. '정부는 재정·금융·투자 등 제반 핵심적인 투자내용은 물론, 정책의 기조 면에까지도 전반적인 [재점검 내지 조정작업]을 함으로써 [30년 내의 인플레를 단절]하는 대 전기를 마련하는 결의와 각오를 국민에게 명백히 표명한다'고 밝히고 있다.

이를 뒷받침하기 위하여 경제기획원은 박정희 대통령이 그동안 집념을 불태워 온 중화학공업건설, 수출확대촉진, 농가주택개량사업 등을 조정해서라도 장기적이며 근원적인 안정성장 기반을 굳히도록 하라는 지시가 있었음을 첨언하였다.

그와 같은 [재점검 내지 조정] 작업에서 얻어진 새로운 안정화시책의 기조는 다음과 같다.

첫째, 그간의 경제개발속도를 조정하여 '진정(鎭靜)기간'을 갖고서 이 기간 동안에 물가안정의 기틀을 확고히 바로잡는다.

둘째, 내실 성장을 차분히 다져 [발전과 민생의 조화]를 기하도록 한다.

셋째, 목표와 수단이 조화되도록 정책선택의 폭을 넓히고 전략의 탄력화를 기한다.

넷째, 경제활동의 자율화와 시장기능을 제고시킴으로써 한정된 [자원의 최적배분]을 조장할 뿐만 아니라 기업의 생산활동에 활력을 불어넣어 [국민생활에 안정감]을 북돋우어 나아간다.

이상의 시책기조에 대한 정부의 평가는 그동안의 [수출입국의 이상]이나 중화학공업을 토대로 한 [고도산업국가의 건설]의 꿈을 중단하거나 포기하려는 뜻이 아님을 분명히 하고, 오히려 더 [원대하고 힘찬 번영의 길]을 달리기 위한 [국민에너지의 축적과 안배]를 기하려 하는 것이라고 강조하였다. 물론 이런 멘트는 하나의 정치적 서비스이지만 사실 당시 정책당국으로서는 기존의 정책기조를 유지·발전시킨다고 한 것은, 기존의 정책기조를 바꾸어 새로운 정책기조를 마련하고자 한 것인데 이런 속내를 외둘러 이렇게 표현한 것에 불과하다고 할 수 있다.

2. 시책의 주요내용

정부가 제시한 안정화시책의 주요내용은 대체로 두 부문으로 나눌 수 있는데 하나는 한국경제의 구조조정과 직접 관련된 것들이고, 다른 하나는 일반 국민의 생활 불편을 덜어주기 위한 행정적인 내용들이라고 할 수 있다. 안정화 시책의 종합된 내용을 요약해보면 다음과 같다.

첫째, 그동안 정부의 가격규제에 묶여 가격이 현실화되지 않은 경우가 많았다. 따라서 규제가격과 시장가격과의 괴리가 많이 발생한 상황이었다. 정부는 점차 가격현실화를 해 나가고 있었는데 이를 조기에 일괄하여 가격현실화를 실시하도록 한다. 또한 독과점대상품목도 대폭 축소하여 물자의 유통과 경제의 흐름을 원활히 함으로써 산업의 활기를 불어넣고, 장기적으로 경제의 [안정·성장의 기반]을 굳히게 한다.

둘째, 투자배분의 불균형을 시정한다. 현재의 생산재 산업에 대한 편중 투자하는 현상을 조정하고, 내수·민생분야에 대한 투자지원을 확충하여 생필품 및 긴급물자의 생산·공급을 증대한다.

셋째, 중화학 및 대형투자사업에 대한 심사 및 조정을 담당할 기구로 부총리를 위원장으로 한 '투자사업조정위원회'를 설치·운영한다.

넷째, 금융긴축을 지속하는 한편, 정책금융 운영방법의 개선과 금리기능 합리화 등을 포함한 금융제도 전반에 걸친 개선작업에 착수하여 금년 6월 말까지 최종방안을 확정한다.

다섯째, 부동산투기 억제책을 일관성 있게 추진하여 국민 모두가 소비를 절약하고 저축을 증대하여 건전하고 명랑한 국민경제풍토를 조성해 나간다.

이상의 구조적 시책 내용 이외에 경제안정화종합시책은 두 가지 특별대책을 제시하였다. 첫째는 생필품 특별관리대책으로 25개 생활필수품목을 특별관리 대상으로 지정하여 정부가 이부문의 안정을 책임진다. 이를 위하여 이 부문에 대한 특단의 지원과 대책을 강구하기로 한다. 둘째는 인플레 하에서 영세민이 어려움이 클 것에 대비하여 영세민을 위한 연탄, 학자금지원, 취로사업 확대 등의 대책을 추가한다.

3. 박정희 대통령의 시해사건과 위기경제운영

한편 1979년부터 1980년대 초까지 한국사회는 정치·경제적으로 큰 사건과 변화의 소용돌이에 들어가게 되었다. 그 대표적인 예가 1979년 10월 26일 박정희 대통령의 시해사건이었다. 박정희 대통령의 시해와 다음해 1980년 새로운 정부의 탄생은 정치적인 영향은 말할 것도 없고 경제적으로 특히 종합 안정화시책의 추진에 결정적인 영향을 주었다. 따라서 종합안정화시책도 그 추진에 많은 변화와 좌절 그리고 갈등이 수반되었다.

1979년 3월 안정화시책이 확정되고 6개월의 시간 동안 관계기관에서는 이의 추진과 관련한 많은 협의와 토론을 거쳐 본격적으로 추진에 들어가고자 하였다. 그러나 전연 뜻밖의 사건이 터지면서 국가운영에 큰 고비를 맡게 되었다. 박정희 대통령의 시해사건이 발생하였다.

당시 저자는 경제기획원 정책조정국장으로 재직하고 있었다. 안정화시책의 추진에 따라 정책기조의 큰 흐름에 전환을 가져오게 되는 계기를 맞이하여, 경제기획원의 중간간부들과 이 문제에 대한 이해의 폭을 넓히기 위하여 원내 워크샵을 개최하고 있었다. 정신문화연구원의 시설을 빌려 경제기획원의 과장 사무관들이 몇 날밤을 새며 토론하고자 모였다. 당시 시사적인 일(current issues)을 경제기획국에서 분리하여 정책조정국을 만들어 이를 맡도록 업무분장이 되어 있어, 초대 정책조정국장인 저자가 이 일을 맡아 진행하고 있었다.

밤 늦게까지 토론을 마치고 막 잠이 들었는데 수위가 와서 나를 깨웠다. 본부에서 연락이 왔는데 나를 보고 즉시 상경하라는 통보가 왔다고 한다. 그게 새벽 2신가, 3신가 불분명한데 내가 상경하기 위하여 자동차가 가능한지 물었다. 자동차 준비는 가능한데 당시는 통행금지시간이 새벽 4시까지였기 때문에 기다려야 한다는 연구원 측의 대답이다.

저자는 지금 무슨 일이 벌어졌기에 이 밤중에 사무실에서 나를 호출하는지 궁금하여 즉시 이리저리 연락을 취하였다. 대통령의 유고를 알게 된 것은 그리 긴 시간이 걸리지 않았다. 그러나 통행금지 해제가 되는 4시까지 기다리다가 겨우 연구원에서 마련해 주는 자동차를 타고 서울로 향하였다. 경부고속도로 톨게이트에 당도하여 보니 군인들이 완전무장을 하고 행인을 체크하고 있었다. 그때까지 나는 대통령의 유고가 시해인지는 모르고 이거 무슨 쿠데타가 일어난 것 아닌가 생각하며 사무실에 허겁지겁 당도하였다.

사무실에 당도하여 보니 부총리는 댁으로 옷을 갈아입으러 들어가셨다고 하고, 차관실로 가니 당시 최창락 차관님(약간 기억이 좀 불분명하다)과 간부 두세 분이 앉아있었다. 조금 후 대부분의 간부들이 나오고 대통령이 시해된 사실도 알게 되었다. 시해사건이 발생한 26일 저녁부터 새벽까지 신현확 부총리를 비롯한 각료들이 국군 통합병원에 가서 사건수습에 전념하였고, 후속 조치를 위하여 막 부총리와 각료들이 준비하고 있다고 한다.

그게 몇 시인가? 차관실 안에서는 아무도 말을 하지 않는 가운데 침묵만 흘렀다. 한참 만에 차관님이 사건 개요를 말씀하시며 당장 어떤 조치가 필요한지 상의를 하자고 하신다.

무슨 조치부터 하여야 할까? 그러나 경제기획원 간부들은 모두 입을 다물고 있다. 침묵이 흐르고 모두 저자를 쳐다본다. 이런 일은 시사적(current issues)인 일을 다루어야 하는 정책조정국 소관임을 묵시적으로 이야기하는 모양이다.

저자도 답답한 속내는 다른 간부들과 다를 바 없었다. 평소에 한 번도 상상해 보지 않은 대통령의 시해사건 앞에 정부는 무슨 일부터 하여야 한단 말인가? 매년 해 오는 CPX훈련은 북한의 남침 시 대비하는 훈련인데 현직 대통령의 시해 같은 것을 다루어 본 시나리오는 지금 것 없었고 이런 일을 상상해 보지도 않았다.

그러니 저자는 일시적으로 당황할 수밖에 없었다. 침묵을 깨고 저자가 제일 먼저 한 소리는 '공항의 폐쇄와 은행창구의 폐점'이 필요할 것 같다는 이야기를 하였다. 그러다 보니 말문이 터지기 시작하고 당연한 조치라는 찬성론과 너무 지나친 것 아니냐는 반대론이 오가기도 하였다. 함께 참석하신 당시 재무부차관 조충훈 선배께서 은행창구의 폐점은 좀 지나친 것 아닌가 하는 의견의 말씀도 하셨고, 위기상황 대응

(emergency control)에 대한 이런저런 이야기를 하며 시간이 흘렀다.

이 무렵 장관실에 각 부처 장관님들이 모두 모였다는 연락이 와서 우리 실무회의는 그것으로 끝을 내고 저자는 장관실로 향하였다. 당시 경제장관회의의 서기 업무도 정책조정국장이었으므로 그것도 내 임무에 속하였다.

밤 샘을 한 장관님들은 더욱 무거운 분위기에 감싸있는 느낌이었다. 침묵이 흐르는 가운데 부총리가 각 부 장관들에게 앞으로 어떤 조치가 필요하다고 생각하는지를 말씀해달라고 요청하였다. 여기서도 한참의 시간이 흘렀다. 아무도 말씀을 하지 않으신다. 다시 부총리의 기탄없는 의견개진을 해달라는 당부가 있고 그리고 한참 있다가 당시 정재석 상공장관님인가 하는 분이 모든 것을 부총리 의견에 따르겠다는 말씀을 조용하게 하셨다. 그리고 잠시 후 최각규 당시 농림장관님도 같은 의견을 제시하였다. 결국 이 회의의 결론은 부총리 제안에 따라 국민에게 보내는 정부의 메시지를 만들도록 하고, 그것을 기획원에서 빨리 마련하여 보고하라는 결론을 내렸다.

평상시 같으면 각 장관들은 경제기획원의 처사가 못마땅하여 핏대를 올리며 반대논리를 내세우던 분들이 이 상황에서는 부총리의 지시를 따르겠다는 아주 공손한 제스처를 취하고 있어 상황이 변함을 새삼 느꼈다. 방으로 돌아 온 저자는 즉시 실무진들을 불러 대 국민 메시지를 만들기 시작하였다. 아침의 차관실 회의에서 저자가 처음 제안하였던 내용과 정반대로 '온 국민은 일상으로 돌아가 평상 업무를 해달라'는 요지의 발표문을 만들었다.

내부보고를 마친 저자는 곧 장관회의를 다시 소집하여 장관님들께 우리 실무 안을 설명해 드렸다. 그렇게 해서 10월 27일 오후 2시인가 대국민 메시지가 발표되었다. 평시 같으면 안건 하나하나에 많은 의견을 개진하고, 특히 소관업무의 변화와 관련된 정책개선안에 대하여 그렇게 의견이 많으셨던 장관님들이 국가비상사태에서 얼마나 신속하게 즉각적인 지지를 표하는 것을 보며 세상의 변화를 새삼 느낄 수 있었다.

심지어 우리 기획국의 선배이셨던 어느 장관께서는 그분의 표현대로 플래너들이(기획국직원을 뜻함) 정말 대단한 능력을 발휘해준다고 과찬을 하여 오히려 우리들을 민망하게 하였다.

아울러 경제동향의 변화를 매일 체크하고 대응책을 강구하라는 지시를 받아 정책조정국은 경제전반의 일일 점검체제에 돌입하였다. 우선 매일 물가동향을 점검하고, LC 내도와 수출실적을 체크하였다. 고용동향을 점검하고, 주요기업의 가동률 등을 점검하였다. 이 일을 하기 위하여 우선 국장실에 일일경제동향 상황판을 만들어 매일 경제 동향을 직접 점검하고 필요 시 새로운 정책을 즉시 제안하였다.

국가 위기 시 국가운영체제가 어떤 모습이어야 할 것인가를 생각해 보지 않던 당시 한국정부는 국가의 안전이 흔들리는 가운데 그래도 정부가 비교적 잘 대응하여 위기극복을 하였다고 저자는 평가한다. 특히 그 가운데 신현확 부총리의 흔들리지 않는 리더십 발휘가 큰 기여를 하였다고 저자는 평가한다.

4. 종합안정화시책의 시책별 추진과정

종합안정화시책의 발표내용은 그 준비기간 동안 험난했던 과정으로 그 내용도 굉장할 것 같았지만, 막상 발표내용을 보면 좀 맥이 빠지는 느낌이 들 정도로 추상적인 방향의 제시 같은 느낌이 들었다. 왜냐하면 구체적인 추진내용은 이미 수차례에 걸쳐 관계기관과 논의가 이루어져 그 정책방향이 제시하는 내용은 관계기관이 이미 모두 알고 있었기 때문에 다만 이것을 시행에 들어간다는 것을 확인하는 절차적인 것이었다고 할 수 있다. 따라서 앞으로의 문제는 부문별로 여하히 시책내용을 관계부처에서 마련하고, 이를 추진할 것인가에 관심이 집중되었다.

본 절에서는 앞에서 설명한 박정희 대통령의 시해사건과는 직접 상관없이 1979년 3월 17일 이후 경제변혁기 이전 그리고 그 이후 정치적인 변화를 잠시 내려놓고, 안정화시책의 본래 모습으로 돌아가 부문별로 추진과정을 추적하여 보면서 정책추진의 고뇌가 무엇이었던 지를 살펴보고자 한다.

(1) 금융긴축과 제도개선

종합안정화시책에서 가장 기본적인 문제는 수요측면에서 돈 줄, 즉 통화의 관리를 여하히 합리적으로 조절하느냐로 집약할 수 있다. 1970년대 후반 정부부문과 해외부문에서 늘어나기 시작한 통화는 시장의 초과수요를 유발하여 인플레의 근본 원인이 되었다.

문제는 불어난 돈을 금융기관으로 흡수할 금리의 가격기능이 부족하고, 금융기관이 발달하지 못하여 시장에서 금융의 매개기능이 미약한 탓에 여신관리가 경직되어 있었다. 따라서 시장 상황의 변화에 탄력적으로 대응할 수 있는 능력을 금융기관들이 갖지 못하고 있었다.

이에 대한 대응책을 안정화시책 형성과정에서 대통령의 지시에 의하여 KDI와 경제과학심의회의 그리고 한국은행이 각기 독자보고서를 제출토록 하였다. 보다 전문가들의 생각을 직접 듣고자 함이었다. 경제기획원의 의견만을 토대로 판단하기에는 이 문제가 매우 중요하다는 것을 대통령은 느꼈을 것이다.

한국은행과 KDI는 금리를 일시에 시장실세에 접근시키는 방안, 금리의 대폭적인 인상과 금리자유화, 정책금융의 축소 그리고 금융기관 운영의 자율성 확대에 초점을 맞추었다. 반면 경제과학심의회의는 전면적인 금리자유화에 대하여는 유보적인 입장을 취하면서 부동자금의 흡수를 위하여 어음거래소의 신설을 제안하였다. 어음거래소를 통하여 융통어음의 거래와 실세에 의한 어음할인을 허용함으로써 사채거래를 양성화할 것과 화폐시장의 종합개발, 여신관리의 기강강화를 강조하고 있다.

당시 경제기획원의 입장은 금리자유화, 즉 금리의 기능을 시장에 넘기자는 것이었다. 물론 재무부로서는 동의하기 힘들다. 규제금융에 길들여진 재무부로서는 금리자유화는 전가보도를 내려놓자는 이야기와 마찬가지 아닌가? 따라서 일시적인 금리자유화에 반대하면서 명분논리로 금리인상은 물가자극 등 부작용을 초래하므로 실질금리의 보장과 저축증대는 물가 안정을 통해서 이루어져야 한다고 주장하였다. 또한 정책금융의 개선도 산업정책의 조정이 선행되어야 한다는 입장이었다.

결국 닭과 계란과의 관계 논리로 금리의 인상이나 정책금융의 축소에 반대입장을 공식적으로 들고 나왔다. 이러한 집행부서의 완고한 입장고수에 따라 종합안정화시책의 추진은 초장부터 난관에 부딪치게 되었고 문제를 다시 원점으로 돌려놓는 결과가 되었다.

물론 30년이 훨씬 지난 지금 생각해도 그리고 당시 경제기획원의 자유화의 고수파였고, 다시 나중에 재무부에서 결자해지로 이 일을 담당하였던 저자가 다시 생각해도, 당시 경제기획원에서 내세운 한 번에 금리자유화를 하자는 논리는 재무부로서는 받아들이기 힘든 일이었을 것으로 평가한다.

그렇다고 재무부 이야기대로 시장을 안정시키고 물가를 내려 결과적으로 실질금리가 올라가게 하라는 논리는 논리일 뿐 실현성이 없는, 다시 말해서 자유화를 안 하겠다는 논리에 불과하다고 판단한다. 그리고 현실적으로 재무부와 당시 금융권을 지배하고 있던 한국은행의 파워를 경제기획원의 힘으로 당해낼 수가 없는 것이 현실이다. 거기다가 박정희 대통령도 본인의 의지 보다는 경제기획원의 시장논리에 마지못해 끌려가는 입장인데 오히려 가려운 곳을 긁어주는 재무부의 입장에 더 경도되었을 것이다.

이런 와중에 시간은 흘러 1979년 10월 KDI는 재무부의견을 반영하여 '금융제도 개편방안'을 다시 만들어, 당면과제라는 이름으로 다음 다섯 가지 항목을 정리하여 정부에 건의하였다. 이 안은 당초 경제기획원의 자유화안이 난관에 봉착하자 KDI가 나서서 일종의 절충안 비슷한 것을 만들어 내어놓은 내용이라고 할 수 있다. 경제기획원이 내세운 한 번에 자유화로 가자는 논리를 살리기 위한 중간다리 같은 정책내용을 재무부에게 보장받고자 제안한 안 같이 생각할 수 있다.

❶ 금리자유화: 현행 14.5%의 한국은행 재할금리를 22% 수준으로 인상하고, 이를 기준금리로 하여 상하 3% 폭 내에서 자율 결정토록 하며 제2금융권 금리를 자유화한다.

❷ 정책금융제도의 개선: 중화학공업을 중심으로 한 정책금융을 대폭 정비하고, 이를 국책은행이 전담토록 하며 정책자금운용을 위하여 투자사업조정위원회를 설치한다.

❸ 통화신용정책운영의 합리화: 금융통화위원회와 한국은행의 통화신용정책 수립과 집행기능을 강화하고, 통화규제방식을 본원통화를 통한 간접방식으로 전환한다.

❹ 은행의 자율경영체제 확립: 금융기관의 조직, 인사, 예산, 여·수신 업무상의 규제를 전면 재검토하여 대폭 자율화하고 사후 경영실적 평가에 의한 책임경영제도를 강화한다.

❺ 민간은행의 육성: 금융산업을 경쟁체제 속에서 다원적으로 육성한다.

이러한 금융제도의 개편논의는 10월 26일 박정희 대통령의 시해 사건으로 인하여 논의도 제대로 해보지 못한 채 중단되고 말았다. 그러나 시간이 지나 다음해 1980년 1월 12일 한국정부는 환율과 금리에 대한 조정을 하게 된다. 이 조정과정에서 KDI의 이 검토보고서가 일부 기여하게 되었다고 할 수 있다. 당시 조정내용을 간단하게 기술하면 다음과 같다.

❶ 환율조정: 한국경제가 1974년 이래 고정환율제로 운영하여 왔던 환

율제도를 복수통화바스켓제로 변경하였다. 1달러당 484원하던 대미 환율을 580원으로 19.8% 절하 조정하고, 지금까지 미 달러화에 고정되어 있던 환율운영을 복수통화 바스켓제도를 도입하여 미 달러화와 함께 여타 국의 통화 움직임도 반영하고 이를 유동화함으로써 그때그때의 실세를 반영해 가도록 제도를 바꾸었다.

❷ 금리조정: 이와 아울러 금리도 조정하여 금융저축자에 대한 실질금리를 보장하고, 투자 및 소비의 초과수요를 억제하게 하여 자금의 효율적 배분을 기한다는 목적으로 1년 정기예금 금리를 18.6%에서 24%로, 여신금리(우량기업 일반대출)를 18.5%에서 24.5%로 대폭 상향조정하였다.

그러나 1970년대 말 초과수요의 억제를 위한 금리실세화 요구를 집요하게 외면하던 재무부가 이렇게 금리인상을 하게 된 연유는 환율인상에 따른 물가상승 요인을 상쇄시켜보자는 보완적 의미가 강하고, 금융제도 개선을 위한 본격적인 출발과는 거리가 있다고 평가해야 할 것이다. 그러나 1980년 한국정치불안으로 불황이 오고 이에 따라 어렵사리 실세금리에 접근시켰던 1980년 금리수준은 다시 세 차례에 걸친 금리인하로 원점으로 되돌아가고 말았다.

금융제도의 개선을 위한 노력은 더욱 지지부진한 상황이었다. 당시의 정치상황이 이런 정책전환을 가능하지 못하게 하기도 하였지만, 당시 금리의 자율조정정책이 당시 재무부와 한국은행의 반대로 벽에 부딪친 것처럼 일반은행의 내부경영의 자율성보장을 위한 노력도 진전을 이루지 못하였다.

1980년 연말이 다 되어 일반은행의 경영자율화 방침이 정부정책으로 채택되었다. 즉 은행의 인사 조직 보수 및 예·결산, 여·수신 업무 등에 관하여 재무부와 은행감독원(현 금융감독위원회)이 시행하고 있는 각종 규제와 지시를 개정 또는 폐지하도록 하였다. 그러나 정부의 이런 총론적 결정은 담당기관들의 의지부족으로 그 시행에 있어서 많은 차질을 빚게 되고 실제 별 진전이 없었다.

(2) 전두환 정부의 등장과 정부 내 변화

1980년 초 당시의 정치상황을 누가 '서울의 봄'이라 칭하였던가? 장기집권의 기둥이 빠진 상황 앞에서 서울의 봄은커녕 각 정파들은 각기 집권을 위한 이전투구가 벌어지고 있었다. 그리고 우여곡절을 거쳐 전두환 대통령 정부가 탄생하게 된다. 제5공화국이라 이름 지어진 새 정부 앞에는 여러 가지 새로운 상황이 전개되었다.

❶ 냉해 속의 마이너스 경제성장: 어렵사리 집권한 전두환 대통령 앞에 한국경제는 어려운 문제를 가지고 다가갔다. 우선 1980년 냉해로 인한 곡물생산 감소가 나타나 농림어업의 국민총생산은 19% 넘게 하락하였고, 정치상황의 혼란 등으로 광공업도 마이너스 성장을 이루어 전체 국민총생산이 −1.5% 마이너스 성장을 이루었다. 한국경제가 종합경제개발을 시작한 1960년 이후 20년 만의 국민총생산 하락 경험이다. 이런 경기침하와 함께 높은 인플레가 나타나 생산자물가가 40% 정도 그리고 소비자물가도 30% 가까이 올랐다. 집권자의 입장에서는 당황스런 일이 아닐 수 없었을 것이다.

❷ 제5차 경제사회개발5개년계획 작업의 마무리: 1981년은 제4차 경제개발5개년계획이 마무리 되는 해이다. 그리고 1982년부터 제5차 계획의 순기에 들어가고 있었기 때문에 당시 경제기획원으로서는 제일

큰 일 중의 하나가 제5차 계획 작업을 마무리는 일이었다. 당시 경제기획국장으로 저자는 이 일에 매달리게 되고, 이 작업의 맨 마지막 작업으로 청와대에서 대통령을 모시고 전 각료가 참석한 가운데 계획내용을 보고함으로써 계획작업을 완료하도록 계획되어 있었다.

저자는 새로 집권한 전두환 대통령과 국무총리 이하 전 각료가 참석한 가운데 계획 내용을 브리핑하였다. 이 보고 내용을 대통령은 의미 있게 들었던 것 같다. 당시의 암담했던 경제상황 앞에 그래도 미래의 청사진을 보면서 왜 안 그렇겠나?

집권과정의 비민주성 시비로 정치적 취약점을 가지고 있던 집권자로서는 더 나빠질 수 없는 경제상황을 보고받고, 신정부의 존재가치를 경제회생에 둠으로써 국민의 지지를 얻고자 하였을 것이다.

1979년 종합안정화시책의 추진이 기저로 깔린 제5차 계획은 1980년대 한국경제의 운영을 '안정과 자율 개방'이라고 하는 두 축에 두어 시장경제의 창달을 그 목표로 하고 있었다. 아마 대통령은 이 보고의 내용에서 참신성을 발견하였는지, 이 계획의 내용을 부문별로 준비하여 대통령에게 따로 보고하라는 명이 내려졌다. 전에는 없었던 일이고 경제기획원으로서는 자랑스러운 일이었다.

그 후 전두환 대통령은 계획내용을 여러 편으로 나누어 보고받게 되고, 계획내용에 심취하게 되어 계획의 추진에 앞장서게 되었다. 저자로서도 당시 경제기획국장으로서 영광스러운 일이라 아니 할 수 없다. 이미 박정희 대통령의 허가를 받았던 종합안정화시책은 제5차 경제사회개발 5개년계획으로 간판을 바꾸어 달면서 이때부터 본격적으로 추진되었다.

❸ 관련부처 공무원들의 상호 교환배치: 금융제도의 개선을 점검하는 과정에서 집권자들은 관련부처의 이기주의와 관련공무원들의 경직된 사고의 벽이 얼마나 높은지를 알게 되었다. 그래서 시작된 것이 관련부서 공무원들의 상호교환배치 지시가 대통령으로부터 나왔다. 이에 따라 당시 경제기획원과 재무부 간에 인사의 교환이 이루어지게 된다. 장·차관에서 관련국장까지 임무가 교대된 당시로서는 큰 파장을 일으키게 된다. 당시 경제기획원 경제기획국장으로 5개년계획 작업에 몰두하고 있던 저자도 본인의 의사와 상관없이 하루 아침에 재무부 이재국장으로 전보되고, 곧이어 제1차관보로 승진되어, 당시 금융자율화정책의 실무 총책임을 맡게 되었다.

당시 장관과 차관, 차관보 그리고 국장까지 소위 경제기획원 출신들이 재무부를 점령(당시 언론에서 그렇게 불렀다)하여 일을 하게 되었다. 대통령으로서는 결자해지의 논리로 금융자율화를 너희들이 직접 재무부에 가서 해보라는 명령이었을 것이다. 그러나 일을 시작하자마자 1982년 4월 유명한 '이철희, 장영자 어음사건'이 발발하게 되었다. 이 사건의 크기와 폭발성은 가공할 만한 것이어서 당시 금융시장은 곧 마비상태에 들어갔다. 따라서 금융자율화시책은 쳐다보지도 못한 채 재무부는 온 부처가 이 사건의 뒤처리에 매달리게 되었다.

❹ 금융실명제의 태동: 어음사건의 수습과정에서 자연스럽게 부상하게 된 것이 금융실명제의 도입 논의였다. 당시 온통 마비될 대로 마비된 금융시장에 대하여 재편의 손을 써야 할 텐데 어디서부터 손을 써야 할지 난감해 하고 있었다. 따지고 보면 이런 혼란의 소용돌이가 정리되기 위해서는 금융거래가 투명하게 이루어지지 않으면 안 된다.

간단한 논리다. 이를 뒷받침하기 위한 금융시장의 개편이 요구된다. 이에 대한 종합답안이 금융거래 실명제이다. 금융시장에 대하여 기왕에 전면적인 개편이 이루어져야 할 것이 불가피하다면 차제에 금융거래의 실명제를 실시하자는 것이 당시 실무진들의 의견이었다(금융실명제의 추진배경과 추진내용을 다음 1990년대 금융실명제 편에서 상술하고자 한다).

(3) 전두환 정부의 개혁정책 추진과정

전두환 대통령이 이끄는 새 정부가 출범과 동시에 시작된 것이 경제의 안정을 위한 제반 조치였다. 돈 줄을 잡기 위하여 한국은행의 통화관리를 보다 엄격하게 하였다. 재정의 건실화를 위하여 제로 베이스에 의한 정부예산의 재편성과 양곡수매가격의 동결정책이 시작되었다. 공급을 확대하기 위하여 수입자유화와 개방정책에 정책의 초점이 맞추어졌다.

당시로서는 실로 혁명적이라고 표현할 수밖에 없는 과감하기 이를 데 없는 이런 정책방향이 설정되고, 정부의 핵심부서 사람들이 교체되어 배치됨에 따라 새 정부의 개혁정책은 힘을 받게 되고, 빠른 시일 안에 그 효과가 가시화되기 시작하였다.

1) 금융개혁정책

당시 금융개혁의 스타트는 금융긴축이었다. 업계의 구원 호소에도 정부의 의지는 고삐 풀린 돈줄을 잡아가는 것이었고 결국 돈 줄은 잡혀가기 시작하였다. 이런 분위기를 토대로 금융개혁은 세 갈래로 추진되었다. 우선 진입장벽을 허무는 일이고, 다음 기존의 금융업종 간에 드리워진 규제를 줄여가는 일이다. 마지막 단계로 이런 시장의 변화를 바탕으로 금리의 자유화를 추진하는 것이다. 이러한 전략은 당시 이 문제를 실무적으로 책임지고 있었던 저자가 안정화시책의 추진이 시작되던 때부터 시도 때도 없이 되풀이하며 설득하고 다니던 논리이다.

무엇보다 재무부 내에 설치된 금융발전심의회의 위원들부터 설득을 해야 하였다. 이분들은 이 방면의 전문가들이고 당초 금융개혁을 도와주기 위하여 정부가 위촉한 전문가 그룹이다. 이 회의의 조직은 저자가 재무부로 옮기기 직전에 만들어졌지만 이 조직이 시작되자 인사이동이 있어 저자가 사실상 처음으로 이분들을 위촉하고, 회의를 운영하게 되어 있었다. 우선 저자는 이분들께 금융개혁을 위한 시장의 변화논리를 이 세 가지로 나누어 설득하였다. 이분들 대부분이 평소 친분이 있던 분들이고 금융개혁의 필요성을 인식하고 있던 분들이기 때문에 저자의 논리에 의기투합 되어 금융개혁을 추진하는 데 동참하였다.

첫째, 시장 진입개방을 위하여 지금까지 거의 터부시 되어 왔던 은행의 설립과 단기금융회사, 상호신용금고 등의 새로운 시장진입을 허용하였다. 그래서 생겨난 것이 외국과의 합작으로 한미은행이 생겼고, 재일교포들이 자금을 들여 온 신한은행이 출발하게 되었다. 당시 어음사건으로 마비되어 있던 금융시장에서 지하에 있던 사채들을 제도금융권으로 끌어들이기 위하여 단자회사(단기투자금융회사)와 상호신용금고의 신규허가를 하여 주기로 결정하였다. 허가절차도 일정요건을 갖춘 경우 이를 자동으로 인가하기로 결정하여 누구에게나 기회를 함께 주기로 하였다.

시장에서는 처음 정부의 정책의지를 의심하고 어떻게 금융기관을 자동 인가할 수 있을까 의구심이 생겨 오히려 잠시 혼란스럽기도 하였지만, 일이 말대로 진전되는 것을 보면서 전에 없던 이런 시장개방의지를 정말로 믿게 되었다. 당시 재무부에서는 저자를 비롯한 모든 간부들이 우리의 시장개방의지를 시장에 알리는 일을 열심히 하였다. 과거와 전연 다른 모습이라고 할 수 있다. 결과 많은 금융회사들이 제도금융권으로 양성화되고, 금융시장은 폭넓게 개방되기 시작하였다.

둘째, 기존 제도금융권 간에 존재하였던 보호장벽을 허물기로 하였다. 즉 소위 금융의 종합금융화(universal banking system)를 추진하기로 하였다. 물론 일시에 모든 장벽을 다 허물 수는 없지만 장벽의 높이를 점차 낮추기로 하고, 특히 시장 사이의 약간의 중복되는 업무를 제도적으로 서로 허용하기로 하였다.

이 정책의 결과 은행, 증권, 보험 등 금융시장간의 업무중복을 일부 허용하기로 하였다. 이와 관련하여 당시 미국방식의 엄격한 시장분리방식이 발전이 덜 된 한국 같은 실정에 더 합리적이라는 주장과 시장의 유연성을 강조하는 영국식 종합금융방식을 놓고 학계와 전문가 그룹에서 많은 논의가 있었다. 물론 이 문제는 양쪽 모두 장단점을 함께 가지고 있다고 할 수 있다. 당시 저자를 비롯한 정부의 생각은 미국처럼 연방정부 시스템보다는, 금융시장 발전의 오랜 경험을 가지고 있고 중앙정부의 활동으로 보다 일원화되어 있는 영국식의 종합금융 형태를 더 선호하고 있었다. 그래서 제한된 은행업무와 일부 단기금융 업무를 함께 가지고 사업을 운영하는 영국의 종합금융회사들을 합작 형태로 많이 들어오게 하였다.

이런 기존 시장의 보호장벽을 허무는 정책은 훗날 시행착오를 가져오는 우를 범하게 된다. 시장의 장벽을 허무는 일은 사실 위험한 일이다. 기존의 장벽이 단순하게 시장의 이익을 서로 갈라먹으려는 술수에서만 출발한 것은 아니다. 질서 파괴에 대한 안전장치이기도 하다.

그것을 단순하게 장벽을 허문다고 해서 경쟁이 잘 된다는 보장이 없다는 것을 모른 가운데 우선 장벽만 허물면 그 다음 시장의 안전이나 안정을 누가 책임지게 되나? 그래서 금융기관들은 처음부터 규모, 업무 그리고 경쟁제한 등이 있게 되었다. 규제의 벽을 낮추거나 허문다고 무조건 이것을 했을 때, 시장이 받아들일 수 있는 능력이 있느냐가 성패를 좌우한다.

나중에 IMF 편에서 상술하겠지만 김영삼 정부 시절 한국경제가 시장의 장벽을 허문다고 단기금융회사들에게 무조건 종합금융업무를 허용하여 문제가 발단이 되었다. 국제업무에 전연 경험이 없던 단자회사들이 인도네시아, 홍콩 등에서 들여온 단기외자들이 1990년대 말 한국경제를 IMF의 대기성차관(standby agreement)의 굴레에 들어가게 한 원인 중의 하나가 되었다. 사려 깊지 못한 정책운영의 한 부작용이라고 평가할 수 있다.

셋째, 금융개혁의 최종단계는 금리의 자유화이다. 종합안정화시책에서도 가장 어려웠던 문제가 금리의 가격기능을 살리는 것이었다. 지금까지 한국의 금리운용은 금융당국에 의하여 좌지우지되어 왔다. 더구나 발전 초기 산업의 어려움을 지원한다는 차원에서 대출금리에 대하여 인위적으로 저가정책을 써왔다. 그 결과 금리의 운용은 현실과 괴리되고, 괴리가 있는 만큼 금리운용은 더욱 경직되어 왔다. 그 결과 금융기관은 사실상 역금리체제를 감수할 수밖에 없었고, 이에 따라 금융기관의 수지는 나빠질 수밖에 없게 되었다.

반면 금융을 받는 것 자체가 일반 시세 차익만큼 당장 이익이 되므로 기업은 사업의 타당성 등과는 상관없이 금융을 특혜로 인식하고 있었다. 따라서 금융당국은 금리조정을 위하여 언제나 보수적인 자세를 취하게 되고, 그러면 그럴수록 금리의 시장가격과의 괴리는 더욱 확대되어 가는 것이 한국금융의 현실이었다. 그래서 금리를 한 번 손대기 위하여 금융당국과 관련부처와의 승강이가 끝없이 지속되고, 피차간에 진이 다 빠져 금리를 손 댈 때는 이미 타이밍을 놓치거나 그 변화의 폭이 너무 적절치 못하여 효과가 감소하는 부작용을 낳게 하는 것이 일쑤였다. 이러한 금리의 결정을 시장에 위임하자는 것이 당시로서는 획기적이고 어려운 결정이었다.

이런 갑론을박을 하며 어려움을 하소연 하던 일 앞에 세월은 벌써 30년이 흘렀다. 지금 금리는 완전히 자유화되어 시장에서 결정된다. 재무부라고 하는 막강한 정부기구는 기획재정부라는 이름으로 통합되어 사라졌다.

기준금리의 결정은 한국은행의 금융통화위원회에서 결정되고, 이 기준금리의 결정권한은 정부로부터 중앙은행인 한국은행으로 완전히 넘어갔다. 이 기준금리에 따라 각 금융기관들은 시장의 실세를 반영하는 금리를 정하게 되어 있다. 바라던 금리자유화 체제가 이루어져 있다. 그렇다고 한국경제가 망가졌나? 지금 한국경제가 어려운 것은 오히려 정부가 할 일을 하지 않고 손 놓고 있는 결과이지 금리자유화가 되어서 그런 것이 아니다. 금리자유화를 반대하던 정책논리는 다 어디

갔나?

그러나 1980년대 중반 금융개혁과 관련된 정책의 추진에 있어서는 많은 장애가 등장하게 되었다. 우선 금융실명제의 도입이 준비부족과 기존질서, 특히 정치권의 저항에 따라 그 시행이 '1986년 이후 정부가 정한 날'로 유보되어 사실상 어찌해볼 도리가 없게 되었다.

그 금융실명제가 10여 년 뒤인 1993년 시행에 들어갔지만 그 운용은 당초의 목적과는 거리가 있었다. 실명화를 통하여 거래질서를 명확하게 하자는 당초의 취지에서 벗어난 김영삼 정부의 금융실명제 운영은 정치적인 표적수사의 수단으로 보다 이용되었다고 평가한다. 당초 계획대로 시장거래질서의 정상화를 목표로 1980년대에 그대로 실행했었으면 한국의 금융시장 개혁에 큰 골격이 되었을 것이라고 저자는 확신한다. 그동안 추진하던 금융자율화시책들도 기관들의 보수성과 연이어 일어난 금융사고 등으로 인하여 매우 힘들게 진행되었다. 안타까운 일이 아닐 수 없다.

이러한 시행상의 어려움에도 불구하고 금융개혁과 종합안정화시책에 대한 전두환 대통령의 확고한 지지와 실무진들의 끈질긴 노력으로 시간이 지남에 따라 물가는 안정되고 경제는 경쟁력이 살아나 수출이 늘고 경기가 좋아지는 모습을 보이게 되었다.

2) 재정구조 개혁정책

경제안정화시책과 관련하여 재정의 운영은 더욱 중요한 부문이 된다. 무엇보다 통화관리와 관련하여 정부부문의 기여가 큰 몫을 차지하게 된다. 특히 금리기능이 제대로 작동이 안 되는 마당에서 시장의 자금수요에 대응할 수 있는 길은 재정수지의 흑자나 균형이 없이, 다시 말해서 재정구조의 건전성 여부가 통화운영에 큰 비중을 차지하게 된다고 할 수 있다.

더구나 재정의 고유기능인 경기조절도 재정구조의 건실성 여부에 달려있다고 할 수 있다. 1970년대 말 한국의 재정구조의 건실화에 제일 큰 영향을 준 것이 양곡과 비료계정의 적자였다. 따라서 정부부문의 안정화시책은 양곡과 비료계정의 운영개선을 통하여 구조적으로 재정적자 요인을 제거하는데 초점이 맞추어졌다.

여기서 한 걸음 더 나아가 1970년대 말 제2차 석유파동에 따른 유가급등이나, 안정화시책 추진과정에서 불가피하게 발생하게 되는 금리인상이나 환율상승 등 비용상승이 서민생활을 어렵게 하고 중소기업의 운영도 어렵게 하게 되어 있었다. 이런 어려움을 재정이 떠맡아야 하는데, 즉 재정의 경기대책기능이 보다 확대되어야 할 필요에 직면한다. 이를 위하여 재정수지의 건전한 관리 즉 재정의 적자구조를 해소하는 일과 기존예산의 긴축운용이 주요 재정정책과제로 등장하였다.

❶ 재정적자구조의 해소

1970년대 말 한국의 재정적자구조의 가장 큰 기여는 정부의 영농지원을 위한 양곡관리기금과 비료계정 적자에서 찾아야 했다. 1970년대 초 쌀의 증산지원을 위한 이중곡가제도의 채택 이후 정부의 수매가 인상과 수매량의 증대가 정치적으로 매년 이루어졌고, 이에 따라 양곡관리기금의 적자는 매년 확대되었다.

거기다가 1976년 쌀의 자급(自給)이 달성될 만큼 증산이 이루어져 이 이후 정부수매량은 더욱 커질 수밖에 없게 되었고, 또한 생산량의 증대로 쌀의 민간재고가 늘어남에 따라 시중 쌀 값이 하락하게 되고, 이를 바탕으로 정부 방출가를 더 올릴 수 없는 상황으로 전환되었다. 결과 정부 수매량의 증대, 수매가격인상 그리고 정부방출미 인상의 한계 등이 복합되어 기금의 적자확대 압력은 더 커지게 되었다.

여기에 더하여 경작자의 생산원가를 지원하기 위하여 농민에게 지급되는 비료 값은 1975년 이후 동결되어 왔는데 제2차 석유파동과 생산시설 과잉으로 비료회사의 생산원가가 상승함에 따라 비료 납품가격 상승이 불가피하게 되었다. 정부의 비료계정 적자의 확대이다. 이러한 정부계정의 적자요인을 지원하기 위하여 정부는 한국은행으로부터의 차입으로 이를 충당하여 감에 따라 양곡관리기금과 비료계정의 한국은행 차입금은 연년세세 쌓여만 가게 되었다. 이것이 재정적자 발생의 구조적 원인이 되었다.

이에 따라 1976년 소위 주곡자급화가 시행된 이후 정부 일각에서 문제의 심각성을 인식하고 그 해결책을 찾아 나서기 시작하였다. 1977년 경제기획원은 경제기획국과 예산실이 중심이 되어 양곡관리기금의 해결방안을 경제논리에 입각하여 재검토하자는 논의가 시작되었고, 비료계정 적자도 1980년 국무총리가 나서서 문제해결을 모색하기 시작하였다.

우선 양곡관리기금의 적자를 해소하기 위하여 앞으로 미곡의 수급안정을 전제로 지금까지의 증산 중심의 양곡정책을 근본적을 바꿀 것을 들고 나왔다. 즉 지금까지의 증산정책을 합리화하기 위하여 부풀려 왔던 미곡에 대한 수요를 현실에 맞게 바로 잡아 수요예측을 다시

하고, 증산정책은 비교우위에 입각하여 추진하자는 것이다.

이에 따라 보리의 증산유인정책은 경제성이 문제가 되므로 축소할 것과 이중곡가제도에 따른 양곡관리기금 적자의 확대를 축소하기 위하여 1981년까지 쌀의 방출가를 현실화(인상)하고, 또한 농업생산기반사업의 확대를 지양하며, 정부양곡의 재고수준을 적정화한다는 등이 당시 경제기획원 실무진들의 연구결과 제시된 내용들이었다. 이러한 주장에 대하여 담당부서인 당시의 농림부는 크게 반발하고 나섰다.

당시 1인당 130kg대의 연간 쌀 소비량에 대한 견해와 앞으로의 쌀 소비예측이 양 부처 사이에 서로 크게 달랐다. 우선 1970년대 말 한국의 1인당 쌀 소비량이 136kg이라는 당시 농림부의 추계는 과장된 면이 있었다. 우선 통계의 기초가 연간 쌀 생산량을 인구수로 나눈 것이므로 우선 전체 생산통계가 부풀려졌을 가능성이 있을 것이다. 그리고 벼 생산량 중에서 일정 도정율을 제외한 것이 쌀의 생산량이 되는데 그 중 보관·관리 등에서 없어지는 일정량을 제외한 것이 정확한 쌀 소비 가능량이 되고, 그것을 인구수로 나눈 것이 1인당 쌀 소비량이 된다고 할 수 있다.

즉 1인당 섭취(in takes)기준 소비량인데 이를 무시하고 생산량과 인구의 단순비율을 소비수요로 보는 것은 과대 측정되는 무리가 따른 것이다. 그래서 당시만 해도 일본이 90kg대의 1인당 쌀 소비수요량을 가지고 있던 것과 비교할 때 당시 농림부의 수요예측이 과장된 면이 있다는 것이 당시 경제기획원 실무진들의 의견이었다.

또한 출발점부터 큰 차이가 있었던 장래의 쌀 소비예측은 당시 경제기획원과 농림부 실무진 사이에 크게 달랐다. 쌀 수요가 완만하게 천천히 감소할 것이라는 것이 농림부의 계속적인 쌀 증산정책의 주장 근거가 되었고, 빠른 소비수요 감소를 예측하는, 그래서 10년 후, 즉 1990년대 초 70kg대의 쌀 수요를 예측한 전망은 경제기획원 실무진의 양곡기금 적자대책 산출근거가 되어 양 부처 사이에 견해의 차이는 좁혀지지 않았다.

30년이 훨씬 지난 2015년 시점에서 되돌아보면 당시의 수요예측과 이를 바탕으로 한 쌀 증산정책의 고수 노력은 어쩌면 농업국가로서 마지막 애착을 보여주는 농림부의 노스텔지아 같은 것이라고 생각한다. 그리고 생산자 중심의 정부조직 구조 속에서 당시 농림부 공무원들이 보여준 쌀에 대한 애착은 대단하였다고 평가한다. 그런 분위기를 잘못되었다고 탓할 수만은 없지만, 그 후유증이 35년이 지난 2015년에 와서야 겨우 쌀의 관세화를 시행하게 만든 단초가 되었다는 점을 생각하면 저자의 마음은 씁쓸하다.

비료계정은 1975년도에 비료판매가를 79.2% 인상하여 가격을 현실화한 이후 1979년까지 판매가격을 전연 인상하지 않았다. 이 기간 동안 비료의 원료인 원유가가 비교적 안정되었고 국내비료도 수출이 되어 큰 문제가 없었다.

그러나 1979년 제2차 석유파동에 따라 원유의 시장가격이 급등하여 비료의 생산원가가 급상승하였고, 그동안 비료회사의 공급능력이 지나치게 늘어나 비료의 과잉공급과 비료계정 자금계획에 여러 문제가 노출되기 시작하였다. 특히 원가에도 미치지 못하는 비료수출의 증대는 보상문제가 제기되었다.

한편 비료판매가격과 인수가격과의 격차확대로 비료계정의 적자가 늘어나고 결과 비료계정의 한은 차입금은 누적되어 갔다. 이 문제를 해결하기 위하여 1980년 당시 국무총리 주재로 비료수급대책을 마련하였다. 우선 공급과잉을 주리기 위하여 비료회사별로 생산량을 조절하여 가동률을 75%대로 낮추었다. 제1, 제2 비료회사를 폐기하고 적자수출인 요소비료의 수출을 중단하였다. 한편 비료계정의 비료인수량과 재고량을 조절하고, 1980년 9월 비료계정에서 판매하는 전 비료가격을 50% 인상하여 3년 내에 비료계정 적자를 해소하도록 하였다.

이상과 같이 양곡관리기금과 비료계정 적자 해소대책은 1979년 4월에 확정된 '경제안정화 종합대책'의 주요 정책과제가 되었다. 특히 양곡관리기금 적자의 축소를 위하여 1978년도 산 양곡의 정부수매량을 10백만석 이내로 유지하고, 양곡증권 발행 확대와 세계잉여금의 기금전입 등이 대책으로 건의되었다.

현 시점에서 양곡관리기금 적자나 비료계정 적자 같은 문제가 이미 사라졌지만, 당시 양 계정 운영에서 나타난 농민들에 대한 과도한 지원이 오늘 날까지도 농민들의 마음속에 남아 있어 이것이 정부의 경제운영에 큰 짐이 되고 있다. 쌀의 수입에 대하여 아직도 500%가 넘는 관세를 부과하도록 해야 농민이 살아갈 수 있다면, 그것은 결국 그만큼 쌀 이외 여타부문에서 부담을 짊어지고 가야 한다는 논리가 된다.

물론 식량이 자원화된지 오래고 한국같이 농업, 그것도 쌀이 갖는 전통적 노스텔지아를 일시에 제거할 수도 없을 것이다. 그러나 지금 한국의 경제발전수준은 이미 세계적으로 선진된 수준이고, 생활비 중 쌀의 비중은 전보다 훨씬 작은 부분을 차지할 만큼 생활수준이 높아졌다. 이제 쌀 생산과 지원의 옛날식 사고에서 벗어나야 한다.

❷ 재정구조 개선을 위한 예산의 긴축운용

재정구조의 개선은 비단 양곡관리기금과 비료계정 운영의 개선에 국한하는 것은 물론 아니다. 특히 인플레가 진행되는 초, 중기까지는 명목상의 거래금액과 소득이 증가되기 때문에 세금징수는 자연 확대된다. 이와 같이 증대되는 세수를 통하여 정부는 세계잉여금을 만들고 이것으로 국가채무를 상환하거나 국고여유자금을 확보하여 경기조절 내지는 총수요억제를 위한 재정기능을 수행하게 된다.

현실적으로 인플레를 통한 세수의 증대는 추가경정예산을 통한 신규 재정수요에 충당하고자 하는 유혹이 강하기 때문에 재정의 건실성 확보를 위한 구조개편에 사용하기 힘든 경우가 일반적이라고 할 수 있다. 세계잉여금이라고 하는 고깃덩어리를 시렁에 얹어놓고 그것을 서로 차지하고자 으르렁거리는 맹수들처럼 정치권은 서로 눈치를 보며 호시탐탐하고 있는 형국 같다.

그것이 바로 많은 선진국들이 재정구조를 개선하지 못하는 구조적 문제라고 볼 때 1970년대 말 한국경제는 그래도 일부 잉여금을 정부 차입금 상환에 사용하고 본원통화를 회수하고자 하는 노력을 보여준 것은 건실한 재정운영을 하고자 하는 의지의 표현이었다고 볼 수 있다.

1979년 한국경제는 이상의 재정 건실화 노력 이외에 보다 적극적으로 이미 확정되어 있는 정부지출의 일부를 '실행예산'이라는 이름으로 집행을 유보시켜, 더 많은 잉여금을 창출하여 양곡관리기금과 비료

계정의 한은 차입금을 상환하고 일부는 본원통화 환수에 사용하는 본
보기를 보여주었다.

❸ 제로 베이스 예산편성

특히 1980년대 들어 한국정부는 보다 본격적인 재정개혁에 들어
갔다. 전두환 대통령이 이끄는 새 정부는 종합안정화시책의 추진에
정책의 우선순위를 둔다는 것을 선언하고 이를 뒷받침하는 재정개혁
을 선언하였다. 이에 따라 국가예산을 영점(zero base)에서 다시 편성
하였다.

그 결과 기존의 세출예산들은 완전히 새로운 출발점에서 재검토
되었다. 양곡관리 기금의 개선을 위하여 쌀의 정부수매가격을 수년간
동결할 것을 선언하였다. 사실 제로 베이스 예산은 그것이 가지는 상
징적 의미가 매우 많았다고 할 수 있다.

당시 쌀 수매가격의 동결은 전두환 정부의 안정정책 시행의 결의
를 선포한 상징적 의미를 가지게 된다. 이어서 한국경제 곳곳에서 동
결이라는 개혁의지가 표출되기 시작하였다. 우선 공무원의 봉급을 동
결하였다. 공무원의 열악한 처우는 해마다 약간의 봉급인상을 통하여
보상되고 있었는데 그 봉급인상을 동결 조치한 것이다.

1970년대 말 인플레하에서 가장 두드러진 경제현상이 인건비의
상승이었다. 생산성 향상 범위 내에서 인건비가 오르는 것이 선진된
모습이라고 한다면, 한국경제는 시장의 수급논리, 즉 건설인력의 중동
진출 등으로 국내 인력수급에 과부족이 생기면서 근로자의 임금이 급
상승하고 있었다. 더군다나 중화학공업개발 등의 들뜬 분위기가 비단

일반근로자의 임금뿐만 아니라 회사 경영진을 포함한 전체 임금상승
으로 나타나고 있었다. 이런 현상은 1990년대 정치민주화 과정에서
더욱 폭발적으로 일어나게 된다. 물론 1980년대 초반에는 그리 엄청
난 문제가 제기된 것은 아니지만 인플레가 진행되면서 일반기업의 임
금상승이 한국경제의 경쟁력을 떨어뜨리는 원인이 되었다.

그러나 시장의 임금 움직임을 정부에서 규제할 방법은 없다. 그래
서 정부에서는 우회적인 방법으로 생산성과 연계된 '임금가이드라인'
이라는 것을 만들어 발표함으써 시장에서 참고가 되도록 유도하였다.

그러나 임금가이드라인은 가이드라인일 뿐이다. 그래서 항상 정
부는 안타까운 마음뿐 효과적인 대응책이 없었다. 그러던 임금시장이
정부 공무원의 임금동결정책을 맞이하게 되면서 변화가 나오기 시작
하였다. 비단 임금동결뿐만 아니라 일반상품가격 인상도 주춤하게 되
었다. 아직 시장이 발달되지 못하여 많은 상품들이 공급자(제조업자)
중심이던 당시 상황에서 상품가격의 진정 현상은 공무원의 임금동결
에서 상징적인 영향을 받았다고 보아야 한다. 결과 1970년대 말
40~20%대의 물가는 1980년 전두환 정부가 들어선 이후 3%대의 수준
으로 안정되었다.

한국경제의 안정화 시대 개막이고, 시장경제 운영의 출발선이라
고 할 수 있다. 제5차 경제사회개발계획이 발표한 목표인 '안정과 자
율 개방' 두 가지 중 하나인 안정을 달성하는 모습이다. 여기에 재정
구조개혁이 크게 기여하였다고 평가한다. 이러한 재정구조의 건실성
은 1990년대 말 위기의 대한민국 경제상황에서 이를 극복하게 만든
원인도 된다고 저자는 평가한다.

제로 베이스 재정운용은 그것이 주는 재정개혁의 상징적 의미도 중요하지만 사실 현실화하기 거의 불가능한 어려운 과제라고 할 수 있다. 두 가지 점에서 그 이유를 생각해볼 수 있다.

첫째, 제로 베이스의 예산편성은 말이 쉽지 현실화하기는 거의 어려운 정책이라는 점이다. 아무리 목적이 합리적이고 타당하다 할 지라도 이를 실현하는 것은 기존질서의 파괴이기 때문에 평상시 거의 불가능한 일이라고 할 수 있다. 따라서 정치 사회상황이 큰 변혁을 흡수할 수 있는 계기가 마련되어야 한다. 마침 전두환 대통령 정부의 등장으로 이러한 혁신적인 계기가 마련되었고 이에 대한 집권자의 강력한 의지가 있었기에 가능한 일이라 할 것이다. 요즘같이 사사건건 정치이슈가 사회를 지배하는 상황에서 이런 혁신이 불가능함은 말할 필요가 없을 것이다.

둘째, 제로 베이스 예산이 단순한 정부활동의 기존지출 삭감만 하는 것이 아니라 정책적으로 제일 어려운 과제들을 함께 해결해 가는 것이므로 실제 이 일을 하는 것이 얼마나 어려운 일인가 하는 점을 상기하고 싶다. 2015년 현재까지도 재정운영자의 제일 어려운 정책결정은 농민의 생산활동과 관련된 일이라고 할 수 있다. 정부가 추곡수매가를 동결하였다. 그리고 공무원의 임금을 동결하고 시장의 생산성 개념을 강조하는 임금가이드라인 정책을 시행하였다. 이런 어려운 과제를 제외하고 막연하게 불요불급한 경비를 삭감하는 제로 베이스 예산편성을 하였다면 대한민국의 재정구조 개선은 훨씬 미흡한 수준이 되었을 것이다.

2015년 현재도 대한민국의 재정구조가 다른 선진된 나라들과 비

교하여 건실한 편이라는 점은 세계가 인정하는 부문이다. 2000년대
초 IMF시대를 겪어낼 수 있었던 것도, 그리고 2008년 이후 세계적 경
제위기 소용돌이 속에서 그래도 한국경제가 버티고 있는 것도 사실
1980년대 초 한국정부의 재정구조 개혁의 효과라고 평가해야 한다.

이와 관련하여 두 가지 에피소드를 이야기하고 싶다. 리먼 브라더스
사태 이후 세계가 경악하고 있을 때 저자는 우연한 기회에 전두환 전대통
령을 만날 뵐 수 있는 기회를 가졌었다. 자연 세계경제를 걱정하고, 한국
의 미래를 걱정하던 이야기가 나왔을 때 저자가 한국경제의 미래는 그래
도 일본이나 미국보다 훨씬 나은 면이 있다는 점을 이야기하였다. 물론
의아해 하는 전대통령께 저자는 당시 한국 재정구조의 건실성을 설명하였
다. 그리고 오늘 이런 재정건실성의 연원은 1980년대 초 제로 베이스 예
산에서 찾아야 한다고 이야기하였다. 당시 대통령은 말할 것도 없고 정책
전환을 책임졌던 저자 같은 사람도 제로 베이스 예산의 편성은 보람으로
즐거운 추억이 되고 있다.

다른 쓸쓸한 에피소드는 1980년대 후반 정치민주화가 세상을 뒤
덮고 있을 때 저자는 경제기획원차관으로서 임금안정에 골치를 앓고
있었다. 물론 시장의 임금을 정부가 이래라 저래라 할 수 없는 일이
다. 그러나 제로 베이스의 예산편성으로 공무원의 임금이 동결된 마당
에 시장에서도 임금안정정책에 호응해주기를 간절하게 바라고 유도하
고 있었다. 그래서 생각해 낸 것이 임금의 생산성개념을 강조하고 나
섰다. 민주화의 열기 속에서 회사야 어떤 형편이던 내 임금만 올리는
것이 능사라는 풍조가 있기 때문에 정부로서는 임금의 인상과 생산성
향상개념이 상호 연계되기를 바라고 유도하고 있었다.

또한 동시에 관련부처로 하여금 관련된 산업의 임금동향을 파악하여 주기적으로 상의하는 회의를 경제기획원에서 하고 있었다. 사실 이런 정부의 분위기가 시장에 전달되기를 바라는 마음에서 이런 회의를 하면서 당시 대기업의 임금동향도 파악해 보는 계기를 가졌었다.

어느 날 이 회의에서 삼성그룹 등기임원의 임금수준과 동향을 파악하는 자리가 있었는데, 일반적인 임금수준이나 동향과는 너무나 동떨어진 삼성의 임금실태를 보고 크게 실망하지 않을 수 없었다. 이 회의를 주재하면서 저자는 정말 실망과 분노를 표하지 않을 수 없었다. 지금이야 삼성이 세계적인 기업이지만 당시는 그렇지는 않았는데 삼성은 다른 사람의 어려움은 아랑곳 하지 않고 너무나 엄청난 임금수준과 임금변화를 하고 있는 것을 보고 정부로서 분노하지 않을 수 없었다. 시장경제운영과 자유시장의 원리를 누구보다 이해하고 지지한다고 생각하는 저자로서도 당시의 실망감을 지금도 잊을 수 없다. 정부는 말할 것 없고 온 나라가 경제안정화만이 살 길이라고 허리를 졸라매고 있고, 정부도 뼈를 깎는 제로 베이스 예산을 추진하고 있는데 대기업 그것도 한국의 대표기업인 삼성의 이런 강 건너 불 보는 것 같은 처사는 지금도 잊을 수가 없다.

3) 수입자유화

경제안정화시책의 일환으로 수입자유화를 거론하는 배경은 당시의 물가급등을 완화하는 한편, 수요변화에 따른 외국상품의 공급 원활화를 위하여 출발하게 된다. 다만 물자와 외환이 부족한 소위 부족경제에서 경제를 안정시키기 위한 공급측면의 대책은 한계가 있다고 하겠다.

지금처럼 물자의 유통이 자유롭고 필요한 물자를 구입하기 위한 외환의 공급이 문제가 없는 상황에서는 부족 물자공급을 위하여 수입을 자유화하는 정책 자체가 오히려 뜬금없게 들릴 수 있으나 1970년대 한국경제로서는 물자부족을 수입으로 충당하고, 이와 관련된 외환관리가 가능한 시스템을 만드는 것은 매우 큰 의미를 갖게 된다고 할 수 있다.

당시 한국경제를 둘러싼 외부환경은 오일달러의 원활한 환류로 세계교역이 확대되고 GATT를 중심으로 한 세계교역질서가 안정을 회복하였다. 1970년대 초 소위 도쿄라운드 이후 다자간 무역협상이 본격화되고 국제수지 흑자국에 대한 압력이 거세지는 분위기였다. 전에는 존재가 미미하던 한국수출상품이 세계시장에서 1%에 육박하여 감에 따라 한국의 수입개방에 대한 밖으로부터의 압력도 커지기 시작하였다. 한국에 대한 수입개방 압력이 고조되는 분위기 하에서 수입자유화는 피할 수 없는 과제로 등장하기도 하였다.

또 과거 선진국들이 수입자유화를 추진하면서 경쟁이 촉진되어 오히려 경제성장의 원동력이 되었던 점을 고려하면 한국의 수입자유화 추진은 자연스런 흐름이라고도 할 수 있다. 그러나 그동안 보호의 그늘에 익숙한 제조업, 농업부문을 중심으로 산업정책 측면에서 수입개방에 대한 거부반응은 여간 거센 것이 아니었다.

당시 이를 추진하던 전문가들은 다른 선진국들의 자유화 과정을 면밀히 검토하였다. 특히 1950년대 그리고 1960년대 서독과 일본의 수입자유화 실태를 연구하여 한국경제의 구조변화 전망과 자유화에 따른 절차 그리고 보완대책 등을 마련하는 데 활용하였다. [표 2-1]

표 2-1   서독과 일본의 수입자유화 실태

	서독	일본
방법	자유주의 시장기능을 존중하는 과감한 수입자율화	국내외 여건을 감안한 신중한 장기적 수입자유화
자유화 시점	국제수지 흑자전환시점 (1952년 이후)	좌동 (1926년 이후)
일정	1950 무역수지 흑자전환 1952 수량제한조치 폐지 1956~57 관세인하 1957 수출소득에 대한 조세감면 폐지 1958 IMF 8조국 이행 (수입자율화율 93% 이상)	1958 국제수지 흑자관련 1960 무역외환자유화 계획책정 1962 「네거티브 시스템」 전환 1964 IMF 8조국 이행
기본방향	-중화제품 수출중심으로 전환 -원자재수입의 조기자유화 -국산품과의 경쟁이 작고, 소비자에의 이익이 큰 품목부터 자유화	좌동
결과	-수입자유화 이후 국제수지 흑자 계속 -수입자유화가 경제성장의 원동력이 됨	좌동
보완시책		-국제경쟁력 강화를 위한 산업정책 -국민소득과 고용확대를 위한 국민소득 배증계획 -관세 「에스컬레이션」과 소비재 중과를 위한 관세개정 -농업구조개혁을 위한 농업기본법 제정

자료: 한국개발연구원, 경제안정화시책 자료집, p.144.

은 서독과 일본의 수입자유화 실태를 정리한 것으로 한국의 수입자유화정책 많은 시사점을 주었다.

수입자유화의 방법과 보완시책은 각 나라의 발전환경의 차이에 따라 달라질 수밖에 없다. 다만 일반론적으로 정리하여 본다면 소위 산업정책을 보다 우선 중요시하는 나라의 경우, 즉 일본 같은 나라의 경우 수입자유화는 보다 점진적이고 보완대책을 보다 중요시한다고 할 수 있다. 반면 자유주의 시장경제를 보다 중요시하는 나라, 즉 당

시 서독 같은 나라의 경우 수입자유화를 보다 과감하게 해 나간 것을
찾아볼 수 있다.

1976년 한국경제가 수입자유화를 경제기획원 실무진에 의하여
거론되기 시작하였을 때 그 추진이 얼마나 어려웠던 일인지를 보여주
는 일화를 소개하고자 한다. 종합적인 수입자유화계획을 만들어 추진
해야 한다는 당시 고 김재익 경제기획국장의 주장은 차 상급자인 당
시의 고 서석준 기획차관보와 당시의 고 남덕우 부총리 앞에서 논쟁
이 벌어졌다.

실무진들에 의해 마련된 당시의 자유화 계획은 차 상급자 선을
설득하는데도 이렇게 힘에 겨운 분위기였다. 그만큼 산업보호를 위한
지원의식이 강했던 당시의 분위기를 나타내는 것이라고 할 수 있다.
이 토론은 학교 동기동창인 두 사람의 감정싸움으로까지 벌어질 정도
로 대단하였고, 당시 심판자인 남덕우 부총리는 이에 대하여 가타부타
한 마디 말을 하지 않은 가운데 끝이 나고 말았다.

그 자리에 함께하였던 저자가 보기에도 산업지원자의 시각이 바
로 서석준 차관보의 의견이라는 것과 그것을 극복한다는 일이 어려운
일이라는 것을 실감하였다. 당시 저자의 기억으로도 동아일보가 사설
로 우리 수입자유화 주장자들을 매도하고 한국경제가 얼마나 발전하
였다고 이런 정신나간 주장을 하느냐, 수입자유화정책은 말도 되지 않
는다고 매도하였다. 그만큼 피부에 와 닿는 산업보호의 텃세라고 할
수도 있을 것 같다.

이어서 진행된 당시 농림부 관료들과의 농산물 개방문제 토론은
말할 나위 없이 감정싸움으로 번졌고, 이때부터 세상은 기획원 사람

들을 '백면서생'이고 단순한 '비교우위론자들'이라고 폄하하기 시작하
였다.

지금 와서 회고하면 수입자유화가 논쟁의 대상이 되는 것조차 잘
상상이 되지 않지만, 당시 이렇게 어렵사리 한국의 수입자유화정책은
출발되었다. 그것도 일본보다 훨씬 느린 속도로 우여곡절을 거치며 진
행되었다. 그러나 이를 계기로 한국경제는 수입자유화 다음 단계라고
할 수 있는 외환거래자유화를 토대로 한 IMF 8조 국이 1988년 10월
되었고, 이어 자본자유화가 이루어지는 OECD 가입국이 1996년 12월
에 되었다. 1976년부터 수입자유화가 논의되기 시작한지 만 20년이
걸려 자본자유화에까지 이르게 되는 OECD 멤버가 되었다.

1977년 말 거론되기 시작한 수입자유화 논의의 과정을 좀 자세하
게 보자. 1978년 정부 내에 수입자유화정책을 검토하고 이를 추진할
대책위원회를 당시 상공부를 중심으로 구성하였다. 이곳에서 마련된
수입자유화정책의 기본방향은 첫째, 품목별 직접규제방식을 지양토록
한다. 수입의 허용은 국내가격이 수입가격에 비하여 현저히 높은 품목
부터 한다. 둘째, 국내산업보호는 직접수입규제(물량규제)에 의한 보호
에서 관세율로 이행하고, 장기적으로는 관세율도 인하해 가도록 한다.
셋째, 수입자유화에 대한 국내산업의 적응력 제고를 위하여 수입자유
화 예시제를 실시하고, 수출입 기별공고 및 무역절차의 간소화를 추진
한다.

이상과 같은 수입자유화의 기본방향에 따라 1978년 5월부터 다
음해 1월까지 세 차례에 걸쳐 수입자유화 및 예시품목에 대한 선정이
이루어졌고, 1979년 6월 '79하반기 수출입 기별공고'를 공고함으로써

본격적인 수입자유화가 추진되기 시작하였다.

4) 물가행정의 개편과 공정거래제도의 도입

한국경제는 강력한 경제개발계획의 수립·추진으로 높은 성장과 소득수준 향상이라는 정의 효과를 가져왔지만, 발전 초기 산업에 주어진 각종 보호와 지원정책은 스스로 다양한 형태의 규제와 간섭을 불러왔다. 특히 1972년 시행한 소위 '8.3조치'는 기업에 초강력 지원을 해준 반면, 시장에 대한 여러 가지 정부간섭을 가져왔다.

그 후 부가가치세제의 도입으로 새 제도 도입에 편승한 물가상승을 차단하기 위하여 독과점가격지정, 최고가격지정 등이 생겨나 정부의 물가억제를 위한 수단으로 사용됨으로써 물가정책은 그야말로 미시적인 규제행정의 표본이 되어 왔다. 그러나 정부의 물가안정을 위한 사전 시장간섭적인 노력은 국제원유가격 상승, 넘치는 외환으로 파생되는 유동성의 초과공급 등 강력한 물가상승요인 앞에 별 효과를 거두지 못하고 1970년대 연평균 17.5%의 물가상승을 가져왔다.

1975년 시행된 '물가안정 및 공정거래에 관한 법률'이 근거가 되어 매년 정부는 독과점사업자 및 품목을 지정하여 독과점품목을 대상으로 부당한 가격인상이 없도록 관리하여 왔다. 또한 부가가치세제 시행에 따라 물가의 편승인상과 수급질서의 교란 등 불안요인을 최소화하기 위하여 1977년 정부는 795품목의 가격표를 작성, 발표하였고, 수백 개에 달하는 독과점품목 및 주요품목의 공장도 최고가격 그리고 서울지역에 대한 생필품 소비자 최고가격을 지정 고시하였다.

이상과 같은 정부의 광범한 시장규제에 의한 물가안정 노력은

1978년 이후 계속 되었지만 앞서 언급한 바와 같은 대내외 물가상승 요인 앞에 별 효과가 없었다. 결국 지금 생각하면 상상하기도 힘들 정도로 정부의 광범위한 시장간섭이 이루어졌고, 그것도 비교적 정교하게 추진되었지만 기대하는 효과는 이루어지지 않고 오히려 물가는 높은 속도로 상승하기 시작하였다.

여기서 얻을 수 있는 교훈은 자유시장경제체제에서 정부의 시장 간섭에 대한 한계를 배웠다는 점이다. 아무리 정교하고 세심한 시책으로 규제를 시행한다 하더라도 시장은 그 간섭보다 앞서간다는 시장경제운영의 논리가 실증되었다. 이것이 당시 종합안정화시책이 나오게 된 직접적인 동기가 되었다.

물가관리에 한정하여 보더라도 그 운영시스템에 문제가 있었다. 즉 지금까지의 물가관리는 '물가안정 및 공정거래에 관한 법률'에 근거하여 독과점 상품 위주로 개별상품가격에 대한 직접규제 중심이었다. 이러한 개별 상품의 직접규제방식은 주로 원가를 중심으로 그 타당성 여부를 따지게 되었다. 이는 시장의 수급원리에 의해 형성되는 실세가격과는 일반적으로 괴리가 있게 되고 이에 따라 정부의 규제가격과 시장가격과는 이중가격이 형성되기가 일반적이었다고 분석할 수 있다. 이는 결국 품귀 또는 부족물자에 대한 매점매석과 암거래를 성행시켜 유통상의 혼란을 초래하였다.

1980년 전두환 대통령 정부는 경제운영방식을 정부주도 방식으로부터 민간의 창의성을 최대한 존중하는 민간주도 방식으로 전환할 것을 선언한다. 이는 제5차 경제사회개발계획의 기본철학인 '안정과 자율·개방' 중 자율과 개방이라는 뒷부분의 전략과 연결된다. 시장경제운영은 바로 시장의 자율이 전제되는 것이고, 그것이 민간주도방식이고, 경쟁체제를 도입·강화한다는 의미이다.

이러한 경제운영의 새 틀에 입각하여 물가관리도 종래의 개별품목에 대한 최고가격의 지정이나 독과점가격 결정 등 개별제한적 접근방식에서 벗어나 카르텔 등 경쟁제한적 행위나 불공정거래행위 같은 시장질서를 교란하는 근원문제를 제도적으로 접근하는 방식을 논의하게 되었다.

결국 정부는 경쟁체제 확립을 위한 제도적 수단으로 '독과점 규제 및 공정거래에 관한 법률'의 제정을 추진하게 된다. 공정거래에 관한 입법시도는 1966년 공정거래법(안)의 국회 제출을 시발로 1975년 '물가안정 및 공정거래에 관한 법률'이 제정 시행되기까지 4차에 걸쳐 행하여졌지만 그때마다 국회상임위 심의도 거치지 못한 채 폐기되곤 하였다.

발전초기 불리한 여건에서 규모의 경제를 통한 자본축적과 기술적 이익을 추구하기 위해서는 어느 정도 독과점화는 불가피하다는 성장우선의 명분과 기존 기업들의 동법 제정에 대한 강한 반발 때문이었다. 이러한 법 제정에 대한 저항 분위기는 1980년 국가보위비상대책위원회(국보위) 체제하에서 법제의 명분론 앞에 저항의 힘을 발휘하지 못하고, 1980년 12월 31일 '독점규제 및 공정거래에 관한 법률'의 이름으로 탄생되었다. 이 법은 크게 네 부분으로 집약할 수 있다.

첫째, 시장지배적 지위 남용 금지 그리고 기업결합 제한을 통하여 시장독점을 금지함으로써 가격의 동조적인 인상을 금지하였다.

둘째, 공동행위를 등록하도록 하여 부당한 공동행위를 금지시켰다.

셋째, 시장에서 재판매가격 유지행위를 포함한 불공정거래행위를 금지하였다.

넷째, 이러한 일을 담당할 부서인 공정거래위원회를 설치하되 초기에는 당시 경제기획원 내에 두도록 하고 운영은 준 독립기관으로 출범하도록 하였다.

경쟁질서법으로서 독점규제 및 공정거래에 관한 법률은 자본주의 체제 하에서 경제질서의 기본 규칙(룰)이며 여타의 경제정책이나 입법의 기초법적 성격을 가진다는 점에서 그 존재의의가 크며, 한국경제의 시장경제운영을 한 단계 격상시킨 제도라는 점에서 그 의의가 있다 하겠다.

이 법이 시행되면서 이 일을 담당할 공정거래위원회를 경제기획원 산하에 신설하는 과정에서 당시 경제기획원에서도 새로운 제도의 시행에 따른 논의가 오랫동안 지속되었다. 누구나 경험도 없고, 잘 알지도 못하고, 원론적인 논의만 하다 이것이 행정으로 시행되는 과정은 당시 경제관료들에게 시장경제운영이 무엇인가를 체험하게 되는 계기가 되었다. 교육효과가 큰 새 제도의 도입이다. 공정거래위원회는 1990년대에 들어와 정부 내에 독립기구로 발전되었고 한국 자본주의 발전에 기여하고 있다.

5) 임금안정과 인력개발

1970년대에 들어와 한국경제의 구조변화는 인력수급의 불균형이 나타나면서부터 시작되었다 해도 과언이 아니다. 경제개발 초기 한국경제는 다른 개발도상국들과 마찬가지로 인력의 과잉, 즉 잉여인력의 시대였다. 그러나 빠른 경제성장과정에서 특히 건설인력의 중동진출이 두드러졌던 1970년대 중반 이후 특정부문에서 인력부족 현상이 심화되기 시작하는 인력수급 구조상의 변화가 나타나기 시작하였다.

특히 1970년대 후반에 들어 실업률의 감소와 함께 경영 및 기술계 고급인력과 기능인력의 부족현상이 뚜렷하게 나타났다. 이러한 인력부족은 일시적으로 기업의 인력스카우트 경쟁을 촉발시켜 산업노동인력이 이리 몰리고 저리 몰리는 유동화 현상이 나타났다.

인력수급의 변화는 근로자 임금의 과도한 상승을 가져왔다. 특히 대졸자 초임의 급상승과 학력 계층간의 임금격차를 확대하는 요인이 되었다. 즉 1975년 이후 1979년까지 명목임금상승률은 연평균 30%를 상회하였고 명목임금에서 소비자 물가상승률을 제외한 실질임금상승률은 1976부터 1978년까지 3년 동안 노동생산성 증가율이나 경제성장률을 앞지르게 되었다. 이러한 과도한 임금상승률은 한국제품의 원가상승요인이 되어 국내물가를 올리고 결국 한국제품의 국제경력을 떨어뜨리는 역할을 하게 되었다. 이러한 현상을 치유하기 위하여 경제안정화시책에서는 다음과 같은 원칙을 제시하였다.

첫째, 전반적인 임금상승률은 기업의 지불능력을 상한선으로 하고, 근로자의 최저생계비를 하한으로 하여 노동생산성 범위 내에서 이루어지도록 함으로써 임금상승률이 물가에 전가되지 않도록 한다. 그러나 이 원칙은 원론적인 원칙에 불과하고 제대로 지켜지지 못하였다. 1980년대 초반 그런대로 지켜지던 이 원칙은 1980년대 후반 이후 민주화 과정에서 노동계의 격렬한 투쟁이 시작되면서 거의 지켜지지 못하였다.

결국 제품 단위노동비용이 한국경제의 경쟁국들인 일본, 대만, 싱가포르 등보다 높게 나타나 한국제품의 전반적인 경쟁력 약화의 원인이 되었다.

둘째, 해결책은 기업의 생산성과 지불능력의 차이에서 오는 임금격차와 근로자 개인별로 나타나는 학력별, 직종별, 성별 임금격차를 줄이는 것이 관건이라고 생각하였다. 이에 대한 종합적인 해결책은 대학입학정원을 대폭 확대하고, 인력시장의 조직망을 체계화하는 것이라고 판단하였다. 1년에 기 천명에 불과하던 대학입학정원의 증가를 1981년까지 전문대학을 포함하여 10만 명대로 늘리고, 1980년에 대학졸업정원제를 실시하여 인력공급의 양적 확대를 추구하였다.

대학정원의 확대와 졸업정원제의 채택은 전두환 대통령의 집권과정인 국보위 시절에 이루어진 제도의 개혁이었다. 만일 정상적이 체제가 지속되었다면 교육계의 반발에 이러한 급진적 제도전환은 어려웠을 것이다. 1978년 당시 경제기획원 경제기획국에서 근무하던 저자가 이 문제를 직접 다루었던 기억으로는 졸업정원제는 그 제도의 합리성 여부를 떠나 당시 교육정책을 담당한 인사나 직접 교육에 종사한 인사 모두가 받아들이기 어려운 측면이 있었다고 판단한다.

앞서 논술한 바와 같이 우선 이 문제는 교육계의 자존심을 건드리게 되었다. 우선 국가의 백년대계인 교육문제를 아마추어인 경제기획원 사람들이 이러쿵저러쿵하는 것 자체가 교육정책당국자로 하여금 자존심을 상하게 만들었을 것이다. 또한 지금까지 교육문제는 인력수요자인 시장의 요구보다는 공급자의 입장에서 교육의 질을 확보한다는 명분 아래 자기들이 공급을 좌우하여 왔는데 어느 날 시장의 수요에 따라 대학정원이 조정된다고 한다면, 지금까지 그들이 향유하여 온 힘(권력)을 빼앗길까 마음 속으로 두려워하는 측면이 있었을 것이다.

어떻든 이 문제를 제기한 초기에 당시 문교부의 반발은 대단하였고, 따라서 정책화는 거의 기대할 수 없었다. 그것이 비상시국인 국보위 시기를 맞아 할 수 없이 채택되는 수모를 문교부가 받았다고 할 수 있다. 그러나 이 제도는 시행 된지 3년이 지나 폐지되고 말았다. 그 결과 교육문제는 21세기 한국 국가운영에 가장 어려운 과제로 아직도 남아 있다.

인력공급 확대정책과 함께 시장의 임금안정을 유도하기 위한 정부의 노력은 가시화되었다. 무엇보다 정부가 솔선수범하기 위하여 공무원 봉급인상을 일정률로 묶고, 독과점 품목의 가격 산정 시 임금인상 폭을 일정 수준으로 묶음으로써 민간기업의 임금인상 자제를 유도하였다. 이러한 경제안정화종합시책의 추진에 따라 1980년대 전반기 한국경제는 임금이 안정되고 국제경쟁력도 살아나 1980년대 후반 소위 3저의 호황기를 맞아 눈부신 발전을 이루게 된다.

6) 중화학공업 투자조정

1970년대에 들어서면서 부존자원과 자본축적이 부족한 한국경제는 자력성장구조 실현의 일환으로 소재산업의 육성을 통한 수입대체를 이루고자 중화학공업 개발계획을 야심적으로 수립·추진하였다. 그러나 중화학투자의 경험이 적고 자본축적이 적은 한국경제의 여건은 대규모 중화학공업 투자를 하기에는 당시 힘에 붙이는 상황이었다. 결국 투자재원을 외부차입에 의존하고 기술력이 부족한 부분은 의욕으로 이를 채우고자 하였다. 무리가 따르는 여건이었다.

한국의 중화학공업의 투자는 정부나 기업 그리고 시장의 발전흐름으로 볼 때 서로 모두 원하는 그런 상황이 조성된 상태에서 출발하였다고 할 수 있다. 한국경제가 당시 이를 감당할 능력이 있느냐 여부의 문제만 제쳐놓고 보면, 당시 중화학공업투자는 각 경제주체들이 각기 다른 목적과 이해를 가지고 앞으로 가자는 데는 이해가 합치된 상황이었다고 할 수 있다. 1970년대 한국경제의 발전과정에서 설명하였듯이, 한국정부는 특히 고 박정희 대통령은 1960년대 수출공업화의 발전을 기반으로 하여 북한 김일성이 추구하는 무기확장에 맞서 한국의 자주적인 방위력 증강에 관심을 갖게 되었다.

방위산업 육성을 내부적으로 추진하는 상황 속에서 마침 경제개발 측면에서 소재산업의 육성이 앞으로의 자력성장구조를 위하여 필요하다는 논리가 제기되었다. 방위산업과 소재산업, 두 산업이 서로 중복됨을 알게 된 정부는 이를 1970년대 중화학공업의 육성계획으로 발전시켰다. 이 일의 출발은 자연스럽게 정부가 이니셔티브를 가지고, 대형프로젝트이기 때문에 관련 대기업과 협의를 거쳐 계획을 마련하게 되었다.

우선 기술이나 비즈니스의 차원에서 기업과 상의를 하여야 하는 것이 정부의 입장이고, 기업은 대형프로젝트를 처음부터 관여하여 만들어가는 것이 이익이 된다는 이해의 합치가 나오게 되었다. 우선 대형투자를 기업은 정부의 지원하에 추진할 수 있게 되었다. 마침 1970년대 중반 수출의 호조와 중동건설 붐을 타고 한국경제는 호황을 이루는 때이므로 대기업의 입장에서는 중화학공업투자를 물실호기 다다익선으로 과욕을 부려가며 추진하고자 하였다.

중화학공업 사업의 특성상 사업초기 대규모 투자비와 창업초기 자금이 많이 소요되는 점을 감안하면, 이러한 자본의 동원을 당시 기업은 정부에 의존하지 않을 수 없는 상황이었다. 따라서 중화학공업에 참여하려는 기업들은 대부분 자기 자본 동원능력을 생각하기보다는 정부의 지원이 전제된 이 사업에 무조건 참여하고 보자는 심리가 생겨 너도나도 경쟁적으로 중화학공업개발에 뛰어들었다. 특히 대기업들은 중화학공업개발이라는 열차에 다른 기업들에 뒤질세라 무조건 승차하고 보자는 심사로, 사업의 타당성이나 자기 기업의 감당능력은 다음에 생각하기로 하고 우선 행동을 취하였다.

1970년대 중반 세계경기가 다시 회복될 무렵 한국경제도 엄청난 호황을 맞게 된다. 해외자금 유입으로 돈은 풀리고 중동진출 근로자 가계소득은 급격히 상승하여 사회전체가 붕 뜨는 시기를 맞아 공교롭게 이 시기에 한국의 중화학공업개발 추진이 본격화되었다. 따라서 개발초기 이러한 호황 덕분에 대규모사업들의 추진은 그럭저럭 꾸려나갈 수가 있었다.

그러나 중화학공업의 특성상 그 투자는 많은 자본과 시간이 소요되는 사업이다. 1970년대 말 대단위사업들이 10여 년의 추진 끝에 마무리 단계에 들어갈 무렵 세계경제는 제2차 석유파동으로 하강국면으로 전환되고 국내경기도 소강상황으로 전환되었다. 반면 종료단계에 들어간 대단위사업들의 마무리 투자와 시운전자금 등으로 관련기업들의 자금소요는 엄청나게 불어나는 상황을 맞게 되었다. 애당초 경제성에 오히려 별 신경을 쓰지 못한 채 출발한 중화학공업개발은 이러한 상황의 변화 앞에서 자생력을 잃고 말았다. 이상이 한국경제의 중화학 공업 투자조정의 배경이다.

그러나 1970년대 말과 1980년대 초 한국경제는 박정희 대통령의 장기집권 말기 무기력함과 신군부 집권과정에서 오는 혼란 등으로 큰 시련을 겪게 된다. 그 와중에 들어선 중화학 투자조정은 출발부터 추진에 이르기까지 많은 시행착오를 거치게 된다. 그야말로 실패를 예약한 정부주도 투자조정은 그 결과보다는 조정과정에서 당시의 정치·경제·사회 상황의 변화되는 모습과 나름대로의 순수성이라고 하는 이중잣대를 함께 보게 된다. 따라서 당시의 조정과정을 경제논리보다는 대처하는 정부와 기업의 당시의 변화 모습들을, 영상을 보듯 다음에서 가볍게 보고 지나가고자 한다.

❶ 1979년 5월 25일 투자조정

1979년 박정희 대통령의 말기는 지금까지 추진해 왔던 중화학공업의 투자조정을 더 이상 미룰 수 없는 상황을 맞는 데서부터 출발한다. 그러나 대업들이 그동안 힘들여 추진해 거의 끝맺음 단계에 들어선 대형사업들을 정부가 손대는 것이 매우 어려운 일이 아닐 수 없었다. 한국경제의 입장에서는 이것에 대한 처리방안을 확정하지 않고는 그 부담을 감내할 수 없는 지경이 되었고, 반면 대형사업의 조정은 기업의 입장에서는 사활을 건 중대한 일이니 여기에 손을 대는 일은 정치의 역학관계상으로도 매우 미묘한 사안이기도 하였다.

경제기획원은 이를 손 보는 일에 총대를 메고 나섰다. 1979년 5

월 25일 경제기획원이 확정 발표한 '현대양행 창원공장 및 옥포조선소에 관한 대책'이라는 이름의 보고서는 이 발표문의 제목과는 달리 전반적인 중화학공업 투자조정정책의 첫 사업이 되었다. 그 내용은 3부문으로 나누어져 있다.

첫째, 현대양행, 대우중공업, 삼성중공업이 각기 추진하고 있는 발전설비 분야는 상호 합자 또는 통합하여 그룹별로 이원화하되, 제1그룹은 현대그룹이 현대양행에 증자하여 만들고, 제2그룹은 대우중공업과 삼성중공업이 상호 합자 또는 통합하여 발전소 건설 입찰시(원자력발전소 제외) 두 그룹으로 참여한다. 현대양행은 재무구조 내실화를 위하여 창원사업과 관련 없는 방계회사를 1980년 6월까지 처분한다. 현대양행의 자기자본 충실화를 위하여 1980년 6월까지 일정률 범위 내에서 현대그룹이 증자토록 하고 필요한 경우 산업은행도 일부 출자한다.

둘째, 옥포조선소의 건설은 1978년 8월 사업주체를 조선공사에서 대우가 인수키로 결정된 바에 따라 대우가 계속 추진한다.

셋째, 건설중장비 부문에서 불도저와 로더의 국내수요가 극히 적은 데 비하여 현대양행의 과잉시설이 문제이나 이를 한 기업에서 모두 담당할 경우 독점체제의 문제가 발생하므로 이는 발전설비 조정이 확정된 후 별도 논의키로 한다. 이와 아울러 석유화학도 그 원료의 일부를 제외하고는 구조적으로 경쟁조건이 불리하나 우리가 자급하지 못할 경우 이의 안정적 확보문제가 제기됨으로써 제3석유화학의 건설은 정유시설 확장계획의 확정시 다시 논의하기로 한다.

이상과 같이 발전설비를 중심으로 한 1979년 5월의 중화학공업

투자조정은 당초 확정된 계획대로 추진되지 않은 가운데 1979년 8월 경제기획원은 '중화학공업 추진의 당면과제와 대책'이라는 내부검토자료를 만들었다. 지금에 와서 생각하면 이미 3개월 전 정부가 중화학공업 조정대책을 발표하고 그 추진이 제대로 되지 않은 가운데 이에 대한 해결보다는 다시 원론으로 돌아가 다시 당면과제를 검토하고 대책을 강구한다는 접근 자체가 잘못된 것으로 판단된다.

아무튼 당시 경제기획원은 중화학공업의 자금부족 심화, 극심한 시설과잉 그리고 구조적 부실투자에 따른 문제사업을 철강, 기계, 조선, 자동차 등으로 부문별로 파악하여 종합정리 및 각종 해결방안을 모색함으로써 구체적 대책을 수립하고자 시도하였다. 그러나 이 보고서가 완결된 후 두 달 뒤인 1979년 10월 26일 박정희 대통령의 시해사건이 발발하여 중화학투자조정 문제는 덮어두게 되는 결과를 가져왔다.

그러나 당시 이런 조정계획들과 관련하여 생각해 보면 정부가 어떻게 시장경제체제에서 기업의 조정에 감 놔라 대추 놔라 할 수 있는지 이해가 되지 않는다. 중화화공업개발계획 추진이 처음부터 시장경제운영과는 거리가 있게 시작되었으니 그 결과도 정부가 함께 책임지는 모습으로 나타났다고 할 것이다. 물론 이 투자조정이 박대통령 시해 후 국보위라고 하는 비상체제이었기에 결론이 났지 만일 박정희 대통령의 집권이 계속되었다면 이런 시장조정이 가능하였을까 의문이 아닐 수 없다. 시장경제운영의 가장 나쁜 본보기로 계속 남았을 것이다.

❷ 1980년 8월 19일 및 1980년 10월 7일 투자조정

박정희 대통령 시해사건으로 비상시국을 맞게 된 대한민국은 1980년 5월 31일자로 국가보위비상대책위원회(국보위)의 통치하에 들어가게 된다. 전두환 상임위원장이 이끄는 국보위는 출범 직후인 1980년 8월 19일 '발전설비 및 자동차 분야 통합을 위한 투자조정'이라는 새로운 중화학투자조정안을 확정, 발표하게 된다. 국보위 상공자원분과위원회 명의로 공식발표된 발표문은 당시 비상기구가 보는 한국경제에 대한 공식적인 평가문이라는 점에서 의미가 있다. 그 총론 중의 일부를 인용하면 다음과 같다.

"특히 1979년 5월 25일 경제안정화 통합시책의 일환으로 발전설비 분야를 중심으로 한 중화학공업 분야 전반에 대한 투자조정작업을 착수했지만 그것은 재벌의 과도한 팽창의욕을 진정시키는 정도의 효과에 그쳤으며, 투자재원의 한계성을 고려하지 않고 경쟁체제만 이루어지면 곧 수출이 될 것이라고 판단하는 것은 중공업분야의 국제경쟁력을 너무 안이하게 생각한 점이 없지 않았습니다. 현재의 내수시장규모나 기업의 투자능력 그리고 자본의 한계성 등 국내 경제여건을 감안할 때 중화학공업 분야에 대한 과잉투자와 중복투자의 부작용과 역기능을 그대로 방치해 둔다면 이는 기업이나 금융기관 모두가 부실화를 심화시키는 결과밖에 되니 않으며, 나아가서는 국가경제 전반에 대하여 심각한 사태를 불러일으킬 우려가 있는 것입니다. 따라서 정부는 투자의 효율을 제고시켜 국민의 부담을 경감시키고 이들 사업을 내실화시킴과 동시에 중화학공업의 기틀을 공고히 다져 우리가 지향하는 국민경제의 지속적인 성장과 수출산업으로 커 나갈 수 있도록 하기 위하여 중화학 분야에 과열투자가 이루어진 핵심부문인 발전설비, 자동차 그리고 건설중장비 부문을 우선 제1차 조정대상으로 결정하였습니다."

이 성명이 가지고 있는 특징은 당시 권력실세들이 보는 중화학공업은 잘못하면 한국경제 전체에 심대한 영향을 주는 부담이 되는 부문이라는 점과 중화학공업을 한국경제의 성장과 수출산업으로 생각하고 있다는 점이었다. 당시의 한국경제의 입장에서 중화학공업을 그렇게 보는 것은 큰 시각에서 타당성을 가지고 있다고도 할 수 있다. 즉 정부가 나서서 투자조정을 해야겠다는 지금까지의 논리에서 벗어나지 못하고 오히려 더 강도 높은 투자조정을 하게 된 것은 후일 너무나 많은 시행착오와 종국적으로 실패를 예고한 서슬퍼런 조치였다.

조치의 내용을 살펴보면 첫째, 발전설비와 건설장비 생산과 관련해서는 현대양행의 군포공장을 포함한 창원공장과 대우의 옥포종합기계를 1개 법인으로 통합·합병하여 대우그룹이 책임지고 경영토록하고, 둘째, 자동차 산업에 대해서는 현대자동차와 새한자동차를 1개 법인으로 통합·합병하여 현대그룹이 책임지고 경영토록 하며, 기아산업에 대해서는 중(重)차량 전문업체로 육성토록 함으로써 승용차 생산을 중단하게 하였다.

그러나 이 투자조정도 시행과정에서 당장 변질된다. 우선 발전설비는 그 운영 정상화를 위해서 많은 자금이 필요한 것으로 평가되어 오랜 논란 끝에 정부, 산업은행, 외환은행이 출자하여 자본금 3,800억 원 규모의 공사(한국중공업)를 설립하기로 하였다. 따라서 당초 대우에서 경영권을 맡기로 하였던 계획은 변화되어 이 공기업은 발전설비의 실수요자인 한국전력의 계열사로 하여 당시의 한전사장이 한국중공업 사장을 겸임하도록 하였다. 자동차의 경우도 당초 통합계획이 무산되어 결국 승용차, 버스, 8톤 이상 트럭 등은 현대와 새한의 경쟁체제로 환원하고 기아는 1~5톤 트럭, 동아는 특장차만을 생산하는 것으로 1981년 2월 28일 마무리되었다.

이상의 발전설비 및 자동자 공업의 투자조정에 이어 국보위는 여타 중복 과잉투자 부문에 대한 조정을 1980년 10월 7일 확정·발표하였다.

첫째, 전자교환기는 제1기종(ITT/BTM)의 경우 삼성계열의 한국전자통신(KTC)이 동양정밀을 흡수하고, 제2기종은 금성반도체가 대한통신을 흡수통합하여 각각 독립한다. 동양정밀을 농·어촌 전자교환기 전문생산업체로 지정하고 대우그룹은 대한통신 출자지분 20억원을 회수, 한국중공업 발전설비사업에 출자한다. 대신 대한통신은 기계식 사설기내교환기를 독점 생산한다.

둘째, 중전기 부문은 154KW급 이상 초고압변압기 생산은 효성중공업이 쌍용전기와 코오롱조압기계를 흡수통합하여 독점한다. 현대중전기는 수출과 선박용 등 자체 수요에 한해 생산하고 금성기전은 차단기, 신한전기와 대명중전기는 주상(柱上)용 변압기를 전문 생산한다. 이천전기는 효성중공업에 통합되거나 현재 생산품목을 전문생산하거나 양자택일한다.

셋째, 디젤엔진은 6,000마력 이상 대형엔진은 현대엔진이, 400~6,000마력 중형은 쌍용중기가, 400마력 이하 소형은 대우중공업이 맡는 3원화 체제를 유지하되 대우의 선박용 엔진사업을 쌍용중기에 통합시키고 대우는 버스, 트럭 등 육상용 엔진만 생산한다.

넷째, 동제련은 한국광업제련이 온산 동제련에 대한 산은 출자분을 매입함으로써 온산 동제련사업을 흡수 통합한다.

1980년 국보위가 기획력(?) 있게 취한 이상의 중화학투자조정은 그 이후 추진과정에서 대부분 변질되어 유야무야된 결과를 가져왔다. 생각하면 한국도 이런 전근대적 발전과정이 있었나 부끄러울 정도이고 아무리 그렇다 하더라도 그래 시장을 자기 밥상 차리듯 이리저리 제멋대로 이합집산을 시킨 당시 국보위 담당자들은 무식의 극치를 이룬 행동을 하였다.

세계역사상 자본주의가 발전된 이후 이런 사례가 있었을까? 당초 1970년대 초 중화학공업개발계획을 만든 사람부터 국보위 마지막 조정작업을 한 사람에 이르기까지 이들은 한국경제발전사에 오점을 찍은 장본인들이라고 저자는 평가한다.

두 가지 생각을 추가한다. 하나는 아무리 서슬퍼런 권력이라 할지라도 권력의 속성상 시간이 가면서 이것은 변화하게 마련인데 시장의 기능은 변함이 없다는 점이다. 시장의 경제활동은 언제나 경제성과 시장논리에 의하여 이합집산한다. 따라서 아무리 막강한 권력이 시장을 이리 가르고 저리 제쳐놓아도 결국 언젠가는 이러한 보이는 손에 의한 변화는 시장논리로 다시 수렴하게 마련이라는 점이다.

다른 하나는 한국경제가 1998년 IMF와 대기성차관협정을 맺은 이후 한국경제의 구조개혁을 한다는 미명하에 이름하여 기업의 빅딜(big deal)이다 또는 금융기관 조정이다 하여 많은 조정을 하였다. 그것도 결국 1980년대 초와 같은 많은 실패를 한국경제에 안겨주었다. 빅딜은 IMF Stand by 추진과정에서 당시의 김대중 대통령과 박태준 회장의 작품이다. 그것도 물론 무식의 소치라고 할 수도 있지만 권력의 속성상 시장을 좌지우지 하고 싶은 권력자의 본능이 아닌가 싶다.

결국 1980년대 초 중화학 투자조정이나 20년 후인 1990년대 말한국경제의 구조조정에 있어서 정부가 다급한 마음에 칼을 빼 들고시장을 이리저리 정리한 것은 그 당시 아무리 순수한 동기에서 출발한 정책이라 할지라도 시장의 속성상 그것은 실패를 약속한 것이나다를 바 없다. 이 두 시기가 한국자본주의를 한 단계 격상시킬 수 있는 절호의 기회였는데 이를 모두 놓쳐버린 결과가 되었다.

7) 부동산가격 안정

1970년대 중반 이후 세계경제는 제1차 석유파동의 후유증에서벗어나 호황국면으로 전환하고, 석유자금의 환류가 원활이 이루어지면서 중동지역 건설이 활기를 띠어 한국의 수출 등 해외진출이 확대되었다. 그 와중에 대형 중화학분야의 투자가 내수 경기를 더욱 활성화시켜 한국경제는 바야흐로 큰 호황기를 맞게 된다.

수출물량을 대지 못하는 공급부족, 대형건설사업의 추진에 따른건설인력과 건축자재의 공급장애, 소득증가에 따른 주택, 토지, 건축물 등 부동산에 대한 폭발적 수요의 증가 등 바야흐로 부족경제시대를 맞게 된 것이 1970년대 말까지 한국경제 실상이었다. 이러한 부족경제는 투기적 수요를 낳고 특히, 그 중에서도 주택 등 부동산 부문의투기 소용돌이가 심각한 지경에 이르게 되었다.

부동산에 대한 수요가 타 실물부문에 비하여 급증한 원인은 수요와 공급 양면에서 애로가 발생한 데다가 사회적인 투기수요마저 가세한 때문이라고 분석할 수 있다. 수요측면을 분석해 보면 지속적인 경제성장에서 온 가계소득의 증대, 인구증가와 핵가족화의 진행에 따른 가구수의 증가, 공업화 진행에 따른 도시화의 급속한 진행 등을 거론할 수 있고, 여기에 더하여 특수한 상황으로는 해외근로자의 송금증가와 이들의 재산가치 보전수단으로서의 주택선호 등을 들 수 있다. 공급측면에서 보면, 수출호조에 따라 공산품공급이나 건설자재의 해외반출이 우선적으로 하도록 되어 있는 제도, 우수 건설인력의 해외파견 그리고 제한된 토지의 공급 등을 들 수 있다.

이상과 같은 수요 공급 양 부문의 애로가 상호작용하여 부동산 가격은 엄청난 상승을 초래하였다. 당시 주택은행 분석에 의하면 1965년을 100으로 한 1978년 가구소득지수는 2.004로 연평균 25.9%가 상승하였는 데 비하여 주택가격지수는 2.996으로 연평균 29.9%, 택지가격지수는 5.013%로 연평균 35.2%가 상승하였다. 부동산 투기가 크게 나타나고 있음을 알 수 있다. 이러한 투기적 수요의 발생은 경제전체에 큰 영향을 미치게 된다. 즉 정상적인 근로소득의 가치 상실, 합리적 자원배분의 왜곡, 사회적 위화감의 형성 등 국가경제 운영에 큰 문제를 제기하게 된다. 이에 경제기획원은 1978년 8월 8일 '부동산투기 억제와 지가 안정에 관한 종합대책'(88부동산대책)을 수립, 발표하기에 이른다. 그 주요내용은 대략 5가지로 집약할 수 있다.

❶ 토지거래에 관한 허가 및 신고제 도입: 부동산투기가 성행하거나 우려가 있는 지역 그리고 지가가 급격히 앙등하거나, 앙등할 우려가 있는 지역을 투기규제지역으로 설정하여 그 지역 내에서의 일정규모 이상 토지거래에 대하여는 정부의 사전허가를 받도록 하고, 기타지역에 대해서도 일정규모 이상의 거래에 대하여는 신고를 의무화하도록 한다. 이를 위하여 국토이용관리법을 개정하여 실시하였다. 그러

나 1980년대 초 종합안정화시책의 추진으로 경제가 안정을 찾아 부
동산 투기가 사그러들자 유야무야되었다. 그것이 1980년대 말 올림
픽 이후 한국경제에 다시 부동산 투기가 일자 본격적으로 토지거래
에 대한 허가제 및 신고제가 강화 실시되어 지금까지 운용되고 있다.

❷ 기준고시지역의 확대: 부동산투기 발생지역이 주로 도시 및 주변지역
인 점을 감안하여 전국 36개 시의 도시계획구역 전역에 대한 기준지
가를 조속히 고시함으로써 토지가격의 안정과 토지보상비의 적정화
를 기하도록 하였다.

❸ 거래질서의 확립: 투기의 전형적인 미등기 전매, 중개업자에 의한 허
위정보의 유포, 가격조작 등의 문제를 해결하기 위하여 부동산 소개
업자에 대한 허가제를 실시하고 부동산등기법을 개정하여 부동산
등기 시 관인계약서를 첨부하도록 하였다.

❹ 부동산세제의 보완: 양도소득세제를 강화하여 그동안 토지중심 과
세를 토지, 건물 공히 50%의 균일세율을 적용하도록 하고, 공한지
세제를 강화하여 비업무용 토지의 보유나 토지의 생산적 이용을 게
을리 하는 단순 토지보유를 제한하도록 하였다.

❺ 토지개발공사의 설립: 토지개발공사를 설립하여 공공용지 공급의 원
활화, 저렴한 택지공급의 확대를 기하도록 하였다.

이상의 88부동산대책의 결과 1970년대 말에 일어났던 부동산 투
기는 정부의 강력한 의지표명과 새로운 제도의 도입으로 투기의 진정
효과를 나타냈다. 더욱 국토이용관리법령에 의한 규제지역 지정 및 거
래허가·신고제의 상시 활용 가능성은 지금까지 투기 양태는 물론 사
전의 조짐도 용납하지 않는다는 정부방침을 분명히 하는 것이기 때문

에 부동한 투기에 대한 사후는 물론 사전적 예방에도 기여하였다고 할 수 있다.

그러나 부동산 투기방지는 근원적으로 부동산 투기수요가 발생하지 않도록 경제운영을 건실하게 해 나감으로써 해결되는 것이다. 따라서 1970년대 말의 부동산 투기도 '88부동산대책'의 효과도 있었지만 근원적으로는 1980년대 초 경제안정화시책의 추진에 따라 경제·사회 전반의 안정분위기로 해결시켰다고 하여야 할 것이다.

제4절) 경제안정화종합시책의 추진에 대한 종합평가

1980년대를 열어가면서 한국경제는 정부의 지도에 의한 경제개발연대를 졸업하고, 바야흐로 시장경제운영의 시대로 진입하게 되었다고 저자는 평가한다. 그 배경에는 경제안정화종합시책과 제5차 경제사회발전5개년계획이 있었다. 이름은 서로 다르지만 두 계획의 철학이나 전략은 같다고 할 수 있다. 이인동략(異人同略)이랄까? 두 계획은 1960년 한국경제가 정부주도의 종합경제개발계획으로 개발연대를 시작한지 만 20년 만에 이제 시장중심의 시장경제운영 시대의 출발을 열게 만들었다.

개발연대 한국경제는 절대빈곤을 탈출하고, 수출과 대외개방적 경제운영전략을 선택하였다. 전통 농업중심의 산업구조에서 기술개발을 토대로 제조업 그것도 일반 경공업과 함께 중화학공업을 발전시켜 새로운 공업경제구조로 전환하였다.

그러나 1970년대 후반 호경기에 나타난 인플레를 제대로 진정시키지 못한 가운데 세계경제는 1970년 다시 제2차 석유파동과 함께 침체의 늪으로 들어가기 시작한다. 이러한 변혁기에 한국경제는 그동안 능력에 넘치게 추진되었던 대형 중화학공업 사업들이 완공 내지 마무리단계에 들어갔다.

1979년 3월 어렵사리 종합안정화시책을 마련하여 추진에 들어갔고, 이어 5월 대형 중화학투자에 대한 조정작업을 선언하였다. 경쟁력이 없는 대형중화학사업의 투자조정이 없이는 경쟁력을 확보할 방도가 없다는 판단에서다. 그러나 이런 중대한 경제조정시책들이 본격적으로 추진되기 시작한 직후인 1979년 10월 26일 한국경제는 박정희 대통령 시해라고 하는 역사적 사건을 맞게 된다.

그동안 성장정책에 보다 익숙하게 된 한국경제는 안정위주로의 진로수정을 그대로 받아들이기에는 설득과 국민적 합의를 이루는 과정이 너무 부족하였다. 다만 강력한 집권자의 의지에 지탱되어 겨우 추진이 시작된 종합안정화시책은 통화의 긴축운용과 중화학공업사업의 투자조정이 시작되자 많은 현실적인 문제들이 등장하게 되고, 이에 따라 금융긴축을 위한 금리인상이나 투자사업의 조정이 1979년 4월 이후 어렵게 추진되어 가고 있었다. 그것이 그 해 말 박정희 대통령의 서거로 그만 추진력을 잃고 말았다.

1980년 한국경제는 새로운 집권세력의 등장과정에서 일어난 정치적 혼란 속에 제2차 석유파동이라는 외부충격이 겹쳐 마이너스 1.5%라고 하는 충격적인 마이너스 경제성장을 맞게 된다.

이 과정에서 전두환 대통령이 등장하게 되고, 그는 집권하자마자 빈사상태에 있는 한국경제를 회생시켜야 하는 임무를 맡게 되었다.

그는 당시 마침 작업이 마무리 단계에 있는 제5차 경제사회발전5개년계획안(1982~1986)을 접하는 기회를 갖게 되었다. 5개년계획의 작업진행은 계획의 마무리 단계에서 대통령을 모시고 전 각료들이 참석한 청와대회의에서 보고하고 종료하는 것이 일반적 절차다. 당시 이 일을 실무적으로 책임지고 있던 저자는 청와대 보고 과정에서 다른 숙제를 안게 되었다.

대통령께서 제5차 계획의 부문별 계획을 별도로 모두 보고하라는 명을 받은 것이다. 그래서 시작된 부문별계획내용을 몇 주에 걸쳐 보고받으면서 전두환 대통령은 한국경제의 실상을 여과 없이 들을 기회를 갖게 되었다. 이 기회가 전두환 대통령으로 하여금 한국경제의 구조적 문제를 풀지 않고는 장기적 발전을 가져올 수 없다는 평가를 스스로 다짐하게 된 계기가 되었으리라고 저자는 짐작한다.

앞서 언급하였지만 여기 잠시 당시의 경제상황을 보다 상세하게 다시 분석해 보고 가자. 1979년과 1980년 한국경제의 외부환경은 매우 어렵게 전개되었다. 무엇보다 국제원유가격이 배럴당 1979년 16.7달러였던 것이 1년 후인 1980년에는 30.8달러로 상승하여 거의 같은 물량을 수입한 한국 원유수입액은 31억 달러에서 1년 만에 56억 달러로 늘어났다.

이런 국제원유가격의 상승은 세계교역량 증가율을 1년 사이 3분의 1로 급감하게 만들었다. 국내적으로는 박정희 대통령의 시해 이후 극도의 정치 사회적 혼란이 지속되어 생산 및 투자활동의 부진, 관광

수입 감소, 수출상담 중단 등 경제활동이 침체되었다. 설상가상으로 냉해에 따른 농작물의 작황부진, 특히 미곡의 흉작 등으로 1980년 국민총생산은 −1.5%의 마이너스 성장을 이루었고, 40%대의 도매물가 상승률과 57억 달러의 국제수지 상의 경상수지 적자를 나타내었다. 한국경제는 물가불안, 실업증대 그리고 국제수지 악화라는 소위 '삼중고(三重苦)'를 겪게 되었다.

경제안정화종합시책은 명맥만 남아 있고, 단기적으로 빈사상태에 빠진 한국경제상황은 전두환 대통령이 이끄는 새 정부를 맞이하게 된다. 새로운 집권자들이 쳐다볼 곳은 그나마 때마침 준비된 제5차 경제사회발전 5개년계획이었을 것이다. 장기 경제발전과제인 이 계획에서는 '안정과 능률 균형'을 기본이념으로 하여 시장경제운영을 그 기본틀로 제시하고 있다.

이러한 상황을 종합하여 새 정부가 선택한 경제운영의 기본이념은 시장경제운영을 위하여 '안정과 자율·개방'이라고 하는 두 개의 축이고, 이의 시행을 위해서는 기왕에 만들어졌던 경제안정화시책을 보다 보완·강화하기로 결정하였다. 지금까지 정부중심적 개발전략시대를 마감하고 이제 보다 시장중심적 경제운영을 경제운영의 전략으로 선택하였다. 한국경제발전사상 하나의 큰 전환을 이룬 것으로 평가할 수 있다.

여기서 저자의 사견(私見)을 이야기하고자 한다. 역사에 만약은 없지만 우선 박정희 대통령의 시해가 없었다면 과연 안정화시책의 추진과 시장경제운영의 전환이 어찌 되었을까?

결론부터이야기 하면 80년대의 마이너스 경제성장 위기는 좀 더 차분하게 극복하고 경제는 보다 빨리 정상화되었을 것이다. 그러나 안정화시책의 본체는 유야무야되어 사라졌을 것이다. 왜냐하면 안정화정책에 대한 저항은 정부 내·외에서 모두 엄청났기 때문에 그리고 박정희 대통령 자신이 처음부터 그리 탐탁하게 생각하고 있지 않았다고 판단하기 때문이다. 그래서 결국 정부 담당들은 교체되어 새 경제사령탑이 나타나고, 한국경제의 구조조정은 물 건너 갔을 것이다.

다만 중화학투자 조정은 박대통령하에서 이루어졌으면 좀 더 조용하게 넘어갔을 것 같다. 우선 정치적으로 안정되어 있고 결자해지로 당초 계획에 참여한 인사들에 의하여 차치고 포치고 할 것이기 때문이다. 그러나 그 결과는 오히려 한국경제의 중증병세로 감추어지고 나중에 더 어려움으로 한국경제에 다가왔을 것이라고 짐작한다.

다음은 당시 종합안정화시책이 없었다면, 또는 제5차 계획이 준비되지 않은 상태에서 전두환 대통령 정부가 출발하였으면 어찌 되었을까? 이에 대한 해답은 없다. 왜냐하면 저자는 그분들의 국가운영의 기본철학을 알 수 없기 때문이다. 물론 이런 준비가 없이 출발하였으면 박정희 대통령 정부의 경제운영 방식, 즉 정부주도 개발연대의 연장으로 되었을 가능성이 더 컸을 것이라고 짐작한다. 그렇다면 중기적으로는 경제가 더 안정되게 회복, 유지되었을 것이고 1980년대 말 정치민주화에 따른 혼란도 미루어졌을 것이다. 그러나 장기적으로는 그만큼 한국경제의 시장경제운영은 늦어지고, 개발도상국의 모습은 더 길게 남게 되었을 것이다.

이 시기 저자가 사적으로 경험한 두 가지를 심심풀이로 이야기하고자 한다. 10월 26일이 지나고 얼마 되지 않아 아직 국보위가 출발하기 전이다. 하루는 출근을 하였는데 부총리가 나를 찾으신다. 무슨 일인지도 모르고 장관실에 들어간 나에게 부총리가 하는 말씀이 군 보안사령부에 가서 경제교육을 하고 오라는 지시였다. 당시 보안사령부가 무엇을 하는 곳인지도 잘 알지 못하였지만 삼청동 가는 길가에 보안사령부가 있는 것은 알고 있었다.

당시 우리는 이곳저곳 강의요청이 있으면 좋다고 가서 우리 주장인 안정화시책을 강의하고 다닐 때다. 저자는 매일 하던 일이고 별 생각도 없이 10시경인가 보안사령부를 찾아갔다. 문간에서 군인들의 안내를 받은 곳은 어느 빌딩 2층인가 하는 곳이다. 무심코 들어갔는데 그곳이 보안사령관 집무실이었다. 교육장으로 가기 전 사령관에게 인사하고 가라는 뜻으로 이해하고 방으로 들어갔다. 당시 보안사령관은 전두환 장군이었다. 저자는 사실 그분의 함자도 모르는, 전연 알지도 못하는 분께 인사를 드렸다.

그런데 그 분이 저자를 기다리다 저자를 데리고 교육장으로 가는 것이었다. 저자는 당시 복잡한 사회변화 속에서 한가하게 사령관이 강사를 데리고 교육장에 갈 것이라고는 생각지도 않았다. 아무튼 교육은 시작되고 당시 강당에 집결한 많은 군인들은 별 질문도 없이 강의는 그럭저럭 끝났다. 그런데 돌아보니 사령관이 가지 않으시고 저자의 강의를 모두 듣고 있었다. 저자는 인사를 드리고 가겠다고 하였더니 점심식사를 하고 가란다. 사양하였으나 사령관의 권유를 물리칠 수 없어 그러겠다고 하였다.

저자를 데리고 사령관이 다시 어느 방으로 갔다. 그곳에는 테이블 하나만 달랑 있는 방이다. 저자는 일반 식당에 가서 그곳 간부 누구와 식사를 하고 가라는 것으로 예상하였지만 그게 아니라 사령관과 저자 두 사람이 식사를 하도록 준비가 되었던 모양이다. 이런저런 이야기를 하며 식사를 하였는데 식사하는 동안 내내 저자 신경은 사령관의 이야기가 아니라 그분 뒤에 거총하고 서 있는 두 사람의 군인에게 가 있었다. 차렷을 한 자세로 총을 들고 식사 내내 미동도 하지 않고 서 있는 그 병사들에게 공연히 미안한 마음이 들었다. 안정화시책에 대한 일반적인 이야기를 하면서 식사를 한 것 같지만 전연 무슨 이야기를 하였는지 기억은 나지 않고 오직 사령관을 호위하며 꼿꼿하게 서 있던 병사들이 지금도 눈에 선하다. 저자는 군은 다 그런 줄 알았는데 그분이 바로 국보위 상임위원장이 되실 분이라 더 엄격하였던 게 아니었나 생각이 든다. 아무튼 집권실세를 알지 못한 가운데 만나뵙는 영광(?)을 가지게 되었다.

다른 경험은 앞서 말한 것처럼 전두환 대통령 초기 제5차 계획의 부문별 계획을 매주 청와대에 가 보고를 드렸다. 참석자는 부총리와 관계장관 한두 분 이렇게 대여섯 분이 작은 방에서 보고하였다. 당시 경제기획국장이던 저자는 매주 큰 브리핑차트를 만드는 일부터 부담이고 고역이었다. 대통령께 브리핑을 하고 나면 관계장관과 함께 토론이 시작된다.

당시 가장 역점을 두는 사안은 금융자율화, 금리자유화와 관련된 문제들이었다. 한국경제의 안정은 시장경제운영인데 그 중심에는 돈의 매개기능을 하는 금융이 발전되어야 한다. 그 금융산업이 발전하기 위하여는 무엇보다 가격기능인 금리가 시장에서 정하여 지도록 금리자유화가 필요하다. 이것을 저자는 주문 외우듯이 하고 다녔던 때이다.

5개년계획의 부문계획도 매번 돈을 대는 금융기능 발달이 늦어진 것이 언제나 문제로 등장한다. 그러면 저자는 언제나 주문 외우듯 금리자유화를 역설한다. 당시 재무부의 입장은 아직 금리자유화는 너무 이르다는 일반론적 입장이었다. 거의 매번 그 회의에 참석하게 된 당시 재무부장관이던 이승윤 장관께서는 저자의 이런 주장에 언제나 시기상조론으로 반대하였다.

대통령 앞에서 재무부장관과 일개 국장인 저자는 언제나 언쟁을 하게 된다. 저자의 팍팍한 성격에 대통령 면전에서 선배장관과 다투는 꼴을 연출한 것을 지금도 송구하고 미안한 마음을 가지고 있다. 그러나 좋게 보면 우리는 밤낮 그 문제만 생각하고 살아가니 논리적으로 우리를 압도할 사람은 당시 별로 없었다. 그렇다고 주무부에서 안 되겠다는데 대통령인들 마음대로 우리 편을 들 수도 없었을 것이다. 이것이 결국 훗날 저자가 재무부 이재국장으로 전보되는 결과를 가져왔다. '네 뜻대로 해보라'는 명으로 알고 재무부로 이동하였다.

저자는 우선 금융긴축을 하되 이를 시장에 보다 접근시키기 위하여 금융자율화를 강도 높게 추진하고자 하였다. 이를 위하여 우선 금융정책운영을 담당할 인력을 대폭 교체하였다. 그리고 세계은행의 도움을 받아 선진금융자율화를 추진하기 위한 금융계 인사의 대대적인 교육을 시행하였다.

당시 경제기획국에 있었던 인연으로 세계은행 한국담당자들과는 깊은 우호관계를 유지하였는데, 저자가 재무부 이재국장으로 간다고 해서 그들이 저자에게 5백만 달러의 차관을 주면서 이것은 당신 마음대로 쓰라고 격려하여 주었다.

정말 감사한 마음으로 이 돈을 전액 금융계인사들의 교육비에 사용하도록 하였다. 우선 재무부 중간간부들에게 미국유학을 권유하였다. 당시 외국교육 기회가 그리 많지 않던 시기였으므로 많은 직원들이 환영할 줄 알았다. 그러나 의외로 많은 재무부 간부들은 유학을 마다하였다. 현재의 자리를 지키는 것을 더 선호하기 때문이라는 말을 듣고 저자는 실소를 금할 수 없었다. 그만큼 보수적이고 현실 안주적인 당시의 재무부 분위기를 읽을 수 있다. 5백만 달러가 지금은 별로 큰 돈이 아니지만 그 때 교육비로는 제법 큰 돈이었다. 할 수 없이 교육대상을 일반 시중은행까지 확대하여 겨우 소진할 수 있었다.

다음 저자는 일반상업은행에 남아 있던 정부 보유주식을 모두 시장에 매각하여 시중은행의 주인이 정부가 아님을 알리는 민영화조치를 먼저 취하였다.

각설하고, 종합안정화시책의 두 번째 과제인 재정긴축에 대하여 평가하여 보자. 무엇보다 재정의 긴축을 위하여 정부예산을 '제로 베이스'로 짜도록 하고, 재정적자의 큰 요인이 되었던 양곡관리기금의 적자를 줄이기 위하여 양곡의 정부수매가를 동결 조치하였다. 제로베이스 예산의 제일 큰 숙제는 공무원의 임금동결이고, 기왕에 추진중인 사업을 최소한으로 매듭짓게 하는 것이다. 이런 어려운 결정 앞에 양곡수배가격 동결도 농민의 입장에서 받아들이지 않을 수 없는 형편이되었다. 말은 쉽지만 이러한 동결은 혁명적 조치이다. 이런 어려운 일을 당시 경제기획원 예산실이 해냈다.

그러한 결단과 추진능력에 경의를 표하지 않을 수 없다. 앞에서 지적한 바와 같이 이런 재정긴축이 1990년대 말 한국경제가 위기를 맞았을 때 회생하는 큰 동력을 재정구조 건실화에서 찾을 수 있게 되었다고 할 수 있다. 현재도 한국의 재정구조는 일본, 미국 등 다른 나라들에 비하여 비교적 건실하게 남아 있는 것도 다 당시 구조개혁에 앞장섰던 예산실 동료들 덕분이 아닐 수 없다.

다음 안정화시책은 시장의 자율과 개방을 위한 제도개선을 서둘렀다. 시장경제운영의 전제인 공정한 경쟁을 담보하기 위하여 공정거래제도를 도입하여 독과점규제, 시장지배적 사업자에 대한 법제적 규제가 가능하도록 하였다. 전두환 대통령 정부가 내 세운 경제운영의 축, 즉 안정과 자율, 개방의 두 축 중 마지막 과제라고 할 수 있는 시장의 개방을 위하여 우선 수입자유화를 보다 가속화하여 국내적으로는 물가의 안정을 기하고 더 나아가 국내시장을 밖으로의 경쟁에 내몰았다.

그러나 이러한 일련의 정책개혁노력은 그 추진에 생각보다 현실적 장애가 있게 마련이다. 이러한 현실적 장애를 극복한 것은 대통령의 확고한 정책추진 의지와 경제관료들에 대한 신뢰가 있었기 때문에 가능하였다고 할 수 있다. 이해관계가 상충하는 문제들을 해결하는 데 있어 제일 애를 쓴 관련부처의 관료집단들은 정말 헌신적으로 노력하였다. 관련부처의 관료집단들을 끊임없이 토론과 연구 그리고 실천의지를 다짐하게 만든 원동력은 뭐니 뭐니 해도 국가지도자의 지도력이라고 평가한다.

경제정책에 관한 한 박정희 대통령은 국민의 경제발전의지를 일으켜 개발연대를 여는 데 공헌을 하였다고 평가를 한다면, 전두환 대

통령은 한국경제를 시장경제체제로의 전환을 위한 제도전환에 공헌을
하였다고 평가할 수 있다.

그러나 1980년 경제안정화시책의 추진이 모두 잘된 것은 아니다.
무엇보다 1982년 어음사건 이후 정부 일각에서 추진하고자 하였던 금
융실명제를 일부 정치권 등 이해 관계자들의 끈질긴 노력으로 그 실
시를 보류한 것은 크게 잘못된 정책결정의 표본이었다.

금융실명제는 시장경제운영에 있어서 공정거래제도와 함께 금융
거래의 선명성과 공정성을 담보한다는 의미에서 그 중요성이 있다. 이
를 통하여 시장경제운영의 하부구조를 구축하게 된다는 점에서 의미
가 있다. 시장의 거래가 명료성이 없고 공정성이 없다면 시장경제운영
은 불가능하게 된다. 공정거래제도는 비교적 현상적으로 나타난 경제
행위의 공정·불공정 여부를 가늠하는 제도이다. 그러나 이런 경제행
위가 언제, 누가, 어떤 경로로 경제행위를 하였는지를 명확하게 하는
제도적 장치 없이 공정경쟁만 외친다는 것은 시장의 실상을 파악할
수 없다는 점에서 의미가 적게 된다.

그러나 금융실명제는 생각보다 기존 질서의 저항을 많이 받게 된
다. 인간생활에 비밀이 존재하듯 시장의 밑바닥에는 서로 알려지기를
원하지 않는 부분이 존재하게 마련이다. 지하경제활동이 그것이다. 금
융실명제의 실시는 논리적으로 지하경제를 부정한다. 그러니 이의 실
시가 가져오는 기존 질서의 저항은 만만하지 않다. 비단 지하경제뿐만
아니라 자기의 뒷그림자를 지우고자 하는 인간의 본능적 비밀주의 앞
에 이 제도의 도입은 그리 간단하지 않다. 많은 선진경제의 경우도 아
직 이 제도를 제대로 시행하지 못하는 예를 찾아볼 수 있다. 이 제도

의 도입이 되지 않은 나라로 일본을 들 수 있고, 미국 같은 경우에도 실명제의 도입이 이미 이루어져 있지만 정부가 정책적으로 약간의 루프 홀을 만들어놓고 있다. 이만큼 이 제도가 갖는 현실적 제약이 많음을 의미한다고 할 수 있다.

시장경제운영을 내세운 1980년대 경제운영에서도 솔직히 말해 당초에는 금융실명제 도입을 시도하지 못하였다. 그만큼 이 제도의 시행이 어렵다는 것을 당시의 관료들은 알고 있었기 때문이다. 이것이 1982년 이철희, 장영자 어음사건이 나고 이 어음사건으로 금융유통시장은 하루아침에 마비되고 함몰되었다. 당시 이재국장으로 갓 부임한 저자는 사실 이 사건이 갖는 시장혼란의 프로 앤 콘을 제대로 이해하기도 힘들 지경이었다. 그러나 사건의 진행을 지켜보며 이의 수습에 들어간 당시 재무부 간부들은 기왕 금융시장이 무너졌으니 이를 바로 세우는 마당에 금융실명제를 도입하자는 것으로 의견을 모았다.

저자의 나이브한 생각으로 기왕 무너졌다면 그래서 우리가 피해를 면할 수 없다면 그 가운데 무엇 하나 얻을 것이라도 찾아야 할 것 아닌가 하는 그런 심정으로 금융실명제의 도입을 생각하였다. 재무부는 서둘러 금융실명제도 도입을 위한 진용을 갖추고, 당시 공화당 정책위와 관련기관과의 협의에 들어갔다. 그러나 생각보다 쉽게 이들은 우리 의견에 찬성을 하여주었다. 재무부는 KBS 등 언론기관의 협조를 받아 대국민홍보에 밤낮을 가리지 않았다.

국회에 제출된 금융실명제법이 그런대로 진행되고 있을 때 갑자기 공화당 정책위에서 문제가 제기되고, 당시 공화당의장이던 노태우 전대통령이 반대를 한다는 이야기가 나왔다. 당시나 지금이나 정치자금의 현실노출을 꺼리는 것이 우리 정치권의 분위기다. 여야가 따로 없다. 처음 우리가 이 문제를 제기하였을 때는 절대적인 지지를 하던 정치권이 이렇게 태도를 돌변한 것은 이 문제의 심각성을 이해하고 그것이 그들에게 불리하다는 판단을 하는 데 그리 긴 시간이 필요하지 않았기 때문이다.

충분히 짐작할 만한 사태지만 그때부터 금융실명제를 주장하던 재무관료들에게 비난이 빗발쳤다. 당시 재무부장관이던 강경식 장관은 대통령에게 사표를 제출하고 재무관료들은 울분을 애써 누르고 있었다. 장관의 사의는 반려되고 절충안이 나왔다. 그래서 국회에 제출된 법률안은 통과를 하되, 그 시행은 '1986년 이후 정부가 정한 날'로 한다는 부칙이 달려 통과되었다.

그 후 12년 후인 1994년 금융실명제가 시행에 들어갔지만 그 당시 이를 추진하려는 사람들의 무지와 정치적 목적에 사용하고자 하는 의도로 당초 이 제도의 취지에서 크게 벗어나 남의 뒷조사나 하는 도구로 전락시켰고, 이런 나쁜 관행은 아직도 계속되고 있다.

결국 금융실명제를 1982년 당시 정부에서 하고자 하였던 대로 시행에 들어갔더라면 그 당시 어려움은 따랐겠지만 한국의 시장경제운영은 말할 것도 없고 공정한 사회의 구현으로 정치발전이 지금보다 훨씬 앞섰을 것으로 분석된다. 따라서 당시 금융실명제 실시를 유보한 정책의 결정은 역사 앞에 잘못된 것으로 평가할 수 있다.

다음 경제안정화시책의 추진에 있어 지나친 욕심이 후일 한국경제운영의 큰 부담을 잉태한 부문도 있었다고 평가할 수 있다. 돌이켜 보면 1974년 이후 그동안 정부는 경제안정구조를 만들기 위하여 국민에게 욕구자제를 요구하여 왔다.

농민에게는 수매가동결을, 근로자들에게는 임금억제를 요구하여
왔다. 기업에게는 수입자유화에 따른 내수공급제약과 자금의 긴축공급
제약을 감내하여 줄 것을 요구하여 왔다. 이러한 각 경제주체에 대한
욕구자제 요구를 농민, 기업인, 공무원들, 이해관계인들은 이를 수용하
였다. 그들은 안정화 시책의 결실이 이루어질 때 당연히 보상받을 것을
기대하고 이를 수용하였고, 정부도 이를 약속하였다고 평가할 수 있다.

그 결과 1983년 이후 안정화시책의 효과는 가시적으로 나타나기
시작하였다. 정부는 1985년 이후 적절한 시기에 안정화의 열매를 국
민에게 돌리는 정책을 폈어야 했다. 그러나 정부는 당시 좀 더, 조금
만 더 하면서 긴축의 고통을 국민에게 계속 감내하도록 요구하였다.

물론 이 대목은 정확한 근거를 제시하기 어렵다. 그러나 당시 정
부에서 안정화시책의 열매를 그것을 이루게 한 국민들에게 돌려주는
정책을, 다시 말해서 그동안의 인고의 대가를 일부 지불하는 정책을
강구했어야 했다고 판단한다. 그것이 다다익선의 욕심 앞에 좀 더 인
내하여줄 것을 정부는 계속 요구하였다.

정부수매가의 점진적 인상, 생산성과 연계된 임금 그리고 통화의
좀 여유 있는 공급 등으로 정부가 솔선해서 정부정책에 따라준 대가
를 일부라도 지불하는 정책을 정부가 솔선해서 쓰면서 이해당사자들
에게 감사를 표하고 갔다면 아마 경제주체들의 마음을 어느 정도 더
사로잡을 수 있었을 것이다. 또한 훗날 정부정책에 대한 신뢰를 얻는
데 큰 도움이 되었을 것이다.

또 이 보답의 수준을 계량화하기도 어렵고 또 지나칠 경우 여러
문제를 다시 파생시킬 것이다. 또 전문적인 입장에서 보면 안정화의

노력을 좀 더 할 경우 그것을 국민에게 정착시켜 제대로 정책의 효과를 보게 할 수 있다는 욕심을 정부가 가지게도 되어 있었다. 그러나 언제나 그런 것이지만 정책의 탄력을 정부 스스로 터득해야지 그렇지 않을 경우 '정책운영의 경직성 함정(rigidity trap)'에 빠지게 된다.

당시 정부 안에서 저자를 포함한 몇몇이 이 문제를 제기하였지만 이것이 받아들여지지 않았다. 이것이 1980년대 후반 민주화 과정에서 근로자, 농민 할 것 없이 자기 이익만 채우기 위하여 가두투쟁으로 나오게 만든 먼 원인(遠因)이 되었다고 저자는 평가한다.

총합적으로 종합안정화시책의 추진을 평가하여 본다면 한국경제 발전사에 하나의 선진화의 전기(epoch making)를 마련한 정책이었다고 할 수 있다. 단기적으로 한국경제는 그동안 제도화(built in)된 높은 인플레 구조에서 탈피하였다. 연간 20~40%의 물가상승률은 2~3%로 안정이 정착되고, 그 안정의 바탕 위에서 좋은 성장률을 나타내게 되었다. 국제수지의 구조적 개선이 일어나고 경쟁력을 바탕으로 수출은 호조를 이어가게 되었다. 물론 1980년대 말의 3저 호황과 올림픽 주최 등 좋은 환경에서 한국경제는 선진권 경제의 구조를 닮아가는 계기가 되었다고 평가한다. 이 중심에는 지난 10여 년에 걸친 한국경제의 종합안정화시책이 존재하였기 때문이라고 할 수 있다. 이와 아울러 종합안정화시책은 한국경제를 20년의 경제개발시대를 졸업하게 하고, 이제 시장경제운영으로 전환하는 계기를 만들었다고 평가한다. 그리고 다시 25년의 혼돈상황을 거쳐 2015년 이제 한국경제는 번영을 토대로 국민행복 추구를 담아가는 새로운 경제운영 시대의 도래를 기다리고 있게 만들었다고 평가될 수 있다.

제 7 편

정치민주화와 혼돈의 국정운영(1987~2015)

제 1 장 ▮ 정치민주화와 욕구분출(1987~1997)
제 2 장 ▮ 혼돈기 경제운영과 그 좌절

정치민주화와 욕구분출(1987~1997)

제1절) 개발연대로의 회귀(set back)

대한민국의 경제안정화시책과 제5차 경제사회개발 5개년계획이 추구한 시장경제운영 노력은 전두환 대통령의 임기와 함께 사실상 끝맺음을 하였다 해도 과언이 아니다. 그러나 여기 전두환 정부가 남긴 시장경제운영 전략의 마지막 편린이 남아있다. 그것을 잠시 들여다보고 다음으로 가자.

1980년대 수입자유화정책 추진을 완료한 한국경제는 1986년까지 외환자유화정책 기본골격을 가다듬어 보고자 하였다. 경제자유화 정책의 마지막 단계인 자본자유화의 전 단계인 외환의 자유화 틀을 마련하고자 하였다. 사실 당시 한국경제가 여기까지 갈 만한 개방능력은 없었다. 그래도 시장의 자유화 개방을 추진하였던 당시 정부는 그래도 부족하지만 외환자유화와 함께 자본자유화의 길목은 정리하고 모든 자유화 정책 추진을 큰 틀에서 완료하고 싶었다. 당시 재무부차관이던 저자는 사공일 장관과 함께 이 일에 착수하였다.

우선 외환관리법체제를 고쳐 외환에 대한 규제중심의 포지티브 시스템을 네거티브 시스템으로 전환하여 외환의 관리를 보다 자유롭게 하였다. 물론 자유화의 초기 많은 규제가 그대로 남게 되고 이것들이 점차 개선되는 방법을 택하였기 때문에 자유로운 거래라는 측면에서 보면 불만족스러운 정도였다.

물론 국제수지의 만성적자가 남아 있고, 이에 따른 해외차입이 많은 경제상황 속에서 그리고 국내산업 보호를 위한 정책들이 많이 남아 있어, 외환관리를 쉽게 풀어놓을 수 없는 제약 때문에 이 당시로서는 조심스럽지 않을 수 없었다.

그러나 외환자유화정책은 외환시장 자유화의 원칙을 만들고 그 정책의 추진을 천명하는 것이라는 면에서 의미가 있다 하겠다. 그리고 연이어 자본시장의 개방 방향을 수립하였다. 외환시장의 거래도 조심스럽게 자유화할 수밖에 없는 상황에서 자본시장 자유화를 검토하는 것은 극히 어려운 일이 아닐 수 없다. 그러나 한국경제가 장기적으로 개방을 완료하는 방향과 구체적인 추진계획을 천명하는 것은 매우 중요한 정책의 제시라고 판단하였다. 그래서 좀 위험부담이 있더라도 세밀하게 자본시장을 개방하는 정책수단들을 시간계획 위에 조립하였다. 즉 채권과 주식시장을 어떤 방식으로, 언제까지, 어느 범위를 열어간다는 계획을 매우 세밀하게 수립하여 발표하였다.

노태우 대통령 정부수립 직전 서둘러 이런 장기계획을 마련한 것은 당시 정책수립가의 입장에서 보면 민주화 초기 많은 이해관계자들의 요구 속에 정책이 표류될 가능성이 많기 때문에 외환이나 자본자유화 같은 어려운 정책의 마련은 어려울 것으로 전망하고, 이런 개방정책의 틀이나마 마련하여 정책의 일관성을 유지해 보고자 하는 정책수립가로서의 욕심이 있었다.

저자의 판단으로는 새 정권이 들어서면 어차피 고위직들이 대부분 교체된다. 시장경제운영전략 추진을 처음부터 참여하였던 사람으로서, 시장경제운영의 마지막 단계의 정책전환의 틀인 자본자유화를 그 일정이나마 계획적으로 마련하여 다음 타자에게 넘기고 싶은 개인적인 욕망도 없지 않았다고 솔직이 고백하고 싶다. 그러나 이런 시장경제의 운영논리는 정치민주화의 혼란 속에 어디로 가버렸다.

각설하고, 1986년을 고비로 한국은 정치 민주화로의 대전환을 하게 된다. 대통령 직선제가 채택되고, 지방자치제가 실시되었다. 이 정치민주화로의 전환과정에서 한국 국민 각계각층 중에 스스로 그동안 손해나 홀대를 받아왔다고 생각하는 경제주체들은 가두로 뛰쳐나와 한(恨)풀이식 욕구수용을 요구하고 다녔다. 노동계, 농민, 학생 그리고 다양한 사회 각 계층들은 그들 나름의 요구조건들을 내걸고 이것이 수용될 때까지 무한 투쟁성 데모를 하였다.

이런 사회분위기 변화는 그동안 한국경제운영의 기본전략과 정책선택(framework)의 변화를 요구하게 되고, 이에 따라 지금까지의 경제운영의 기본 틀인 '안정과 자율·개방'은 변화를 수용하지 않을 수 없게 되었다.

거기다가 1986년 아시안 게임, 1988년 올림픽이라고 하는 거대한 국제행사를 앞둔 시점이라 일시적이나마 사회의 안정이 요구되는 상황을 맞게 되었다. 따라서 정부는 사회안정을 위하여 각계가 요구하는 현실문제들을 우선 수용하지 않을 수 없게 되었다. 이러한 상황논리 앞에 정부는 단기적으로 어려움을 감내해야 하는 기존의 안정화 정책이나 자율·개방 정책의 수정을 받아들이는 것이 불가피하다고 판단하였다.

노태우 정부의 의도인지 여부는 모르지만 마침 경제운영을 담당하게 된 인사들도 다분히 과거에 정부간섭과 규제를 선호하는 사람들로 교체되었다. 자연 정책은 과거로 회귀하고 말았다.

당시 노태우 정부는 우선 통화량을 늘려 기업의 자금사정을 도왔다. 동시에 시장의 가장 강력한 요구사항인 임금인상 그리고 추곡 등의 정부수매가 인상이 큰 폭으로 행하여졌다. 금융자율화, 수입자유화 그리고 연도별 외환자유화계획 등은 뒤로 미루어졌다. 재정의 긴축운용은 느슨해지기 시작하였다.

모든 것이 1980년 이전으로 셋 백(set back)하고 말았다. 그러나 이러한 일들은 1980년대 중반 달러 약세, 저 유가, 저 금리라는 소위 3저의 호기를 맞이한 호경기 시점이었기 때문에 이런 쪽으로의 정책 선회가 당장 큰 부작용 없이, 별로 표나지 않게 이루어지고 말았다.

앞서 안정화시책 평가에서 이야기하였던 것처럼 안정화를 위한 각계각층의 욕구자제에 대한 보답으로 정부가 체계 있게 안정화에 대한 보답 정책을 썼더라면 민주화 과정에서 나타난 이런 터무니없는 정책의 셋백은 막을 수도 있었다고 판단한다.

아무튼 3저의 호황기를 맞아 정부의 선심성 욕구수용정책은 단기적으로 급격한 경기상승을 맞게 된다. 그동안 시행착오를 거치면서 이루어진 중화학공업 투자조정도 시장의 흡수가 대략 일단락되고, 바야흐로 한국경제는 제조업의 폭발적 확장기(explosion period)를 맞이하게 되었다.

이에 따라 수출은 늘어 1986년 국제수지 경상수지가 흑자로 전환되었고, 전체산업에서 차지하는 제조업의 비중도 31.7%까지 치솟았다. 그러니 돈을 푸는 일이 자연스럽게 되었고 풍성한 경기상황 속에서 재정도 정부수매가 인상 등 후한 인심을 쓰며 재정지출은 증가하였다.

그 결과 지금까지 애써 흑자를 만들어 놓았던 재정수지는 1991년 적자로 돌아서고 말았다. 수입자유화 속에서도 기계공업 등과 관련된 자본재의 수입과 농산물 등에 대한 수입은 여전히 보호의 장막이 드리워진 가운데 무역분쟁은 확대되어 가고 있었다.

1987년 노동계의 요구에 따라 근로자의 권익을 옹호하고 합리적인 노사관계를 정착시킨다는 명분하에 노동관계법이 개정되었다. 물론 그동안 경영자 위주의 노동관계법을 손질하는 것은 타당성을 갖지만, 민주화 초기 인기영합적으로 노동계의 편을 들어주는 정치세력들은 아직 한국경제가 감내하기 힘든 조항들을 거침없이 법 개정에 포함하여 훗날 한국경제의 노사문화에 심대한 영향을 끼치는 일을 이때 하였다.

이러한 흥청거리는 경제상황 속에서 성공적으로 유치한 1988년 올림픽을 계기로 한국사람들은 마치 금세 한국경제가 선진대열에 합류한 것 같은 착각 속에 1990년대를 맞게 된다. 그러나 경제는 냉정한 것, 뿌린 만큼 거두는 것이 경제운영의 결과라 한다면 올림픽 이후 경기 수축기를 맞아 한국경제는 여기저기에서 문제가 터져 나오기 시작하였다.

근본적으로 노태우 정부는 경제운영에 대한 기본 전략 같은 것 없이 전두환 정부에서 만들어진 경제과실을 따먹는 데만 정신을 쏟았다고 평가한다. 여기서 1980년대 후반 안정과 개방정책의 후퇴가 가져온 한국경제 전반의 문제를, 발전잠재력의 후퇴라는 측면에서 부문별로 정리하여 보기로 한다. 혼돈의 국정운영기의 시작이다.

1. 성장속도의 감속과 제조업 투자부진

2001년 9월 11일 뉴욕의 월드 트레이드 빌딩의 폭파사건 이후 미국이 중심이 되어 테러집단의 중심 은신처 아프가니스탄에 대한 응징공격이 개시되었다. 오사마 빈 라덴이라는 인물이 이끌고 있는 테러집단 알카에다의 본거지가 아프가니스탄에 있다는 판단하에 이 지역에 대한 보복공격이 피해국 미국에 의해 이루어진 것이다.

그 와중에 경제발전이 정체되거나 후퇴한 지역의 처참한 생활참상을 세계는 보았다. 문명세계를 등진 아프가니스탄 국민의 비참한 생활상, 수십 년 동안 지속된 전쟁의 폐허를 보면서 경제적인 의미의 선진국 후진국 따질 겨를이 없다. 한편 21세기를 여는 시점에서 몇 년간의 기근으로 북한은 세계로부터 식량지원을 받지 않을 수 없는 상황으로 발전되었다. 이 과정에서 북한은 주민들의 굶주림 현장 모습을 바깥 세상에 내놓게 되었다.

사실 당시 세상에 민낯으로 들어난 아프가니스탄이든, 북한이든 국민의 입장에서는 이런 처참한 현실이 누구 탓이란 말인가? 모두가 정치 탓 아닐까? 국민이 부지런하고, 지식수준이 높고, 서로 협력하고, 그런 노력이 부족하여 오늘 이 나라 국민들이 이런 비참한 현실을 만들었나? 이런 부분도 일말의 책임이 있을 수 있으나 그보다는 그 나라를 이끌고 있는 정치던 경제운영이던 통틀어 통치권자의 책임이라고 해야 할 것 같다.

2002년 6월 미국의 ABC 방송은 중국에서 떠돌고 있는 북한주민의 참상을 3부작으로 만들어 미국전역에 방송하였다는 소식이 들어왔고, 급기야 미 상·하 양원의 결의로 중국의 탈북자 송환정책을 중지하여 줄 것을 촉구하는 결의를 하였다고 한다.

마침 남한에서는 월드컵의 주최국으로 그리고 사상 첫 월드컵 4강 진출이라는 경이적인 성적에 모든 한국사람들이 의기탱천하여 있는 것과 너무나 대조적이었다. 아프리카 몇 지역의 기아와 북한의 기아를 동일선상에 놓고 이야기하는 것 자체가 같은 민족인 한국사람으로서 자존심 상하는 일이다. 그러나 경제발전의 후퇴가 얼마나 인간을 비참하게 만드는지를 보여주는 실제상황이다.

이러한 경제발전의 수준문제가 1980년대 말 그리고 1990년대 초반까지 그리 큰 문제가 되지 않았다. 왜냐하면 당시 세계경제는 전체적으로 빠른 동반성장을 하고 있었고, 일부를 제외하고 어느 나라든 이런 빠른 발전현상이 일반화되고 있었기 때문이다.

그래서 당시 세계의 관심은 특정국을 평가할 때 그 나라의 경제발전 수준이 어느 정도인가를 따지기보다는, 그 나라가 가속발전국(加

速發展國)이냐, 저속발전국(低速發展國)이냐로 분류해야 한다는 주장이 나오기도 하였다. 이와 같이 발전의 속도가 더욱 빨라지는 세계에서 잠시 머뭇거리거나 게으름을 피울 경우 어느 나라든 발전의 대열에서 뒤떨어질 수밖에 없다.

1986년부터 시작된 소위 '3저 호황'으로 한국경제는 연평균 12~13%의 높은 성장률을 유지하였다. 그러나 이러한 환경이 사라지기 시작한 1989년부터 경제성장률은 7~8%로 낮아졌다. 3저 호황기의 높은 성장률이 외부적 요인에 기인한 다소 비정상적이었다고 본다면, 이후의 7~8%의 성장은 결코 낮은 수준이라고 볼 수 없다. 오히려 당시의 한국경제 잠재성장력을 감안한다면 적정수준에 근접한 것이었다고 평가할 수도 있다. 물론 선진국들이 연평균 2~4%의 성장률을 이루는 것이나, IMF 이후 15년 동안 한국경제가 겪어온 낮은 성장률과 비교하면 당시의 7~8%의 성장률은 대단한 것이라고 할 수 있다. 그러나 지금까지 연간 10%대의 고성장에 익숙해진 당시로서는 한국 국민이 느끼는 체감경기의 후퇴는 큰 것이었다.

당시 한국경제의 성장둔화는 단순한 외부환경의 변화에 기인한다기보다는 오히려 경제구조상의 문제로 분석할 수 있다. 성장의 잠재력을 키우는 총 고정투자율, 즉 GNP 중 총 고정투자액이 차지하는 비율은 당시 매우 높은 수준이었다. 이 비율이 1980년대 전반기 29%수준이었으나 1989년 31.8%, 1990년 36.6%, 1991년 38.2%로 상향되어 총체적으로 나타난 수준은 오히려 대단한 것이었다.

그러나 이러한 높은 투자율은 주로 주택공급 등을 위한 건설투자 등 내수부문에 치우치고, 장기적 성장 잠재력을 키우는 제조업, 특히 첨단산업에 대한 설비투자는 오히려 감소하고 있었다. 이러한 현상은 몇 년에 걸친 고성장에서 파생하는 가계소득 증가가 주택수요의 증가로 나타났고, 1970년대 이후 계획적으로 추진하던 중화학공업의 주요 프로젝트들이 대부분 완공되었기 때문에 이 부문에 새로운 수요가 미처 생겨나지 못한 데 그 원인을 찾을 수 있을 것이다. 따라서 건설투자 등이 진정된 이후 제조업부문의 설비투자가 회복되지 않을 경우 경제성장률은 앞으로 더욱 낮아질 가능성이 있어 제조업 분야 투자마인드 회복이 당시로서는 중요한 과제가 되었다.

2. 서비스 산업의 발전

한국경제는 1960년대 이후 1990년 초반까지 제조업을 중심으로 한 공업발전과 이를 토대로 한 수출의 급신장에 크게 의존하여 왔다고 할 수 있다. 전통적인 농업국가에서 공업국가로 전환하면서 산업은 발전초기 섬유, 가발, 신발 등 경공업에서 기계, 철강, 자동차 등 중화학공업으로 전이되어 왔다. 이에 따라 대규모 제철소, 자동차공장, 조선소, 석유화학공장 등 소위 굴뚝산업이 한국경제 발전을 견인하여 왔다.

그러나 1980년대 후반이 되면서 기술의 개발과 함께 제품은 경(輕)·박(薄)·단(短)·소(小)가 경쟁력을 갖게 되고, 자연 일관공정에 의한 대량생산체제보다는 보다 기술집약적이고 소량수요 중심의 주문생산체제로 바뀌어가기 시작하였다. 생산조직은 보다 정예화로 작아지면서 경영자와 피고용인의 구분이 불분명해지는 기업경영조직이 나타나기 시작하였다. 소위 벤처타입의 기업이 일어나기 시작하였다.

21세기에 들어선 지금 이러한 산업조직의 변화는 보다 일반화되었지만 1990년대 초반 이미 부지불식간에 이러한 산업구조의 변화가 시작되었다고 할 수 있다. 이에 따라 자연 제조업의 성장보다는 서비스산업의 성장률이 높게 이루어지기 시작하였다. 결국 GNP에서 차지하는 제조업의 비중이 감소되는 등 제조업의 성장주도력이 상실되고 있었다. 즉 GNP에서 차지하는 제조업의 생산비중은 1985년 30.3%에서 1990년에는 29.2%, 1991년에는 27.5%로 점차 낮아졌다.

경제가 발전할수록 일반론적으로 생각하면 산업구조가 제조업에서 서비스업으로 그 중심이 변화되어 간다고 할 수 있다. 이러한 흐름으로 본다면 1990년대 초 제조업이 위축되는 것은 자연스런 발전의 흐름으로 파악할 수 있지만 당시 극심한 노사분규와 이에 따른 인건비 상승, 잦은 가두투쟁으로 개술개발이 될 수 없고, 제품의 경쟁력 상실이 직접적인 원인이 되어 기업인이 공장문을 닫거나 외국으로 탈출하는 현상이 일어나기 시작하였다. 시중에서 '아직도 제조업을 하십니까?'라는 시니컬한 유행어가 생겨날 정도로 당시 제조업 경영환경은 과거에 비하여 어려웠다.

당시 한국경제에 대한 일반적인 평가는 발전잠재력을 더 키워나가기 위하여 제조업의 계속적인 발전이 필요하다고 믿었다. 다시 말해서 한국경제의 탈공업화는 아직 시기상조이고 그만큼 경제가 성숙하지 못하였다는 평가였다. 결국 제조업의 경영환경 악화에서 오는 한국경제의 조로현상을 차단하는 노력이 요청되는 시점이었다.

이러한 조로현상을 가져온 직접적인 원인은 당시 대규모사업장에서 일어나고 있던 격렬한 노사분규와 이에 따라 기술개발이 뒤따르지 못했던 점에서 찾아야 할 것이다. 1988년 올림픽 이후 갑자기 선진국이 된 것으로 착각한 한국의 국민의식은 모두 자기 몫 찾기에 나선 사회분위기 속에서 한국경제는 세계경기의 하강과 함께 장기침체로 들어갔다. 그러니 기대욕구는 큰 데 비하여 현실은 더욱 위축되는 상황 속에서 근로자, 농민, 학생 할 것 없이 자기 몫을 키워달라고 가두로 뛰쳐나와 소리치게 되었다. 자연히 대규모공장 근로자의 투쟁행위가 가장 격렬할 수밖에 없다.

정치적으로 민주화 과정이라고 일컫는 이때 어부지리를 얻으려는 정치권은 이를 정략적으로 이용하다 보니 공장은 생산성을 높이고 경쟁력을 유지할 수가 없게 되었다. 그러니 생산성향상을 통하여 제품단위당 생산비용을 유리하게 만들어갈 수 없게 되었다. 단순한 임금인상의 결과이다. 당시 1985년을 100으로 한 제조업제품 단위당 생산비용은 1990년대 초 일본, 대만 싱가포르 등은 모두 감소하였으나 한국만은 유일하게 비용이 증가하는 모습을 보였다. 한국경제의 경쟁력 퇴락의 근본원인과 그 증거를 찾을 수 있다.

그렇다고 산업구조가 서비스업의 비중이 커진다고 해서 서비스산업 전부를 경계해야 할 부정적 대상으로 간주하는 것은 물론 잘못된 것이다. 21세기가 벌써 15년이 지나간 현시점에서 보면 서비스부문의 발전이 첨단기술의 발전과 함께 산업의 본류로 등장하고 있음을 보게 된다. 21세기를 이끌어갈 IT·ET·NT 등 초 현대 기술산업들의 산업분류가 제조업과 서비스업의 중간 어디에 불분명해지고 있는 점을 보더라도 이들 산업의 발전은 한국경제의 산업구조를 보다 서비스업 중심으로 전환될 것으로 전망된다.

3. 수출부진과 내수중심의 성장

1960년대 이후 1970년대와 1980년대 아니 21세기가 시작된지 15년이 지난 지금도 한국경제발전의 견인차 역할을 할 부문은 한국의 수출산업이라고 말할 수 있다. 1980년대 중반까지만 해도 수출의 성장기여도는 내수 전체와 맞먹는 수준이었다. 그러나 1980년대 말에 이르러 수출의 이러한 성장기여는 급속히 감소되었다. 또한 1980년대 후반 큰 폭의 흑자를 기록하였던 무역수지도 1990년대에 들어와 적자로 반전되었다.

이와 같이 수출의 증가세가 둔화된 것은 앞에서 지적한 바와 같이 제조업제품 단위당 생산비용이 노사분규, 임금상승, 기술개발지연 등으로 급격히 상승하여 한국과 경쟁관계에 있는 일본, 대만, 싱가포르 등에 비하여 경쟁력이 상실되어 갔기 때문이었다. 거기에 더하여 중국 등 후발국가들이 급격히 추격하여 섬유, 신발 등 노동집약적 산업에서도 한국경제는 경쟁력을 상실하여 갔다.

반면 한국 올림픽 이후 급격한 주택수요 증가에 대비하여 건설산업부양을 정책적으로 유도하고, 올림픽 이후 놀자 분위기에 휩싸여 소

표 1-1 **부문별 성장기여도**(단위: %)

	1981	1986	1988	1990	1991
내수	4.3	9.0	10.9	13.3	12.3
수출	4.8	9.0	5.3	1.6	3.6
제조업	9.9	18.3	13.4	9.1	8.5
서비스업	3.7	11.1	11.2	12.3	10.0

자료: 한국은행, 국민계정, 1992.
　　이형구, 21세기 경제정책의 대전환, p.43.

비가 급격히 증가하였다. 물론 이런 내수중심의 수요확대가 당시로서는 수출의 성장기여 축소를 보상할 정도는 아니었지만 그래도 내수에 의하여 한국경제는 비교적 높은 수준의 성장을 지속할 수가 있었다.

그러나 한국경제의 내수시장규모는 성장에 필요한 만큼 크지 않았기 때문에 장기적 발전을 지속하기 위하여는 제조업의 규모 확대가 필요하고 이를 가능하게 하는 것이 수출의 확대였다. 그러나 이미 한국상품의 원가상승은 수출경쟁력을 많이 잠식한 상태이기 때문에 세계경기와 관련 없이 한국상품의 수출은 어려움을 겪게 되었다.

4. 경제력집중과 비효율성의 증대

한국경제는 자본축적이 부족하고 부존자원이 빈약한 발전여건을 가지고 있다. 따라서 제한된 가용재원을 효율적으로 이용, 그 효과를 극대화하기 위해 장래 발전이 기대되는 산업분야를 선별하여 집중 개발해 가는 정책을 사용하여 왔다고 할 수 있다. 전형적인 개발연대의 모습이다.

정부가 전략산업을 선정하고 그 육성정책을 펴왔다고 할 수 있다. 특히 1970년대 시작한 중화학공업개발정책은 철강·조선·기계·자동차·전자·석유화학 등 여섯 분야를 선정, 중점 개발하는 정책을 사용하였다. 또 이 사업들의 집행도 앞서 설명한 대로 기존 대기업들이 분야별로 담당하게 되었고, 개발 초기 이들에 대한 정부의 집중지원이 이루어졌다. 이러한 과정에서 대기업집단으로의 경제력집중 현상이 커지게 되었다.

사후적으로 이 당시 상황을 재검토하더라도 정부가 개발을 정책적으로 추진하는 한 기존 대기업 중심의 개발이 될 수밖에 없었을 것이다. 1970년대 초, 중화학공업개발을 정부가 추진하지 않았으면 어찌되었을까? 모르긴 해도 오늘날 같은 대기업집단, 즉 재벌(財閥)의 탄생은 없었거나, 생기더라도 더 천천히 그리고 집단의 크기도 더 중소형으로 발전하지 않았을까 하는 상상을 해본다. 대만의 시장구조를 연상해 볼 수 있다. 또 만일 당시 중화학공업개발계획을 경제기획원의 경제기획국 같은 전문기관에서 만들도록 하였으면 훗날의 시행착오는 훨씬 줄어들 수 있었지 않았을까 생각도 해본다.

그러나 당시 국가보위의 우선순위 앞에 방위산업을 구축하고자 한 박정희 대통령의 머릿속에는 미래 한국경제의 경제력 집중 문제보다는 오히려 이 어려운 과제를 풀 수 있는 기술과 이를 해낼 수 있는 기업을 찾는 데 중점을 두었을 것이다. 좋게 보면 국가운영의 우선순위 문제로 생각할 수 있을 것이다.

다음 중화학사업을 담당할 사람이나 기업을 과연 은밀히 몇 사람이 창문을 닫아놓고 선정하지 않았으면 어찌되었을까? 당시의 한국기업의 기술수준이나 자본의 동원능력은 사실 비슷비슷했던 것 아니었을까? 사업가적 능력이나 기술 수준을 지금에 와 현재의 재벌들을 놓고 보니 그들이 대단한 것이지, 당시 정부의 지원이 없이 과연 그들이 이런 큰 사업을 할 기술수준이나 사업능력은 없었을지도 모른다.

또 특정인이나 기업을 선정한 후에도 이들에게 거의 독점적 사업권을 주지 않았으면 되지 않았을까? 물론 시간과 어려움은 더 있었을지는 모르지만 오늘날과 같은 몇몇 재벌이 지배하는 시장을 만들지는 않았을 것이다. 물론 시행착오는 더 생겼을 것이다.

그러나 사후적으로 평가해보면 1980년대 말 한국경제가 그렇게 어렵게 되었던 원인 중 하나는 중화학공업의 투자조정 때문이라고 할 수도 있다. 몇 번의 수정과 수정을 거듭한 중화학투자조정의 책임은 누가 져야 하나? 당시 투자조정작업을 하지 않았으면 그들 사업은 부도가 났을 것이고, 나아가 한국경제도 망가지고 말았을 것이다. 그 책임은 누구에게 있나? 정부에게만 있나? 아니다. 이를 이어받은 현재의 대기업들에도 실패의 책임이 있다. 그런 대기업들이 기업집단을 만들고 오늘날 한국경제의 시장을 좌지우지하고 있다.

제조업을 기준으로 볼 때 1990년 현재 종업원 300인 이상의 사업체들이 전체사업체수에 차지하는 비중이 1.7%에 불과하나 이들 기업의 출하액과 부가가치 비중은 57.4%, 55.7%에 달하고 있다. 당시 일본 대기업의 출하액 및 부가가치 비중 48.3%, 44.5%에 비하여 상당히 높은 수준이고 일부 기업들의 집중이 더 심하게 나타나는 현상이라 할 수 있다.

대기업집단의 영업범위도 업종다각화라는 이름으로 업무영역을 확장시켜나갔다. 이들 기업들은 제조업뿐만 아니라 금융업 등 서비스산업에도 계속 확대되어 갔다. 대기업의 금융기관 지배는 당시로서는 금융기관의 제한된 대출재원을 그들 대기업에 배분하는 결과를 낳게 되어 중소기업이 상대적으로 홀대 받게 되는 부익부 빈익빈의 결과를 낳는다고 사회적 비판이 일었다.

물론 은행법상 은행의 지배구조를 산업자본과 분리하기 위한 제도적 장치가 마련되어 있고, 이를 통하여 소위 산업자본의 금융지배가 제한되어 있었다. 그러나 은행을 제외한 제2금융권과 증권, 보험 등 자본시장의 지배 제한이 없었기 때문에 재벌기업들의 금융기관 지배는 큰 제약이 되지 않았다고 할 수도 있다.

그러나 1990년대 초만 하더라고 광의의 자본시장에서 은행의 비중이 제일 컸고, 또 은행으로부터 기업의 시설자금이나 운영자금을 융자해서 사용하는 전통금융이 일반적이었기 때문에 재벌의 은행지배가 재벌로서는 숙원사업이고, 사회적으로는 재벌의 은행지배에 대한 부정적 입장과 언제나 갈등을 빚었다.

21세기 들어와 신자유주의가 미국의 월스트리트를 중심으로 발전되면서 금융산업의 형태와 영업방식이 크게 변모되어 갔다. 그 와중에 세계적인 불황 앞에 미국 연방준비제도(FED)는 돈을 공중의 헬리콥터에서 뿌리듯 돈을 살포하였다. 금융기관은 기업에 자금을 공급하는 기능보다는, 금융형태를 바꾸어 돈이 돈을 벌어오는 형태로 변모하였다.

금융시장은 파생상품들(derivertives)이 창궐하여 돈이 누구에서, 그리고 어디에서, 어디로 가는지 잘 알 수 없는 모호성과 잠입성의 현상으로 변모되었다. 그 과정에서 2007년 월스트리트에서는 리먼 브라더스라는 국제적 투자은행이 침몰되는 모습을 보였다. 25년 전 1990년대 초와는 전연 다른 세상이 되었다.

당시 한국재벌의 금융과점 비판은 이미 사실상 큰 의미가 없다고 저자는 평가한다. 그때 이미 비판을 피해갈 여러 방식이 강구될 수 있었기 때문이다. 더구나 21세기 들어와 금융기법이 다양화되어 전통융자방식보다는 채권화·증권화를 통한 지원으로 변모해가고, 은행도 점차 투자은행화되어 가고 있다. 그런 판인데 한국의 2007년 대통령선거 캠페인에서 은행의 지배구조에서 재벌을 제외하느냐 하는 문제가 주요대상이 되었던 것은 시대착오적이라고 할 수 있다.

대기업의 금융과점이 시장의 논리에서 볼 때 불가피하고 어쩌면 당연한 것으로 받아들여야 할 것이다. 은행이 투자은행화하는 현대 금융업의 상황 속에서 대기업의 금융과점을 비판하기보다 오히려 중소기업 등 시장경쟁에 열악한 분야에 대한 지원문제가 일반 금융정책과 별도의 정책과제로 검토되어야 할 것이다.

이러한 대기업집단으로의 경제력집중은 상호지급보증을 통한 자금조달로 한계기업의 시장퇴출을 저지하는 등 자원의 비효율적 배분으로 시장의 자연스러운 산업구조조정을 어렵게 한다고 분석된다. 또 이들 대기업집단은 기업간의 상호거래로 계열기업 이외의 기업에 대해서는 차별대우를 함으로써 불공정거래 관행을 유발시키는 등 문제를 노출시키고 있다. 이에 따라 경제력집중은 시장의 경쟁의 효율성을 떨어뜨려 지속적인 경제발전에 부담을 주는 결과를 가져오게 된다. 따라서 한국경제가 효율적인 산업구조를 유지하면서 지속적인 발전을 이룩하기 위해서는 경제력 집중에서 오는 나쁜 관행을 시정하는 노력과 제도의 도입이 필요하다고 평가한다.

그렇다고 대기업의 발전이 한국경제발전에 장애가 된다는 논리로 비약되어서는 곤란하다. 21세기 글로벌 경제시대에서 세계경제에서 승자가 되기 위해서는 일정수준의 기업규모, 이와 연관된 일정범위의 기업집단이 불가피하다. 글로벌시대에는 국가의 명성보다는 시장의 명성이 더 중요하다. 정부도 시장의 일원으로서의 정부 그리고 그 시장의 기능이 활성화되도록 지원하는 한 경제주체로서의 정부기능을 생각해야 한다. 21세기에는 대기업의 시장견인 역할이 더욱 중요시 될 것이다. 국가의 브랜드 네임보다 특정기업의 브랜드 네임이 더 알려지는 시대에 우리가 살고 있기 때문이다.

따라서 경제력 집중이 특정 기업의 단순 사업크기나 시장에서의 비중만 가지고 그래서 기업의 집중이 크다는 그 이유 하나만 가지고 선악을 이야기하기보다, 경제력 집중에서 파생되는 부정적인 요인을 사회가 얼마나 잘 제거하여 가느냐가 문제의 초점이 된다 할 수 있다. 예컨대 기득권에 안주하여 경쟁의 효율성을 저해한다든지, 구조조정되어 시장에서 사라져야 할 경쟁력 탈락기업이 대기업 계열에 속하였기 때문에 퇴출되지 않는 시장조정의 실패를 가져와서는 안 될 것이다.

이러한 경제력집중이 가져오는 폐해와 그 방지책은 시대와 상황에 따라 변화된다. 1990년대 초반 한국경제가 추진한 경제력집중 부작용을 최소화하기 위한 정책노력은 공정거래제도의 확립, 전문경영인체제의 발전, 주력기업제도의 정착, 과도한 금융과점의 해소 등을 위한 제도적 장치 등이 있었다.

물론 이러한 정책노력은 그것으로 충분한 것이 될 수 없으며 따라서 그 결과도 만족스러운 것이 되지 못하였다고 할 수 있다. 또 시간의 흐름에 따라 이러한 정책노력의 대상은 계속 변화되어 가야 한다. 그러나 어느 경우에도 그 변화의 초점은 경제력 집중이 시장의 경쟁을 제한하지 않도록 하는 노력은 시장경제가 발전하기 위하여 언제나 강조되어야 할 대목이다.

또한 당시로서는 앞으로 다품종 소량생산체제가 보편화될 전망이어서 이러한 생산체제의 변화에는 상대적으로 중소기업의 적응력이 더 높다고 할 수 있다. 따라서 이러한 생산체제의 변화에 유망한 산업 분야에 중소기업이 보다 적극적으로 참여하게 할 필요가 있다고 하겠다. 이 과정에서 대기업과 중소기업간 상호보완적 발전관계가 성립될 수 있도록 전문화 계열화를 적극 유도해 나가는 것이 필요하다고 당시는 생각하였다.

21세기 들어와 시장은 보다 복잡하여지고 기업집단의 계열화가 더욱 커지고 있다. 여기에서 사회문제로 제기되는 것이 지나친 계열화로 신생 중소기업의 사업참여기회의 박탈, 사업참여기업에 대한 소위 '갑질'의 횡포 등이 사회문제로 더 부상된다. 또한 대기업집단의 중소기업 전문영역의 침탈이 사회문제로 제기되기도 한다. 일본 대기업에서 관심을 갖는 사업영역(나와바리) 정신 같은 윤리성 같은 것도 기업집단의 문제에서 관심을 가져야 할 대목이라고 평가한다.

5. 안정기조의 퇴조

1988년 서울 올림픽 이후 한국경제에 나타난 가장 두드러진 현상은 인플레 압력이었다. 민주화 과정에서 나타난 각계의 욕구분출, 올림픽행사, 국제수지 흑자전환 그리고 정부마저 이런 이완된 분위기에 편승하여 긴축정책으로부터의 괴도이탈 등으로 1980년대 초반부터 정착되어 왔던 안정기조는 크게 동요하게 된다. 특히 3저 호황기의 비정상적인 가계소득의 증가가 투기를 불러와 부동산가격 등귀 등 버블경제의 문제를 노출하였다. 또한 민주화 열풍으로 임금투쟁 등에 의해 개인의 임금이 급격히 증대하면서 소비가 확대되어 물가등귀를 더욱 부채질하였다.

이에 따라 1980년 전반기 이후 2~3%에 머물렀던 소비자 물가는 1988~1991년 연중 7~9%로 세배 이상 급등세를 보였다. 그동안 매우 안정세를 보여왔던 생산자물가도 1989년 1.5%에서 1991년 4.7%로 큰 폭으로 상승하였다. 이러한 안정기조의 흔들림에 대하여 노태우 정부는 전략적 접근이 없이 지수의 향배만 지켜보고 있었다. 결국 경기는 하강하고 물가는 오르는 소위 스태그플레이션까지 걱정하기에 이르렀다. 근 10여 년간 그렇게 어렵사리 만들어왔던 안정기조는 10여 년 만에 정치민주화와 정부의 전략 없는 인기영합정책 앞에 쉽게 무너지고 말았다.

경제안정화시책을 처음부터 참여하였던 사람으로서 그리고 노태우 정부하에서도 정부에서 경제기획원차관으로서 경제운영에 책임을 지고 있던 사람으로서 저자는 책임감을 느낀다. 당시 조순 부총리와 저자는 있는 힘을 다해 새 정부에 경제운영 전략에 대한 건의와 협의를 하였지만 이미 변화의 바람이 몰고 오는 인기정책 앞에 손을 들 수밖에 없었다. 새 정부의 새 진용이 갖추어지는 과정에서 조순 부총리와 저자는 같은 날 함께 경제기획원의 조정간을 놓을 수밖에 없었다.

6. 노동력 부족과 노동시간 단축

1980년대 말 한국의 경제활동인구증가율은 1987년의 3.7%를 정점으로 점차 낮아져 1990년대 초에는 3%의 증가율로 둔화되었다. 2000년대 초 이 비율은 이미 거의 전체인구증가율 0.8%대에 수렴하고

있지만 1990년대 당시 한국경제는 1950년대의 베이비 붐 기간에 출산
된 인구들이 경제활동에 참가하게 됨에 따라 경제활동인구증가율은
계속 높게 나타났다.

그러나 그러한 경제활동인구증가율도 이제 점차 둔화되어가는 경
향으로 바뀌어 가고 있었다. 이는 중장기적으로 출산력이 저하되어 한
국의 인구구조가 항아리형으로 변화하고 있기 때문이다. 이 경제활동
인구는 2016년을 분기점으로 증가절벽을 맞아 절대수가 줄어들어가게
되어 있다. 아무튼 경제활동인구감소추세는 장기적으로 노동력 총량
의 부족을 가져오게 되어 있다. 경제활동인구의 구성에 있어서도 여성
화·고령화·고학력화의 경향을 보이고 있어 핵심노동력의 구성이 점
차 변화되어 가고 있다.

1990년대 초 실업률은 3%대로 안정된 모습을 보이고 있었으나
고학 력군의 실업률은 5% 이상으로 높게 나타났다. 한편 제조업 부문
의 성장둔화 등으로 제조업부문의 취업자 수는 점차 감소하고 있다.
일부 제조업의 취업자 수가 증가하더라도 증가세가 둔화되고, 이에 반
하여 서비스업 분야로 노동력이 집중되는 경향을 보이고 있다. 직종별
로도 힘들고 어렵고 위험한 일, 즉 소위 3D업종(difficult, dirty,
dangerous)의 기피현상이 발생하여 생산직 근로자의 증가율이 크게 감
소하는 경향을 보이고 있다.

한편 정치민주화와 더불어 노동조합활동이 크게 활성화됨에 따라
1987년 6월 말 당시 2.742개이던 노동조합수가 그 해 말에는 2배에
가까운 4.103개로, 그리고 1991년에는 7.656개에 달하였다.

이런 노동조합수의 증가와 함께 강력한 노조활동에 따라 근로시

표 1-2   **부문별 근로자수 증감현황**(단위: %)

	1987	1988	1989	1990	1991
제조업	6.0	0.7	△3.7	0.1	1.8
서비스업	4.4	5.0	6.8	7.1	6.6
생산직	11.5	5.7	4.8	3.2	3.8
사무직	4.7	7.7	7.3	7.2	5.6

자료: 한국노동연구원, 분기별 노동동향분석, 1992.2/4분기
　　　이형구, 21세기 경제정책의 대전환, p.38.

간은 계속 감소되고, 임금은 큰 폭으로 높아져 기업의 경쟁력이 약화되는 한 요인이 되었다. 당시만 하더라도 비농업부문의 주당근로시간이 평균 52시간대였다. 1989년 근로기준법상의 주당 근로시간을 당시의 48시간에서 44시간으로 단축 개정하였다. 물론 다른 선진국들은 말할 필요도 없고 한국과 처지가 비슷한 나라에 비해서도 한국의 근로시간은 많은 것이 사실이다. 그래서 이것을 노사간의 단체협약을 통하여 점차 하향조정하고 있었다. 이러한 노조의 노력에 정부도 부응하여 법정근로시간을 단축하는 데 찬성한 것이다. 법정근로시간의 하향단축은 초과근무에 따른 초과근로수당이 지급되어야 하므로 그만큼 임금인상효과가 나오게 되고 따라서 그만큼 경쟁력이 상실된다.

1980년대 말 1990년대 초 한국제조업부문의 단위당 임금비용은 1985년을 100으로 할 때 124까지 상승되었다. 이는 같은 기간에 이웃 일본의 경우 94로 오히려 단위당 임금비용이 내려간 것과 대조를 이루고 있다. 이런 현상은 일본뿐만 아니라 대만, 싱가포르, 미국 등 우리의 경쟁국들도 비슷한 안정세를 보이고 있어, 한국의 수출경쟁력은 급격히 떨어지는 현상을 낳게 되었다. 이것이 1990년대 초 한국경제의 경기침체를 가져온 직접적인 원인이 되었다.

이러한 현상이 10여 년이 지난 2002년 다시 재현되었다. 김대중 정부는 선거공약으로 내걸었던 주 5일제 근무를 추진하는 과정에서 1989년과 비슷한 무리한 추진을 시도하였다. 정치적으로 노동조합과의 우호관계를 유지하고 친 근로자적인 정책이라는 측면에서 김대중 대통령은 주 5일제 근무를 적극 추진하였다. 마침 월드컵에서 4강 신화를 이룬 한국경제가 1988년 올림픽의 성공개최로 금방 선진국이 된 것 같은 착각 속에 일하려는 분위기 보다는, 생활의 질을 높이자는 쪽으로 변하여 노태우 정부는 주당 실 근로시간이 50여 시간인 현실에서 주당법정근로시간을 48시간에서 44시간으로 단번에 하향시킨 법개정을 하였다. 이어서 똑같은 노조인기 영합적 과정을 김대중 정부가 앞장서서 추진하였다.

7. 경제개발의지의 저하

이상에서 1980년대 들어와 어렵사리 마련된 '안정과 자율·개방'을 캐치프레이즈로 한 시장경제운영의 출발은 3저의 호황, 올림픽개최가 가져다 준 선진국 달성 망상 그리고 이와 연관된 정치민주화 투쟁, 인기영합적 정부의지 변화 앞에 여지없이 무너지고 말았다. 안정화 시책의 과실을 따먹는 데 만 관심이 쏠린 것은 비단 일반 시장의 근로자 기업 가계만이 아니었다. 이런 흐름에 냉정을 찾고 다음 단계의 대응전략을 수립 추진해야 할 정부도 이 과실 따먹는 대열에 참여하였다.

1986~1988년의 경기호황과 부동산 가격 급등, 임금소득 증가 등

으로 가계소득은 급격히 상승하였다. 가계소득의 상승은 근로자의 여가와 삶의 질에 대한 관심이 높아지고 상대적으로 근로의욕은 떨어지게 되었다. 기업경영자들은 1987년 극심한 노사분규와 투쟁성 노동쟁의를 경험하는 동안 생산공장의 투자를 기피하게 되고, 어떻게 하면 제조업을 면해볼까 연구하는 분위기가 조성되고 있었다. 그러니 기술개발에 의한 경쟁력 확보나 남들보다 더 노력하려는 의욕이 사라지게 되었다.

정부도 근로자들의 노동쟁의에 영합하여 근로시간 단축에 앞장섰고, 이런 노동관계법 개정은 그대로 제품 단위당 임금비용 상승으로 나타나게 하였다. 노태우 정부가 취한 근로시간단축을 위한 조치나, 10년 후 2002년 김대중 정부에서 취한 주 5일제 근무의 즉각 시행 등의 노동조합 인기영합정책들은 1990년 이후 20년이 넘는 한국경제 혼돈기 경제운영의 상징적 이벤트라고 할 수 있다.

1989년 노태우 정부는 88올림픽 성공개최 이후 즉각 시장의 안정을 찾고, 다시 시장의 활기를 토대로 한 단계 업그레이드하는 발전전략을 수립·시행하였어야 했다. 그러나 노태우 대통령은 오직 직선(直選)으로 대통령이 되었다는 사실에 스스로 도취되어 전임대통령이 일궈놓은 '시장경제운영 전략'을 내팽개치고 말았다. 그 이후 등장한 김영삼, 김대중, 노무현 대통령은 이런 장기적 국가발전전략을 챙길 사람들이 아니었다.

그러니 경제는 IMF를 맞게 되고, 경제발전 동력이 상실된 채 경제운영의 혼돈기를 맞게 되었다. 정부가 앞장서 국민에게 흥분을 자제하고 균형감을 갖고 한 단계 더 높은 발전을 가져와야 한다는 발전전략을 구사해야 하는데, 거꾸로 정부가 흥분하고 정부가 인기영합하고 기왕에 만든 과실이나 축내려는 판이 되어버렸다. 국민의 경제발전의지의 저하는 당연할 귀결이라고 평가해야 한다.

제 2 절) 국제경쟁력 상실

1980년대 말 1990년대 초 한국경제는 자율·개방정책의 후퇴에 따라 경제구조상 많은 변화와 발전측면에서 퇴락의 길을 걷기 시작하였다. 경제구조를 발전지향적으로 개편에 나가는 것은 많은 시간과 노력이 요구된다. 그러나 반대로 이를 후퇴시키고 옛날로 회귀하는 일은 아주 손쉽게 일어날 수 있다.

1980년대 들어서 한국경제를 안정과 개방의 틀 위에 시장경제로 보다 신속히 접근시키고자 하였던 노력은 한국경제발전사 측면에서 큰 의미를 부여할 수 있고 그것을 수행해가는 과정에서 정부나 이해당사자인 여러 경제주체들이 많은 고통을 감수하였기에 가능하였다 할 수 있다.

그러나 1980년대 후반 정치민주화를 이루어 가는 과정에서 이러한 발전지향적 개혁정책들은 쉽게 과거로 회귀하여 버리고 말았다. 그 뒤 시장경제의 비능률이 경제구조 면에서 여러 가지로 일어나 한국경제의 발전잠재력은 많은 손상을 입게 되었다. 이런 상황을 한 마디로 종합한다면 한국경제의 경쟁력 상실로 표현할 수 있을 것이다. 시장경

제는 경쟁을 전제로 하는데 여기서 경쟁력이 떨어진다는 이야기는 시
장경제가 무너지는 것과 같은 의미가 될 것이다.

경쟁력은 크게 이야기 하면 가격경쟁력과 비가격경쟁력으로 구분
할 수 있다. 가격경쟁력은 국내물가, 원자재가격, 환율, 금리 등 국민
경제운영과 밀접한 연관이 있고, 개별 기업의 입장에서는 이런 것들은
주어진 환경이라는 면에서 하나의 외생변수라고 할 수 있다. 원자재가
격을 제외하면 물가나 금리 환율 등은 그야말로 정책변수와 직접연관
이 있고 이는 광의의 정부에 의하여 조정되는 정책변수라고 할 것이
다. 따라서 기업은 이런 것들을 사업운영의 외생변수로 치부하고 경영
한다. 자기들이 어떻게 해 볼 수 있는 일이 아니다.

따라서 기업은 내부적으로 제품생산에 투입되는 직접비용들, 즉
인건비, 자재의 투입구조 등이 내생변수가 되어 제품원가에 영향을 준
다. 즉 생산비용은 제품생산에 들어가는 노임. 자본. 원자재 등 제반
생산요소의 가격이 변수가 되고 이에 따라 제품의 경쟁력이 영향을
받게 된다.

비가격경쟁력은 주로 기술개발에 따른 제품의 품질, 생산능률의
향상 등이 큰 변수가 될 것이다. 기술은 투입된 생산요소의 생산효과
를 극대화할 것이고 또 생산에 필요한 인력, 투입원자재의 량을 변화
시킬 것이다. 비가격경쟁력은 노동의 시간, 열정 등 노동강도(强度)가
또한 변수가 될 수 있다. 이러한 개념의 연장선상에서 제품의 생산에
투입되는 요소비용의 총합계를 총생산액으로 나눌 경우 이것이 개별
제품의 단위당 생산비용이 될 것이다.

본 절에서는 국가의 경쟁력을, 보다 구체적으로 기업의 입장에서 단위당 생산비용을 가지고 그 변화를 분석해 보고자 한다. 1990년대 초 한국경제의 중심축이었던 제조업을 중심으로 생산에 직접적으로 투입되는 임금·자본재·원자재 등이 제품 한 단위 생산에 얼마나 들어가고 있나를 분석해보자. 투입된 양이나 금액의 절대액보다는 기준 시점을 가지고 어떻게 변하였나를 분석의 기초로 하여 한국과 경쟁대상국들과 비교할 경우, 한국기업의 종합적으로는 한국경제 전체의 경쟁력을 시간적으로 그리고 공간적으로 분석할 수 있을 것이다. 즉 단위임금비용, 단위자본비용 그리고 단위원자재용으로 구분하여 설명하여 보겠다.

1. 단위임금비용

단위임금비용은 명목임금을 생산성으로 나누어 지수화한 것이다. 한국의 경우 1985년을 100으로 하였을 때 1991년에는 이것이 126으로 되었다. 기준년도의 100보다 당해 연도의 단위임금비용이 100이하가 될 때 경쟁력은 향상된 것이고 100 이상이면 비용, 즉 생산원가가 상승하였음을 의미하게 된다.

한국의 경우 1985년 이후 1988년까지 단위임금비용은 100 이하를 유지하였다. 그러나 1989년 이후 노사분규 등으로 해서 1989년 114, 1990년 120 그리고 1991년 126을 나타냈다. 이러한 현상은 단순임금의 상승뿐만 아니라 노동자의 생산성이 반영된 개념이다. 즉 이 기간 동안 한국의 임금인상이 높게 이루어졌고, 노사분규 등으로 생산성이 오르지 못한 것이 단위임금비용의 상승 원인이 되었다. 한국의 단위임금비용 상승 126은 같은 기간 일본의 82.2에 비하면 경쟁력 격차가 엄청나게 벌어졌음을 알 수 있다.

단위임금비용 상승은 산업간에 크게 차이가 나고 있음을 분석할 수 있다. 즉 한국의 전통산업이라 할 수 있는 노동집약적인 식음료품, 의복, 가죽 같은 산업은 단위임금비용이 높게 올라갔고, 금속제품 등은 덜 올라간 모습임을 볼 수 있다. 그 이유는 같은 기간 동안 대부분 기업의 임금인상은 비슷하게 올라갔으나 기술개발 등에 따라 생산성 향상이 큰 산업은 상대적으로 단위임금비용이 작게 올라가게 된다. 당시의 기계, 금속 등 기술개발의 효과가 큰 산업은 임금의 상승에도 불구하고 단위임금비용이 작게 올라간 것을 발견하게 된다.

일본이나 대만의 경우 같은 기간에 임금인상이 다소 있었지만, 노동생산성이 임금인상을 앞질러 상승하였기 때문에 오히려 단위임금비용은 하락한 모습을 나타내고 있다. 결국 기술개발에 따른 생산성향상이 큰 산업이 발전되고 있음을 알 수 있다. 또 같은 조건하에서도 노동의 강도나 질이 얼마나 중요한 것인지를 일깨워 준다 할 것이다.

앞에서 분석한 것은 일정기간의 임금과 생산성의 상승 속도를 가지고 비교 분석한 것이기 때문에 남은 한 가지 문제는 국제비교에 있어서 임금의 절대수준이 차이가 많이 날 경우 이것을 토대로 한 경쟁력 비교는 문제가 생길 수 있지 않느냐 하는 것이다. 당시 한국의 임금수준이 경쟁상대국인 일본이나 대만에 비하여 낮기 때문에 가지게 된 경쟁력은 어떻게 되느냐 하는 문제이다. 이 경우에도 이 기간 동안 한국의 임금이 급격히 올라 일본이나 대만에 비하여 상대적 경쟁력이 없어졌음을 발견할 수 있다. 즉 한국의 경우 이 기간 동안 임금이 급격히 올라 제조업 전체의 생산비 중 임금이 차지하는 비중이 1985년의 10.6%이던 것이 1990년에는 13.17이 되었다. 그러나 일본의 경우에는1985년의 13.3%에서 1990년에 13.21%로 그 비중이 거의 변화되지 않았다. 이것은 결국 한국이 그동안 저임금으로 누려왔던 이득이 전체 제품비용 면에서 없어진 결과가 되었다는 분석이 될 수 있다.

2. 단위자본비용

단위자본비용은 기업의 금융비용을 자본의 생산성으로 나누어 산출할 수 있다. 자본의 생산성은 매출액을 거기에 투입된 자본량으로 나누어 얻을 수 있다. 금융비용은 금리수준, 기업의 자기자본비율 그리고 자본시장에서의 직접금융 접근가능성 등이 함수가 된다고 할 수 있다. 자본의 생산성은 매출액의 증감, 즉 경기, 기술수준 등에 따라 변화되고 기업투자를 위한 인프라의 조건, 즉 공장건설에 들어가는 토지가격 그리고 기계설치비등의 조건이 얼마나 친기업적이냐에 의해 좌우될 수 있다.

다시 말해서 기업의 매출이 커지면 자본의 생산성은 올라가고 금리가 상승하거나 1980년대 말처럼 부동산 투기로 토지 값이 올라가면 자본의 생산성은 떨어진다.

이러한 성질을 가진 한국의 단위자본비용은 1985년을 100으로 하였을 때 1990년에는 115가 되어 자본비용이 상승한 것으로 분석된다. 단위자본비용 중 금융비용은 1990년에 93.5로 나타나 1985년보다 하락한 것으로 보이지만 1988년과 1989년은 1985년에 비하여 불리하게 나타난다. 단지 1990년 한 해가 금융비용이 하락한 것으로 나타난 이유는 당시 설비투자의 저조에 따라 경기대책의 일환으로 정부가 저금리의 정책금융을 많이 내었고 경기부양을 위하여 금융당국에서 유동성을 풍부하게 하였기 때문에 금리가 하락한 데 연유한 일시적인 현상으로 평가해야 한다.

자본의 생산성 추이를 살펴보면 1985년에 비하여 1989년 그리고 1990년에는 악화되는 모습이었다. 이것은 당시 부동산 값 폭등에 따라 공장용지 투입비용이 급격히 늘었기 때문이라고 분석할 수 있다. 이를 뒷받침해 주는 것이 제조업의 자산형태별 투자 모습이다. 한국 제조업의 공장용지를 위한 토지매입비가 그 전에는 보통 1년에 1천억 원 수준이었는데 이것이 1989년, 1990년에는 매년 7천억원 대로 급상승하였고 이 기간에 사업용 건물 값도 그 전에 비하여 4~5배의 높은 상승을 나타내어 자본의 단위당투입비용이 크게 늘어나게 되었다.

같은 기간 일본이나 대만의 금리가 많이 하락하여 한국의 단위자본비용은 이들과 큰 격차를 나타내게 되었다고 분석할 수 있다. 단위자본비용이 전체비용에서 차지하는 비중을 보면 1985년 11%에서 1990년에는 12.48%로 높아졌다. 같은 기간 일본은 이 비율이 9.07% 에서 7.96%로 하락한 모습을 보였다. 1985년도 일본과 한국의 단위자본비용 격차가 2%포인트였는데 이것이 1990년에는 5%포인트로 격차가 벌어졌다.

3. 단위원자재비용

단위원자재비용은 투입원자재비용 총액을 제품의 매출액(생산액)으로 나누어 계산할 수 있다. 투입원자재비용은 도매물가지수, 수입원자재가격지수, 환율에 따라 여향을 받게 된다. 또한 주어진 원자재를 놓고 보면 기술개발을 얼마나 하느냐에 따라 원자재투입비율이 달라진다고 할 수 있다.

한국의 단위원자재비용은 1985년을 100으로 하였을 때 1990년은 113.4로 계산된다. 이는 당시 환율의 상승과 국제원자재가격의 상승에 연유된 것으로 분석될 수 있다. 다만 수입원자재 비중이 상대적으로 작은 섬유·의복·가죽·종이·인쇄·출판 업종이 다른 업종에 비하여 높게 오른 현상은 당시 국내 투입비용, 즉 임금 금리 등이 높게 올랐기 때문으로 분석할 수 있다. 전체 생산비 중 단위원자재비용이 차지하는 비중이 일본이나 대만에 비하여 낮게 나타난 것은 한국기업의 요소비용 중 인건비나 자본비용의 상승이 상대적으로 높았기 때문일 것이다.

이상에서 1980년대 말 그리고 1990년대 초 한국의 제조업 제품의 단위비용을 단위임금비용, 단위자본비용 그리고 단위원자재비용으로 구분하여 그 변화의 흐름을 살펴보았다. 단기간의 시간 폭을 가지고 분석한 것이기 때문에 기술개발에 따라 투입비용의 변화가 제대로 나타나지는 않았겠지만 이 기간 동안 임금의 급격한 상승이 한국제품의 경쟁력을 크게 떨어뜨린 요인이 되고 있음을 찾아볼 수 있다.

단위자본비용에서의 유의점은 기업의 재무구조가 얼마나 건실하냐 하는 것과 금리의 변화가 직접영향을 준다는 점이다. 따라서 기업의 외형적 확장보다는 재무구조를 개선하여 외부차입을 최소화하고 금융의 심화를 하루 속히 추진해야 한다는 과제가 등장하게 된다.

투입원자재비용과 관련해서는 원자재의 해외의존을 전제로 환율안정, 물가안정이 얼마나 결정적인 역할을 하고 있는 것인가를 생각할 수 있다. 수입원자재의 가격변화는 국내기업으로서는 주어진 환경으로 치부할 수밖에 없다. 그렇다면 원자재비용은 국내경제운영을 얼마나 건실하게 하느냐에 따라 환율과 국내물가의 안정을 가져오게 되고 이것이 원자재비용을 최소화하는 데 중요한 변수가 된다. 그리고 기술개발을 통해 제품생산에 들어가는 원자재의 투입비율을 줄여 가느냐가 중요한 관건이 된다고 할 수 있다.

아무튼 이 시기 한국제조업 제품 생산원가는 1985년을 100으로 하였을 때 1990년에 118이 되어 많은 원가상승을 한 것을 찾아볼 수 있다. 이 기간 동안 단위노동비용은 120, 단위자본비용은 115, 단위원자재비용은 109이다. 생산요소비용이 하나같이 모두 상승한 모습이다. 이 기간 동안 국제원자재가격이 많이 하락하였고, 원자재투입비율도 기술개발 등으로 낮아졌을 것으로 추정되는데, 단위원자재비용이 오른 것은 이 기간 동안 한국의 도매물가상승이 많이 되었고 환율인상이 많이 되었기 때문이라고 분석된다.

이 기간 동안 국제비교를 해 보면 노동, 자본, 원자재비용을 다 합친 총비용의 증가율이 한국을 100으로 할 때 일본이 84, 대만이 83으로 나타나 이들 국가들이 생산원가면에서 훨씬 안정된 것을 찾아볼 수 있다. 결국 물건 하나를 생산하는 데 들어가는 비용을 가격경쟁력이라는 면에서 생각하면 1985년을 기준으로 한국에 비하여 일본이나 대만이 훨씬 유리한 입장임을 알 수 있게 된다.

제 3 절) 전략부재의 리더십

이승만 대통령은 한국사회에 자본주의와 시장경제 제도를 정착시킨 건국대통령이다. 만일 그의 리더십이 없었다면, 그리고 미국 등 우방의 적극적인 지원이 없었다면, 한국사회가 공산화되었을 지도 모르고, 오늘날 같은 번영은 없었을지 모른다. 박정희 대통령이 없었다면 1960년대부터 1970년대까지 한국사회에 개발연대를 열지 못하였을지도 모른다. 절대빈곤의 퇴치와 경제발전의지를 국민에게 확고하게 심어준 것은 박정희 대통령의 리더십이라고 평가한다. 1980년대 집권기의 혼돈이 있었지만, 전두환 대통령은 한국경제에 시장경제운영의 출발을 하게 한 대통령이다. 전두환 대통령의 리더십은 한국경제를 안정과 자율·개방을 토대로 경제구조개혁을 추진하여 시장경제운영 기반을 심어놓았다고 평가한다.

직선제 대통령이라는 흥분 속에 등장한 노태우 대통령은 정치민주화의 물결 속에 스스로 이리 흔들리고, 저리 흔들린 리더십 부재를 보여주었다. 국가운영에 대한 확고한 전략이 없는 전략부재의 리더십이라 할 수 있다. 이어진 김영삼, 김대중 대통령은 패거리정치문화를 만들어낸 대통령이다. 그들에게 국가운영에 대한 전략의 리더십을 기

대하는 것은 무리다. 민주화라는 깃발을 들고 '나를 따르라'고 소리지
르던 골목대장 모습의 리더십을 보였다. 한편 노무현 대통령은 한(恨)
의 리더십을 보였고, 이명박 대통령과 박근혜 대통령은 보수층의 확고
한 기반을 딛고 일어섰지만 지도자로서 아직 덜 성숙된 리더십을 보
여 지지자들을 실망시키고 있다고 평가할 것이다. 미안한 이야기이지
만 노태우 대통령 이후 오늘까지 역대 대통령이 보여준 대통령의 리
더십은 번영학을 토대로 한 국가운영전략이라는 측면에서 전략부재의
리더십이라고 평가하고 싶다.

1987년 노태우 대통령 정부 출범과 함께 개방정책은 셋백하고,
많은 부문에서 옛날의 규제 보호 중심정책으로 변화되어갔다. 농업보
호, 산업보호, 금융규제 등 한국경제정책은 자율과 개방이라는 면에서
많이 후퇴하였다. 하물며 외환 및 자본시장의 개방은 그 추진 자체가
거의 보류되고 말았다.

1992년 한국경제는 세계경기의 후퇴와 올림픽 이후 방만한 국가
운영에 따른 발전잠재력의 퇴조로 어려움을 겪게 된다. 물가는 상승하
고 투자 특히 설비투자는 급속히 감퇴하여 한국경제는 스태그플레이
션의 조짐마저 보였다. 마침 노태우 정권의 말기를 맞이하여 각계는
자기 이익 챙기기에 정신이 없고, 새로 출범한 김영삼 정부는 소위 민
주화세력의 집권이라는 자기 도취에 휩싸여 경제 같은 것은 안중에도
없이 '역사를 바로 잡는다'는 해괴한 캐치프레이즈 밑에 자기 세력을
중심으로 보복정치에 골몰하고 있었다.

김영삼 정부의 어처구니없는 일은 '새 경제5개년계획'이라는 것에
서 찾을 수 있다. 청와대 비서진 몇 사람의 책상머리에서 졸속으로 경

제개발5개년계획이라는 것을 만들어 발표하였다. 대통령의 임기와 5개년 계획의 순기를 맞추어야 한다는 논리와 함께 김영삼 정부의 경제정책이라는 것을 5개년 계획이라는 이름으로 발표한 것이다. 그러니 거기에 5개년 경제계획 작업의 방식이나 사회적 합의(consensus) 같은 것은 처음부터 존재하지 않았다. 제대로 된 경제운영의 전략 같은 것을 찾아볼 수도 없었다. 그야말로 경제운영의 아마추어성을 드러내고 말았다.

정책의 보수성을 탈피한다는 미명하에 정책은 크게 흔들렸다. 그 대표적인 예가 금융개방이라는 이름아래 단기투자회사(단자회사)를 종합금융회사로 만들어주고, 이들 회사에 해외자본도입을 일시에 허용해 주었다. 지금까지 국내시장에서 단기어음 할인을 주업으로 단기금융업을 하여 온 이들은 해외시장에서 자본거래를 해본 경험이 없었다. 이들에게 잘 알지도 못하는 해외시장에서 외형상 싼 단기금융상품을 빌려와 그것을 국내시장의 장기투자에 사용하는 무모성을 저지르게 하고 말았다.

그들은 한국 국내시장의 금리수준과 외국의 단기저금리와 상품의 성격을 차분하게 따져볼 겨를이나 전문성이 없었다. 또 단기성 자금을 일반적으로 회임기간이 길게 마련인 투자에 사용하는 무모함을 보였다. 당연한 미스매치의 위험성을 본인들도 모르고 금융당국도 경고하지 않았다. 이것은 시장의 개방도 아니고 외환자유화도 아니다. 결국 그것이 훗날 동남아 시장에서 자금의 미스매치에 의한 큰 손실을 가져왔고, 1997년 한국경제의 외환위기를 촉발한 직접적인 원인이 되었다. 결국 금융, 외환, 자본시장의 사려 깊은 연구와 조심스러운 개방을 추진해야 할 사람들이 경험과 전문성 결여로 즉흥적으로 개방을 무모하게 추진한 결과 한국경제에 큰 시련을 주는 결과가 되었다.

전략부재의 리더십이 가져온 한국경제의 붕괴를 다시 종합 정리하여 보자. 1980년대 말 노태우 대통령 정부는 1988년 서울 올림픽을 성공적으로 치러냈고, 3저 호황기를 맞아 한국사회는 선진국이 된 것으로 착각한 가운데 각계각층이 자기 잇속 챙기기에 골몰하는 모습이었다.

더구나 민주화 운동으로 포장된 폭력 노동조합 활동은 진보라고 자칭하는 좌경세력과 합세하여 한국경제를 파멸의 길로 이끌었다. 잔치 뒷마당의 허전함도 느낄 겨를도 없이 한국경제의 뒷마당에는 삭풍이 몰아쳐 오기 시작하였다. 설비투자는 부진하고 제조업체들의 활력은 하루 아침에 사그러들었다.

그러나 반면에 호황기의 극렬한 노동운동을 통하여 임금은 상승하고, 한국의 가계소득은 단기에 급격히 증가하였다. 정부도 이런 분위기에 함께 이완되어 총수요관리를 방기하고 1980년대의 안정화 분위기는 찾아보기 힘들게 되었다. 그러자 가계를 중심으로 부동산 투기가 다시 일기 시작하고 물품구입을 위한 가계의 씀씀이가 늘어나기 시작하였다. 따라서 물가는 오르기 시작하고 경기는 설비투자 감축으로 침체의 모습을 보이기 시작하였다. 이른바 스태그플레이션의 조짐이다.

출발부터 국가운영의 전문성이 모자라는 김영삼 정부는 스스로 문민정부이고 한국의 진정한 민주주의를 만들어낸 정부라고 착각하고 모든 일을 정치중심으로 접근하였다. 경제는 아랑곳하지 않고 그들 말대로 하면 역사 바로 세우기에 골몰하였다. 그러니 개방이 무엇인지도 모르고 1994년 단기투자회사들에게 무작정 대외개방을 시작하여 악성 자금의 국내유입을 조장하였다. 그동안 성공적이었던 5개년계획도 대통령의 임기와 맞추어야 한다는 정치논리로 몇 사람의 책상머리에 앉아 신경제계획이라는 이름의 계획서를 만들어 사실상 사문화시켰다.

그리고 1994년 그동안 법안만 성립되고 시행이 보류되었던 금융실명제를 실시한다고 근엄한 목소리로 발표해 놓고 이 제도의 기본취지를 벗어나 사실은 남의 뒷덜미를 잡는 데 사용하는 치졸함을 보이기 시작하였다. 그러니 김영삼 정부 5년 내내 안팎으로 부정부패 문제만 다루다가 결국 스스로 그 덫에 걸려 망가지는 모습을 자초하고 말았다.

1980년대 후반과 1990년대는 민주화라는 가치를 찾기 위한 투쟁의 시기라고 볼 수 있다. 한국의 민주화는 투쟁이 있어서라기보다는 한국사회의 발전의 흐름으로 볼 때 자연스럽게 오게 되어 있는 '정치적 가치'라고 평가할 수 있다. 그러다 보니 누가 꼭 그렇게 해서가 아니라 민주화라는 가치는 한국사회에 들와왔고, 그러니 민주화 투쟁은 민주화가 이루어진 마당에 사실상 할 일을 잃고 말았다. 그러니 민주화 투쟁은 어느덧 각 이해집단의 욕구분출의 도구로 전락되는 처지가 되었다. 회사에서 사장을 린치하고, 길가에서 남의 재산을 마구 부숴대는 불법행위가 민주화 투쟁 간판 밑에서 일어나기 시작하였다. 이건 물론 민주화 투쟁도 아니고, 안정사회를 망가뜨리는 폭력불법행위로 전락되고 말았다. 그러다 보니 경제위기가 오는지, 무엇이 문제인지도 모르면서 1997년 말 한국경제는 외환위기를 맞게 되었다.

제 2 장

혼돈기 경제운영과 그 좌절

외환위기를 맞은 한국경제는 1997년 말 국제통화기금(IMF)과 대기성차관(standby agreement)을 체결함으로써 소위 'IMF시대'를 맞게 된다. IMF와 대기성차관을 한국경제가 맺은 것이 처음이 아니고 1985년 이전에는 매년 대기성차관을 IMF와 맺어왔다.

1997년 대기성차관을 맺으면서 온 나라가 뒤집히는 큰 충격을 받는 모습을 보여주었다. 그 이유는 다음 두 가지로 찾아볼 수 있다. 하나는 과거의 대기성차관은 한국경제가 개발도상국가로서 만성적인 국제수지 적자의 처리를 위하여 IMF의 도움을 받아 왔는데 그 방법이 대기성차관이었다. 따라서 많은 국제수지적자국들은 국제수지 방어수단으로 IMF와 대기성차관 협정의 형태로 지원을 받는다. 그 과정에서

일부 국가는 경제구조가 개선되어 이런 대기성차관을 할 필요가 없게
된다. 만성적인 국제수지적자국에서 탈피하게 되고, 그 경우 자연스럽
게 IMF와의 대기성차관을 하지 않게 된다. 그것을 대기성차관의 졸업
(graduation)이라 부른다. 그러나 다시 경제가 나빠져 국제수지가 적자
가 되고 이를 보전하는 외환이 불안정할 경우 다시 대기성차관을 맺
어 IMF의 도움을 받을 수 있다. 전자를 일반대기성차관이라 한다면
후자를 특별(unusual)대기성차관이라고 할 수 있다.

한국경제는 1985년 IMF와의 일반대기성차관을 졸업하였다. 10년
도 더 지난 시점에서, 일시적 외환위기를 맞아 이를 해결하고자 1998
년 특별히 맺은 차관이라는 점에서 과거와 차이점이 있다고 할 것이다.

저자는 1985년 이전 5년 동안 재무부에서 차관보로 근무하며 이
문제를 담당하였다. 대기성차관은 IMF라는 기구의 성격상 몇 가지 정
책이행을 차관의 조건으로 붙게 되는 것이 일반적이고, 이를 협의하고
이행을 검증하기 위하여 IMF는 협의단을 꾸려 한국정부와 접촉하게
된다.

대부분 정책변수의 운용과 관련하여 금리·환율·재정 등이 일반
적인 대상이 된다. 과거 한국과의 대기성차관 협정의 조건으로 IMF협
의단이 제시하는 조건은 한국정부로서는 받아들일 만한 것들이 대부분
이었다. 간혹 한국경제가 더 이상 개발도상국 경제구조를 가지고 있지
않기 때문에 그들의 요구가 시대에 맞지 않는 경우도 있다. 이것을 상
호 협의하여 합의에 이르면 협정이 이루어지는 것이다. 오랫동안 이 일
을 해 왔던 저자의 견해로는 이게 별 일도 아니고 크게 무리한 것들도
별로 없다. 그래서 장관은 거의 이 일을 수석대표인 차관보에게 일임할

정도로 일반적인 일이었다. 이것이 저자의 차관보로서 마지막 일이 되고, 한국경제로서도 대기성차관 졸업협정이 된 1985년 협정이었다.

그리고 10년의 세월이 더 흘러간 1998년 갑자기 대기성차관을 맺은 것은 특별한(unusual) 것이라고 의미부여를 하면서, 온 나라가 발칵 뒤집히다시피 하였다. 그러나 생각해보면 IMF라는 기구가 회원국들의 이러한 일시적 어려움을 해결해주기 위하여 만들어진 국제기구인 점을 감안한다면 한국정부가 당시 이를 활용하는 것이 그렇게 큰 일만도 아니라고 생각할 수 있다. 또한 영국, 스웨덴 등 다수의 선진국들도 그들의 경제적 어려움들을 해결하기 위하여 IMF와 대기성차관을 하였던 선례가 많다.

2015년 7월 그리스의 대외 채무불이행이 온 세계경제를 긴장시키고 있다. IMF와 대기성차관은 고사하고 채무의 원금 중 일부를 탕감해주고 추가차관을 해 달라고 그리스정부는 생떼를 부리고 있다. 미국을 비롯한 몇몇 국가들은 그리스의 요구를 일부 수용하자고 하고 나선다. 당초 IMF 등 국제기구가 요구한 재정구조개혁 등은 그리스총리가 앞장서 국민투표로 부결시켰다. 그리스 문제가 어떤 결론이 나던 그 결과는 현재의 IMF나 EU연합이 요구한 그리스의 구조개혁보다는 완화될 것이 뻔하다. 이런 경제적인 깡패 같은 행동을 하는 나라도 있는데 한국경제처럼 일시적인 경제운영의 방만함에서 비롯된 유동성 부족을 위한 대기성차관은 그 질적인 면에서 별 문제도 아니라고 평가할 수도 있다.

다만 한국의 IMF 대기성차관 협의가 공교롭게 한국의 정권교체기와 맞물려 상황을 정치적으로 부풀려 해석하고, 문제의 처리도 차분한 가운데 이해득실의 계산보다는 공포에 가까운 미래전망을 한국경제는 연출해 가고 있었다. IMF협정이 매국(賣國)으로까지 호도하면서, 마치 나라가 망한 것처럼 시끄러웠다. 금 모으기 국민운동도 생겨났다. 현실적으로는 당시 경제에 있어서 언제나 우리의 친구 내지 지원자로 믿고 있던 일본이나 미국정부가 한국의 어려운 현실을 너무나 냉정하게 외면한 데 대하여도 한국정부는 당황할 수밖에 없었고 한국정부의 고립무원에 실망하지 않을 수 없었다.

이런 상황 앞에 이제 와 상대방을 원망한들 무슨 의미가 있는가? 상황을 이렇게 만든 것은 전적으로 당시의 노태우, 김영삼 정부의 책임이라고 해야 한다. 경제운영을 잘못한 것도 정부 탓이요, 어려울 때 도움을 외면하게 만든 것도 일차적으로는 한국정부의 탓이다.

저자는 업무상 많은 외국정부나 국제기관을 상대한 경험이 있다. 저자의 눈에는 어려울 때 도움을 주는 것은 우리의 이웃도 아니고 우리가 혈맹이라고 믿고 있는 미국도 아니다. 도움을 받게 만드는 것은 우리 스스로의 결속 밖에는 없다.

생각해보자. 리먼 브라더스가 망하고 미국은 해결책으로 돈을 헬리콥터에서 살포하듯 뿌려댔다. 자국경제의 부활을 위해서다. 일본이 죽을 지경이 되니 일본의 아베 정권도 돈을 뿌려댔다. IMF든 어느 나라도 미국이나 일본의 이런 어처구니 없는 경제운영에 시비를 걸지 않았다. 한국이 경제가 어렵다고 돈을 뿌려대면, 그들은 무어라 할 것인가?

글로벌 경제하에서 각국의 경제운영은 자국경제에만 영향을 주는 것이 아니다. 미국이나 일본의 돈 살포는 다른 나라의 환율을 요동치게 만든다. 그러나 미국경제의 부활이 그리고 일본경제의 회생이 다른 나라의 환율변화에 따른 경기침하를 가져오게 하는 데 대한 비난은 없다. 왜 그럴까? 결국 국력이다. 그리스가 죽어 가는데 그리스는 선진국이니까 원금도 탕감해주고 빚도 연장해 준다. 한국 같으면 어림도 없을 것이다. 왜냐하면 한국경제의 괴멸이 그들의 이해에 큰 문제가 아니기 때문이다.

그것을 알아야 하는데 1998년 대통령 캠페인에서 김대중 후보는 IMF협정을 국치로 격상시켰다. 그리고 그는 대통령에 당선되고 1년 만에 IMF 졸업을 선언함으로써 IMF를 극복한 대통령으로 기록되게 하였다. 얼마나 교활한 행동인가? IMF가 본인의 선거캠페인처럼 전 정권의 정책실패로 만들어진 경제붕괴라면 어떻게 1년 만에 IMF를 졸업할 수 있단 말인가?

그 이유의 하나는 원래 한국경제구조가 그리 나쁘지 않았다는 논리가 성립되는 것이고, 다른 하나는 기왕 대기성차관을 하였으면 그 차관조건을 충실이 이행하여 한국경제의 구조적 실패원인을 제거했어야 했다. 단순하게 그 전년도의 경기침하 기저효과로 GDP가 1년 만에 상승한 것을 기화로 'IMF 졸업'을 전격 선언한 것은 김대중 대통령의 교활한 정치성 때문이다.

각설하고 한국정부와 IMF가 마련한 대기성차관협정은 차관 자체보다는 여기에 부대되는 여러 정책조건들을 이행하는 일이 간단하다고 할 수는 없다. 이미 한국경제는 그 구조상 IMF가 일반적으로 사용하고 있는 개발도상국 정책모델들을 그대로 받아들이기 어려운 경우가 많다. 그 12년 전인 1985년 마지막 대기성차관 때도 이미 한국경제가 발전되어 정책조건들이 맞지 않는 것들이 있었고, 그 이유 때문만은 아니지만 대기성차관을 졸업하였는데, 그 이후 10여 년의 발전이 더 있었는데 다시 IMF 모델을 그대로 따라가는 것은 쉬운 일이 아니었을 것이다.

그러나 다른 측면에서 생각하면 한국경제가 객관적인 기준에 따른 IMF의 정책권고를 따르는 것이 장기적인 발전을 위하여 올바른 자세인 면이 있다. 오히려 특별한 이해관계의 대립으로 현실타개가 어려운 문제들을 실무적으로 해결하는 수단으로서 대기성차관은 유용한 경우가 많이 있을 수 있다. 실제 실무적으로 이런 핑계를 활용하여 문제를 잘 해결한 경우가 과거에 많이 있다.

한편, 이러한 기회가 주어진 것은 우리 스스로 남을 탓하지 말고 내가 잘 해야 한다는 것을 가르쳐준 역사의 교훈이라고도 평가할 수 있다. 아무튼 IMF 협정을 한 한국경제가 도대체 얼마나 망가진 것이고, 그것이 가져온 위기는 어느 정도 심각한 것이었는지를 분석해 보자. 그리고 사후적이지만 한국경제가 당시 이렇게 하였으면 얼마나 좋아졌을까 하는 대목도 짚어보자.

제1절   IMF 직전(1997)의 한국경제 펀더멘탈

1997년 말을 전후하여 일상 한국정부로부터 가장 많이 들어왔던 언어 중 하나가 '한국경제의 펀더멘탈은 괜찮다'는 말이었다. 거시경제 지표와 관련하여 한국경제의 과거모습이나 우리와 비슷한 다른 나라의 예와 비교하더라도 그리 나쁜 편이 아니라는 이야기이다. 1994년에서 1997년 사이 3~4년간 한국경제의 거시지표를 대략 짚어보자.

우선 경제성장률은 1994년에서 1997년까지 연평균 7%를 상회하였다. 비교적 탄탄한 경제바탕의 확대라고 평가할 수 있다. 국제수지상의 경상수지 적자는 GDP대비 1~4% 수준으로 받아들일 수 있는 수준이라고 할 수 있다. 다만 경상수지 적자확대가 진행될 때 정부는 단순하게 하나의 시장의 순환으로 보고 여기 파급되는 위험관리(risk management)는 소홀히 한 면이 있다. 정부재정은 거의 흑자 내지 균형수준을 유지하여 건실한 편이다. 물가도 연 5% 이내로 안정되어 있고, 환율도 비교적 안정적으로 운용되고 있다. 국내저축률도 GDP 대비 연평균 35~37%로 높은 저축수준을 유지하고 있다고 평가할 수 있다. 따라서 1997년 말 위기상황은 총량지표와는 직접 관련이 적다고 할 수 있다. 따라서 경제의 펀더멘털은 괜찮다는 말이 나올 만하다.

그렇다면 외환위기는 어디서 왔다고 보아야 하나? 한 마디로 그것은 대외채무 특히 단기채무의 급격한 증가에서 비롯되었다. 1990년대를 통틀어 단기성 해외차입은 전 채무의 50%를 상회하였고, 외환보유액에 대한 단기채무의 비율이 1996년에는 280%까지 달하였다. 이렇게 비중이 많은 단기채무로 조성된 자금을 무모하게 장기투자에 투입하는 우를 한국금융회사들이 범하였다. 그 결과 단기부채를 잘 관리하지 못하여, 즉 갚아야 할 외국채무와 이 외화를 투자하여 얻게 되는 자금의 회수 사이에 괴리가 생기기 시작하였다. 즉 term mismatch가

외환위기를 불러왔다고 볼 수 있다.

　물론 정부가 너무 안일하게 우리가 어려우면 일본이 도와주지 않겠나 생각한 탓도 있다. 돕기는커녕 외환위기 때 일본 기업인들은 단기자금을 제일 먼저 대폭회수하고 말았다. 200억 달러가 넘던 한국의 외환보유액이 일시에 몇 십 억 달러로 축소되는 데는 이웃 일본 기업인의 매정한 기여가 제일 컸다. 이 모든 것이 남을 원망하기보다는 이런 외환관리를 한 한국측이 비난 받아야 마땅하다.

제 2 절　한국경제 구조상의 취약점과 위기의 확산

　한편 당시 한국경제가 위험에 처하게 된 구조상의 취약점이 어떻게 현실로 부각되어 나타났는지를 살펴보자.

　첫째, 한국기업이 가지고 있는 재무구조의 취약성을 들 수 있다. 특히 당시 대기업의 경우 평균 부채비율이 400%가 넘어 다른 나라에 비해 월등히 높은 상황이었다. 일부 재벌기업들은 계열사간의 상호지급보증, 상호출자, 내부거래 등으로 기업경영의 취약성을 감추어 왔으나 그 중 몇 개의 대기업들은 과다한 해외차입을 감내할 수 없을 정도로 경영의 한계에 다다르고 있었다.

　둘째, 이러한 기업의 재무구조상의 취약성은 금융기관들의 부실여신을 확대시키고 결과적으로 금융기관조차 수지가 악화되기 시작하였다. 이를 감시 감독해야 할 금융감독기구는 그 기능이 미흡하여 금융기관에 사전경고 등 예보기능이 없었고 시장도 이를 예상할 수가 없었다.

셋째, 마침 한보철강, 기아자동차 등 일부 대기업의 부도가 발생하였는데 그 처리과정에 정치권의 과도한 간섭이 일어났다. 1997년 15대 대통령선거 운동 중에 있던 김대중, 이회창 대통령후보들이 선거캠페인과 연계하여 부도기업의 처리에 정치권의 간섭이 일어나 금융당국이 효율적으로 처리할 수가 없게 되었다. 그래서 이들 문제기업은 말할 것도 없고 다른 대기업까지도 위기가 전염되어 기업들의 일반적인 위기로 확대되고 이는 다시 금융의 위기로 전이되었다고 할 수 있다.

종합적으로 비록 총량지표상의 경제의 기본 틀은 큰 문제가 없었을지라도 단기외환 부채관리의 미숙이 한국경제의 외환위기를 가져왔고, 이어서 이러한 위기가 한국경제 구조상의 취약부문의 문제를 현실화한 결과 한국경제의 총체적인 위기를 가져온 결과가 되었다고 할 수 있다. 한편 시장에서는 금융기법의 발달로 파생금융상품(derivatives)들에 투입된 자본의 불확실성이 증가되고, 인터넷의 보급으로 전 세계의 금융거래가 동시 실시간(real time)으로 이루어질 수 있게 되어 외환위기를 방어할 시간도 없고 금융기법에 대한 이해도 부족하였다고 할 수 있다.

동시에 한국경제가 지난 수십 년 동안 크게 발전되어 왔고 대부분 성공스토리로 이어져 위기에 대한 대비의식이 부족한 면도 있었다고 할 수 있다. 거기다가 사회는 민주화 과정 속에서 사람들의 마음 속에 경제문제에 대하여 상대적으로 관심이 적어 소홀하게 지나간 면이 있다고 할 수 있다. 이러한 모든 요인들이 종합되어 한국경제의 외환위기를 직접 부른 원인이 되었다고 할 수 있다.

제 3 절 대기성차관협정과 정부의 대응

1. 외환위기의 처리

1996년 이후 한국경제는 여러 문제의 조짐을 나타내게 된다. 1994년 적자기조로 돌아선 한국경제의 국제수지상 경상수지 적자규모는 1995년에 이어 1996년에 231억 달러로 최고조에 달했고 1997년에도 적자기조는 계속되고 있었다. 기업의 매출부진과 수익성 악화는 기업 부도를 급증시켰다. 이어 이러한 현상은 금융기관의 부실채권확대와 금융기관 수지악화로 나타나기 시작하였다. 이러한 금융시장의 불안에 대처하여 한국정부와 한국은행은 여러 차례 대책을 마련 추진하였다.

첫째, 한국정부는 시장심리를 안정시키고 외환사정을 호전시키기 위하여 1997년 3월 자본시장 조기 개방계획을 발표하였다. 동시에 그동안 회사채의 발행물량을 조정하여 오던 조정제도를 폐지하여 회사채발행을 원활하게 하였다.

둘째, 1997년 8월 금융시장 안정 및 대외신인도 제고대책을 발표하였다. 금융기관의 대외채무에 대하여 한국정부 보증을 약속하고, 금융기관에 대하여 한국은행이 단기 외화유동성을 공급하도록 하였다. 같은 달 종합금융회사의 여신위축을 보완하기 위하여 증권회사에 CP

(상업어음)할인업무를 허용하였다.

셋째, 1997년 10월 외국인 주식투자한도를 확대하였다.

이상의 1997년 한국정부와 한국은행이 취한 일련의 조치는 시기적으로 타당성이 있는 것도 있지만, 대부분 절박한 시장분위기를 반전시켜보고자 한 잔 수에 불과한 것이었다. 시장이 그런 한국정부나 중앙은행의 의도를 모를 리 만무했다.

1997년 10월 한국경제에 대한 신용평가기관들의 신용평가가 하향되기 시작하였다. 이어서 한국금융기관들의 외화유동성 사정이 악화되어 가자 한국은행은 1997년 11월부터 외환보유액에 의한 긴급외화자금 지원을 시작하였다. 이어서 주식 시장에서는 주가가 폭락하고 환율은 1997년 11월 10일 달러당 1,000원을 돌파하였다. 이어서 1997년 11월 17일부터 환율이 1일 변동상한까지 상승하여 외환시장기능이 마비되고 한국은행의 외환보유액이 급격히 감소하였다. 드디어 한국정부는 1997년 11월 21일 IMF에 자금지원요청을 발표하였고, 이에 따라 1997년 12월 4일 IMF의 대기성차관협약(stand-by arrangement)이 IMF 이사회 승인을 받게 되었다.

협정내용은 대기성차관 75억 달러와 보완준비금융 135억 달러 등 총 210억 달러의 협약이 이루어지게 되었다. 이를 계기로 하여 한국정부는 당면한 외환유동성 문제를 해결하기 위하여 국제기구로부터의 차입 등 정부차원의 외환확보 노력을 하게 되어 국제기구로부터 IMF 210억 달러를 포함하여 총 350억 달러의 차입을 하게 되었다. 또한 금융기관들이 가지고 있던 단기외채 230억 달러의 만기연장을 포함하여 도합 580억 달러의 금융지원이 이루어지게 되었다.

IMF와의 협정 이후 1997년 국제신용평가기관들은 한국정부의 신용등급과 한국 주요은행의 국제신용등급을 투자부적격대상으로 하향조정하였다. 그리고 IMF와의 합의에 의해 금융긴축이 이루어지자 시장금리는 급등하였다. 1997년 12월 그리고 1998년 1월 한국국회로부터 총 270억 달러의 정부지급보증에 대한 동의를 받고, 뉴욕에서 외국채권은행들과 금융기관 단기외채 만기연장에 대한 기본원칙에 합의하였다. 이에 따라 1998년 4월 217억 달러의 한국금융기관 단기외채가 정부지급보증 아래 만기 1~3년짜리 신규채무로 전환되었다.

이상이 1997년 1년 동안 한국의 외환시장 동요와 이에 따른 한국정부와 한국은행의 대응을 간단하게 정리한 내용이다. 초기 이를 극복하고자 취한 외환시장 활성화 대책과 부실에 대한 한국정부의 보증정책 등은 오히려 국제신용평가회사들의 불신을 확대하였고, 드디어 1997년 12월 한국경제는 IMF의 도움을 요청하게 된다.

그동안의 조치내용을 보면서도 왜 한국경제를 이 지경으로 만들었나 하는 울분 섞인 의문은 계속 된다. 무엇보다 1994년부터 적자기조로 돌아선 국제수지 관리를 왜 그렇게 느슨하게 관리하였을까? 미리미리 손을 썼으면 260억 달러의 경상수지 적자는 규모를 줄이는 등 관리방법을 강구할 수 있었지 않았을까?

또 1994년 종래 6개에 불과하던 종합금융회사를 단기투자회사(단자회사)에 종합금융업무를 허용하여 그 결과 국제업무에 경험이 전무한 30여 개의 많은 회사가 종합금융업을 하게 만든 이유가 당시 무엇일까? 그래서 국내에서 어음할인을 주업으로 하던 단자회사들에게 일시에 해외차입을 하게 하여 이들이 들여온 해외자금의 미스매치가 외환위기를 가져오게 한 동기가 되지 않았나 묻고 싶다.

2. 대기성차관에서 IMF와 합의된 정책조정

1997년 말 한국정부는 IMF와 대기성차관을 협의하는 과정에서 여러 부문에 걸친 정책합의에 이르게 되었다. 물론 대부분이 한국경제운영의 개선을 위한 IMF측의 권고에 의한 것들이고, 대부분이 대기성차관 부대조건으로 합의된 사항으로 되어 있다.

많은 부문이 전문적인 정책권고이고 합리적이지만, 일부는 한국실정을 제대로 파악하지 못한 데서 유래된 것들이고, 일부는 한국경제의 발전단계로 볼 때 적합하지 않은 것들도 있었다. 그러나 당시 협의에 참여한 한국정부 관료들의 전문성 부족과 현실의 다급함 속에서 많은 정책협의가 이루어져 집행상의 시행착오를 불러오게 하였다. 정책협의 내용을 주요부문별로 정리하면 ① 거시적 경제운영의 틀, ② 금융산업의 구조조정, ③ 조속한 대외개방, ④ 기업구조개편, ⑤ 노동시장개혁들이다.

(1) 거시정책운영의 틀

IMF는 1998년 한국경제성장률을 2.5~3.0%로 축소하고, 국제수지 경상적자는 GDP의 1% 수준에서 유지되도록 요구하였다. 통화정책에 있어서는 금융을 초 긴축하되, 환율은 1일 변동폭제한을 철폐하여 탄력적으로 운용하고 대미 환율은 1997년 12월 23일 미 달러당

2,000원으로 절하하도록 한다. 이자율은 이자율 상한선을 폐지하여 고금리로 전환하기로 하였다. 물가는 연 5% 내에서 유지되도록 하였다.

　　재정은 긴축하여 금융산업의 구조조정에 드는 부실채권 매입과 이자부담에 충당하기 위한 자금을 확보하기 위하여 GDP의 1.5%인 7조원을 마련한다. 이를 위하여 세입증대와 세출삭감을 마련토록 하였다. 세입증대방안으로 부가가치세의 과세범위 확대, 각종 소득 공제·비과세 등의 축소에 의한 소득세 기반확대 그리고 특별소비세 및 교통세 인상 등이다. 이와 동시에 금융기관의 BIS(Bank for International Settlement) 비율, 즉 자기자본을 위험자산으로 나눈 비율을 8% 이상 유지하도록 하였다.

(2) 금융산업의 구조조정

　　금융산업의 제도개혁과 법률을 정비하여 ① 중앙은행 독립성 보장과 한국은행법 개정, ② 통합금융감독기구의 설치, ③ 결합재무제표 제도의 도입 등이 가능하도록 하였다.

　　이에 따라 한국은행법이 개정되어 중앙은행의 독립성이 강화되었고, 통합금융감독기구로서 금융감독위원회가 발족되었다. 다만 기업의 결합재무제표 도입은 아직도 제대로 시행되지 못하고 있어 대기업의 나쁜 관행이 제대로 정리되지 못하고 있다 하겠다.

　　또한 부실금융기관의 처리와 퇴출장치를 마련토록 하여 많은 부실 금융기관의 정리 기반을 마련하였다. 또한 은행의 예금보장을 무제한으로 전액 하여주는 제도를 시정토록 하였다. 기존 예금자 보호를 위하여 1997년 11월부터 2000년 12월까지 전액 보장하도록 되어 있는 제도를 원점으로 회귀토록 하여 금융기관의 신용의 차등화를 통한 경쟁을 촉진토록 하였다.

또한 종합금융회사에 대한 감독을 강화하여 1997년 12월 14개사의 영업을 정지, 30사에 대한 삼사강화가 되도록 하였다.

(3) 대외개방조치

국내금융시장의 조속한 개방과 국내은행의 해외지점을 정비토록 하고, 추가적인 무역자유화, 자본시장 개방을 추진토록 하였다. 이 정책평가와 관련하여 평가가 엇갈릴 수 있다고 하겠다. 장기적으로 한국경제의 대 내·외개방, 경쟁체제 도입이라는 면에서는 긍정적인 면이 있지만 자본시장개방을 지금 한국경제가 가장 어려움을 겪고 있는 시점에 전면 실시한다는 것은 외국자본의 한국시장 침탈이라는 관점에서 의심을 받을 만하다고 할 수 있다.

대책 없이 한국정부의 종합금융회사 영업개방이 1997년 IMF를 맞은 단초가 된 것처럼, 한국증권시장을 한국의 시장가격이 가장 떨어진 시점에서 일거에 개방하는 것은 성인과 어린아이의 달리기 경주를 연상하게 한다. 한국금융기관의 해외점포 정비권고도 반대의 시각에서 한국금융기관의 한국 이외의 시장에서의 경쟁기회를 제한하려는 의도가 있을 수 있다고 평가할 수도 있다.

물론 IMF 정책권고에 이런 고의가 없을 것으로 판단하지만, 무엇보다 자본시장 개방은 보다 신중하고 그리고 시간계획과 개방 범위단계 등을 꼼꼼하게 따져가며 했어야 했다. 당시 담당자들의 업무처리 미숙과 경솔함에서 연유된 것으로 평가할 수 있다. 당시 그런 것이 20여 년의 세월이 지난 2015년 지금도 한국자본시장의 해외 의존 (dependency)문제가 한국경제의 발목을 잡게 되는 여러 단초 중의 하나가 되고 있음은 유감스러운 일이 아닐 수 없다.

반면 외환의 위기단초를 정리하자고 한국의 종합금융회사의 정비를 권유한 IMF가 외국자본을 자유롭게 드나들게 만들어 외국자본의 놀이터를 만들게 하자는 것과 큰 차이가 없는 자본시장 개방을 가장 경제가 나쁜 시점에 정책 권유하는 것은 잘못된 일이라고 판단된다. 이와 같이 잘못된 정책권고를 받아들인 당시 한국 측 협상당사자의 사려 깊지 못한 결정에도 잘못이 있다고 평가한다.

(4) 기업구조 개편

결합재무제표의 도입을 추진하고, 과다차입금의 손비 불인정을 체차적으로 해 나가기로 하여 1999년 500%, 2002년에는 300% 이상의 과다차입에 대한 손비 불인정이 시행되었다. 한국경제의 지배구조를 분명하게 하고, 재무구조를 개선하기 위한 결합재무제표의 도입이나 손비 인정한도의 하향조정은 합리적인 정책권고라고 할 수 있다.

이에 따라 한국기업 특히 대기업의 재무구조가 괄목할 만한 개선을 이루었다. 다만 결합재무제표의 시행이 지연되어 감에 따라 대기업의 지배구조는 큰 개선을 이루지 못하고 과거의 나쁜 관습이 그대로 이어지고 있다고 평가한다. 2000년대 초 SK, 삼성그룹 등의 상식을 뛰어 넘는 기업회계상의 불법행위 등이 남아있음이 사회에 표출되었다. 모두 기업의 재무구조의 투명성이 부족한 데서 연유하였다고 볼 수 있다.

(5) 노동시장 개혁

1997년 3월 노동관계법의 개정으로 고용조정, 고용시간 탄력화가 어느 정도 이루어져 노동시간 유연성이 제고되고 있으나 이에 더하여 정리해고제, 근로파견제도의 마련을 추진하기로 하였다. 이와 동시에 고용보험제도도 강화하기로 하였다.

이상과 같은 IMF와 한국정부와의 정책협의는 그 시행과정에서 일부 변화와 조정이 있었지만 비교적 만족스러운 정책집행이 이루어 졌다고 평가한다. 다만 초기 과도한 금융긴축으로 금리와 환율이 일시에 지나치게 높게 상승하여 정책변수의 큰 요동(big sway)이 경제운영에 역작용을 하였고, 금융이나 기업구조 조정에 지나친 재정의존이 이루어져 한국정부의 재정적자를 만성화시켰다는 부정적인 평가를 전문가 집단으로부터 들었다.

한편 한국경제는 1998년 이후 매우 빠른 위기 탈출과 회복을 가져왔다. 한국정부가 이렇게 조속히 회복된 것이 대기성차관과 그에 따른 정책조정의 효과라고만 할 수는 없다. 그러나 IMF의 지원이 큰 틀에서 보면 한국경제의 위기탈출에 도움을 주었다고 평가해야 할 것이다. 차관의 크기나 정책조정이 사후적으로 그리 만족스럽다고는 할 수 없지만, 그래도 IMF가 있어 한국경제의 위기는 지탱될 수 있었다.

그러나 이 차관의 추진과 함께 김대중 정부가 추진한 한국경제의 4대 개혁과제의 추진으로 한국경제가 회복되었다고 평가될 수는 없다. 그것들은 모두 정치적 제스처로 용두사미가 되었기 때문이다. 한국경제 회복의 제일 큰 이유는 세계경기의 유례없는 호경기에서 찾아야 할 것이다. 그 말은 그 당시 만일 한국경제가 IMF를 가지 않고 조금만 버티고 있었으면, 즉 기업의 그리고 금융기관의 일부 부도(default)를 감내하고 갔었더라도 빠른 시일 내에 한국경제는 정상화되지 않았을까 상상을 하게 한다.

아무튼 김대중 대통령은 1999년 11월 돌연 한국경제가 IMF에 들어간 지 2년도 되지 않았는데 23개월 만에 갑자기 한국경제의 'IMF졸업'을 선언하였다. 그리고 그 다음 해 2000년 12월 3일 한국정부의 대기성차관 추가 인출중단과 기 사용자금의 조기상환으로 대기성차관 협약 및 프로그램이 조기에 종료되었다. 이렇게 쉽게(?) 위기탈출을 할 만큼 큰 어려움이 아니었으면 왜 전국민이 금 모으기 운동을 하고 나라가 망한 것처럼 낙담하였을까?

그 과정에서 김대중 대통령은 한국경제의 위기탈출을 본인의 준비된 대통령으로서의 능력 결과임을 내외에 홍보하기에 정치인으로서 최대역량을 과시하였다. 이것이 한국경제의 '잃어버린 10년'의 출발이라고 저자는 평가한다.

3. 4대 개혁과제의 추진과 잃어버린 10년의 시작

1998년 출발한 김대중 정부는 한국경제의 위기탈출을 위한 4대 부문의 개혁을 선언하였다. 1997년의 경제위기는 단순한 외환위기가 아니고, 취약한 한국경제구조상의 문제이므로 이를 해결하지 않고는 근본적인 치유가 될 수 없다는 논리에 입각하여 김대중 정부는 정부

개혁, 금융개혁, 기업개혁, 노동개혁을 하겠다고 발표하였다. 현재의 위기를 단순한 외환의 위기가 아니라는 정부의 평가에 대하여 누구나 수긍하게 되고, 이런 상황인식하에 부문별로 특히 금융과 기업부문에 강도 높은 개혁이 추진되기 시작되었다.

이 과정에서 많은 금융기관들이 폐쇄되고 많은 기업들이 부도처리되었다. 살아남은 금융기관들은 공적 자금의 투입과 기존 주식의 소각으로 정부은행으로 변화되었다. 금융의 관영화가 시작되었다. 대기업은 소위 '빅 딜(big deal)'이라는 이름으로 정부 손에 의하여 M&A가 이루어졌고, 동시에 일반기업들은 '워크아웃'이니 '화의'니 하는 현란한 용어로 기업의 지배가 이리 바뀌고 저리 바뀌어 처리되었다. 이 과정에서 많은 투기성 외국자본들이 들어왔고 기업의 소유구조는 천지가 개벽되었다 할 만큼 변화되었다.

IMF 대기성차관 협정 초기 한국사회는 지나칠 정도의 충격으로 마치 일본의 강제지배 때에 버금가는 국민적 충격이 교차하는 시기였다고 할 수 있다. 그래서 가정주부들은 장롱 속에서 금붙이를 꺼내 들고 나라의 어려움에 써달라고 헌납하는 눈물겨운 정경을 보여주었다. 세계역사상 유례가 없는 일일 것이다.

2015년 그리스를 보자. 나라경제는 이제 더 떨어질 나락이 없는데 아직도 잘 먹던 옛날만 생각하는 그리스인들은 더 달라고 야단이지 내 것 내주겠다는 사람은 보지 못했다. 그것을 부채질하고 있는 그리스정부의 인기영합적인 진보 총리와 정치인들은 그리스인의 부끄러움을 민낯으로 세계에 내어놓고 있다. 한국의 가난한 선비정신과 부자

집 탕자의 말로를 함께 보는 것 같다면 지나친 표현일까?

김대중 정부의 기업 및 금융개혁 과정에서, 일반가정에서는 구조조정이라는 이름으로 명예퇴직된 가장(家長)들의 처진 어깨를 보아야 했다. 기업은 간판이 이리저리 바뀌면서 누구 것인지 소유가 불분명해진 경우가 허다하였다. 100개가 넘는 금융기관들은 통폐합되고 자본시장은 외국 헤지 펀드들의 놀이터가 되었다. 대통령은 국제 헤지 펀드 운용자들을 무슨 세계적 사업가인양 청와대로 초청하여 만나고 앉아 있다. 창피한 일이다.

국민의 입장에서는 정부가 개혁을 한다고 외치고 있으니 그 내용을 잘 알지도 못하면서 무조건 따라가는 형국이 연출되었다. 그러던 1999년 11월 어느 날 갑자기 김대중 대통령이 IMF 졸업을 선언하니 국민은 그저 멍할 수밖에 없다. '벌써 다 좋아졌단 말인가?'하는 의구심을 가지고도 그래 무언가 잘 되기에 그러겠지 하는 믿음으로 정부를 지켜보고 있었다.

그러면서 2000년, 2001년 정부가 개혁의 효과가 6개월 또는 1년 후면 나타난다고 선언하니 기다릴 수밖에. 그러나 기다리던 경제회복은 보이지 않고 거리의 실업자, 생활의 고통은 날로 심해지고 있었다. 그런 와중에서도 정부의 관심은 북한 '퍼주기'에 여념이 없었다. 그 공로(?)로 노벨평화상까지 받게 된 김대중 한국 대통령은 시간을 더 이상 천연하지 못하게 되자 정부는 갑자기 '상시(常時)개혁'이라고 주장하고 김대중 대통령은 임기를 마쳤다.

상시개혁이 무언가? 정부가 내걸었던 4대 개혁과제는 이제 더 이상 할 필요가 없어졌을 만큼 잘 되었단 말인가? 상시개혁이라는 말은 국어사전적으로 옳은 말인지 알 수가 없다. 국어사전이 설명하는 개혁은 '제도나 기구 따위 새롭게 뜯어고침'으로 되어 있다. 그렇다면 상시 개혁이라는 말은 언제나 제도나 기구 따위를 새롭게 뜯어고친다는 말인데 그렇다면 그런 제도가 기구가 언제 일을 한다는 말인가? 결국 개혁은 특별한 변화를 꾀하여 특정한 시점에 특정한 기구나 제도를 고친다는 것을 전제하는 말이라고 해석된다. 그것을 말장난처럼 임기 말이 되어 할 말이 없으니 '상시 개혁한다' 하고 도망간 꼴이 된다. 금붙이를 내놓은 팔에는 피멍이 들었는데, 대통령의 목에는 금빛 찬란한 노벨상을 걸고 있는 꼴이 되었다.

　　그리고 김대중 정부의 후계자로 지목되어 시작된 노무현 대통령 정부 하에서 한국사람들은 '노루 피하려다 호랑이 만난다'는 격언대로 더 떨어질 수 없는 절망의 구렁텅이를 경험하게 되었다.

　　노골적으로 성장보다는 분배를 우선한다고 하고, 대통령이라는 사람이 '분배 없는 성장'이 무슨 필요가 있느냐며 저성장을 합리화하고 다녔다. 그는 해괴하게 '남북관계만 잘 되면 다른 것은 좀 잘 못되어도 괜찮다'는 자신의 말대로 북한 김정일 정부 지원에 국정의 최우선순위를 두고 있었다. 그러니 노무현 정부 5년의 경제성장률은 연 4.4% 기록을 남기고, 반면 분배는 더 악화된 결과를 남긴 채 퇴장하게 되었다. 한국판 '잃어버린 10년'은 김대중 대통령에 의해 개혁정책의 호도에서 시작되었고, 노무현 정부의 천방지축으로 끝맺음을 하게 되었다. 혼돈의 시대 중에서 절정이라고 할 것이다.

　　김대중 정부가 추진한 개혁의 문제는 첫째, 개혁한다고 기존 질서를 흐트러뜨리기만 하였지 이를 토대로 새로운 방향으로의 재창조가 없었다. 이것은 정부의 무지와 무능에도 원인이 있지만 개혁을 정치적으로 이용한 결과라고 평가할 수 있다.

김대중 정부 개혁에서 제일 눈에 띄는 것이 경제구조 개혁이라는 이름 하에 대량 해고(lay off)가 실행되었다. 정책으로 50세 이상을 고령자 퇴직대상으로 보고, 원칙적으로 부실한 기업과 금융기관의 정리에서 이들을 퇴직하게 하였다. 명예퇴직이라는 이름으로 퇴직을 시키며 퇴직금은 좀 더 주었지만, 김대중 정부는 퇴직자들을 불명예스럽게 퇴직시켰다. 무엇보다 그들을 IT산업을 담당할 수 없는 사회에서 가장 무능한 인력으로 치부하고, 이제 더 이상 사회에 필요 없는 인력으로 개념규정하였다.

아마도 한국경제발전사상 이렇게 대량해고가 정책적으로 이루어진 경우가 처음일 것 같은데, 아직도 남은 인생이 창창한 사람들을 김대중 정부는 쓰레기 버리듯 하였다. 사회에서 버림받은 이들은 가정에서도 뒷골방으로 쫓겨난 모양으로 되었다. 이들의 울분은 하늘을 찔렀다. 그들에 대한 재교육이나 재취업의 기회 마련을 위한 프로그램이라도 준비된 것이 없었다. 당장 앞자리가 빈 직장에서 노동조합은 행복했을지 모르지만 불과 몇 년 후 한국경제는 인력부족과 청년실업이라는 뒤죽박죽된 고용시장을 맞게 만들었다.

둘째, 금융개혁을 한다고 소비금융, 즉 카드를 남발하여 신용공황을 만들어 놓았다. 세상에 카드를 길거리 지나가는 사람에게 판매하는 나라가 이세상에 있을까? 김대중 대통령 때 한국의 길거리에서는 지나가는 사람에게 카드를 팔았다. 카드가 무언가? 신용이다. 그 사람이 신용이 있는지 없는지 알아보지도 않고 지나가는 사람에게 카드를 판다는 것은 신용사회를 접겠다는 말과 같다. 그걸 김대중 정부가 했다.

새로운 부가가치의 창조를 위한 발전잠재력의 확충보다는 있는 것을 파먹어 치우는 경제운영의 결과 그동안 축적된 발전잠재력은 소진되어 가고 남은 것은 당시 400조원이 넘는 가계부채와 300만 명의 신용불량자를 양산한 결과가 되었다.

셋째, 정부개혁은 하급공무원의 일시 대량 해고로 공무원연금만 어렵게 만들었다. 반면 김대중 정부 후반기와 노무현 정부 내내 많은 고위직을 만들었고, 특히 노무현 정부 5년 동안 7만이 넘는 정부공무원이 늘어나 무엇이 정부개혁인지 알 수 없게 만들었다.

넷째, 노동개혁은 김대중 정부나 노무현 정부 모두 노동조합을 자기 편으로 생각해서인지 처음부터 개혁을 한다고 하고 실제는 무엇 하나 제대로 한 것이 없다고 할 수 있다. 오히려 상위노동조합의 사회적 영향력만 확대하여 주고, 종래부터 있어왔던 불법집단파괴행위들은 개선되는 모습을 보여주지 않고 있어 외국투자자들로 하여금 한국경제의 앞날을 가늠하기 힘들게 만들어 놓았다.

김대중 정부의 개혁정책 추진은 돌이켜보면 첫 단추를 잘못 끼운 우를 범하였다고 분석할 수 있다. 결과론이지만 이런 식의 정책개혁 접근을 할 요량이었으면, 그리고 그 정도의 능력밖에 없는 정부였다면, 기왕지사 IMF에 간 마당에 그들과 합의한 정책조정이나 잘 이행하고 갔으면 좋았었을 것 같다. 갑자기 IMF 졸업을 선언하고, 국내시장은 다 망가뜨려 놓고 북한 퍼주기만 하여 남은 결과가 무엇인가? 그의 어깨에 올려진 노벨평화상은 빛이 나는지 몰라도 한국의 경제구조는 엉망진창이 되었다.

이것은 결과론이지만 1997년 경제가 어려울 때 IMF에 가지 말고 오히려 조용하게 외환위기를 받아들이면서, 일부는 부도를 내고 일부는 정부가 지원하면서 그 위기를 넘겼다면 오히려 한국경제를 위하여 좋은 대안이 되었을지도 모른다. 불행이 한국경제 위기가 대통령 선거와 겹쳐 더 위기가 확대된 점도 있다고 할 수 있다.

4. 노무현 정부의 사유재산권 제한과 사회주의 정책화

2003년 등장한 노무현 정부는 특별한 경제발전전략을 가지고 출발한 것이 아니고, 사회 전체에 대한 변화를 추구하면서 하루하루 현상과 싸우면서 임기를 마쳤다고 할 수 있다. 노무현 대통령은 처음부터 한국 국민과 사회를 어떻게 끌고 발전시켜갈 지에 대한 관심보다는 일부 특정 무리들을 이끌고 이 사회의 병리(그들 나름대로의 평가이겠지만)와 투쟁할 것처럼 나라를 통치하였다.

노무현 대통령은 선거공약으로 내건 7%의 경제성장률을 처음부터 무시할 것처럼 행동하였다. 임기 첫해 3%의 형편없는 경제상황이 되자 '인위적인 경기부양책은 하지 않겠다'고 선언하였다. 마치 경기불황 시 경기부양정책을 한 것이 크게 잘못된 일인 것처럼 외쳐댔다.

임기 말이 되어 왜 선거공약에서 7%의 경제성장률을 내걸었느냐는 질문을 받자 노무현 대통령은 그것은 '상대방 후보가 6%를 들고 나오니 나는 거기에 1%를 얹어 7%로 하였다'라고 대답하는 것을 본 일이 있다. 물론 농담처럼 한 노무현 대통령의 말이지만 저자는 그것이 그의 진담이었다고 짐작한다. 애당초 경제번영 같은 것은 별 관심이 없었다고 평가한다. 그렇지 않고서는 5년 평균 4%의 경제성장률을 내놓고도 그것도 부의 양극화는 더욱 확대시키면서 노무현 정부는 그리 뻔뻔할 수가 없었다.

노무현 정부는 시작하자마자 전임 김대중 정부가 내걸었던(그것이 비록 양두구육이었지만) 한국경제의 개혁과제들을 이렇다 할 평가도 하지 않은 채 내동댕이쳤다. 그리고 넘쳐나는 유동성을 방치한 채 저금리정책을 계속 쓰다 보니 주식시장은 실물경제와 상관없이 치솟았다.

당시 상하이 증권시장의 축소판처럼 한국증시는 외국의 헤지 펀드 매니저와 국내 투기꾼들의 놀음판으로 바뀌었다. 경제는 5년 평균 4% 성장하는데 주가는 3배가 뛰는 진풍경이 발생하였다. 주가가 오르는 것이 자기가 경제정책을 잘 한 결과인 것처럼 착각하면서 노무현 대통령은 어느 자리에서 '경제는 나만큼만 하라'고 으스대는 놀라운 풍경을 연출하였다. 동서남북을 모르는 사람이라고 평가할 수밖에 없다.

주식시장의 돈은 돌고 돌아 부동산 시장으로 옮겨갔다. 거기에 더하여 임기 내내 행정수도다, 혁신도시다 하면서 지방 토지소유자에게 토지수용에 따른 보상금으로 103조원의 천문학적 돈이 풀려나갔다. 그것도 2006, 2007년 두 해에 60조원의 보상금이 각종개발사업을 하면서 풀려나갔다. 그 돈의 대부분이 물론 부동산 시장으로 유입될 수밖에 없어 부동산 투기는 무섭게 번져나갔다. 강남의 아파트 값은 평당 1억원 시대에 접어들었다. 그래서 생겨난 것이 부동산투기억제대책이고, 그 대표적인 정책이 종합부동세였다.

노무현 정부의 종합부동산세는 과세범위, 세율 그리고 과세재산의 시가 표준액을 동시에 확장, 인상하였다. 이에 따라 세액이 엄청나게 많고, 그것이 매년 두 배, 세 배 뛰었다. 납세자들은 마치 삼각파도에 걸린 듯 꼼짝 못하게 되었다. 1가구 1주택이나, 노령, 무소득 가구에 대한 세제상의 배려는 처음부터 없었다. 이렇게 어렵게 된 상황에 대하여 불평이 나오자 노무현 정부는 '싫으면 보다 작은 집으로 이사가면 될 것 아니냐?' 하는 것이 그 대답이었다.

물론 논리적으로 맞는 말이다. 더 작은 데로 싼 데로 가게 되면 된다. 그러나 그 비싼 양도소득세를 내고 나면 남는 것은 형편없이 작아지고, 이미 이사할 집값은 치솟아 있는데 어떻게 이사하란 말인가? 그러면 정부는 종합부동산세 대상은 전 국민의 2~3%에 불과하다고 대답한다. 그러나 처음부터 전 국민 중 미성년자, 노인계층 등 부동산을 소유하고 있지 않는 사람의 비율이 절반 이상은 된다. 그들 계층을 제외하고 부동산 소유를 실제 하고 있는 사람 중 종부세 대상은 작지 않음을 설명하지 않고 있다. 설령 그 대상 수가 그리 많지 않다 하여 그들의 재산을 정부가 마구 침탈하는 것과 같은 종합부동산세를 합리화할 수 없다. 그것은 자본주의의 기본인 사유재산권에 대한 침탈이라고 저자는 평가한다.

400년 전 영국의 존 로크가 사유재산권을 자연법 수준으로 승격하여 어떤 정부, 어떤 권력자들이라도 개인의 사유재산권을 침탈할 수 없다 하였다. 이것이 현대자본주의의 기본철학으로 되어왔다. 한국 자본주의사회에서 국민의 재산권이 침탈되는 사례라고 평가한다. 2006년부터 시작된 한국의 종합부동세는 시행 후 과세대상 등에 탄력적인 시행을 할 수 있게 보완되었지만 10년이 지난 현재도 계속 시행되고 있고 현재도 사유재산권에 대한 침탈이라는 평가는 그대로이다.

노무현 정부의 경제정책기조는 사회주의화라고 평가한다. 분배를 앞세워 저성장을 합리화하는 억지를 부리다가, 한쪽에서는 복지정책을 시행한다고 공무원 수만 엄청 늘려 큰 정부를 획책하였다. 복지정책을 쓰는 경우 정부는 비대화될 수밖에 없다. 그러나 노무현 정부는 말로는 복지, 복지하면서 실제는 저성장 때문에 별로 복지를 증진시키지도 못하였다. 복지관련 증원의 구실하에 무턱대고 공무원 수를 늘려나갔고, 대통령 주변에 엄청난 수의 유급위원회를 두어 임기 내내 총 7만여 명의 공무원을 증원시켰다. 지금 세계는 그리스를 빼놓고 공무원 수를 획기적으로 감축하고 보다 많은 정부기능이 시장으로 넘어가고 있다. 그런 추세에 정반대로 간 것이 노무현 정부라고 할 수 있다.

그러니 노무현 정부 5년 동안 국가채무는 눈덩이처럼 불었다. 국가채무는 노무현 정부 직전인 2002년 133조이던 것이 5년 후인 2007년 말에는 303조가 되었다. 5년 평균 18%의 상승속도이다. 이 기간 동안 GDP의 경상증가율 연 5%, 재정규모 증가율 연 11%에 비하여 월등히 높은 정부부채의 증가모습이다. 전 정부인 김대중 정부 기간 동안 정부부채는 60조원에서 133조로 증가되었고 노무현 정부의 부채 증가를 합하여 보면 10년 사이에 정부부채는 다섯 배가 넘게 증가하였다. GDP 대비 국가부채의 비율도 2002년의 19.5%에서 2007년에는 33.4%로 높아졌다. 결국 IMF를 거치며 한국경제는 기업의 부채를 재정과 가계의 부채로 떠넘긴 모습이라고 할 수 있다. 경제구조 개선이 되지 못한 증거이기도 하다.

그리고 노무현 정부의 최대관심사는 북한과의 경제협력이었다. 협력이라는 단어보다는 김정일에게 잘 보이기 위하여 볼썽사나운 많은 노력을 하였다는 표현이 정확할 것이다. 그 결과 일방적인 대북지원과 국제사회에서의 일방적인 북한 편들기로 남과 북의 차이를 혼돈하게 만들 정도가 되었다. 그러니 국제사회에서 대북관련 자금부담은 당연히 남한의 몫으로 치부되어 왔다.

김대중 정부와 노무현 정부 합하여 10년 동안 만일 남쪽의 대북일방지원이 없었다면 북한 김정일 정권의 유지가 매우 어려웠을 것이라는 추측은 누구나 하고 있다. 정부 공식통계에 의하면 이 기간 동안 북한지원 총액은 약 4조원(미화 40억 달러)이고 여기에 계산되지 않은 것과 실제 나타나지 않은 뒷돈까지 합한다면 천문학적 자금이 북한에 지원된 것이 아닌가 유추해 볼 수 있다. 이러한 남쪽의 지원을 받으면서 다른 방에서 북한은 핵 무기를 개발하여 이제 국제사회에서 핵 보유국임을 인정받으려 노력하고 있다. 이것이 김대중, 노무현 정부의 북한지원 결과이다. 그 와중에 남한사회에는 사회주의정책을 내건 민주노동당이 탄생하였고, 전국교직원노동조합(전교조)이 생겨 참교육이라는 미명하에 사회주의에 경도된 이론들을 어린 남한 아이들에게 가르치게 하였다.

노무현 정부와 그의 뿌리인 김대중 정부를 합하여 10년, 대한민국의 자본주의 시장경제는 큰 상처를 입게 되었다. 자본주의의 기본인 사유재산권이 아마추어적인 노무현 정부에 의해 침탈당했다. 한국정부의 재정은 파탄 지경으로 가게 되었다. 김대중, 노무현 정부 10년 동안 한국의 자유시장경제는 사회주의화에 따라 세계시장에서 경쟁력을 상실하고 있었다.

그 사이 한국사회는 '경제하려는 의지'가 상실되어 가고 있었다.

이것이 한국경제의 위기의 실상이라고 저자는 평가한다. 1998년부터 2007년까지 한국경제를 '잃어버린 10년'이라 부른다면 이 시기의 정책은 시장경제운영에 사회주의 경제운영을 덧칠한 '혼돈의 시기'로 보아야 할 것이다.

5. 이명박, 박근혜 대통령의 무전략, 무기력 시장경제운영

1998~2007년을 한국경제의 '잃어버린 10년'이라 부르며 한국의 보수계층들은 새누리당으로 당명을 바꾼 보수정당에 지지표를 던졌다. 노무현 정부의 친북정책과 반 시장경제 운영에 대한 회의를 느낀 대한민국의 보수세력들은 이명박 대통령 후보를 무조건 지지하여 대통령에 당선시켰다. 저자의 짐작으로는 이명박 대통령 후보의 훌륭한 점도 평가되었겠지만, 그보다는 국가의 미래가 사회주의화로 경도되지 않을까 하는 회의를 가지고 무조건 한나라당을 지지한 것 아닌가 평가한다. 국가운영전략이나 경제운영 프로그램을 보고 그것을 선택한 것은 아닐 것 같다.

2008년 등장한 이명박 정부는 선거캠페인에서도 그랬지만, 국민들에게 무엇을 어떻게 하여 번영을 가져오겠다는 청사진을 제시하지 않은 채 출발하였다. 노무현 대통령이나 번영에 대한 무전략이라는 점에서는 유사하다 해도 과히 잘못된 평가가 아닐 것이다. 다만 저자의 판단으로는 이명박 대통령후보가 훌륭한 기업인 출신이고 세계를 누비며 사업을 한 분이라는 점에서, 무언가 한국경제의 발전을 잘 이끌 것이라는 기대감을 지지자들은 가졌었을 것이다.

그리고 이명박 정부는 5년 동안 국가의 보위 측면에서 남북관계를 보다 냉철하게 보고 이해득실을 분명하게 하였다. 북한정권으로부터 협박과 회유가 계속되었지만 이명박 정부는 한국의 안보를 튼튼하게 하는 원칙 아래 남북관계를 냉정하고 국익 우선으로 처리하였다. 안보를 튼튼하게 다진 정부로 평가받을 수 있다고 할 것이다.

그러나 경제대통령이라는 기대와는 달리 번영이라는 측면에서의 국정운영은 마이너스 평가를 받을 만하다. 우선 이명박 정부 5년 연평균 3.2%(새 시계열로 2.98%)의 경제성장률을 기록하여 역대 최저의 저성장기록을 한 정부가 되었다. 4.4%의 역대 최저 경제성장률을 기록하였다고 노무현 정부를 비판하였는데 그보다 1% 포인트 아니 그보다 더 낮은 성장률을 이명박 대통령은 이루었다. 물론 단순한 숫자의 크고 작음만으로 경제운영의 업적을 평가할 수는 없다. 그러나 노무현 정부와 함께 10년 동안 한국경제는 연평균 4%에도 못 미치는 성장률을 기록하였다. 잠재성장률에도 미치지 못하는 실망을 국민에게 준 정부가 되었다.

그렇다고 무슨 경제구조개혁을 한 것도 없다. 번영을 향한 장기 전략의 제시도 없었다. 사후적인 평가는 자원외교를 한다고 이리저리 돈만 낭비한 국정운영을 한 정부가 되었다. 무엇보다 이명박 정부가 국민에게 실망을 준 것은 사회적 비리를 척결하는 일에도 너무 소홀하여 비단 정부뿐만 아니라, 정치, 사회 모든 분야에서 부패가 만연한 국정운영을 하였다고 평가할 것이다. 단지 나만은 역대 대통령의 비리 대열에 서지 않겠다는 자기 보신에는 성공을 하였는지 모르겠다.

경제대통령이라는 별칭과 너무 다른 경제운영실적으로 국민에게 실망을 안겨준 이명박 정부를 이은 박근혜 대통령 정부도 임기가 벌써 반이 지난 2015년 10월 현재 경제운영에 관한 한 이명박 정부나 대동소이한 실망을 국민에게 주고 있다고 평가할 수 있다.

창조경제와 3년 경제계획을 수립, 운영한다고 외치고 있는 박근혜 정부의 경제운영은 그 실체가 잡히지 않고 있다. 아직도 임기가 남아있다고는 하지만 그렇다고 남은 임기 중 일이 잘 될 것 같아 보이지 않는다. 세월호 사건, 메르스 등 사건이 연속되어 정신없는 박근혜 정부가 내세우는 창조경제의 실체가 무엇이고 3년 계획의 내용이 무언지 자기들만 알고 있다. 이런 경제운영이 성공할 수는 없다.

2015년 8월 25일 박근혜 정부는 북한이 저지른 목함지뢰로 연유된 남북간의 긴장완화를 위한 남북4자회담이 마무리되자 이제 국정운영은 경제발전을 위한 노동개혁 등 4대개혁에 매진해야 한다고 외치고 있다. 옳은 접근이라고 보지만 사실 박근혜 정부가 외치고 있는 경제개혁의 실체를 국민들은 이해하지 못하고 있다. 창조경제 구호의 실체를 모르듯 4대개혁과제가 어떻게 데드 록에 빠져 있는 한국경제를 구한다는 것인지 국민들은 이해하지 못하고 있다.

사실 박근혜 대통령은 남북간의 '신뢰프로세스'만 잘 처리하는 데도 엄청난 어려움이 따를 것으로 볼 수밖에 없다. 이 일이 잘 풀리길 국민들은 기대한다. 그러나 2016년 2월 북한 김정은의 그들 말대로 '수소폭탄 실험'과 인공위성을 가장한 '장거리 유도탄의 실험' 앞에 온 나라는 아연실색하고 있다. 정부는 개성공단 운영을 중단하고 방위력을 높이기 위한 온갖 노력을 하고 있다. 미국을 비롯한 국제사회는 유엔을 중심으로 북한제재를 강화하는 노력을 하고 있다. 이러한 엄중한 상황 앞에 종합적이고 체계적인 경제정책을 기대하기는 어려울 것으로 보인다. 그러나 정권의 평가는 종국적으로는 경제운영에서 판가름 나는 것이 일반적이라는 점을 이야기하고 싶다.

제 8 편

번영학을 토대로 한 국정운영

제 1 장

국정우선순위: 행복가치의 추구

앞에서 논의한 것처럼 대한민국과 한국경제는 1945년 광복과 함께 70년의 발전과정을 겪어왔다. 이승만 대통령의 자유민주주의 시장경제를 근간으로 하는 건국, 박정희대통령의 개발경제 창달, 전두환 대통령의 시장경제운영 시작, 그리고 혼돈의 시대를 거치며 정치민주화가 달성되었다. 김영삼 대통령은 OECD 가입과 IMF 대기성차관 시대를 열어 한국국민에게 햇볕과 어둠을 함께 주고 갔다. 김대중, 노무현 대통령의 북한 퍼주기 시기를 지내면서 한국정부의 정체성까지 의심케 하는 시대를 보냈다.

한국경제의 추락 앞에 이를 일으켜 세우라고 경제대통령이라는 별명을 붙여준 이명박 대통령은 기대와 달리 한 일 없이 시간만 보냈다. 2015년 9월 박근혜 대통령의 시대 반을 지내고 있다. 그러나 보수층의 지지를 얻어 출생한 이들 두 대통령의 시대도 지지층의 기대에 못 미치는 실망 가득한 국가운영을 하고 있다고 평가하지 않을 수 없다.

2012년 대통령선거 당시 여야정치권 그리고 사회각계가 그렇게 함께 외쳐대던 '경제민주화'는 박근혜 대통령 정부가 출발한 이후 1년도 안 돼 한국사회에서 사라져버렸다. 정치민주화가 평등한 선거권 부여의 의미인 것처럼, 경제민주화가 생활수준의 평준화로 오해되면서 한국사회는 모두가 자기 이익 찾기에 몰두하면서 내일을 위한 활력을 잃어버렸다. 한국헌법 제119조의 경제민주화 조항은 탄생부터 잘못되었다. 1986년 정치민주화가 혼돈의 극치를 이루어갈 때 만들어진 조항이다. 군사독재를 넘어뜨리는 금자탑(?)을 이룬 한국의 정치민주화는 곧이어 경제도 민주화를 이루어야 한다는 명분을 찾았다. 그래서 헌법을 고쳐 제119조를 탄생시켰다.

앞에서 충분히 논의한 바 있지만 한국의 경제민주화 조항은 잘못된 조항이라고 저자는 판단한다. 시장경제가 공정거래제도를 전제로 한 경쟁체제를 도입하는 것은 당연한 것이다. 이를 통하여 시장이 공정한 경쟁을 이루게 한다. 그러나 경쟁은 경쟁탈락자를 탄생시킨다. 이를 시정한다고, 시장경제운영의 기본인 경쟁을 제한하고, 더 나아가 정부가 시장에 마구 간여할 수 있는 근거를 마련한 한국의 '경제민주화' 조항은 잘못된 것이다.

그런데 이 경제민주화 조항을 근거로 한국의 대통령 선거는 마치 경제민주화가 국민생활 수준을 균등화시킨다고 선전한다. 경제적으로 어려운 계층의 환심을 사려한 정치슬로건이 되었다. 경제활동이 기회의 균등화와 경제활동 결과로 발생하는 소득의 격차, 생활수준의 격차를 인정하지 않는 것을 전제로, 그래서 정부가 시장운영을 간여할 수 있는 근거를 담고 있는 제119조 제2항은 원래 자유시장경제운영의 기본을 저버린 조항이다. 그래서 잘못된 헌법조항인데 이것을 근거로 마치 경제민주화를 통하여 생활의 균등화를 이룰 것처럼 국민을 현혹하였다.

박근혜 대통령후보도 물론 선거 켐페인에서 경제민주화를 야당과 함께 들고 나왔다. 어쩌면 야당보다 더 거센 사회평등을 주장하고 나왔다고 할 수 있다. 처음부터 알고 하였다면 도덕적으로 문제가 되고, 모르고 그랬다면 무식의 소치가 된다. 아무튼 새로 출발한 박근혜 정부는 이제 더 이상 경제민주화를 입에 담지 않고 있다. 물론 한국의 야당 특히 노무현 전 대통령을 계승한다고 나선 문재인 전 야당 대통령후보는 새누리당보다 경제민주화가 전가의 보도처럼 여기고 있다. 심지어 대통령 선거가 3년이 지난 지금도 경제민주화를 들먹이고 있다.

박근혜 정부는 경제민주화의 비논리성을 이해하였는지 집권 이후 이 이슈는 사라졌다. 그리고 알 듯 모를 듯한 '창조경제'라는 용어를 창조하더니, 갑자기 경제운영 3년계획이라는 것을 만들어 발표하였다. 이런 경제계획은 전에도 있었다. 김영삼 정부시절 어느 날 갑자기 자기 정치임기와 계획 순기를 맞춘 '새 경제개발5개년계획'을 청와대 비서실의 한두 명이 교과서 베끼듯 만들어 낸 바 있다. 김대중대통령도 '지식기반경제 발전전략'을 만들어 내었다. 몇 사람이 붙들고 앉아 경제계획이라는 이름의 계획들을 만들어 내 보았지만 계획이 세상 밖으로 나온 직후 사라져버렸다.

박근혜 정부가 만들어낸 3개년 계획이라는 것도 과거 김영삼, 김대중 정부와 같은 내부 문서에 불과한 이 계획이 성공할 리 만무하다. 그리고 2015년 경제가 한없이 고꾸라지고 있으니 박근혜 대통령은 느닷없이 '4대 개혁'에 주력하겠다고 들고 나왔다. 노동, 금융, 공공 등 개혁과제도 자기네 내부문서 같은 냄새만 풍긴다. 계획이든, 개혁이든 이름이 무엇이든 이런 일들은 밀실에서 한두 명이 그림 그리듯 하는 것이 아니다. 소위 국민적 합의(consensus) 과정이 없는 이런 일들은 모두 시간과 노력만 허비할 뿐이라는 것을 집권자들은 알아야 한다.

국정운영의 우선순위를 생각해보는 것은 단기적인 과제의 해결에서 부터 장기적으로 대한민국이 가야 할 길을 찾아보는 과정이라고 생각한다. 비단 집권을 노리는 정치집단뿐만 아니라 정부, 이해관계집단, 전문가 집단 모두가 각기 자기네 미래와 국가의 미래를 생각하며 미래의 청사진을 그리게 된다. 이 일들을 종합해 보면 서로 다른 그림들이 서로 중첩되는 부문이 있게 마련이다. 이 부문을 국정운영의 우선순위라는 이름으로 정리해 볼 수 있다.

2015년 한국사회에서 10년, 20년을 내다 본 국정운영의 우선순위는 무엇보다 국민 행복가치의 추구(헌법 제10조)에서 찾아야 할 것 같다. 왜냐하면 지금 대한민국 국민은 대부분 스스로 매우 불행하다고 생각하고 있기 때문이다.

2015년 기준 세계은행의 행복지수 조사결과 발표에 의하면 한국의 행복지수는 조사대상 143개국 중 118위에 있고, 자살률은 세계 3위라고 발표되었다. 같은 해 Gallop의 여론 조사도 비슷한 결과를 만들어냈다. 즉 조사대상 145국 중 117위이고, 이것은 2013년 조사 75위에서 더 나빠진 결과라고 한다. 한국인의 번영(thriving)에 답한 비율은 2013년의 14%에서 9.4%로 줄어들었다. 미국의 30.5%에 비하면 너무나 거리가 있는 현실 불인정이고, 이는 10%대의 이란, 이라크보다 낮은 수준이다. 한국인들은 인생목표, 사회관계, 경제상황, 공동체 안전, 자부심, 건강 등 항목별 만족도 조사에서도 하위권으로 나오고 있다. 믿기 힘든 조사결과에 의아함과 허탈함이 앞서지만 이것이 현실이다.

한국경제가 세계 유수 전문연구기관 등이 분석하고 전망한 대로 선진된 경제발전 수준과 구조를 가지고 있고, 앞으로 이런 발전이 한국경제를 세계 10위권 이내의 선진된 수준으로 격상시킬 것이라고 전망하고 있다. 이러한 낙관전망은 정도의 차이는 있지만 세계은행이나 IMF 등 국제기관들도 인정을 하고 있다. 그러한 대한민국의 경제 앞에 한국국민들은 왜 이렇게 오늘의 처지를 비관적으로 보고 있을까? 왜 그렇게 행복지수는 낮게 나타나고 있을까?

물론 행복지수는 비단 경제 상황뿐만 아니라 비경제적인 모든 부문을 함께 아우르는 개념이다. 행복과 관련하여 한국국민들에게 제일 먼저 다가오는 부정적 이미지는 국가안보일 것이다. 세계에서 유일하게 남아 있는 분단국가로서 북한의 핵 위협에 24시간 노출되어 있는 것이 대한민국이다. 다음은 그래도 한국국민으로서 제일 자부심을 가지고 있는 것이 경제발전인데 2000년대에 들어와 성장력이 바닥으로 떨어지고 있다. 성장잠재력도, 실제 성장률도 모두 3% 내외에서 벗어나지를 못하고 있다. 이를 타개할 정부의 탄생을 기대하기도 어렵게 되어 있다. 생산가능인구는 줄고 있고, 남을 쫓아가던 기술은 이제 남을 이끌고 가야 할 형편인데 그런 동력을 찾기 힘이 든다. 대기업과 대기업을 등에 업은 한국의 노동조합은 모두 경제적 약자나 경영자에 대한 갑질 노릇에만 익숙해 있다. 사회갈등이 첨예화되고 있다. 경제발전수준에 비하여 낮은 복지는 제도화나 지원 수준 모두 기대에 못

미치고 있다.

여기에 더하여 대통령제하의 한국정치권은 여야를 막론하고 국민의 지도자가 아닌 부담(負擔)으로 전락하였다. 인구수가 국가운영의 부채(liabilities) 개념에서 이제 자산(assets)개념으로 변화되는 시대인데, 한국의 정치권은 국가를 지도하고 이끌고 가는 자산의 개념에서 이제 부채의 개념, 즉 국민에게 버릴 수도 없고 그저 끌어안고 감당해 가야 하는 부담으로 전락되었다. 먹고 하는 일 없이 세금만 축내는 정치권을 국민은 어떻게 보아야 할까? 누가 집권을 하던 새로운 부채의 탄생에 불과하다고 많은 한국국민은 생각한다.

이러한 상황 앞에 국정의 우선순위를 어디에 두어야 할까? 이제 자본주의, 사회주의 따위의 이념논쟁은 별 의미 없는 세상이다. 이미 자본주의 시장경제가 세상을 지배하고 있다. 대통령이 국가지도자이고 국민은 그를 따르면 된다는 개발연대의 국가경영 이념의 시대도 이미 지났다.

개인 또는 가족이 안전하고, 가족이 잘 살고, 명예로워지는 것을 바라는 것이 오늘의 세상이다. 이런 가치를 총합하는 것을 한 마디로 국민의 '행복 추구'로 표현할 수가 있다. 국민의 행복가치 추구를 국정의 우선순위로 해야 하는 이유이다. 현재 대한민국이 처하고 있는 행복가치 추구의 조건은 지속 가능한 경제발전, 국가안보 확보와 국민불안심리 제거, 갈등제거와 균형의 추구, 국민복지의 확충 그리고 이를 위한 국정운영의 리더십 변화 등에서 찾을 수 있다.

제1절 지속가능한 경제발전

한국사회는 지난 70년의 발전을 통하여 국가 없는 설움, 자유민주주의 시장경제를 바탕으로 한 새 정부의 출발, 전쟁을 통한 동족상잔의 아픔, 개발경제를 통한 경제개발의지의 집적, 시장경제운영, 정치민주화의 달성 그리고 혼돈의 시대를 거쳐 왔다.

새로운 2천년대에 들어와 한국경제는 경제운영능력의 몰락과 IMF 시대, 대북 퍼주기로 국가정체성에 상처를 주면서 시작하였다. 그리고 다시 2008년 이후 새로운 경제발전의 기반을 구축하기 위한 경제대통령 염원을 담은 국정운영의 시기가 출발되었지만 그 후 8년의 세월을 허비하고 말았다. 박근혜 정부의 남은 2년 반이 경제대통령의 염원을 담아낼까? 지금처럼 하면 기대하기 힘들 것 같다.

지난 70년의 세월을 한국경제발전이라는 측면으로 조명을 맞추면 상전(桑田)이 벽해(碧海)되는 발전을 가져왔다. 전통 최빈(最貧) 농업국가의 절대빈곤을 탈출한 한국경제는 이제 세계 유수의 정보통신을 기반으로 한 공업국가로 변모되었다. 3만 달러 소득국가로서 첨단산업기술을 자랑으로 하고 있는 신흥국가로 발돋움하였다. '인구 5천만 소득 3만 달러'라는 5.3클럽에 세계에서 일곱 번째로 가입하였다. 캐나다를 제치고 말이다.

그러나 한국경제 발전의 앞날 기상은 지금, 밝음보다는 어두움이 더 짓게 깔려 있다. 계층간의 갈등이 확대되고 있고, 어려운 계층의 복지수준은 OECD 국가 중 최하위권에 머물러 있다. 경제발전의지는 퇴화되고 있고, 일을 하고자 하는 의지보다는 남을 탓하는 갈등구조가 심화되고 있다. 경제발전에 대한 기대감이나 신뢰가 사그러들고 있다.

2015년 한국사회의 제일 큰 과제는 갈등을 해소하고 지속 가능한 경제발전을 가져오게 하는 것이라고 할 수 있다. 무엇보다 서로 헐뜯고 남 탓만 하는 사회갈등을 해소하고 경제발전 잠재력을 키워나가야 한다. 2016년부터 줄기 시작하는 경제활동인구 감소의 벽을 허물고, 노동개혁을 통한 생산성 향상이 추구되도록 해야 한다. 사회가 안정되고 기술수준의 꾸준한 향상이 추구되어야 한다. 이러한 경제운영, 국정운영을 통하여 지속 가능한 경제발전이 이루어지도록 해야 한다.

한국경제가 이러한 경제운영이 가능하여지기 위해서는 개발경제학과 신자유주의 경제학을 함께 흡수 융합하는 경제운영을 해 나가야 한다. 개발경제학의 '경제하려는 의지'를 지속, 계승시키고, 규모 면에서 그리 크지 않는 신흥국 경제시장이 세계와의 경쟁에서 이길 수 있는 경쟁력을 확보하기 위해서는 신자유주의 경제전략도 함께 흡수해야 한다. 번영학을 토대로 한 국정운영이다.

이를 위해서는 한국정부가 보다 체계적이고 조직적인 경제운영체제를 갖추어 나가야 한다. 이명박 정부의 경제운영 실패는 경제운영의 전문관료를 버리는 데서부터 출발하였다고 저자는 평가한다. 국가경제운영의 전문성은 단편적 지식이나 경험만으로는 부족하다. 또한 세월호 사건이 발생했을 때 해양경찰제도 폐지를 제일 먼저 들고 나온 박근혜 정부의 아마추어성 국정운영에 실망하지 않을 수 없었다. 좀 더 전문성이 토대로 되고 과거 경험이 출중한 그런 전문가집단을 정부 안에 키우고 그들의 전문성을 정치지도자가 배우고, 계승 발전시켜

나가는 노력을 하여야 한다.

이러한 전문성을 갖춘 경제운영 위에 국민 소득수준의 지속적인 향상이 가능해지도록 해야 한다. 앞으로의 시대는 세계수준의 전쟁 같은 시장의 굴곡을 당장 생각할 필요는 없을 것 같다. 전쟁을 하기에는 첨단 정보통신기술이 너무 발전을 하였다. 이제 국가나 지역의 경쟁은 전쟁과 같은 물리적인 정치행태보다는 경제운영능력과 실적으로 판가름난다고 판단한다. 그렇다면 경제를 남보다 잘 발전시켜 소득수준을 향상시키고 이를 토대로 국민이 행복을 누릴 수 있도록 하는 것이 국정우선순위가 되어야 할 것이다. 국가는 경제발전을 통하여 국민의 행복조건을 충족시키도록 해야 한다. 국민이 국가에 대하여 행복추구권을 확충해 나가도록 국정을 운영해야 할 것이다.

제 2 절) 국가안보 확보와 국민불안심리 제거

2015년 9월 3일 대한민국의 박근혜 대통령은 중국의 전승절을 기념하기 위한 열병식에 참석하기 위하여 시진핑 국가주석의 초청으로 중국을 방문한 바 있다. 이 행사가 있기 10여 일 전 북한은 휴전선 비무장지역에 목함지뢰를 설치 한국군의 초병들을 살상하고자 하는 시도가 있었다.

북한은 불과 몇 년 전 천안함 폭발로 수십 명의 한국 해군장병들을 전사하게 하였다. 그 후 일반주민을 상대로 연평도 포격을 감행한 바도 있다. 이런 북한정권은 지금도 핵무기 개발을 통한 남한침략과 심지어 미국 영토까지 핵무기로 침공하고자 하는 야욕을 거침없이 내뱉고 있다.

이러한 불안한 국가 안보상황 앞에 한국 국민은 현재 그대로 노출되어 있다고 할 수 있다. 북한의 목함지뢰 사건을 처리함에 있어 박근혜 정부는 확고한 안보위기 제거 의지를 보여주었다. 결국 8월 25일 박근혜 정부는 전례 없이 신속하게 북한의 사과를 받아내고, 앞으로 상호 논의를 통한 협력을 하기로 협정을 맺었다. 이러한 협의결과는 남한 측의 결의에 찬 대응의 결과이지만, 전과 달리 신속하게 합의를 하여준 북한의 김정은 정권에 남한 사람들은 의아해 하기도 한다.

그리고 그동안 중국의 전승절 행사 참석을 유보하던 한국의 박근혜 대통령은 중국의 전승절 행사에 전격 참여하기로 결정하였다. 한국의 안보상황을 중국과 협력해 나가기로 한 대승적 결단이었다고 볼 수 있다. 중국방문 이후 박근혜와 시진핑 두 국가지도자들은 한국의 평화통일을 지지한다고 발표하였다. 전에도 같은 표현의 협의결과가 있었지만 이번의 양국지도부의 협의결과는 더 무게가 있는 것으로 보인다. 시진핑으로서는 전승절 기념식에 세계자유진영 국가들 중 무게가 있는 대한민국 대통령이 참석한 것이 큰 의미가 있는 것이고, 박근혜 대통령으로서는 북한의 안보불안획책이 중국과도 협의대상이 된다는 것을 김정은에게 알려주는 계기가 되었다고 분석할 수 있다.

물론 한국의 박근혜 대통령으로서는 중국의 무력과시를 위한 행사에 참석하는 것이 미국과 일본 그리고 서구 열강들의 비판적 시각도 존재할 수 있는 것을 의식하지 않을 수 없는 문제이다. 그러나 한국 안보문제의 절박성, 김정은 정권의 무모성 앞에 한국의 안보를 확고하게 하는 것은 다른 무엇보다 중요하다고 박근혜 대통령은 판단하였다고 평가한다. 이제 한국 국가의 위상이 어느 정도 독자적 판단으로 행동할 수 있는 것으로 인식하고 행동하였다고 보면 이번 박근혜 대통령의 방중은 올바른 판단으로 평가한다.

국가의 안보문제는 그만큼 그 무엇보다 엄중하고 국정운영에서 최상위 우선순위를 가진 것이라는 것을 목함지뢰 사건을 보면서 다시 생각하게 한다. 국민의 불안심리 제거라는 측면에서도 이번 박근혜 대통령의 방중외교는 단기적으로 성과를 거두었다는 판단이다.

그러나 2016년 2월 김정은 정권은 핵실험에 따른 UN의 국제제재가 논의되는 가운데 장거리 탄도미사일인 '광명성호'를 발사하였다. 자기들 말로는 평화적인 인공위성 실험이라고 하지만 그것을 믿는 사람은 없다. UN은 2016년 현재 북한제재를 위한 국제사회와의 협의를 하고 있고, 미국과 일본은 여기에 대하여 독자적인 제재안을 준비하고 있다. 대한민국 정부는 개성공단의 운영을 잠정 중단하고 우리 측 일꾼들을 철수시켰다. 전보다 훨씬 강화된 한미 군사훈련도 진행하고 있다. 국민은 불안하다.

물론 장기적이고 제대로 된 평가는 시간이 좀 지나야 하겠지만 국정운영의 우선순위 측면에서 국가안보의 확보는 그 무엇과도 바꿀 수 없는 최고의 우선순위라고 할 것이다. 국민이 안심하고 일상에 임하도록 하는 것이 국정운영의 운선순위가 됨은 당연하다.

제3절) 균형의 추구 : 국민갈등 제거

1970년대 중반 제4차 경제개발계획을 만들면서 계획의 목표를 '성장, 능률, 형평'에 둔다고 천명한 바 있다. 지금부터 정확하게 40년 전 한국경제의 개발전략 중에 '형평'이라는 개념이 도입되었다. 당시까지 경제개발의 우선순위는 성장가능 분야의 집중개발에 전략이 맞추어져 있었다. 수출산업, 농업개발 그리고 중화학개발 등 전략산업 집중개발의 전략이 중심이 되어 왔다. 1970년대 중반 제4차 계획을 준비하면서 계획당국은 처음으로 '균형'의 개념을 계획목표의 하나로 들고 나왔다.

제4차 계획작업 초기 계획당국이 성장, 능률, 형평을 계획목표로 하자고 들고 나왔을 때 많은 사람들이 의아해 하였었다. 당시 성장이라는 용어는 익숙한 개념이었지만 능률 만해도 조금은 낯선 개념이었다. 당시만 해도 능률에 대한 용어의 정의나 범위 그리고 관련통계가 한국사회에는 거의 없다 싶은 낯선 개념인데, 하물며 형평은 현실과 많이 동떨어진 철학적 개념처럼 들렸다. 중화학공업개발이라고 하는 국가적 아젠다 앞에서 반대로 산업간의 균형도 생각하게 하는 균형이라고 하는 계획목표는 비현실적이라는 평가를 받을 수 있었다.

형평과 평등의 어학사전적 개념차이도 익숙하지 않은 현실이었다. 하물며 경제개발에서 산업간에, 소득간에, 지역간에 형평을 개발목표로 생각하는 것은 비현실적이라고 부정적 반응을 보였다. 심지어 소득 평등이 당시 중요한 개발전략의 하나였던 사회주의 개발전략과 혼동하는 상황이었다.

한국경제에서 그런 낯선 형평이 40년의 세월 앞에 다시 '균형'이라는 용어로 등장하게 되었다. 특히 소득이나 지역의 발전에서 균형은 오늘날 매우 중요한 전략적 가치를 가지고 다가오고 있다. 제2차 세계대전 이후 세계경제는 불균형이나 왜곡, 그리고 기회 등이 전에 비하여 전략적 가치 면에서　많이 개선, 완화되어 왔다고 할 수 있다. 선진국은 선진국대로, 개발도상국은 그들대로 발전의 흐름을 이어갔다.

이러한 세계경제가 1980년 미국의 레이건 대통령 이후 소위 신자유주의경제시대가 전개 되면서 세계경제는 다시 예측불가능성과 불균형이 큰 문제로 제기되기 시작하였다. 경제는 국가간에, 지역간에 그리고 소득계층간에 '있는 자 없는 자' 문제가 큰 이슈로 다시 등장하고 있다. 프랑스의 젊은 경제학자 피케티는 그의 저서 '21세기 자본'에서 자본의 수익성이 생산과 소득의 성장성보다 높고 그것이 불평등의 원천이라는 연구결과를 내어놓았다. 형평이라고 하는 개발경제계획의 한 개발목표가 40년이 지난 2015년 경제학의 한 화두로 등장한 셈이다.

신자유주의 경제시대를 거치며 첨예하게 노출된 이 불평등 시정, 즉 균형추구가 경제운영의 아니 국가운영의 중요한 우선순위로 등장하였다. 대한민국을 건국하면서 이승만 대통령이 6.25 직전 이룩한 농지분배정책과 전쟁 중 산업시설이 잿더미로 변하면서 한국경제의 소득분배는 다 같이 못 사는 최저수준의 생계유지, 즉 균형의 시대를 거쳤다고 할 수 있다.

이런 한국경제가 1960년대와 70년대 개발연대를 지내면서 산업간, 지역간 불균형이 확대되기 시작하였다. 중화학공업을 개발하면서 한국경제에 재벌이 등장하였다. 정치적으로 동서의 개발속도가 차이나면서 지역간의 불균형이 발생되었다. 정치민주화 과정을 거치면서 대기업을 중심으로 힘이 센 노동조직이 생성되고, 이들은 정치민주화의 깃발 아래 노동운동을 정치화하였다.

한국의 정치권은 군사독재정권의 타도라는 슬로건 아래 정치민주화를 이루고 1988년 세계올림픽을 치르면서 선진국이 되었다는 착각 속에 거리로 뛰쳐나와 대기업노조와 손을 잡았다. 그리고 마구잡이로 폭력과 불법을 일삼는 거리정치에 익숙해져 갔다. 민주화라고 하는 기치 아래 온갖 불법과 억지가 판을 치는 혼돈의 시대를 만들어왔다. 생산성이라는 개념도 일깨울 틈도 없이 대기업 노조운동은 거리로 뛰쳐나왔고, 민주화를 세상정복으로 착각하여 정치권은 패거리로 나뉘어 데모정치를 시작하였다. 이러니 농민, 학생, 이익집단 할 것 없이 모두 거리로 뛰쳐나와 자기네 이익을 외쳐대었다.

갈등은 극에 달하고 경제는 망가져 소위 IMF 시대를 보냈다. 경제의 파탄 앞에 정치지도자들은 반성은커녕 이 상황을 정치적으로 이용하기 시작하였다. 김대중 정부에서 구조조정이라는 이름 밑에 대량해고를 해대고, 정부가 나서서 '빅딜'을 외치며 시장을 마구 이합집산시키며 시장경제의 기본질서를 망가뜨리기 시작하였다.

이 결과 생겨난 것이 국민 각계각층의 갈등심화라고 할 것이다. 이 만연한 한국사회의 갈등구조의 해소 없이 한국의 발전은 없을 것이다. 앞으로의 국정운영의 우선순위는 이 갈등구조를 완화하는 것이라고 판단한다. 국민갈등을 제거하고 국민생활의 균형을 추구하도록

국정을 운영해야 한다. 그래야 국민이 행복을 느끼는 사회를 만들 수
있다.

그러나 국정운영의 균형추구와 관련하여 강조하는 것은 이 균형
의 추구는 생산성 향상이라는 가치가 전제되어야 한다는 점이다. 즉
국정운영의 화두를 '생산성 향상'에 두어 이것이 전제되는 가치가 균
형으로 연결되어야 한다는 점을 강조한다. 임금, 노사정 협의 모두 '생
산성 향상' 깃발 아래 시작되어야 행복의 시대를 열 수 있다.

이를 전제로 정부는 소득불균형 시정을 향한 정책개발을 제시해
야 한다. 그리고 중요한 것은 경제적 약자를 보호하는 사회운동이 일
어나도록 하여야 한다. 대기업이 연관기업과의 협력을 함에 있어, 그
리고 대기업 정치노조들의 자기이익추구를 위한 노사협의에 있어 소
위 '갑질'하는 것을 사회가 발본색원하는 그런 국정운영을 해야 할 것
이다. 그것 없이 한국사회의 균형은 추구될 수 없고 국민갈등은 없어
지지 않을 것이다.

제 4 절 국민복지의 확충 : 행복가치의 추구

21세기 세계는 동서를 막론하고 그리고 경제발전을 이룩한 경우
와 그렇지 못한 경우를 막론하고 국민행복 증진을 위한 복지의 확충
이 국정운영의 우선순위가 되고 있다고 할 수 있다. 미국을 비롯한 경
제발전을 이룬 나라들도 신자유주의 경제운영의 결과 소득불균형이

더 빠르게 심화되고 있다. 더 나아가 신자유주의 경제운영은 국가별로 발전속도의 격차를 확대하여 가고 있다.

신자유주의 경제운영은 시장흐름의 비밀성, 신속성 그리고 규모 확장성 등으로 시장의 가변성과 폭발성이 엄청나다고 할 수 있다. 언제, 어디서 그리고 얼마의 크기로 시장이 급변할지 예측하기 매우 어렵다. 그러니 성공한 경우 그 성장의 확장성은 엄청나지만 실패할 경우 경제의 위축은 예측하기 힘이 든다.

신자유주의 경제흐름은 성공한 나라나 실패한 경우와의 격차가 크게 벌어지게 마련이다. 한 나라나 경제 안에서도 성공한 경우와 실패한 경우 그 격차가 과거보다 훨씬 크고 광범하다. 피케티가 이야기하는 자본성장성과 국민소득성장성 격차가 신자유주의 경제 운영에서 더 크게 그리고 더 빨리 벌어지게 되어 있다.

경제운영에서 경쟁체제를 전제로 하는 한 시장의 실패자는 존재하게 마련이다. 그 경쟁실패자를 지원하기 위한, 즉 국민 복지의 증진을 위한 국정운영은 오늘날 세계적 화두로 등장하고 있다. 제2차 세계대전 이후 절대빈곤의 감축이라는 명제하에 개발경제학이 탄생하였듯이 이제 신자유주의 경제운영의 결과 탄생한 국가간, 시장간, 소득계층간 경쟁탈락자는 더 빠르게 그리고 더 큰 폭으로 확대되고 있다. 이런 발전 속도의 차이는 복지문제의 지평을 더욱 확대하고 있다. 번영학의 탄생기반이다.

지금까지 국가나 공동운영체 내에서 제기되었던 경쟁탈락자에 대한 지원은 주로 국내 문제로 국한하여 왔다고 할 수 있다. 그러나 신자유주의 하의 소득불균형은 더 빨리 그리고 더 크게 다가왔고, 이를 시정하기 위한 복지증진의 문제는 복지를 넘어 실패자 구제(救濟)라고 하는 명제로까지 더욱 확대되어 문제로 제기되고 있다.

미국의 월스트리트와 셰일가스개발을 전제로 한 텍사스, 미국과 중국, 독일과 그리스, 이런 시장과 국가간에 경쟁탈락자 문제가 제기된다. 부잣집 자식의 철없는 앙탈 같은 그리스 국민의 구제요구 앞에 전 세계는 손을 들고 말았다. 이것은 국내문제로서 국민의 복지문제를 뛰어넘는 문제이지만, 그리스 국민의 입장에서 이야기한다면 너희는 살고 나만 죽으라고 하느냐 하는 생떼를 세계에 부리는 것이다. 물론 이런 생떼주장 앞에 독일도 무릎을 꿇고 미국도, IMF도 무릎을 꿇었다.

물론 모르긴 해도 한국 국민이 이렇게 생떼를 부렸을 때 서방진영이나 국제기관이 이렇게 관용을 베풀었을까? 아닐 것이다. 그러나 지금 그리스 문제가 그리 풀리고 나면 아마도 이탈리아나 스페인, 포르투갈 같은 데서도 그리스가 모델이 될 것 같다. 또 역으로 그리스의 모델이 결코 잘못된 것이라는 점을 나머지 EU 국가들이 배우는 계기가 될 듯도 하다. 2015년 하반기가 되면서 스페인, 이탈리아 그리고 영국 등지의 국정운영자들이 인기영합적인 그동안의 정책에서 떠나고자 하는 움직임이 나타나고 있다. 긍정적인 발전흐름의 소생 같기도 하다.

최근 시리아를 중심으로 하는 난민의 문제가 인근국가인 터키, 프랑스, 독일 더 나아가 EU 모든 나라의 관심사로 떠올랐다. 시리아 나라의 문제가 실패자에 대한 국제적 구제문제로 변환되었다고 할 수 있다. 미국, UN 등도 나서야 할 판이다. 이 문제는 단순한 시장실패자의 문제제기와는 거리가 있지만, 결국 국가운영 실패가 가져온 비극이 전 세계의 관심사로 떠올랐고 거기에는 종전 시장실패자에 대한 복지증진보다 훨씬 상위개념인 실패자 구제 문제가 세계적 이슈로 떠오르고 있는 예이다.

이렇게 지역간, 국가간의 문제도 국내 복지문제처럼 변해가는 시대에 있다는 점을 강조하고자 한다. 결과 앞으로 이런 시장간 국가간의 성공 실패의 문제는 복지차원에서도 더 많은 경제운영의 과제를 제기할 전망이다. 이제 자기 국가, 자기 경제의 경제력 확충이 무엇보다 중요한 개념으로 다가오고 있다. 경제력 확충이 국정운영의 우선순위가 되는 시대로 변화되어가고 있다. 이런 흐름 속에서 자기 국민의 복지를 증진하고, 더 나아가 이를 토대로 국제경쟁력을 확보하는 국정운영을 해야 하는 것이 현대정치의 책무로 되고 있다.

대한민국의 경우 지난 70년 동안 절대빈곤을 퇴치하고 선진권 경제로 도약하였다. 경제발전과정의 성공과 함께 정치민주화도 이룩하였다. 그러나 1990년 이후 혼돈의 국정운영 시대를 보냈고 그 결과 2015년 10월 한국경제는 발전잠재력이 소진되고, 생활수준의 향상을 기대하기 어렵게 되었다. 그 가운데 경쟁실패에서 오는 어려운 계층은 늘어가고, 잘 사는 계층과의 소득격차는 확대일로에 있다. 사회적 갈등은 날로 커가고 아무도 대한민국의 먼 장래를 생각하고 있지 않고 그저 오늘만 보고 있다. 그런 가운데 모두 불행하다고 생각하고 있다. 앞서 지적한 바와 같이 전문기관이나 언론기관에서 조사한 대한민국의 행복지수는 세계 최하위 수준이다. 특히 날로 확장 일로에 있는 노인계층의 행복수준은 OECD 국가 중 제일 하위이다. 독거노인이 증가하고 있고 자살률은 늘어가고 있다.

며칠 전 어느 신문에 난 기사다. 기자는 북한 젊은이에게 북한경제와 생활의 참상을 이야기하며 대한민국 경제의 우월함을 이야기하였다. 그런데 그 북한 젊은이가 하는 말이 한국이 잘 사는 것은 소문으로 알고 있는데, 왜 한국에는 그렇게 자살하는 사람이 많으냐고 반문을 하더란다. 이 질문에 대한 답을 해야 한다. 그것이 국정운영의 테마로 되어야 한다.

이런 상황 앞에 대한민국의 국정운영의 우선순위는 단연 '국민행복'을 위한 복지의 증진에 두어야 할 것이다. 개발경제가 경제발전을 가속시켰지만 한국사회에 재벌경영시대를 열었다. 재벌경영은 대기업을 탄생시키고, 대기업을 중심으로 귀족노조가 탄생되고, 한국사회는 이들의 정치활동 무대가 되었다.

대만이나 독일의 경제는 재벌이 지배하지 않는다. 그러니 대기업을 중심으로 한 귀족노조도 없다. 그렇다고 한국사회에서 재벌경영을 없애고 대기업노조를 없애자는 이야기가 아니다. 이들이 가지고 있는 사회지배의 권력을 줄여나가야 한다. 힘을 빼도록 해야 한다. 이들 집단과 정치권과의 유착을 갈라놓아야 한다. 그리고 국가운영은 국민의 복지증진에 우선순위를 두어야 할 때가 되었다는 점을 강조하고자 한다.

국가재정운영도 여기에 맞추어야 한다. 물론 국가안보를 위한 방위비 증가는 불가피하겠지만 그 이외에는 국민복지 증진이 최우선이 되도록 자원배분을 해야 한다. 대기업에서 세금을 더 걷는 만큼 국민

복지비의 증대에 써야 한다. 연금제도 개혁과 함께 일 하지 않는 조직
에 대한 국가지원을 절반 이하로 대폭 삭감해야 한다.

일하지 않는 조직의 대표는 대한민국에서 국회라고 할 수 있다.
대한민국의 국회 경비를 3분의 1 이하로 줄이고, 국회제도와 운영도
번영학의 취지에 맞게 생산적으로 확 바꾸어야 한다.

재벌의, 귀족노조의 운영체제도 완전히 바꾸어야 한다. 그래야 대
기업으로부터 세금을 더 징수할 수 있다. 이제 옛 이야기 같은 대처
영국수상의 경제개혁 노동개혁을 들출 필요도 없이 현재 진행중인 영
국의 캐머런 정부의 노동개혁을 보자. 그리고 스페인 정부의 노조개혁
을 보자. 모두가 노조의 지나친 권력을 줄이는 정치개혁을 하고 있다.

그런 각고의 노력 없이 경제성장력을 회복할 수 없다. 경제성장
력의 회복 없이 국민복지의 증진은 구두선에 불과하다. 국정운영의 우
선순위는 국민행복에 두어야 하고 이를 위한 행보는 국민복지 증진으
로 시작되어야 한다. 그러나 이는 경제성장력의 회복이 없이는 불가능
하다. 가난은 나라님(국가)이 구하는 세상으로 변해야 한다.

제 5 절) 국정운영 리더십의 변화

행복가치를 추구하는 국정우선순위를 논하기 위하여 제기한 지속
가능한 경제발전, 국가안보의 확보, 균형의 추구 그리고 국민복지의
확충 등의 국정운영 우선순위들은 그 추구하는 범위가 광범위하고 상

호보완성이 강하다고 할 수 있다. 또한 각기 추구하는 가치가 하나같이 달성이 매우 어려운 과제들이라고 할 수 있다. 이런 우선순위 과제들이 나름대로의 목표를 달성하기 위하여는 엄청난 국가적 노력이, 즉 국정운영의 혁신이 필요하다고 할 것이다.

2015년도 3개월 밖에 남지 않은 9월 대한민국에 이런 국가적 아젠더가 그런대로 추진되고 있는가? 그렇지 못하다고 답할 수밖에 없다. 최근 북한의 목함지뢰 폭발, 핵실험 그리고 장거리 유도탄 발사 사건과 관련하여 정부가 그래도 결단력 있게 한국의 안보를, 그리고 길게 본 한반도 통일을 추구하고 있는 것은 단기적인 방향설정과 성과라고 평가할 수 있을 것이다.

그러나 그렇다고 국민의 안보불안심리가 가라앉았나? 국민의 입장에서 한국대통령이 중국의 전승절 행사에 참석하고 정상회담을 한 것이 미국이나 일본 그리고 서구 우방의 비위를 상하게 한 것은 아닌가 하는 의구심을 완전하게 떨쳐버릴 수는 없다. 계속해서 국방부가 발표하는 북한의 핵무기보유가능성이 있고, 이것도 이미 실전배치 되었을 가능성 언급에 국민은 불안할 수밖에 없다. 그래도 안보는 아무리 불안하더라도 남북한의 발전격차를 감안하면 안심되는 면도 있다. 전쟁이 불가능한 경제력 격차가 GDP의 7배 이상이라고 발표한 어느 연구결과를 남한국민은 믿고 싶은 것이다. 김정은이가 '너 죽고 나 죽자' 하고 덤벼든다면 모를까 전면전은 불가능하다고 믿고 싶은 것이 현재 한국인의 심리라고 평가한다.

그러나 지속가능한 경제발전이나 갈등의 제거 그리고 국민복지의 증진 과제는 날로 퇴락하는 느낌을 지울 수가 없다. 신문기사의 제목 같은 다음의 테마 앞에 아니라고 손들고 나올 집단이 있는가 묻고 싶다.

① 대한민국의 잠재성장률과 실제성장률은 2% 수준으로 세계평균이나 OECD 평균보다 훨씬 낮다.

② 한국인의 출산율은 세계 최하위이고, 이대로 가면 2070년 대한민국 국민이라는 이름은 이 지구상에서 사라질지도 모른다.

③ 2016년부터 생산가능인구가 감소하여 생산가능인구 절벽이 온다.

④ 수출은 감소하고, 중국경제는 연 4~5%대의 저성장구조로 진입할 것이다.

⑤ 대기업 근로자들을 중심으로 한 한국의 귀족노조의 정치활동은 계속되고, 이들에게 노동생산성에 대한 개념은 처음부터 존재하지 않는다.

⑥ 대기업의 관련기업에 대한 갑질은 계속되고, 귀족노조의 세습화와 경영진에 대한 갑질도 계속될 것이다.

⑦ 한국의 중소기업이나 근로자는 이들 갑질과 갈등 속에 무기력증에 빠질 것이다.

⑧ 국회의 권한은 계속 확장일로이고 국회의 운영은 한국경제발전의 발목을 잡을 것이다. 국회의원은 생산기능은 없이 국민의 세금만 축내는, 없어지면 더 좋을 것 같은 존재로 추락하고 있다.

⑨ 정당은 여야를 막론하고 국민을 외면한 채 제 이익만 챙기는 모리배 집단으로 전락할 것이다.

⑩ 대통령은 청와대 안에 갇혀 무엇을 하는지 안개 속으로 사라지고, 내각은 집행기관으로 전락하고 있다.

⑪ 정부관료들은 국정운영의 책임자 위치에서 일개 월급쟁이로 전락하고, 위기대응 능력을 상실한지 오래다.

물론 일부 과장된 위의 테마 앞에 대한민국은 망연자실할 수밖에 없다. 2015년 9월, 전부 아니라고 손들고 나올 계층이 대한민국에 얼마나 있을지 모르겠다. 일부 과장된 표현이 있고 이에 대한 이견이 있을 수 있지만 그러나 전체적으로는 국민 모두가 공감하지 않을까 저자의 판단이다.

'총체적 부실'이라고 하는 망연자실한 현실을 그대로 인정하고 이를 해결하기 위한 길을 모색하는 것이 2016년 대한민국 국민 모두가 해야 할 일이라고 평가한다. 만일 이런 의견에 동의한다면 한국 국민은 국가운영의 우선순위를 다시 정립하는 데 동참해야 한다. 이 일은 일부 국민이나 기관 단체만이 할 수 있는 일이 아니기 때문이다. 위로는 대통령에서부터 정치권, 노동계, 산업계, 학계, 언론계 그리고 가계에 이르기까지 모두 동참하여 오늘의 난국을 수습하는 노력을 해야 한다.

대통령부터 그 존재가치를 신성시하지 말고, 내 아버지 내 형님처럼 변화되어야 한다. 대통령의 존재와 리더십이 내 주변에서 찾을 수 있도록 변화되어야 한다. 대통령이나 국무총리, 각 부 장관들이 청와대나 집무실에서 광화문 네 거리로 나와 국민과 동고동락하는 마음이 하나가 되는 지도자가 되어야 한다. 대통령은 명령 지시자에서 국민의 행복을 최일선에서 함께 만들어가는 존재로 변화되어야 한다.

정치권은 대변신을 해야 한다. 건달패거리의 이미지에서 탈피하여 나에게 월급을 주는 국민에게 제대로 봉사하는 집단이 되어야 한다. 국회의원은 더 이상 국민의 지도자나 국민의 대변자가 아니다. 국민에게서 돈 받고 피용인이 되어 행복가치를 국민과 함께 만들어가는 존재로 변화되어야 한다. 행복가치의 전달자로 변신되어야 한다. 그러기 위해 우선 대한민국의 국회가 우선 변화되어야 할 분야를 찾아 고쳐가야 한다.

무엇보다 우선 국회의 국정감사권을 없애야 한다. 국정감사는 국민의 시각에서 정부가 국정운영을 잘하고 있는지를 따져보는 기능인데 이것은 그 평가를 국민이 선거를 통하여 하면 되지 현재같이 권력화되어 있는 국회가 할 필요는 없을 것이다. 이중적 기능이고 민주주의 삼권분립 기본원칙에도 어긋난다. 그래서 국회가 국정감사를 하는 나라는 현재 지구상에 존재하지 않는 것으로 저자는 알고 있다.

같은 맥락에서 국회선진화법을 폐지하여 대의정치의 기본인 다수결이 국회를 움직이도록 해야 한다. 국회가 왜 존재하나? 국정우선순위에 따라 잘 못된 분야를 신속하고 명확하게 시정하기 위하여 대의정치인 국회가 존재한다. 국회의 의사결정은 다수결이 원칙이다. 그 다수결 원칙을 무시하는 것이 국회선진화법이다.

국회선진화법의 설치배경을 유추해보자. 우선 이름대로 선진화법이 생긴 이유가 국회가 선진화되지 않았기 때문일 것이다. 선진화가 되지 않은 국회의원들은 그대로 두고 선진화법만 만들면 그야말로 선진화가 되나? 공부 못하는 학생들이 문제라고 모든 학생을 1등이라고 성적표를 만들어 주면 공부 못한 학생이 공부를 잘하게 되나? 스스로 선진화 안 된 사람들이 모인 곳이 국회라면 그 구성원인 국회의원들이 선진화되도록 노력을 해야지 공부 못하는 꼴찌 학생을 1등 성적표 준다고 공부 잘하는 것이 아니라는 것도 모르는 무능한 인간들의 발상이고 일 처리라고 평가해야 한다.

　　주요정책과제의 의사결정이 날로 신속 효율화를 요구받는데, 선진되지 않은 인간들의 집합체인 국회가 선진화되기를 기다리는데 해가 저문다면 세상에 누가 웃지 않겠나? 다수결이 지선이 아니고 또 협의나 합의도 지선이라고만 할 수는 없다. 그러나 여야의 갈등구조가 첨예화되어 있는 대한민국 국회가 언제 선진화되기를 바랄 수 있나? 그들이 선진화되어 합리적인 활동을 하는 시기를 기다리는 것은 다음 세대에도 불가능할 것 같다.

　　중요한 입법사항들은 시의성을 잃고, 국민은 대책 없는 인간들의 선진화만 기다리게 하는 선진화법은 자는 소가 웃을 법이다. 오히려 선진화법을 폐지하고, 국회의 필리버스터를 통한 비효율이 없도록 어떤 안건이든 일정 시간 이후는 투표에 의한 의사결정을 강제화하는 법안을 만드는 것이 옳다고 본다. 시한의 원칙, 다수결의 원칙이 지켜지도록 제도화해야 할 것이다.

　　국회가 무노동 무임금 원칙을 엄격하게 지키고, 보좌관과 비서를 없애 세금낭비를 시정해야 한다. 이런 보좌진의 보좌가 필요 없는 사람을 국민이 국회의원으로 뽑으면 된다. 국회의원을 귀족화하는 것은 국민의 소득을 갈취하는 것과 다름이 없다. 왜 내 돈으로 보좌 없이 활동할 수 없는 무능력자를 지원해야 하는가? 국회경비를 최소화하고 그 남은 돈은 국민복지 증진에 사용해야 옳을 것이다.

　　이런 논리 앞에 제기되는 것이 '누가 그것을 모르나?' 이런 초헌법적인 혁신을 지금 이 사람들 보고 하라고 하는 것은 연목구어일 것이다. 그야말로 혁명적 변화가 요구되는 이 과제를 풀어가는 방법을 찾아야 한다.

　　현재의 한국수준에서 가능한 길은 국민의 힘밖에 없다. 국민의 집결된 총의를 이끌어내야 한다. 그리고 그 국민총의를 실현할 국민의 대표를 선출해야 한다. 그것이 불가능하다고 생각하는 심리를 긍정의 심리로 고쳐야 한다. 대한민국은 이승만 대통령의 장기집권을 4.19혁명으로 퇴출시켰고, 무능한 국정운영을 5.16혁명으로 개발연대를 열었다. 군사독재의 연장을 정치민주화로 변화시켰다. 5.16은 무력의 힘이었지만 4.19나 정치민주화는 국민의 힘이었다. 앞서 설명한 것처럼 정치민주화 이후 대한민국은 20여 년 동안 혼돈의 시대를 겪고 있다. 혼돈의 부산물인 경제퇴락과 국민갈등 확대 앞에 국정운영의 우선순위는 새로운 리더십의 변화에서 해결책을 찾아야 한다. 거기에 국민의 힘을 모아야 한다.

　　대기업과 대기업 노조는 우선 그 못된 권력자의 갑질을 없게 하도록 해야 한다. 공정거래법과 노동관계법을 보다 엄격하게 보완하고, 조세제도와 세무행정을 보다 과학화하여야 한다. 자본성장이 일반소득증가보다 앞서가는 제도는 소득불균형을 자초할 수밖에 없다. 이 경우 성장이 앞서가는 부문에서 세금을 더 징수하는 제도와 행정체제를 만들어 복지재원을 확충해야 한다.

　　대신 정부는 세원관리 이외에 기업경영에 대한 과거와 같은 간여 간섭을 하지 말아야 한다. 기업경영의 자율화는 그야말로 시장경제의 기본이다. 정부가 시장에 간여하지 말아야 함은 물론이다. 같은 맥락에서 국회가 국정감사를 한다고 기업인을 불러 세우는 일이 타당한 일인가? 만일 기업이 위법행위를 한다면 그것은 사법적 기능으로 시정해야지 왜 국회가 왈가왈부하는가? 국회가 시장에 기웃대거나 왈가왈

부할 일이 아니다.

같은 맥락에서 대기업 노조의 정치권력화도 당장 시정되어야 한다. 노조의 권한은 임금협의이고, 경영진의 근로자에 대한 부당행위를 하지 않도록 하는 것이다. 그러나 노조의 활동의 기본원칙은 생산성 향상에 그 기준을 맞추고 출발되어야 한다. 생산성이 오르지 못해 기업은 영업손실을 내고 있는데 노조는 임금인상만 떼쓰는 한국의 대기업노조 행태는 시장경제를 망치는 행위이다. 당장 시정되어야 한다. 기업이나 생산자들도 모든 행동에 '생산성 향상'에 기준을 두어야 한다.

정부 안에 국정운영의 전문가 집단을 양성하고 그들의 기능이 원활하게 발전되도록 제도화할 필요가 있다. 밖에서 부정적으로 비쳐지는 관료사회의 비리만을 보면서 집권하면 그들은 정부에 들어오면 제일먼저 관료집단을 해체한다. 모두 불신한다. 물론 긍정적인 측면이 있기도 하지만 정치권에서 생각하는 것보다 국정운영은 그리 간단한 것이 아니다. 그것을 정부에 들어오자마자 잘라내는 과거 대통령의 속 좁은 행동은 국정운영의 질을 격하시킨 결과를 낳게 한다고 평가한다.

현재와 같은 국정운영의 난맥상 앞에 전문관료집단의 순기능을 보지 못하는 것이 아쉽다. 5.16 이후 제1차 5개년계획의 보완작업이나 제2차 계획의 준비작업에서, 제4차 계획 작업초기 '형평'의 기치를 들고 나섰던 관료들 그리고 전두환 대통령 집권과정에서 시장경제운영으로의 전환을 이끌었던 전문관료들의 헌신에서 현재의 한국경제발전 요인을 찾아볼 수 있다. 이제 제2의 발전을 한국정부는 전문관료집단의 양성으로 찾아야 할 것이다.

이상에서 행복가치 추구를 위한 국정우선순위를 몇 개의 과제를 가지고 논의하여 보았다. 이런 논의가 물론 불필요하게 국가가 순기능을 발휘한다면 별 문제는 없다. 그러나 국가운영이 어려움에 처한 현재 같은 상황에서 대한민국은 새로운 국정운영방향을 찾아야 한다.

대한민국의 국력이 발전, 확대되었다고는 하지만 그 규모는 그리 크지 않다. 경제가 발전하였다고는 하지만 규모 면에서는 세계경제의 2%도 되지 못하는 작은 규모의 경제다. 미래의 경제전망도 세계에서 가장 더디게 갈 가능성이 가장 큰 나라이고, 국민 각자의 행복지수는 OECD 최하위 그리고 IBRD 분석에 의하면 세계 143개 나라 가운데 118등 가는 나라이다. 수출 중심의 경제운영은 한계에 다다랐고, 남이 하는 것을 따라 하던 기술수준으로는 국제경쟁력이 없다. 임금수준은 세계 최고 수준이고 생산성은 최하위급이다. 엄청난 회사의 경영적자 앞에 임금만을 올리라고 파업을 일삼는 것이 한국판 노조활동이다.

조상 잘 두어 선진국 소리 듣던 그리스가 국가채무의 원금은 고사하고 이자도 갚지 못하면서 복지증대만 외치는 그리스의 모습을 우리와 비교해 본다. 그리스의 정치권, 그리스의 노조, 그리스의 소비자 모두 부잣집 철부지처럼 부끄러운 줄 모른다.

한국의 정치권, 한국의 노동조합, 한국의 생산자들, 과연 한국은 그리스 보다 다르다고 자신할 수 있나? 바로 우리들의 아버지, 할아버지들이 배고픔 참으며 밤낮으로 일한 결과 60여 년 만에 이룩한 번영 앞에, 거저 놀고 먹으려는 오늘의 자세가 그리스와 다르다고 대답할 자신이 있나? 그리스의 철없는 국민들, 그들을 뒤에서 조정하고 있는 그리스 사회주의 지도자를 세계는 보고 있다. 앞으로 미래를 향한 대한민국의 국정운영이 큰 방향전환을 해야 할 이유이고, 이에 맞추어 국정우선순위를 다시 잡아가야 할 이유라고 판단한다.

제 2 장

미래지향적 국정운영 혁신 방향

제1장에서 번영학을 토대로 2015년에서 바라본 대한민국 국정운영의 우선순위를 정리하여 보았다. 이러한 국정우선순위에 따라 구체적으로 국정운영의 방향을 살펴볼 필요가 있다. 당장의 과제보다 미래지향적 입장에서 국민의 행복가치 추구라고 하는 대한민국의 국정우선순위를 토대로 챙겨야 할 국정방향을 정책측면에서 제기하여 보자.

2030년, 2050년 대한민국은 국민을 얼마나 행복하게 만들어주는 나라로 발전될 수 있을까? 아니면 2015년 현재처럼 발전잠재력이 쇠잔되는 가운데 사회는 갈등구조가 확대 되고 국민은 행복과 거리가 먼 나라로 남아있게 놓아둘 것인가? 아니 더 잘못하면 이 세상에서 대한민국이라는 나라가 더 이상 존재할 수 없는 파멸을 가져올지도 모른다는 위기의식도 져버릴 수 없다. 발전의 기로라는 측면에서 주요정책과제를 살펴보기로 한다.

국민의 행복가치 추구를 국정우선 순위로 두기 위하여는 우선 국민의 생활수준을 향상시키고, 마음 놓고 일상을 살아가도록 해야 한다. 그러기 위해서 우선 경제적으로 성장력을 키우고 국민간에 갈등구조를 없애도록 해야 한다. 남 탓만 하는 사회구조에서 모든 일을 우선 내 책임하에 솔선하는 사회구조로 바꾸어야 한다. 국방이 걱정 없고 치안이 확보되어 가슴 덜컹하는 뉴스가 없는 세상을 만들어야 한다. 학교교육은 경쟁만 강조하기보다는 인성 중심의 교육으로 변화되어야 한다.

대한민국이라는 나라가 영원토록 번영하기 위하여는 우선 한국사람 숫자가 늘어야 한다. 출산율을 높이고 어린이 생육에 어려움이 없도록 정부가 적극인 지원정책을 마련하여야 한다. 이민정책을 수립하여 외국인의 한국이민을 환영하는 제도와 정책을 마련하여야 한다. 이를 위하여 유연한 노동시장을 먼저 만들어가야 한다.

이런 모든 일들은 국정운영 시스템을 확 바꾸어야 가능해진다. 정치활동에 생산성개념이 도입되어야 한다. 노동시장에 유연성과 무노동 무임금원칙이 필요한 것처럼 한국의 정치권도 완전하게 생산성정치를 해야 한다. 이런 변화와 개혁을 대통령이 솔선하여 앞장서야 한다.

이상의 정책과제들이 당장 이루어지도록 대한민국의 국정운영을 혁신하여야 한다. 앞으로 다가올 2020년까지 대한민국의 국정운영 기조가 확 바뀌지 않는 한 국민의 행복가치 추구는 구두선이 될 것이다. 무엇부터 해야 하나? 쉬운 것부터 시작하자.

우선 행복가치 추구전략부터 확실하게 만들자. 그리고 지속발전

이 가능한 경제구조개혁계획을 수립하자. 5개년 계획도 좋고 혁신개
혁정책이라고 해도 좋다. 다음 정치권 변화를 추구하자. 우선 정치활
동에 생산성개념을 도입하자. 노동시장의 정치화를 지양하고 노동의
질을 높이자. 대통령은 비서실을 폐지하고 대통령이 내각을 중심으로
국민과 함께하는 정치를 하도록 하자. 이렇게 하면 대한민국은 세계에
서 가장 빨리 절대빈곤을 퇴치한 나라, 50년 만에 선진경제 대열로 격
상된 경제, 그리고 남북이 통일되어 1억 인구, 5만 달러 소득 그리고
국민 모두가 대한민국 국민임을 자랑스럽게 생각하고 행복가치를 소
중하게 여기는 나라로 변모될 것이다.

이러한 국정운영의 혁신방향을 부문별로 구체화하는 계획 또는
정책을 수립하여 국민의 동의를 얻고 이의 추진에 들어가야 한다. 국
정운영의 혁신은 계획보다 실천이 어렵고 아프다고 할 수 있다. 그러
나 이런 고통의 과정을 밟아 변화되지 않는 한 대한민국의 미래는 어
려움이 계속될 것이다.

행복한 사회는 거저 누가 주는 것이 아니고 현재의 고통을 감수
하며 극복할 때, 즉 사회가 크게 변화될 때 가능하여 진다고 할 수 있
다. 이를 위해서 국민은 똑똑한 국가운영자를 선출해야 한다. 선택된
국가운영자는 국민을 모시고 행복을 만들어가는 행복의 전도사가 되
어야 한다. 그러기 위해서 정부 수임자는 국민행복 추구에 앞장서야
하고, 또 그러기 위해서 우선 대한민국 국민의 행복추구를 위한 청사
진을 마련해야 한다. 정부 수임자는 국민의 동의 얻은 행복청사진을
들고 한국사회를 혁신적으로 변화시키는 기수가 되어야 한다. 그가 그
려야 할 국민혁신 전략을 부문별로 살펴보자.

제1절   지속가능한 발전을 위한 경제운영 전략

지속가능한 발전을 위하여는 무엇보다 중요한 것이 발전잠재력을 확충하고, 이를 토대로 국가경제운영을 가장 효율적으로 함으로써 경제발전 속도를 극대화하고 지속적으로 이루어지도록 하는 것이라고 할 수 있다. 이런 조건은 크게 두 가지로 구분하여 생각할 수 있다.

첫째, 발전잠재력을 확충하는 길은 발전의 인프라를 확충하는 것이다. 우선 시장에서 경제를 이끌 인력(人力)이 충분해야 한다. 즉 생산가능 인구가 늘어나기 위하여 인구증가정책을 강구해야 한다. 인구전망에 의하면 대한민국은 인구가 정체되다가 감소하는 그리고 그 속도가 세계에서 가장 빠른 나라로 전망되고 있다. 인구를 늘리는 정책은 출산장려정책과 육아지원을 확대하는 길밖에 없다. 그래도 부족이 예상되는 경우 이민문호를 개방하는 길밖에 없다. 두 번째 늘어난 사람들을 잘 가르쳐 생산성이 오르도록 교육제도의 기반을 잘 닦아나가야 한다. 그리고 시장이 안정을 찾아가는 가장 기본은 국가안보를 확고히 하고 치안불안이 없는 사회를 만드는 길이다.

둘째, 발전잠재력을 극대화하는 길은 지금까지의 비능률적인 경제운영방식을 새로운 방식으로 전환해야 한다. '정치 우선' 사회에서 '경제발전 우선' 사회로 전환해야 한다. 1960년대 그리고 70년대 개발연대를 거치면서 대한민국은 '경제 우선'의 시대를 살아본 일이 있다. 1990년대와 2000년대의 정치민주화 속에서 대한민국은 '정치 우선'의 시대를 살고 있다. 앞으로 대한민국은 이를 '생산성 우선'의 시대로 변화시켜야 한다.

이를 위하여 사회 전체가 비능률에서 탈피해야 한다. 생산성을 올려 경제발전이 가속화되는 시대를 만들어가야 한다. '생산성 우선' 사회를 만드는 것이 행복을 추구하는 사회에서 역행하는 것 아니냐고 의문을 제기할 수 있다. 그러나 2015년 대한민국이 추구하고자 하는 행복의 추구는 일하지 않고 놀고먹는 것이 아니라, 국민 모두가 열심히 일하고 생산성을 극대화하여 경제발전을 가속화하여 풍요를 이루어야 한다. 이러한 풍요 속에 국민모두가 공정하고 명예로운 시대를 만드는 가운데 각자의 행복이 추구되는 그런 사회를 이룩하는 것이다. 어찌 보면 말 장난 아니냐고 할 지 모르지만 가난한 가운데 행복은 없다. 놀고 게으름 피우면서 남이 한 것을 얻어먹으려는 그리스 국민이 행복할 수 없다.

이를 위하여 우선 정부는 국정운영의 방식을 새롭게 바꾸어야 한다. 정부 내에 경제발전 전문가 집단을 양성하여 그들로 하여금 21세기 대한민국이 추구해야 할 '지속가능한 경제발전 전략'을 수립하도록 해야 한다. 이 전략의 수립과정에 전문가 집단, 이해관계인, 생산자, 소비자 대표들이 함께 참여하여 국민적인 '합의(consensus)'를 바탕으로 전략이 수립되고 추진되게 해야 한다.

대통령은 한국사회가 '정치 우선' 사회에서 '생산성 우선' 사회로 변화되도록 앞장서 이끌어야 한다. 정부의 일은 시장의 애로 타개와 취약부문에 지원을 확대하고 소득의 형평을 기하기 위한 세제개선에 최선을 다 해야 한다. 거기까지 정부가 할 일이고 정부는 시장에 기웃대지 말아야 한다.

셋째, 국정운영의 방식을 아예 새롭게 고쳐야 한다. 정부조직을 이해관계에 바탕을 둔 생산자 중심에서 국민행복 중심으로 개편하는 일에 대통령이 앞장서야 한다. 생산자 중심에서 국민행복 중심으로 정부 조직을 개편하고, 정치권이나 노조 등의 시장 간섭기능도 없어져야 한다. 정치민주화를 정착시키기 위하여 필요하였던 정치세력, 즉 국회, 노동조합 등의 기능은 이제 국민행복 증진기구로 변신되어야 한다.

이상의 지속 가능한 발전을 위한 국정운영방식의 전환은 세밀한 사전 정책수립과 국민의 콘센서스 빌드업에 바탕을 두고 국정운영 책임을 맡은 대통령이 들고 일어나야 겨우 가능한 어려운 과제라고 평가한다. 그러나 할 수 있느냐 여부에 대한 검토보다는 이것을 하지 않았을 때 다가올 비참한 미래를 생각하고 절체절명의 각오로 온 국민의 지지를 얻고 이를 이루어 가야 한다고 저자는 평가한다.

1. 인구확장

1960년대 초 대한민국의 경제관료들은 한국의 인구증가율 연 2.88%라는 숫자를 달달 외우고 다녔다. 2천 5백만 인구 중 약 7십여 만명의 인구가 매년 새로 태어나고 있다. 정확한 통계가 있지는 않았지만 절대빈곤의 수가 6십만여 명이 된다고 본다면 그 수와 비슷한 새 생명이 태어난다는 이야기이다.

제2차 세계대전 이후 많은 후진국들의 제일 큰 문제는 빈곤의 탈출이고, 한국경제가 맞게 된 당장의 문제는 절대빈곤에서 빠져 나오는 것이었다. 1950년 남북간에 동족상잔의 전쟁을 치르며 대한민국은 250여 만 명의 생명을 잃었다. 그나마 있던 산업시설들은 대부분 전쟁 중 파괴되고 거기다 1957년부터 두 해 동안 농산물이 대 흉작을 이루었다. 당장 먹을 것이 없던 한국사람들에게 미국을 비롯한 우방의 원조가 당장의 기근을 면하게 해주었다. 거기에 전쟁 중 남한으로 넘어온 6십 5만여 명의 북한동포를 포함하여 한국정부가 책임져야 할 인구는 1961년 2천 5백만명이나 되었다. 거기에 매년 다시 70여 만명의 새 생명이 태어나니 늘어나는 입에 풀칠하기도 힘든 지경이었다. 전후 급격한 증가를 나타낸 인구에 새로운 출생아 증가율을 감당하기에는 당시 4%대의 연평균 경제성장률은 턱없이 부족한 것이었다.

그러니 3%에 가까운 인구증가율을 줄이는 길은 출생률을 낮추는 길밖에 없었다. 그래서 출발된 말이 '가족계획'이니, '산아제한'이니, '둘만 낳아 잘 기르자' 등등의 구호가 나올 수밖에 없었다. 더 웃지 못할 처량한 일은 당시 먹을 식량이 부족하여 주로 미국 등의 식량원조에 의존하고 있었는데 그들이 지원하는 밀가루를 잘 먹을 줄 몰라 당황하는 한국인들에게 정부는 '쌀보다 밀을 먹으면 키도 크고 건강도 좋다'는 웃지 못할 홍보까지 하고 다녔다. 그야말로 인구는 한국경제의 큰 부담(liability)이 아닐 수 없었다. 세계은행(IBRD)이 출범하여 후진국 지원을 시작할 때 제일의 우선순위는 그 나라의 절대빈곤을 줄이는 것이었다. 1970년대까지도 세계은행이 한국정부와 협의할 때도 제일 먼저 절대빈곤상황의 변화를 체크하곤 하였다.

그런 한국의 인구는 1960년대 중반 수출지향적 공업화전략을 선택하면서 하나의 자원(resources)으로 그 개념이 변화되기 시작하였다.

노동집약적인 경공업밖에 수출할 수 없었던 당시 부지런한 한국사람은 큰 비교우위가 되었다. 1970년대 초 새마을 운동 그리고 중화학공업개발을 해 나가는 과정에서 대한민국의 인력은 그 진가를 발휘하기 시작하였다. 부채가 자원으로 그리고 더 나아가 자산(assets)으로 변화되는 과정이었다고 할 수 있다.

그렇게 자산으로 변모된 한국의 인구는 2015년 5천 1백만명이 되었다. 드디어 '인구 5천만, 3만 달러 소득'국가로 승격되었다. 그러나 한국의 인구변화는 2030년, 2050년을 내다보면 한국인들에게 우울함을 던져주고 있다. 1950년대 한국인의 평균가구원수는 5.4명이던 것이 2010년에는 2.7명으로 줄어들었고, 합계출산율 1.24(2013년 기준)은 세계 최하위수준으로 변화되었다. 전체 인구에서 65세 이상의 노인의 비율, 즉 고령화율도 1960년에 2.9%에서 2015년에는 13.1%, 2060년에는 40.1%로 세계에서 고령화율이 제일 높은 나라가 될 것이라고 통계청은 추산하고 있다. 생산활동인구 증가와 출산가능인구는 2016과 2017년부터 줄어들어 소위 잠재성장률의 하락과 함께 '인구절벽'이 다가오고 있음을 실감하게 한다.

(1) 고령사회의 진입

대한민국의 고령화속도는 OECD 국가 중 가장 빠르게 진행되고 있다. [표 2-1]에서 보는 바와 같이 한국의 인구구성 중 노인의 비율이 2017년 14%인 고령사회에 진입하게 되고, 2026년에는 20%인 초 고령사회로 진입하게 된다고 인구전문가들은 예측하고 있다. 고령화사회에서 초고령사회로 진행되는데 소요되는 기간도 26년에 불과

표 2-1   주요국가의 고령화진행속도

	도달연도			소요기간(년)
	고령화(7%)	고령(14%)	초고령(20%)	
한국	2000	2017	2026	26
일본	1970	1994	2006	36
프랑스	1864	1979	2018	154
미국	1942	2015	2036	94

자료: 통계청
　　　기획재정부, 중장기정책과제

하다. 일본이 36년, 프랑스 154년 그리고 미국이 94년 걸린 시간을 한국은 26년이란 짧은 시간에 도달하게 되는 것이다. 이러한 빠른 고령화의 주원인은 평균수명의 연장에도 있지만 무엇보다 낮은 출산율에 있다.

기획재정부가 2013년 발간한 '대한민국 중장기 정책과제'에 의하면 2017년부터 생산가능인구가 감소하기 시작하고 2021년부터는 노동력부족현상이 현실화되어 2030년에는 노동력부족 규모가 280만여 명에 달할 것이라고 전망하고 있다. 또한 인구고령화는 2060년에 인구 10명 중 4명이 노인인 늙은 국가로 변모된다. 2013년 현재 6~7명의 생산가능인구가 노인 1명을 부양하고 있지만 2060년에는 생산가능인구 1.2명이 노인 1명과 어린이 0.2명을 부양하게 될 것이라고 기획재정부는 전망하고 있다.

부채개념의 인구는 한국경제개발 출발점에서 많은 부담을 주었는데, 어느덧 자산개념으로 다가온 한국의 인구가 한국인들에게 이제 절벽으로 다가 오고 있다. 행복의 시대를 열어갈 2000년대의 대장정 앞에 드리워진 절벽을 어떻게 치울 것인지 아무도 고민하지 않고 있다.

정부도, 사회도, 국회나 정치권도, 노동계도 모두 당장의 일에 몰입하고 다가올 내일을 외면하고 있는 것이 2015년 9월 현재 대한민국이라고 할 것이다.

해답은 간단하다. 인구를 늘리면 된다. 그러나 방법이 없다. 인구문제를 국정우선순위로 두어야 한다는 논리가 나온다.

① 합계출산율을 현재의 1.2% 수준에서 최소 2% 수준으로 상향되도록 해야 한다.

② 출산과 육아에 대한 정부의 지원(incentives)을 대폭 확대해야 한다.

③ 이민 문호를 개방해야 한다. 안 하면 오늘의 일본처럼 된다.

남북이 통일된다면 한국의 인구전망은 어떤 변화를 줄 것인가? 기획재정부 분석에 의하면 북한의 출산율은 남한보다 높고, 고령화 현상도 심하지 않으므로 남북통일은 인구 면에서 긍정적인 영향을 줄 것으로 예측하고 있다. 북한이 통일 이후에도 현재 출산율 2.0%(2010년)를 유지한다면, 남한만 고려할 때보다 2060년의 생산가능인구는 4.4% 증가(52.7~57.1%)하고, 노인비중은 7.2% 감소(37.4~30.2%)할 것으로 분석되기 때문이다.

그러나 독일의 통일이나 동구권 국가의 체제전환의 경험에서 보듯이 통일 후 북한 출산율의 급격한 감소가 발생하거나 생산가능인구의 상당비중이 할 일을 못 찾아 피부양인구로 전락하는 경우에는 남북통일이 줄 수 있는 고령화 완화기대가 줄어들 수 있다고 기획재정부는 전망한다.

이민 문호의 개방문제도 그렇다. 문호개방에 대한 제도개선도 간단한 문제가 아니지만, 외국인에 대한 이질감 해소가 어려운 일이 아닐 수 없고 이런 제도가 시행되어도 그 효과가 가시적으로 나타나는 데는 오랜 시간이 걸릴 것이므로 서둘러 이런 정책의 전환이 요구된다고 할 것이다. 이를 위하여 종합적인 대책을 마련할 전문가 위원회를 정부 안에 곧 만들어 연구에 들어가야 할 것으로 판단한다.

이렇게 간단한 것 같은 방법이 현실적으로 매우 어렵다는 것이 문제다. 그렇기 때문에 이에 대한 국가적 아젠다를 만들어 당장 추진해 들어가야 한다. 서로 미루고 있다가 시간은 흘러 정말 말할 수도 없는 2070년대 대한민국 사람이 지구상에서 사라지는 그런 지경으로 가지 않으려면 이미 늦었지만 서둘러 인구 증가정책을 써야 한다. 1960년대 인구 2.88% 증가를 꿈에서 외우고 살았듯이 이제 한국은 '출산율 증가 2% 이상, 이민 문호개방'을 외치고 다녀야 한다.

(2) 노인 빈곤율과 복지수요

기획재정부의 중장기정책과제의 분석에 의하면 대한민국은 빠른 고령화 속도와 부모 부양에 대한 인식변화 등으로 충분한 노후준비 없이 은퇴를 맞고 있다고 한다. 한국의 노인빈곤율이 OECD 국가중 가장 높은 수준이다. 공적연금을 가입한 경우에도 낮은 소득대체율 등으로 노인빈곤 문제의 해결에 한계가 있다고 한다.

2011년 OECD가 발표한 노인빈곤율에 관한 보고서는 한국노인들의 노후대비가 매우 부족하다고 되어 있다. 노인빈곤율은 전체 노인중에서 중위소득 미만에 속하는 노인의 비율을 나타내는 지표이다. 이 지표에 의하면 한국의 노인 빈곤율은 45.1%로 OECD 34개국 중 1위이다. 이는 일본 22%, 그리스 23%, 미국 22%에 두 배에 달하고, 노인 빈곤율 2위인 아일랜드의 31%보다 14% 포인트가 높은 수준이다. 노인빈곤율은 남성보다 여성에게 더 큰 문제이고 1인가구 노인은 부부 노인보다 2배 가량 많다.

이러한 고령화에 대비한 복지체계가 확립되지 않는다면 재정건전성도 위협받고 성장활력도 저하되는 악순환이 발생할 것이다. 한국조세연구원이 발표한(2012.9.20) 2012년 한국조세연구원 연구에 의하면 한국이 복지제도를 확대하지 않고 유지만 하더라도 유례없이 빠른 고령화의 영향으로 인한 복지지출의 증가로 2050년 국가채무규모가 GDP의 137.7%까지 높아진다고 한다. 총수입은 큰 변동이 없는 반면, 총지출은 현재보다 1.4배 정도 증가하여 2050년 재정적자는 전체

표 2-2 **주요재정지표 전망**(단위: GDP 대비 %)

	2011	2020	2030	2040	2050
총수입	25.4	27.2	27.2	27.0	26.3
총지출	25.1	26.6	29.4	32.7	36.2
공공사회지출	9.8	11.8	15.1	18.4	21.6
재정수지	-1.9	-2.9	-4.5	-6.3	-8.3
국가채무	35.2	42.5	61.9	94.3	137.7

자료: 한국조세연구원발표(2012.9.20.)
　　　기획재정부, 중장기정책과제

GDP의 8.3%에 달하게 된다는 것이 한국조세연구원의 분석이다.

각 부문에서 예상되고 있는 이러한 복지수요의 급격한 증대는 이제 피하고 싶다고 해서 피할 수 있는 대상이 아니다. 절대빈곤 시대에 굶주림을 피할 수 없듯이 이제 고령화시대를 맞이하여 노인복지를 비롯한 복지의 증대를 피하고 싶다 해서 피할 수 있는 과제가 아니다. 이런 상황변화를 외면하지 말고 절대빈곤처럼 주어진 과제 앞에 한국의 국정운영은 이를 엄중하게 받아들여야 한다. 피할 수도 없고 피해

가기만 해서는 안 된다. 문제는 한국사회 각 부문이 공평하게 그 부담을 안고 가야 한다.

2. 교육의 변화

현재 한국의 교육정책은 두 가지 색깔을 지니고 있다고 할 수 있다. 한국인의 근면성과 헌신성, 높은 수준의 지적 능력, 고학력 수준 등을 보면서 밖에서 보는 대한민국의 교육수준은 세계에서 가장 높다는 평가를 받고 있고, 이는 한국의 훌륭한 교육제도와 정책에서 찾고자 한다. 그러나 안에서 보는 대한민국의 교육제도와 정책은 많은 불합리성을 나타내고 있다는 부정적 평가를 받고 있다.

저자의 시각으로도 이 양면성이 함께 보인다. 한국인의 높은 교육열은 한국인의 전통 유교문화에서 찾을 수 있다. 이를 바탕으로 한국의 어버이들은 경제적 빈곤을 세습화하지 않는 길은 자식의 교육밖에 없다고 믿었다. 그래서 6.25 전쟁 참화 속에서도 한국의 어버이들은 논과 밭 그리고 가축인 소를 팔아가며 자식교육에 헌신을 하였다. 결과 중고등학교는 말할 필요도 없고 대학진학률이 세계에서 가장 높은 나라가 한국이다.

이러한 교육열이 한국인의 지적 수준은 말할 것도 없고, 일반기술 수준을 높이고 첨단산업기술 등에서 괄목할 만한 발전을 이룰 수 있는 원동력이 되었다고 할 수 있다. 한국인의 근면, 성실, 헌신 그리고 가족을 위하고, 윗사람을 위하는 그런 마음의 원천을 찾아보면 이 또한 한국인의 전통 유교문화인 선비정신에서 찾을 수 있을 것이다.

그러나 안에서 보는 대한민국의 교육상황은 많은 문제를 가지고 다가오고 있다. 무엇보다 지나친 경쟁의식이 교육의 참이념을 넘어 많은 부작용을 낳고 있다. 엄마의 품에서 떠나자마자 한국사회의 어린이는 경쟁 속으로 몰입되기 시작한다. 초등학교에 들어서자마자 많은 과외 속에 정신이 없는 나날을 보내기 일쑤다. 어린이들이 인간사회에서 어떤 생활을 해야 하는지, 인간의 본분을 배우고 생각하기도 전에 우선 다른 아이와의 경쟁에서 뒤쳐지지 않는 노력을 해야 함을 배우게 된다. 어버이는 과외수업비용을 부담하기 위하여 더 많은 일을 하여야 한다.

불행하게 대한민국은 남북으로 나누어진 분단국가다. 북한의 공산사회주의 독재체제는 정부수립 이후 지난 70년 사이 남한의 자본주의 시장경제체제에 완패하고 말았다. 이제 국력으로 북한이 남한을 제압할 방법은 없다고 저자는 확신한다. 그래서 세계에 대고 북한이 떼를 쓰는 것이 북한의 핵무장이고 그리고 남한에 대하여는 종북(從北)을 부추기고, 종북세력을 지원하는 것이다.

남한의 종북세력은 정치권 노동계 그리고 교육계에 많이 양성되고 있다. 교육계에는 '전국교직원노동조합'의 약자로 '전교조'라는 단체가 형성되어 초등교육계를 장악하다시피 하고 있다. 이들은 북한의 공산주의 체제를 무비판적으로 동조하는 교육을 어린아이들에게 전파하고 있다. 지난 긴 시간 동안 이들의 활동이 얼마나 많은 어린이들에게 무비판적으로 교육되고 있었는지 알 수가 없다. 생각만해도 소름이 끼치는 이런 정치색깔 교육이 우리 어린이들에게 전달되고 있음을 생각하면 가슴이 답답하지 않을 수가 없다. 이게 한국사회에 깔려있는 무서운 교육현실이다.

2015년 10월, 보다 못한 정부가 한국의 사회교과서 검인정제도를 '국정교과서'로 전환하고자 한다. 이에 대하여 전교조는 말할 것 없고 야당정치권과 사회각층은 반대의 깃발을 들고 있다. 국정이 왜 나쁜가? 정부를 믿지 못하겠다는 발상에서 출발한다. 그러나 국민행복을 추구하는 국정운영에서는 이런 막연한 정부불신이 없어져야 한다. 자기들이 잘못한 일은 생각하지 않고 내가 아니면 무조건 나쁘다는 인식 위에 교과서 국정화를 반대하는 것은 옳지 않다고 할 것이다.

80%가 넘는 한국의 대한진학률은 OECD 국가 중 단연 톱이다. 60%대의 미국, 50%대의 일본보다 단연 높은 대학진학률 앞에 양산되는 대졸 청년들을 받아들일 일자리가 부족하다. 대졸 청년들을 포함하여 젊은이들을 사회에서 흡수하기 위하여 제일 시급한 것이 일자리 창출이고, 이를 위한 경제활성화가 제일 시급하고 어려운 과제이다. 그러나 경제현실은 2%대의 발전잠재력 앞에 무기력하기만 하다. 발전잠재력이 이렇게 무기력하게 된 것은 무엇보다 무능하고 좀비(비실거리며 다니는 사람)에 가까운 한국의 정치권 그리고 우물 안 개구리처럼 세상이 마냥 제 것인 양 착각하고 있는 민노총, 대기업 귀족노조에 그 책임이 크다. 물론 그들 앞에 지난 '혼돈의 시기' 20여 년 동안 국정운영을 책임진 역대 대통령과 그 정부에 그 책임이 있다. 사회 어느 곳에서도 청년 일자리 창출을 위한 사회개혁 운동이 일어나지 않고 있다. 이대로 가면 한국경제의 앞날은 먹구름이다.

앞으로 경제의 지속성장 가능성은 끊임없는 혁신과 기술진보에서 찾아야 한다. 단순한 자본투입량의 확대나 노동투입 확대가 성장을 보

장하던 시대는 지나갔다. 이러한 혁신과 기술진보는 대졸출신 등 고급
인력의 확대를 요구하게 된다. 따라서 현재의 대졸출신 인력의 흡수를
위한 일자리 창출도 중요하지만 그 밑바탕을 이루게 될 혁신과 기술
진보를 이들 대졸출신 고급인력이 담당하는 기반확대가 하나의 방안
이 될 수도 있을 것이다. 인구가 부채개념에서 자산개념으로 변화되듯
이 현재의 고학력 청년실업 인력들이 기술혁신의 첨병이 되도록 이들
을 사회가 이끌 수 있는 시스템을 구축하는 노력이 필요하다고 저자
는 평가한다.

   청년실업을 부채개념으로만 보지 말자. 기왕지사 대한민국은 고
학력의 인력배출이 큰 사회임을 받아들이고, 정부와 사회는 이들이 혁
신의 첨병임을 인정하고, 이들을 끌어안는 기반과 제도를 만드는 일을
담당하여야 한다. 사회로 나오는 청년들 자신도 당장의 취업도 중요하
지만, 좀 더 시간을 가지고 기술혁신주체로서의 능력을 길러가는 시간
을 갖는 것이 필요하다는 인식을 가지고 더 공부하는 자세를 가져야
할 것이다.

   이 과정에서 한국의 노조문화가 혁신되어 기존 노조들이 기득권
에만 연연하지 말고 노동시장이 보다 유연하여지도록 변화를 받아들
여야 한다. 노동계의 데모가 없는 사회, 귀족노조의 갑질이 없는 사회
가 전제된다. 이런 분위기 위에 사회에 나오는, 특히 고학력인력들은
혁신의 첨병수업을 받는 기간을 갖는다는 자부심을 가지고 배우며 기
다리는 그런 분위기가 필요하다고 할 것이다. 이들이 혁신을 배울 수
있는 제도와 틀이 필요할 것 같다. 독일의 하르즈 노동개혁이 비정규
임시직장을 만들어 전업노동이 아닌 가정주부들이 할 수 있는 파트

타임제만 양산하였다는 비판을 받았다. 앞으로 한국의 대졸청년들이 혁신을 배우는 과정도 이러한 비정규직이나 창업을 통하여 이루어지는 방식도 생각해 볼 수 있을 것이라고 판단한다.

한국의 대학 교육에서도 이런 제도변화를 전제로 좀 더 시간을 가지고 기술혁신이나 경영혁신을 가져올 인재 양성에 교육의 초점을 맞추는 것이 필요하다고 평가한다. 연구중심에 초점을 맞춘 대학의 운영도 필요하겠지만, 모든 대학이 모두 연구중심교육에 초점을 맞출 필요는 없을 것이다. 더 많은 대학이 현실 기술이나 경영혁신을 가져올 인재를 육성하는 것이 필요하고 그것이 현재 학교경영에 어려움을 겪고 있는 한국의 많은 대학의 활로가 될 것이라고 평가한다.

전문성이 부족한 저자가 교육제도의 개선을 이야기하기엔 부적절하다고 판단한다. 다만 새로운 국정운영 우선순위에 교육의 변화가 절대 필요하고, 그 방향은 대한민국에 혁신의 능력을 제고하여야 하고, 그 보루를 대량생산된 대졸청년들에서 찾아보자는 논리이다.

앞에서도 설명한 바 있지만 1980년대 초 저자가 경제기획원 경제기획관 시절 몇몇 동료들과 함께 한국의 교육제도 개선을 위한 대안의 하나로 졸업정원제을 거론한 바 있다. 논란 끝에 대학졸업정원제가 채택되어 1981년 드디어 한국의 대학에 졸업정원제가 채택되었다. 이 당시만 해도 높은 교육열로 대학에 진학하고자 하는 학생은 많은데 대학의 입학정원은 제한되어 지나친 입시경쟁이 젊은이들을 지치게 하는데, 차라리 그러지 말고 입학을 자유롭게 하고 졸업정원을 제한함으로써 졸업생의 경쟁력을 제고하자는 취지이었다. 그러나 이 제도개선은 곧 실패로 판정났다.

그 이유는 한국인 특유의 인정(人情), 복잡한 사회관계 등의 이유로 엄격한 학생평가가 어렵다는 평가가 나왔다. 이런 인정문화가 지금도 존재한다. 그래서 대학 졸업정원제가 어렵다는 것을 이해하고 그래서 대졸출신 인력이 매년 배출되는 것도 막을 길이 없다. 그러한 현실을 받아들여 대졸출신 청년들을 흡수할 고용기회의 확대만 외칠 것이 아니라 차라리 이들을 혁신일꾼으로 키우는 제도개혁을 하자는 제안이다. 경기의 흐름에 따라 이 혁신단의 규모는 변화되게 탄력적으로 만들고, 그 대신 혁신일꾼 출신은 혁신에 대한 정신무장과 일정수준의 기술을 습득하게 하여 무엇이든지 한국사회발전에 참여할 수 있는 역량을 갖추도록 하는 것이 좋을 것으로 판단한다. 대학원을 이원화하여 학문대학원과 혁신대학원을 만드는 것도 생각할 수 있지 않을까?

3. 국정운영구조의 혁신

개발경제는 말할 것 없고 신자유주의 시장경제도 이제 그 수명을 다 하였다는 것이 2015년 세계흐름이라고 할 수 있다. 리먼 브라더스의 실패 뒤에 세계 각국이 취한 경제대응은 모두 정부역할의 증대였다. 그리스의 실패 앞에 EU 국가들은 온 국가적 능력을 동원하다시피 하고 있다. 일본의 아베노믹스는 실패여부를 떠나 확대일로에 있다. 구조적 문제를 안고 있는 중국경제는 경기의 부침이 지속되면서 중국 정부는 환율을 건드리고, 금리와 재할인율을 만지작거리고 있다. 가장 가증스러운 일은 미국의 현금풀기 확장정책이다. 금리를 소위 제로수준으로 낮추고 유동성은 공중에서 헬리콥터로 돈을 뿌려대듯 하였다. 크던 작던 소위 선진국이라는 경제들이 경제운영에 정부기능을 확대하고 있다. 신자유주의 경제운영은 사망신고를 낸 것이나 다름없다.

그래서 앞으로의 경제운영을 개발경제학에서 중요시하던 정부의 '시장지도'를 어느 정도 다시 받아들이고, 금융중심의 시장의 유통을 계승, 발전시키는 경제체제로 운영의 흐름이 잡혀가고 있다고 할 수 있다. 개발경제학과 신자유주의 경제운영의 통합승계 비슷한 모습이라 할 수 있다. 정부는 경제발전이나 경기흐름에 역행하는 행동을 하지 못하도록 어느 정도 시장을 지도하게 되고, 그에 따라 시장의 흐름도 그 역동성을 유지·발전시키고자 할 것이다. 지금 미국이나 EU 국가들이 취하고 있는 모습이라 할 수 있다. 이 경우 자본축적계층의 성장속도가 일반 국민소득(GNI)보다 계속 빠르게 발전될 것으로 예상된다. 단기적으로 성장은 탄력을 받고 경기는 활성화될 것이기 때문이다. 소득의 격차가 더 커지고 빈곤계층은 상대적으로 더 나빠지는 모습이 될 것이다.

이에 대한 대응으로 경제적 약자인 저소득층에 대한 지원을 정부가 책임지는 그런 국정운영의 출발이 불가피할 것으로 전망된다. 정부가 시장흐름에 관심을 가지고 필요한 질서정리를 하고자 하는 한, 경제적 약자에 대한 배려나 지원도 정부가 맡을 수밖에 없을 것이다. 번영학이 탄생한 배경이라고 할 수 있다. 번영학의 토대 위에 국정운영을 하기 위해서는 사회모든 부문에 혁신이 요구된다. 기존의 권력질서의 대 변화가 없이 번영학은 설 자리가 없다. 국정운영의 혁신이 요구되는 이유이다.

(1) 대통령제 유지

대통령제가 가지고 있는 독재성, 장기집권가능성 등을 놓고 많은 나라가 내각제 등 다른 국가운영체제로의 변화를 모색하여 오고 있다. 미국과 같이 연방체제의 대통령제는 성격이 좀 다르겠지만 일반적으로 국가규모가 그리 크지 않고 경제발전이 오래되지 않은 나라의 운영에서 대통령제는 내각제보다 중앙집권적이고, 통일적이고, 장기집권가능적인 제도라고 할 수 있다. 또 집권자의 개인 성격의 특성에 따라 변화에 대한 대응이 민첩할 수도 있고 경직적일 수도 있다. 이런 연유로 한때 대한민국의 경우에도 내각제 개헌을 위한 주장이 등장하기도 하였다.

그러나 리먼 브라더스 사태 이후 최근의 국가운영, 특히 경제운영은 보다 강력한 리더십의 등장을 요구하고 있다. 복지의 증진은 정부의 능력을 전제로 한다. 정부의 능력은 물론 경제의 활성화와 이를 토대로 한 정부의 조세개혁을 요구한다. 지난 대통령 선거 당시 그렇게 난무하였던 경제민주화의 슬로건은 시장질서와 시장기능, 즉 공정성 확보를 기본으로 하고 있다. 불공정행위를 막자는 것이 경제민주화인데 이를 위한 경제적 강자, 즉 재벌 또는 대기업, 대기업노조, 오로지 사익만 추구하는 한국의 국회의원 정당간부 등 정치꾼들의 행태는 자기들의 기존 권력을 조금이라도 내려놓는 노력을 하지 않은 채, 덮어놓고 정부의 복지증진이 경제민주화라고 착각하게 만들었다.

거기다 한걸음 더 나아가 박근혜 대통령후보 캠프는 '증세 없는 복지'라는 기발(?)한 슬로건을 들고 나왔다. 증세를 하지 않아도 지하경제를 양성화한다든가, 예산을 조정하여 복지재원으로 마련하겠다고 주장하고 나왔다. 기본적으로 말이 되지 않는 논리다. 지하경제는 그 규모를 알 수 없어 지하경제라고 한다. 그것을 지상으로 끌어올리는 힘이 자기들에게 있다는 착각에서 비롯된 말이다. 예산을 조정한다는 것도 어느 정도 일부 가능성은 있지만 그것이 복지증대에 쓸 만큼의 큰 규모가 될 수는 없는 것이다. 여당 대통령후보 캠프에서 나온 정책 패키지가 이럴진대, 하물며 소리만 지를 줄 알고 있는 야당후보의 정책슬로건은 평가할 가치도 없다고 할 것이다.

그리고 대통령에 당선된 박근혜 대통령은 지난 임기 2년 반 동안 실패한 대통령으로 평가받기 알맞게 되어 있다. 한 것이 없다. 세월호 사건처리의 난맥상, 메르스 대응 등으로 지난 2년 반 동안 무엇 하나 내세울 만한 일을 하지 못하고 지나왔다. 경제는 2%대로 추락하고 있는데 대통령이라는 사람이 세계 신용평가기관이 한국경제 신용등급을 격상시킨 일을 자기들이 경제운영을 잘 해서 그런 것처럼 자랑하는 수준의 국정운영을 하고 있다. 개발연대의 발상이다. 1990년대 말 한국경제의 펀더멘털은 괜찮다고 입버릇처럼 되뇌이고 다니던 정부가 하루 아침에 IMF를 맞는 것과 비슷하다고 할 수 있다. 창피한 일이다. 본인도 잘 모를 것 같은 창조경제만 외친다고 경제가 살아나나? 소위 경제대통령이라고 이름 붙여준 이명박 대통령 임기 5년 동안 이룬 3%도 안 되는 역대 최하 연평균 경제성장률(2.98%)보다 나을 것이 없어 보이는 현재의 국정운영이다. 실망스럽지 않을 수 없다.

그럼에도 불구하고 앞으로의 국정운영체제는 대통령제로 하자고 하는 이유는 경제운영에서 정부기능이 확대될 수밖에 없는 상황을 맞이하여 그래도 대통령제가 혁신을 위하여 나을 듯싶기 때문이다. 대한민국의 정치체제에서 대통령제를 제외하고는 1960년대 초 만들어졌던 장면 정권 때의 내각제뿐이라고 할 수 있다. 7개월 여 밖에 안 되는 단기정부를 놓고 지금에 와서 이러쿵저러쿵 할 필요도 없을 것이다. 한 가지 기억할 수 있는 것은 당시 국정운영의 비능률이 바로 내각제의 비능률성에도 원인이 있었지 않았나 생각이 들 뿐이다.

아무튼 앞으로 국민의 행복추구를 국정이념으로 할 번영학을 토대로 한 국정운영에서는 현재의 대통령 책임제가 그래도 나을 것으로 판단된다. 강력하고 유능한 대통령의 리더십하에 우선 발전잠재력 향상을 통하여 지속 가능한 경제발전이 일어나야 한다. 5% 이상의 발전잠재력을 만들어가는 것은 지금으로서는 기적 같은 일이다. 그러나 해보지도 않고 무기력해질 필요는 없다. 가장 무기력했던 아일랜드 경제가 오늘 4%대 성장을 이루고, 희망의 없어 보이던 스페인 경제운영이 3%대의 성장을 이루어 가고 있다. 옆에 있는 프랑스 사회주의 정부는 멍할 수밖에 없을 것이다. 영국의 캐머런 총리의 혁신이 불붙으면 영국경제도 다시 일어날 것이다. 그러나 스코트랜드의 독립 이슈가 캐메런의 뒷덜미를 잡고 있어 희망은 불투명하다. EU의 모든 부담을 혼자 떠 안은 것 같은 독일은 아직 우등생이지만, 위태위태하기도 하다. 이탈리아는 희망이 없고 그리스는 이제 엑소더스가 일어난 시리아 수준으로 전락하는 것 아닌가? EU는 현대 국정운영의 본보기를 승리한 자와 실패한 자로 편을 갈라 세계에 함께 보여주고 있다.

중국의 미래는 알 수가 없다. 그러나 우리에게 가장 가까이서 함께 발전되어야 할 이웃 경제인데 최근의 모습은 성공과 실패의 가능

성을 함께 보여주고 있다. 저자는 당초(1990년대 초)부터 중국경제에
신뢰를 두지 않고 있었다. 그러나 지난 20여 년 사이 중국경제는 사회
주의 지도체제하에서 능률적인 발전의 시대를 보내고 오늘날 G－2라
는 반열에 올라 있다.

　　그런 중국경제가 기우뚱하고 있다. 중국경제에 대한 최근의 전문
가적 평가들도 대체로 낙관과 비관으로 나누어져 있다. 미국은 금리를
손 댈 것인가 여부를 가지고 옐런 FRB 의장은 세계에 대고 역겨운 쇼
를 하고 있다. 사실 미국처럼 무책임한 경제운영은 없다. 물론 내가
힘이 있으니 내 마음대로 하면 그만이라고 하겠지만, 미국처럼 돈을
뿌려대면 단기적으로 회생되지 않을 경제가 어디 있겠나? 그러나 이게
전제되기 위해서는 세계경제를 주도할 힘이 있어야 가능하다. 돈을 뿌
려 달러 가치가 떨어져도 미국경제가 패망하지 않을 만큼 힘이 있어
오늘 미국경제가 단기적으로 회생되고 있다고 평가한다. 그러나 그것
은 미국의 현실적인 힘이지 논리적으로 윤리적으로 반드시 옳다고 할
수는 없다.

　　아무튼 이제 미국경제가 일어나니 금리를 올리려 한다. 그런데
중국이 망한다고 하고, 다른 신흥국들 경제가 망가진다고 한다. 그러
니 옐런은 망설일 수밖에 없다. 얼마나 아전인수적인 발언인가? 미국
이 금리를 내릴 때는, 돈을 뿌려댈 때는 그 행동이 신흥국에게 유리하
다고 판단해서 한 것인가? 아니다. 미국 경제를 구하기 위한 위기관리
였다. 미국경제의 이익을 위하여 행동하게 된 것이고 그 결과 미국경
제는 살아나지만 중국을 비롯한 신흥국 경제는 달러가치의 흐름에 따
라 경기가 부침하였다.

이제 미국은 금리를 손댈 계제가 되었다. 그래서 달러 가치가 올라가면 신흥시장에 들어온 외국자본들의 엑소더스가 일어나게 된다. 단기적으로 망가지는 것은 신흥국들의 경제다. 이제 와 미국이 무슨 신흥국 또는 세계경제의 퇴락을 걱정하여 자선을 베푸는 양 금리를 만지작대는 제스처를 취하고 있는 것은 전문가의 입장으로 보면 역겨운 일이다. 어차피 미국은 금리를 올리게 되어 있고 이것은 누구나 다 예측한다. 한달 후, 두 달 후 아니 몇 개월 후 이런 불확실성의 연장은 다른 나라 경제에 아무런 도움이 되지 않는다. 세계경제의 미국경제에 대한 의존성만 키우고 또 부각시키려는 의도일 뿐이다.

일본의 아베가 일본의 입장에서 이제 살 만큼 사는데 싸울 힘도 있는데 패전 이후 받아야 하는 무기력 속에 계속 남아있어야 하느냐고 들고 나온다. 한국인의 입장에서는 아베의 저런 행동이 눈꼴 사납지만 그들과 미국이 무엇이 다른가? 모두가 자기 국가이익이라는 측면에서만 국정운영을 하게 된다는 결론이 나올 수밖에 없다. '억울하면 출세하라'는 세속의 말 그대로 억울하지 않으려면 국력을 키우는 수밖에 없다. 그게 요즘의 국정운영이라고 할 것이다.

앞으로 국가운영의 우선순위는 국민의 행복을 증진하는 것이다. 이제 민주화다, 사회주의화다 하는 이념논리는 국정운영에 지나간 개념이다.

미국의 오바마 대통령을 보자. 세계가 다 죽어가는 소리를 하는데 미국만 경제가 활기를 찾고, 역대 최하위의 실업률을 유지하고 있다. 소비도 진작되어 물가도 오르고 있다. 달러가치는 금리의 조정 요구 앞에 너무 오를까 걱정하고 있다. 오바마 케어(국내 의료보험제도)도 실행에 들어갔다. 이민자 구제에 최선을 다하고 있다. 밖으로 쿠바와 국교정상화를 이루고, 이란과의 핵 협상도 이루어지고 있다. 임기 말에 오바마 미국 대통령처럼 국내 국외를 막론하고 성공의 정치를 보여주는 대통령은 없을 것 같다.

지금 지구상에 미국에 맞서는 나라는 없다. 미국 국민처럼 행복한 국민도 없을 것이다. 러시아는 빈사상태에 있고, 중국은 덩치만 컸지 미국의 팔 안에서 벗어나지 못하고 있다. 만일 오바마 대통령이 임기 중 북한 핵 문제만 해결하면 그에게 남은 과제는 더 이상 없다고 할 수 있을 것만 같다. 노벨상을 열 배로 늘려 다시 주어도 부족할 것이 없을 것 같은 오바마 미국대통령의 성공 스토리이다. 결국 국민행복을 최우선으로 하는 국정운영을 한 대통령제하의 미국의 국정운영 이야기라 할 수 있을 것이다.

대한민국은 국가적 대 혁신이 없이는 오늘의 어려움을 해결할 길이 없다고 평가한다. 이 혁신이 박근혜 정부에서 일어날 수 있을지는 알 수가 없다. 아마 안 될 가능성이 많다고 전망해야 할 것 같다. 그렇다면 다음 대통령 때라도 혁신이 일어나야 한다. 혁신을 이끌 강력한 국가지도자가 필요하다. 결국 현 대통령책임제를 유지하면서 유능하고 강력한 대통령을 만드는 길만이 대한민국의 미래를 보장하고 국민을 행복하게 만들 수 있는 길이라고 평가한다.

(2) 정부조직 개편

한국 대통령제의 폐해의 발원지는 언제나 대통령의 숙소이고, 비서들의 근무처인 청와대에서 시작되기 쉽다. 지리적으로도 숲 속 깊숙한 곳에서 뉴스가 발원되고 일반의 접근성이 어려운 이런 곳에서 마치 무슨 큰 일을 준비하는 것 같은 착각을 주는 곳이 청와대라고 할 것이다. 그곳에서 대통령은 비서관회의를 하면서 일반에게 하고 싶은 말을 쏟아낸다. 거기에 내각은 없다. 그러니 자연 내각은 외곽이고 내수하는 청와대 비서들이라는 잘못된 인식이 생기게 된다. 권력의 이원화이다. 대통령제하에서 대통령의 독재성이 강하면 강할수록 청와대 비서진은 막강해진다. 왕조하의 환관들이 힘이 세고 독재정권 하의 몇몇 친위인사들이 힘을 발휘하듯 청와대 비서실은 그런 역할을 하는 곳이다.

앞으로의 대통령 국정운영 스타일도 생산성에 초점을 맞추어야 할 것이다. 그러기 위해서는 총리 이하 내각에 일반 권한을 대폭 위임하고, 청와대가 내각의 사령탑이 되도록 하는 것이 효율적일 것으로 판단한다. 비서실을 폐지하고 국무총리제도도 가능하면 없애고, 대통령이 내각을 총괄하고 조석으로 이들과 상의하고 결정하는 모습을 청와대에서 보여주는 것이 생산성을 올리는 국정운영이 될 것이다.

국무회의장과 각 장관들의 집무실을 청와대에 두고 장관들은 필요한 경우 자기 부처로 가서 일을 보는 조직의 개편이 필요하다고 판단한다. 가능하면 청와대 건물도 버리고 대통령도 광화문 종합청사로 나와 근무하면 대통령과 국민과의 거리가 더 가까워질 것이다. 그게 어려우면 청와대를 열어놓고, 국민과의 소통도 이곳에서 이루어지도록 하여 대통령이 별당아씨나 두목의 신비를 만드는 자리가 아니고, 국민과 행복을 이야기하고 국민 행복을 만들어가는 그런 곳이 청와대가 되도록 하는 것이 독재의 상징 인상에서 벗어나는 길이다.

정부조직도 국민 행복 중심으로 개편하는 것을 검토할 필요가 있다. 지금까지 정부조직은 기능보다는 생산자 중심으로 되어 있다. 농림부, 산업부, 해양수산부, 보건부, 교육부, 노동부 등 생산자 중심으로 만들어진 정부조직을 기능 중심으로 그것도 국민행복 추구와 관련된 기능 중심으로 개편할 필요가 있을 것 같다. 막연한 복지증진보다는 정책중심적으로 독거노인부라던가, 육아지원부 또는 이민지원부, 의료보험부, 국민연금부 등 기능적인 측면에서 정책적으로 필요한 부서를 만들고 과거의 생산중심적 부서는 시장으로 넘기는 제도개편을 연구할 필요가 있을 것 같다. 기능중심적으로 정책을 발전시키고 그것이 생산성 향상과 연계되어 국민의 행복추구에 바로 연결되는 방향으로 모든 조직이 변화되는 세상이 되어야 한다고 판단한다.

최근 소식에 의하면 세계 여러 나라에서 정부조직의 개편이 이런 기능중심으로 변화되고 있고, 그 성과도 많다고 한다. 가깝게 일본의 아베 정부는 국민의 출산력 증대를 위한 장관이 있어 인구증가정책에 힘을 실어주고 있다고 한다. 이탈리아는 국회 효율화를 위한 제도개선 장관이 있다고 한다. 이 장관의 노력에 의하여 이탈리아는 상원의 수를 대폭 삭감하고 상원의 법률제정권도 삭제하였다고 한다. 하는 일 없이 다음 선거구 획정을 자당에게 유리하게 하기 위한 선거구 협상이나, 국회의원 수 조정협상을 당사자인 국회의원들이 하고 있는 한국의 정치현실이 한심하지 않을 수 없다. 산업별 생산자 중심의 정부조직은 이제 막을 내려야 한다. 기능중심으로 바뀌어야 한다.

(3) 국회개편

정부조직의 개편보다 더 절박한 것이 대한민국의 국회 개편이다. 생산성이 없어진 국회를 전면 쇄신하는 것이 필요할 것이다. 현대국가 운영에 가장 중요하고 필요한 것이 각종 제도의 개혁과 절차의 정비일 것이다. 그 제도의 개혁은 법제화 없이는 불가능하다. 그 법을 만드는 것은 국회의 기능이다.

법률제정 또는 개정의 긴급성, 시의성이 현대 국정운영에서 무엇보다 앞서 중요하다. 그런 일을 하는 국회가, 대한민국 국회가 허구한 날 먹고 놀고 있다. 놀고먹는 것은 그들에게 받치는 세금이 아까운 정도이지만, 그보다는 시의성이 가장 중요한 현대 국정운영의 보루인 주요정책들이 세상물정 모르는 국회의원들에게 좌지우지되는 것이 제일 큰 문제라고 할 수 있다. 수백 개의 법률안건이 계류 또는 보류되고 있는 가운데 대통령은 기회 있을 때마다 국회의 법률안 처리를 요구하고 있지만 이들은 오로지 제 계파의 이해득실이나 제 계파의 리더를 어떻게 하느냐 하는 데 온 신경을 쓰고 있다.

현대국가 운영에서 국회의원이 국민의 대변자이고 국민의 지도자라는 개념은 사라진 지 오래다. 건달패 수준의 인사들이 어떻게 전문성과 기능 우선인 현대 국가와 국민의 대변자가 될 수 있단 말인가? 국민의 세금을 받아먹는 집단들이 제 패거리의 이익만 찾아 헤매며 국정을 돌보지 않고 있어도 되는 것인가? 국회의원 뱃지만 달면 거드름이나 피우고, 무슨 지도자 인양 행세하는 대한민국의 국회의원은 환골탈태하지 않으면 안 된다. 국회의 쇄신은 '총체적 난국'이라는 말처럼 '총체적 혁신'을 해야 한다. 체차적이 아니고 일시에 전체적인 혁신을 이루는 국회개혁을 해야 한다. 이를 위하여 다음 몇 가지를 제안해 보자.

▸ 국회의원의 보좌관이나 비서관제도를 없앤다.

▸ 국회의원은 무노동무임금 원칙을 지킨다.

▸ 국회의원은 무보수로 한다.

▸ 국회의 계류안건은 일정 시간이 지나면 무조건 가부의 의사결정을 해야 한다.

▸ 국회선진화법은 당장 폐지하고 다수결의 원칙을 고수한다.

▸ 국회의원의 수는 최대 100인을 넘지 못한다.

▸ 국회예산은 현재의 3분의 1 이내로 축소한다.

▸ 국정감사제도를 폐지한다.

물론 이런 제안이 비현실적이고 지나치게 과격한 점도 있을 수 있다고 평가한다. 그러나 현재의 대한민국 국회를 가지고 생산성을 바탕으로 한 국정운영은 불가능하다. 정치가 큰 무엇인 양 거들먹대는 시대는 지났다. 만일 생산성 국회를 만들지 못하면 국민행복 추구는 물 건너간 공염불에 불과하다고 평가한다. 그렇다면 국정운영의 혁신 과제는 바로 대한민국 국회의 혁신으로부터 시작되어야 할 것이다.

그러나 비생산적인 정치권 혁신의 출발인 국회의 개편은 논리성 보다는 현실성 면에서 회의적일 수 있다. 현실적으로 국회가 개편될 가능성은 매우 회의적이다. 국회의 혁신안에 대하여 '누가 그것을 모르느냐?' 문제는 그것을 누가 어떻게 할 수 있단 말인가? 이에 대한 답을 해보자.

첫째, 물리적 방법으로 이 해답을 얻는 것은 간단하다. 물리적인 힘을 동원하여 국회를 해산하고 새로운 대안을 모색하는 방법이다. 그러나 그것은 대한민국의 헌정질서를 유린하는 방법이다. 대한민국의 발전 정도나 세계적 위상으로 볼 때 이런 방법은 이제 불가능한 것으로 평가한다. 현실적으로 이런 방법이 불가능하다고 해서 그렇다면 현재의 비능률을 방치하고 대한민국이 계속 발전해 갈 수는 없다고 판단한다.

현재의 한국의 정치권 권력구조는 과거 독재정권에 항거하던 정치집단의 유산이라고 할 수 있다. 비민주 독재정부의 힘 앞에 무너지지 않기 위하여 과거 정치집단들은 여러 형태로 이합집산을 하였다. 호남과 영남 등 지역별로, 학연과 혈연 등 연고별로 이합집산이 일어났다. 제일 고질적으로 정치권에 기생된 것이 북한의 공산사회를 열망하는 인사들 중심으로 소위 종북세력들도 이러한 패거리 집단의 하나로 힘을 키워갔다. 이들 중 일부가 국회의원으로 진출하고, 그들은 다시 패거리를 만들어 정치세력이 되고, 그 힘을 바탕으로 국회를 장악하는 그런 발전을 하여왔다. 그 중에는 경국제민의 훌륭한 지도자가 있는가 하면 거리의 건달패 수준도 참여하게 되었다.

이러한 역사와 연원을 가진 한국의 정치집단들은 1980년대 말 정치민주화를 이루는 과정에서 많은 기여를 하였다. 당시 거리로 뛰쳐나온 과격노동계인사들과 다시 힘을 합친 이들은 세상이 온통 자기 것이 되었다. 자기 회사 사장을 린치하고 회사의 경제상황과는 관련 없이 완력을 과시하여 자기 이익과 패거리를 만드는 데 성공하였다. 이들 중 일부는 정치권으로 가 큰 정치세력을 형성하였고, 일부는 노동계에 남아 대기업 노조를 중심으로 노동계를 주도하며 발전하여 왔다. 이러한 뿌리와 연원을 함께하는 정치권 그리고 국회의원들이 앞으로의 국정운영의 혁신에 자발적으로 동참할 것을 기대하는 것은 무리일 것이다.

둘째, 먼 길 같지만 정도인 여론을 형성하여 이 길을 가는 방법이다. 국정운영의 혁신이 불가피함을 여론을 통하여 만들어가야 한다. 아무리 어렵더라도 이들에게 이 필요성을 제기하고 그것만이 대한민국이 세계에서 선진된 사회로 남을 수 있는 유일한 길임을 설득하는 것이다. 이게 가능하다고 당신은 판단하는가 하고 묻고 싶을 것이다. 거의 어려울 것으로 생각하는 것이 솔직한 심정일 것이다. 여기에 필요한 것이 정치지도자이고 이 정치지도자를 에워 싼 여론 집단들의 활동으로 이를 성사해야 할 것이다.

예를 들어보자. 한국경제처럼 2010년 IMF를 맞은 아일랜드 경제는 2013년 구제금융을 졸업하였다. 아일랜드 국민들도 구제금융이 끝났으니 규제를 풀어달라 했을 때 엔다 케니 총리는 단호하게 이를 거절하고 긴축을 계속하여 2014년 아일랜드는 4.8%의 경제성장을 이루어 냈다. 이는 0.25%의 프랑스, −0.4%의 이탈리아와 비교하면 하늘과 땅 차이이다. 영국의 두 배 독일의 세 배가 넘는 성장률 수치이다. 유럽에서 가장 잘 나가던 아일랜드가 최근 형편없는 경제운영으로 유럽 각국의 빈축을 샀던 아일랜드다. 가장 흐느적거리면서도 과거 선조들의 유산 덕을 보고 살던 스페인 경제도 최근 새로운 노동개혁을 이루면서 모처럼 2%가 넘는 성장을 이룩하였다. 임금이 안정되고 생산성이 올라 프랑스의 르노 자동차회사는 그 중심생산기지를 스페인으로 이전한다고 한다. 스페인의 총리도 노동계의 임금인상요구를 배격하였다. 이런 분위기가 지속될 경우 단기적으로 좌파정권인 프랑스 경제가 상대적으로 제일 어렵게 될 전망이다. 그래서 프랑스도 독일도 이탈리아도 노동개혁 없이는 발전이 불가능하다는 판단하에 최근 이 방향으로 국정운영 변화를 추진하고 있다. 이런 혁신들이 단순한 국정 지도자의 개인의 주장만으로 가능하겠는가? 또 단순하게 임금인상 요구 등을 묵살한다고 이루어지는 것이 아닐 것이다. 혁신을 가져오기 위한 노력을 온 국민과 함께 합의(concensus)를 이루어 갈 때 가능하여 진다고 할 수 있다.

혁신에 대한 국민합의를 이루는 과정이 아무리 어렵더라도 이를 이루지 않고는 현 시점에서 국정운영의 혁신을 기대할 수 없다. 결론은 '하느냐, 하지 못하느냐' 양단 길밖에 없다. 정치지도자가 일어나고 언론이 일어나고 지식계층이 일어나야 될 일이다. 이 길을 앞장설 정치지도자를 찾아내야 한다.

4. 노동혁신

세계경제포럼(WEF)의 2015년 국가경쟁력 평가는 한국을 조사대상 140개국 가운데 26위로 발표하였다. 이는 2007년 11위, 2012년 19위에서 2013년 25위로 하락하였고 다시 2014년, 2015년 26위로 계속 뒷걸음질 치고 있다. 국가별로 보면 스위스, 싱가폴, 미국이 지난해와 같은 1~3위를 유지하고 있다. 독일은 한 단계, 네덜란드는 세 단계 순위가 상승하여 각각 4위와 5위를 차지하고 있다. 아시아 국가 중에서는 일본(6위), 대만(15위), 말레이시아(18위)이고 그 외에 아랍에미리트(17위), 사우디아라비아(25위) 등이 우리 앞에 있다.

우리보다 더 앞서 노령사회에 진입한 일본경제가 그리고 경제운영의 탄력성이 우리보다는 많이 떨어진 것 같은 일본이 우리와는 비교가 될 수 없을 정도로 까마득하게 앞서 있고, 산업면에서는 우리와 비교가 될 수 없는 사우디아라비아 경제가 우리보다 앞서 있다. 자존심이 상하고 기가 막힐 노릇이다.

이 분석을 부문별로 살펴보면 한국의 경쟁력 하락의 제일 큰 요인은 노동분야의 비능률에서 찾을 수 있다. 노사협력 부문이 140개 국 중 132위로 최하위 수준이다. 이와 관련해 기획재정부는 노동과 금융 부문이 한국경제의 순위 상승을 제약하고 있다고 분석하고 있다.

1980년대 후반 한국의 정치민주화 이후 정치권과 한통속이 된 정치노조는 노동시장을 보다 경직화시켰다. 경직된 노사문화 속에서 기업경영의 효율성을 제고할 수 없을 것이다. 1980년대 중반까지 어렵사리 만들어 놓은 금융자율화는 정치민주화와 함께 과거의 관치금융으로 되돌아갔다. 금리의 시장기능이 떨어지고, 2000년 이후 소위 IMF 시기 금융의 구조개편을 한다고 금융기관들의 이합집산을 정부 손으로 해댔다. 금리자율성이 떨어진 가운데 부실금융기관들은 이리저리 헤쳐 모여를 하면서 자율성이 없는 가운데 정부의 눈치만 보는 꼴이 되었다. 1970년대로 다시 회귀한 모습이다.

이렇게 노동자와 경영자의 협력관계가 정치적인 힘의 불균형에 따라 대형노조가 있는 기업의 경영은 경쟁력을 잃게 되고, 관치금융이 이루어지고 있는 한국의 금융산업이 경쟁력을 찾기 어려울 것이 당연한 현실이라고 할 수 있다. 그러니 대한민국의 국가경쟁력이 나날이 떨어지고 있다고 할 것이다.

2015년 9월 13일 경제사회발전노사정위원회는 노사정이 대타협을 이루어 냈다고 발표하였다. 일반해고기준 완화와 임금피크제 도입을 가능케 하는 취업규칙의 변경을 하기로 하였다고 한다. 사실 노사정위원회는 2014년 12월 23일 '노동시장구조개선 기본합의문'을 채택하여 '5대 의제 14개 세부과제'를 다루기로 합의한 바 있다. 그리고 약속된 2015년 3월 말까지 최종합의가 이루어지지 않고, 민노총이 불참하고, 한국노총은 퇴장과 복귀를 하면서 같은 해 9월 13일 어렵사리 노동개혁에 합의를 이루었다. 이를 두고 합의관련자들과 박근혜 대통령은 '노사정 대타협'이라 부르며 기뻐한다.

일반인의 시각에서 보면 일반해고기준과 취업규칙 변경합의가 얼마나 어렵고 지난한 과제인가에 대하여 잘 알지 못한다. 이 타협이 이루어지자 다음날 한국노총은 내부협의 과정에서 어느 산별노조 대표가 분신 시도를 하고, 또 다음날 민노총은 거리 여기저기서 가두시위를 하였다. 아! 대단히 어려운 일을 해 낸 모양이구나 하는 정도의 이해도 사실 관심 있는 사람이나 하고 있을 것이다. 그러나 기실 내용을 파고 들어가 보면 실소를 금할 수 없는 별것도 아닌 것을 가지고 야단법석이구나 하는 것이 솔직한 심정이다.

첫째, 노사정위위회는 관련법률(경제사회발전노사정위원회법)을 기초로 만들어진 기구이지만 그 기능은 대통령의 자문기구라는 점을 우선 강조하고 싶다. 아무리 한국의 노동계 보이스가 크기로 전체근로자의 10% 수준의 노동조합 조직비율을 가지고 있는 노동계대표들과의 협의가 이렇게 어려운 것은 애당초 노조권력의 정치화에서 비롯되었다고 할 수 있다. 비노조근로자 90%의 소리를 이들이 얼마나 대변할까?

정치민주화 과정에서 노동계와 정치권이 의기투합하여 이루어진 한국의 노동조합 단체들이 이제 국민의 머리 위에 앉아있다고 할 수 있다. 그런 권력자들과 협의를 이루어낸 것 자체가 사실 어려운 일을 해 낸 것이라 평가할 수는 있다.

그러나 협의 결과는 너무 초라하고 회의적이다. 일반해고 기준이 그리 중요한가? 임금피크제가 가능하도록 취업규칙을 변경한다는 합의도 사실 내용을 파고 들면 이미 시장에서 이루어지기 시작한 일 아닌가? 그리고 2014년 합의된 다른 과제들, 즉 기간제 사용기간 연장이나 파견근무확대 그리고 통상임금규정 등 임금체계개편 등은 합의에 이르지 못하였다. 그것을 앞으로 어떻게 한다는 합의도 없다. 별로 중요하지도 않은 것을 해 놓고 무슨 대 타협이라고 떠들어대는지 비위가 상한다.

둘째, 경영상의 이유로 해고가 불가피할 경우 행하는 '정리해고(근로기준법 제24~26조)제에 관한 이야기는 없다. 사실 중요한 것은 정리해고 기준이지 일반해고는 노사협의 사항으로는 그리 중요한 것은 아니라고 평가할 수 있다. 불구하고 일반해고기준은 노사협의를 하고 정작 중요한 정리해고는 물론 협의에 들어가지 못하였다. 최근 스페인이나 아일랜드, 영국 그리고 프랑스, 독일, 이탈리아 등도 정리해고 등 노동개혁을 앞서 추진하고 있다. 물론 정도의 차이가 있고 그래서 아일랜드나 스페인 등 경제는 당장 경제가 살아나는 모습을 보이고 있다. 그런데 한국의 노사정 협의는 정리해고 등 정작 중요한 것은 들어가지도 못하였다.

셋째, 오히려 노사정합의문에는 다음 내용이 들어있다. 즉 앞으로의 협의방법을 기술하고 있다. '노사정은 인력운영과정에서의 근로관행 개선을 위하여 노사 및 관련전문가의 참여하에 근로계약 전반에 관한 제도개선방안을 마련한다. 제도개선 시까지의 분쟁예방과 오남용방지를 위하여 노사정은 공정한 평가체계를 구축하고, 근로계약 체결 및 해지의 기준과 절차를 법과 판례에 따라 명확히 한다. 이 과정에서 정부는 일방적으로 시행하지 않으며 노사와 충분한 협의를 거친다.' 일부 학자의 분석은 이 문구는 말이 '합의'지 노조에 대한 항복문서'라고까지 평가한다. 정부가 대통령의 자문기관인 노사정위원회에 이제 모든 사항을 합의하지 않으면 어떤 것도 할 수 없다는 판단이 나온다. 이게 무슨 대 타협인가?

슈뢰더 독일수상은 노사간의 협의가 이루어지지 않자 국민의 수임을 받아 국정을 운영하는 정부가 국민을 대신하여 노사관련 사항을 만들겠다고 선언하고, 소위 '하르츠위원회'를 만들어 하르츠개혁을 달성하였다. 왜 한국정부는 전체근로자의 10%도 안 되는 노조 조직률을 가진, 다시 말하면 전 근로자의 10%도 안 되는 노동자의 대표들에게 이렇게 모든 것을 맡기고 이 나라 경쟁력을 이 지경으로 만들어가고 있는지 묻고 싶다. 아일랜드, 스페인, 영국의 국정운영자들도 노조와의 인기영합적 방법으로 경제를 이끌어가 경제를 살려가고 있는가? 그들은 국정운영을 결연한 의지력으로 버텨내고 있다.

2%대의 경제성장률 앞에 그리고 날로 떨어지고 있는 한국경제의 경쟁력 앞에, 그것도 경쟁력 파탄을 이끌고 있는 노동단체 앞에 정부와 대통령은 대 타협이라는 말이 아닌 경쟁력 강화를 위한 결연한 의지표명이 있어야 할 것이다.

넷째, 노동시장의 유연화는 언제 어떻게 이루어갈 지를 정부는 계획을 마련하여야 할 것이다. 학자들 분석에 의하면 한국의 노동시장 경직률(노동시장규제가 약한 나라)이 2013년 기준으로 157개 나라 중 15번으로 높은 나라이다. 노동시장이 법과 규정으로 정해져 운영된다는 이야기이다. 한국의 노동관계법만큼 엄밀하고 여유가 없는 노동관계법을 가진 나라도 드물 것이다.

노동시장의 유연성이 떨어지는 이유이다. 노동시장의 유연성이 없으면 다시 말해서 각종규제와 규정으로 경직되어 있으면 시장의 경제흐름에 함께 가기가 어렵게 된다. 따라서 경쟁력을 확보할 수 없게 된다. 노동시장 유연화의 길은 그 허구 많은 노동규제나 지원을 위한 규정들을 대폭 손질하여 많은 것을 시장기능으로 넘겨야 한다. 경기의 부침, 기술변화, 상품의 다양화를 시장에서 평가하고 조정이 이루어져야지 이것을 법 규정 등으로 얽어 매 놓고 그것을 노·사·정이 손잡고 합의하여 이룰 일이 아니다. 정부가 할 일은 시장의 자율기능이 순기능을 하도록 법질서를 확고하게 정비하고 단순화 최소화하는 일을 시작하여야 한다. 현실적으로 참 어려운 과제라고 할 것이다.

다섯째, 이러한 법질서의 확립이 이루어진 가운데 모든 노동조합의 집단행동은 사업장 밖에서만 가능하도록 제도를 바꾸어야 한다. 그래야 사업장의 생산활동은 유지되고, 노동조합도 합리적으로 자기들의 의사를 집단행동을 통하여 달성하게 만들어야 한다. 모든 것은 실정법의 테두리에서 이루어지고 소위 '떼(를 쓰는) 법'이 사라지고 폭력이 없어져야 한다. 사업장 밖의 노동운동도 물론 법규정 범위 내에서 행하여지도록 하여야 한다.

여섯째, 이런 합리적인 노동요구 앞에 경영자들도 이를 신중히 받아들이는 자세를 가져야 한다. 경영자를 대표하는 우리나라 대기업, 특히 재벌의 경영 횡포나 정부의존적 자세를 시정해야 한다. 소위 재벌의 '갑질'이 존재하는 한 그들은 사회의 존경의 대상이 될 수 없다. 갖은 못된 짓을 하면서 돈이면 다 인양 관련회사에 갑질을 해 대는 대기업의 경영태도는 대기업 노조들의 횡포와 다를 것이 없다. 노조와의 협의에 있어서도 물론 긍정적이고 수용적인 자세를 갖는 노력을 해야 한다. 밖으로 문제를 던져버리고 남의 일 쳐다보듯 하는 일부 대기업 경영진들의 안일한 자세도 반성과 함께 시정되어야 할 것이다. 사회의 일원으로서 사회에 기여하는 노조활동, 경영활동이 일어날 때 한국경제의 국제경쟁력은 회복되고 향상된다고 할 것이다.

제2절) 행복가치 추구전략 수립

국정운영에서 국민의 행복가치 추구를 우선으로 하자는 전략은 스스로 문제를 제기한다. 우리 헌법 제10조에 등재된 행복추구권리는 자유권적 시각에서 개인의 행복추구를 국가권력이든, 타인이든 부당하게 제한할 수 없는 소극적인 의미의 권리로 해석하고 있는 것이 한국의 헌법재판소 그리고 학계의 일반적 견해라고 할 수 있다. 존 로크가 행복추구권을 인정하면서 유래된 자연권에 근거를 둔 모든 자유권의 종합된 권리규정으로 해석하는 것이 일반적인 해석이라고 할 것이다.

그러나 시장경제질서가 확립되고 경제주체간에 경쟁체제가 정립되어 갈수록 경쟁탈락자가 발생하게 마련이고 이 경쟁탈락자에 대한 보다 적극적인 지원이 요청되고 있는 것이 현대 국가운영의 일반적 추세라고 할 것이다. 신자유주의 경제가 태동되면서 시장의 흐름은 예측가능성이 줄어들고, 흐름의 속도와 규모가 엄청나게 일어나 이를 사전에 대비하기 어려운 것이 현재의 시장경제흐름이라고 할 수 있다. 경쟁의 탈락은 일반 개인의 문제뿐만 아니라 지역 또는 국가별로도 성공과 실패로 극명하게 대조를 이루면서 나타나고 있는 것이 신자유주의 경제운영의 파장이라고 할 수 있다. 파생금융상품을 토대로 한 금융시장은 그 규모나 크기를 헤아릴 수 없을 정도로 움직인다.

2008년 리먼 브라더스 사태가 발생하자 미국은 뒤돌아보지도 않고 제로금리시대와 자금 퍼붓기로 맞섰다. 예측불가측성과 빠른 속도의 변화 앞에 많은 국가는, 도시는 그리고 경제참여자들은 멍하니 앉아 당하고 말았다. 그 여파는 8년이 지난 지금까지 지속되어 미국이 언제 금리를 더 올리느냐 하는 것을 가지고 세계 시장은 일희일비하고 있는 지경이다.

이런 변화의 시대에 국가간 지역간에도 단기적으로 경쟁 승자와 패자가 나타난다. 2015년 현재 미국을 제외한 세계 모든 나라가 다소 차이는 있지만 경제가 어려움에서 벗어나지 못하고 있다. 미국 안에서도 월스트리트와 텍사스는 지역경제의 희비가 엇갈린다. 하물며 경쟁에 참여한 개인들의 경우는 더욱 말할 수 없을 지경이다. 승자와 패자가 더 극명하게 그리고 그 정도가 더 크게 나타난다고 할 수 있다. 이렇게 문제를 크게 보지 않아도 작든 크든, 발전된 시장이든 아니든 경쟁은 존재하게 마련이다.

한국헌법에도 경제민주화 규정에 의해 공정한 경쟁체제를 요구하고 있다. 시장의 공정경쟁체제가 유지될수록 경쟁탈락자는 나오게 마련이다. 이 경쟁탈락자의 배출을 줄이기 위하여 그리고 더 나아가 사전적(事前的)으로 나오지 않게 하기 위하여 대한민국 헌법 제119조 제2항은 국가가 시장에 관여할 수 있는 길을 열어놓았다. 그것도 거의 무제한적으로 정부가 시장을 간섭할 수 있는 근거규정을 마련해 놓았다.

1962년 개정된 한국헌법은 앞에서 상세히 설명한 것처럼 제111조 제1항에서 '대한민국의 경제질서는 개인(과 기업의 : 1987년 헌법개정에 추가)의 경제상의 자유와 창의를 존중함을 기본으로 한다'고 처음 명시하였다. 현재의 헌법 제119조 제1항과 같은 내용이다. 그리고 당시 헌법 제111조 제2항에서 국가의 시장관여 규정을 삽입하였다. 즉 '국가는 국민에게 생활의 기본적 수요를 충족시키는 사회정의의 실현과 균형 있는 국민경제의 발전을 위하여 필요한 범위 안에서 경제에 관한 규제와 조정을 한다' 즉 경제에 관한 규제나 조정의 조건을 '사회정의의 실현과 균형있는 국민경제의 발전'이라는 표현을 하였다. 이 제111조 제2항을 1987년 헌법개정에서 보다 구체적으로 3가지 요건을 명시하여 제시하였다(제119조 제2항).

하기에 따라 시장경제질서를 망가뜨릴 수 있는 이런 경제민주화 규정은 1988년 정치민주화 과정의 흥분상태에서 만들어진 잘못된 조항이다. 그것을 근거로 대통령 선거 때만 되면 선심정책을 남발하곤 한다. 이 경제민주화가 헌법에 등재된 이후 그러면 한국경제가 보다

민주화되었다고 할 수 있나? 물론 그렇다. 시장의 불공정거래는 많이 시정되었다고 할 수 있다. 기업의 순환출자가 줄어들고, 출자총액제한제도는 폐지되어 더 이상 존재하지 않는다. 그러나 이런 제도나 관행의 개선이 헌법 제119조 제2항에 근거하여 이루어졌다고 단언할 수는 없다. 그러나 아무튼 한국의 시장경제질서는 느리지만 점차 개선의 길로 가고 있다고 할 수 있다. 그것은 시장의 흐름이지 헌법의 근거 때문은 아닐 것이다. 결국 국가의 시장간섭을 정당화한 이 헌법 조항은 다시 수정되어야 할 이유이다.

다음 대한민국 경제발전 수준은 이미 숫자적으로는 선진된 나라와 비슷한 수준이 되어있다. '5천만 인구, 3만 달러 소득국가'의 반열에 올라있다. 그럼에도 불구하고 한국사람들이 느끼는 행복의 정도는 세계은행이든 언론 전문기관의 연구이든 모두 세계 최하위수준에 있다. 그것도 점차 나빠지는 수준으로 전락하고 있다. 자살률도 제일 높은 수준에 있다. 이미 '5030클럽'에 가입된 나라는 세계에서 소위 G−7 국가 중 캐나다 제외한 6개국과 다음 대한민국이 7번째로 가입되는 선진반열의 수준을 의미한다. 그런 대한민국 국민이 왜 이렇게 행복이라고 하는 가치와는 거리가 멀까? 왜 행복을 느끼지 못할까?

히말라야 산중에 존재하는 인구 72만명의 부탄이라는 작은 나라는 국민소득이 세계에서 최하위 수준이지만 국민의 행복지수는 세계 최상위 수준이다. 물론 행복가치가 돈으로만 평가할 수는 없다. 그러나 우선 생활수준의 향상이 무엇보다 앞서는 행복의 요건이라는 것을 부인할 수는 없다. 그런데 왜 부탄 국민은 행복할까? 그래서 부탄정부는 GDP보다는 GDH(Gross Domestic Happiness)지표를 만들어 매년 발표한다고 한다.

우리나라의 GDH는 어떤 모습일까? 물론 자료가 없지만 아마도 객관적인 자료가 있다면 그것은 매우 낮은 수준일 것이고 그것도 매년 개선되는 것이 아니라 단기적으로는 점차 나빠지는 과정이 아닐까 짐작한다.

물론 이런 자료를 객관화하기 위한 작업이 유엔을 비롯하여 세계은행 그리고 전문연구기관 등에서 이루어지고는 있지만 아직 객관화하기는 이른 느낌이고, 그렇기 때문에 현재 사용하고 있는 행복지수는 주로 여론조사 등의 방식을 사용하고 있는 것으로 저자는 알고 있다. 자료의 정확성 여부에 대한 토론을 잠시 덮어놓고 보면 대한민국 국민이 느끼는 행복과 관련된 만족도는 세계 최하위수준이라고 평가하지 않을 수 없을 것이다.

그것은 한국인 특유의 경쟁심과 질투심 등 심리학적인 측면에서도 이야기할 수 있을지 모른다. 불과 60여 년의 빠른 경제발전과정에서 발전에 참여한 사람과 참여하지 못한 사람과의 경제력 격차가 크게 나타났을 것이다. 1960년대의 수출공업 참여자와 전통산업 참여자, 1970년대의 농촌근대화에서 나타난 새마을운동 참여자와 기존농업경영자, 1970년대 중화학공업 참여자와 일반공업 참여자, 대기업의 탄생과 재벌 그리고 일반중소기업 참여자, 2000년대의 전자통신산업 참여자와 기존 산업 참여자 등 결과적으로 산업 내에서 기회에 따라 발전의 격차를 찾을 수 있다.

정치적으로는 개발연대를 거치면서 소위 '경제우선' 시대 때에 발전된 경제계인사와 노동참여자의 격차, 유신독재 타도를 외친 민주세력과 일반국민과의 격차, 민주화를 등에 업은 민주화 세력과 이들과 연합된 정치세력과 그렇지 않은 일반국민, 정치화된 대기업노조와 일반기업의 근로자 등 이런 국민 내에서 벌어진 여러 계층의 격차가 확대일로에 있었다고 할 수 있다. 격차의 확대는 계층간의 갈등의 확대로 이어졌다. 계층간의 갈등의 확대는 객관적인 발전의 결과와 함께 개개인의 심리적인 측면이 복합되면서 한국사회의 갈등구조가 확대되었다고 할 수 있다.

역사적으로 한국국민은 인의(仁義)를 중시하는 유교문화권에 속한 나라이다. 단일민족으로서 이웃을 보듬고 아우르는 좋은 전통을 가진 나라라고 할 것이다. 이런 민족이 이씨 조선 말 개화과정을 거치며 일본의 식민통치 등을 겪으면서 투쟁과 한풀이 문화가 축적되었다고 할 것이다. 이러한 연원을 가진 대한민국이 빠른 발전으로 경제구조를 선진수준으로 격상시켰고 동시에 정치민주화를 달성하였다.

이 과정에 개인적인 성공, 불성공이 발생하였고, 시장에서의 성공자와 실패자가 서로 알력을 가지게 되었다. 다른 선진된 경제가 100년 200년의 산업화 과정을 거쳤다면, 대한민국은 50여 년의 짧은 시간 산업화를 이루고 선진 산업구조를 따라잡게 되었다. 이 과정에서 태생된 시장 내의 갈등구조가 점차 확대일로에 있다고 할 수 있다. 고달픔과 기다림의 대가가 나타나지 않을 때 관련자들은 불만이 터져 나올 수 있다. 이것이 한국인의 불행, 불만의 연원이고 행복지수가 낮게 나타나는 이유라고 평가할 수 있다. 행복가치의 추구가 현재 대한민국의 국정우선순위가 되어야 하는 이유이다.

행복가치 추구의 국정운영은 현실보다 논리적인 추상적인 개념이라고 평가할 수 있다. 사실 그렇다. 행복은 개개인이 가지는 개념이고 이를 집합하는 것은 매우 어렵다고 할 수 있다. 그렇다고 이 애로가 자연수렴되도록 하는 것은 너무 많은 시간과 인내를 요구할 것이다. 한국경제가 다른 나라의 발전과정보다 네 배, 다섯 배 빠른 발전을 하였다면 이 과정에서 배태된 갈등도 상대적으로 크고 긴급할 것이다. 이것을 자연치유를 기다리는 것은 현실적으로도 어려울 것이다. 이런 연유에서 행복가치 추구의 국정운영 전략을 보다 세밀하고 철저하게 만들어가는 노력이 필요하다고 저자는 평가한다.

여기서 저자는 1980년대 한국경제가 종합안정화시책을 추진할 때 가졌던 소회의 일단을 소개하고자 한다. 1979년 박정희 대통령 말년에 한국경제는 구조적으로 그리고 경제운영에서 모두 엄청난 어려움을 겪고 있었다. 지난 7~8년 동안 추진하던 중화학공업 개발은 거의 사업완료단계를 맞이하여 대형사업의 사업성이나 설비규모에 문제가 생겨 더는 그대로 추진하기 어려운 단계에 다달았었다. 마침 중동의 건설경기도 침잠되면서 한국경제는 경기 국제수지 등 어려움이 함께 닥쳐왔다.

이 문제를 풀 수 있는 방법은 한국경제의 근본적인 구조개혁 밖에는 방법이 없었다. 경제기획원 계획당국은 이 문제를 풀기 위하여 한국경제 전반에 대한 혁신적인 구조개혁방안을 들고 나왔다. 아무도 고양이 목에 요령을 달기 원치 않는 이 어려운 현실과제들의 제시 앞에 각 경제주체 들은 서로 망설이지 않을 수 없었다.

이러한 전문가집단의 건의를 신현학 당시 부총리가 총대를 메주었다. 어렵사리 박정희 대통령의 승낙을 받았지만 각 부문별로 제기한 어려운 과제 앞에 6개월 여의 세월이 흘렀다. 우선 중화학공업 개발의 조정을 시작하였다. 대형사업들의 통폐합 등이 그 대책이 되었다. 한국재정적자의 가장 큰 몫을 차지하였던 추곡수매가를 동결하자고 제안하였다. 이어 공무원 월급을 동결하고, 이것이 민간의 임금자제에 연결되도록 요청하였다. 재정의 부실을 막기 위하여 예산을 제로 베이스에서 다시 짜자고 하였다. 수입을 자유화하자고 들고 나왔다.

이런 개별사안들은 사실 관련기관이나 기업의 입장에서는 하늘이 무너지는 그런 변화로 받아들일 사안들이었다. 비록 부총리가 전반적인 개혁안을 박정희 대통령에게 보고하고 왔지만 박대통령도 부총리가 그리 하겠다고 하니 그렇게 허락한 것이지 속마음은 달랐을 것으로 짐작이 갈 만한 일이었다. 1979년 4월에 재가가 난 개혁안이 6개월이 지나도록 진척이 별로 없었던 이유이다.

이 일이 본격적으로 이루어지기 시작한 것은 1980년 제5공화국 출범과정에서부터라고 할 수 있다. 앞에서 상세한 설명이 있었지만, 새 정부의 출범과정이 없었으면 이 쓴 약을 먹게 하기는 힘이 들었을 것이다. 아무튼 우여곡절 끝에 안정화시책은 당초 목표를 달성하고 한국경제는 개발연대를 지나 시장경제운영체제까지 갖추게 되었다. 1980년대 중반 한국경제는 3%대의 물가안정을 달성하고 재정구조의 획기적인 개혁을 이루었다. 문제가 되었던 중화학사업들도 이리저리 이합집산을 하면서 어려운 고비를 넘겼다. 금융자율화를 추진하고 수입은 자유화의 길로 들어섰다. 시장은 개방되기 시작하였다. 1985년 한국경제는 성장이 다시 살아나고 물가는 선진국 수준으로 안정되었다.

집권과정의 어려움을 경제회생으로 전기를 마련한 전두환 대통령은 안정을 토대로 한 경제구조개혁에 앞장섰다. 사실 당시 이 일을 담당하였던 실무자의 입장에서 보면 이러한 구조개혁이 가능하였던 것은 당시 국정운영을 책임졌던 정책운영자의 능력이라고 평가한다. 무엇보다 우연하게 정부가 바뀌고, 변혁의 와중에 새 정부의 수임자가 경제구조개혁을 적극 지지해 주었기 때문에 가능하였다고 저자는 믿고 있다.

1980년대 초 저자는 재무부 제1차관보로 있으면서 당시 금융자율화 추진을 담당하고 있었다. 성장은 살아나고 물가도 안정되고 국제수지도 제대로 흑자로 전환되었다. 이런 상황이 나타났고 이것은 그동안 추진한 구조개혁의 성과인 것은 말할 필요가 없었다. 그런데 정부는 안정화시책 추진을 계속 밀어붙이고 있었다. 사실 경제구조를 세밀하게 관찰하면 고쳐져야 할 것이 계속 남아 있었다. 그러니 정부는 이 개혁을 계속 밀어붙이고 싶었다. 그러나 달리 이 개혁성공의 원천을 생각하면 농민, 기업, 공무원, 일반근로자 등의 적극적인 협조가 없었으면 불가능하였다고 평가할 수 있다. 마침 세계경기도 점차 개선되는 모습을 보이기 시작하였다.

그래서 저자는 이제 안정화 개혁작업도 어느 정도 되었고 이 일을 위하여 희생을 하여준 경제주체들에게 정부로서 감사의 뜻을 표하는 것이 옳을 것 같다고 당시 정부에 건의하였다. 당시 재무장관이었던 김만제 장관께서도 저자의 의견에 찬동을 하였지만 누구도 이 문제를 공론화하기를 꺼려하였다. 그만큼 당시 정부의 정책의지가 강하였다고 할 수 있다. 사고의 경직성이랄까? 집권자의 과욕일까? 저자의 판단으로는 만일 1980년대 중반 정부가 농민들에게 추곡수매가 인상을 참아준 데 대하여, 일반근로자들에게 임금 인상을 자제하여 준 데 대하여 그리고 기업에게 긴축을 감당하여 준 데 대하여 그리고 공무원들의 노고에 대하여 정부로서 감사의 표시를 하는 것이 도리였다고 지금도 생각하고 있다. 물론 지금까지 정부의 정책을 가지고 관련자들에 대하여 정부가 이런 감사의 표시를 한 예가 있었는지는 잘 모르겠지만, 이런 식으로 주고받음에 서로 신뢰와 존중을 쌓아 갔다면 좋았을 것으로 판단한다. 만일 이런 일이 일어났으면 1980년대 후반 노동자의 그 격렬한 가두시위도 좀 덜하지 않았을까?

반대의 경우도 생각해보자. 2000년대 초 IMF를 1년 사이에 졸업하였다고 으스대던 김대중 대통령 정부는 금융구조개혁을 한다고 수많은 금융기관을 정부가 나서 이합집산시켰다. 그 과정에서 김대중 정부는 소위 금융계 인력을 구조조정을 해댔다. 그것도 50세를 기준으로 50세 이상된 자들을 일률로 해고하고, 그 이유로 그들은 전산처리도 잘 못한다고 평가하였다. 물론 나이 든 인력이 전산망 다루는 것이 서투를 수 있지만, 구조조정 해고를 나이 가지고 하고 그것도 해고이유를 기계 다룰 줄 모른다는 이유를 붙여 내쫓았다. 결국 이들을 집으로 돌아가 명예롭기보다는 전산도 못하는 무능한 인간으로 낙인 찍혀 뒷골방으로 처박히게 만들었다. 내보내더라도 나이 같은 것을 가지고 일률적으로 처리하는 무식한 방법으로 그것도 가장 비참하게 만들어 사회에서 매장하는 그런 김대중 정부의 처사는 일반국민으로부터 정부를 점점 증오의 대상이 되게 만들기 충분하였다고 저자는 평가한다.

1. 행복가치 추구전략 수립방법

행복가치 추구라는 추상적 과제를 현실화시키는 것이 반드시 필요하다. 막연하게 행복가치를 존중하는 정책을 추진한다는 이런 방식이 아니라 좀 더 구체적으로 형상화하고 계량화할 수 있는 방법을 강구한다. 우선 행복가치 추구전략을 구체화하기 위하여 저자는 옛날의 경제개발계획수립과 같은 포괄적인 접근방식을 제의하고자 한다.

우선 행복가치 추구전략을 위하여 행복가치가 추구할 목표(Goal)를 설정한다. 예를 들어 신뢰, 관용, 마음 터놓기, 개방자세 등 이런 일련의 추구할 목표를 설정한다.

다음 이를 달성하기 위한 전략을 수립한다. 이 전략수립에 빅데이터를 활용하여 국민이 선호하는 전략들을 찾아본다. 개발연대에 노력하였던 컨센서스 빌드 업 과정이 빅데이터를 이용하여 보다 용이하게 달성할 수 있을 것이다. 그리고 훨씬 넓은 공간에서 국민의 의견을 수렴할 수 있을 것이다.

그리고 이런 전략을 달성하기 위하여 구체적인 사업을 만들어간다. 사업의 선정에서 추진에 이르기까지 국민(지방정부는 주민)과 함께 작업한다. 다만 사업을 위한 경제적인 추진은 시장에 맡기고 정부는 사업과 추진의 범위를 계발하는 일을 최근의 전자통신기술을 통하여 실현해 갈 수 있을 것이다.

2. 국민의 소리와 행복가치 추구정책의 연계방안 강구

국민과의 소통을 위하여 국민의 소리를 들어 처리하는 기구를 수립하여 이 부서에서 행복가치 연계방안을 마련 추진하도록 한다. 독립된 부서를 만드는 방법과 기존 부처에 이런 일을 담당할 조직을 새로 만들어 이 부서의 일은 그 부처의 장관이 맡아서 하도록 할 수도 있을 것이다.

제 3 장

번영학을 기초로 한 국정운영

제1절) 번영학의 가치체계

이제 본서의 결론을 정리해야 할 계제가 되었다. 저자는 좀 낯설 긴 하지만 번영학이라 일컫는 이 학문에 입각하여 국민의 행복추구를 담보할 수 있는 국정운영을 어떻게 하여야 할지를 나름대로 정리·제시하고자 하였다. 중요한 것은 행복추구를 어떻게 형상화하여 국정운영의 아젠다로 올려놓을 것인가를 연구하는 것이 본서의 목적이다. 이를 위해서 우선 번영학의 가치체계를 보다 현실에 입각하여 정리하고, 다음 이를 기초로 하여 행복추구라는 가치와 연계시켜보고자 한다.

저자는 국민행복추구를 국정운영의 우선순위에 두고, 분야별 국정운영이 여기에 수렴되도록 하는 국정운영 형태를 목표로 할 것이다. 행복은 개인의 주관적 가치기준이 될 수 있지만, 국민이라고 하는 다수의 일반적 행복지표를 찾아보아야 한다. 일반적 행복지표는 우선 국민의 소득수준 향상에서 찾아야 할 것이다. 이를 위해서 무엇보다 앞서 '지속가능한 경제발전전략(sustainable economic development strategy)'을 수립·추진해야 할 것이다.

첫째, 경제성장을 통하여 소득수준이 향상되도록 하는 것이 제일 중요하다고 할 것이다. 한국경제는 이제 수출과 기술개발 등에서 성장동력이 소진되어 가고 있다. 총인구는 고령화되어 가고 있고, 생산가능인구는 2016년부터 감소하게 되어 있다. 국민의 경제하려는 의지(Will of Economize)도 사그러졌다고 평가해야 할 것이다.

그 결과 한국경제의 잠재성장력은 위축되고 잠재성장률은 3%대 이하로 내려가 있다. 이명박 정부 시절 한국경제의 연평균성장률이 2.98%로 최하위를 이루었고, 박근혜 정부의 경제성장률도 연평균 비슷해질 가능성이 많다. 고용상황은 개선되지 않고 있고, 특히 청년고용은 절벽이다. 이러한 소득수준 향상 절벽을 뚫고 나가지 못하면 국민행복시대를 열 수 없다.

둘째, 경제구조, 특히 산업구조를 심화하여 지속가능한 발전을 꾀하여야 한다. 산업구조의 심화는 기술발전을 통하여 향상 될 수 있다. 기술수준의 향상은 기술개발이 우선이고 이를 가능하게 하는 것은 끊임 없는 노력이다. 관련 투자를 늘리고, 관련연구를 확대하여야 한다.

기술개발은 투기와 사회적 혼란 속에서는 이루어지지 않는다. 역사를 보더라도 인플레하에서 기술개발이 일어난 경우는 드물다고 해야 할 것이다. 기술의 향상은 실천적이고 실사구시적이 될 때 효과가 확대된다고 할 수 있다. 관념적인 '창조과학'이라는 구호만 가지고 몰아붙여보아야 성과는 미지수인 것이 기술개발이다.

일본이 어떻게 하였으면 기초과학분야인 물리학 등에서 많은 노벨상수상자를 배출하고 있나? '빨리, 빨리'만 가지고 몰아붙인다고 기술이 하루아침에 향상되는 것이 아니다. 그러나 아무튼 한국경제의 강점 중의 하나가 정보통신분야의 기술발전이다. 이를 토대로 연관산업의 발전과 산업구조의 심화를 촉진하여야 한다. 산업구조의 심화가 인구의 제약 속에서 잠재성장력을 회복할 수 있는 유일한 길일 것이다.

셋째, 개인의 자유, 평등, 공정 그리고 행복가치가 최대한 보장되도록 국정을 운영하여야 한다. '경제 우선'에서 '정치 우선'으로 그리고 이제는 '행복 우선'으로 국정 우선순위 모습이 변화되어야 한다. 행복 우선의 국정운영은 자원의 배분, 행정지원, 우선순위 등에서 모두 행복가치가 제일 높도록 정돈되어야 한다. 정부조직 운영에서 행복가치가 우선하도록 조정되어야 하고 국가의 모든 활동도 행복가치를 높이도록 하는 데 우선순위를 두어야 할 것이다.

그러나 행복가치가 경제 우선이나 정치 우선처럼 국정운영의 우선순위로 우리에게 쉽게 다가올 수 있는 개념일까? 경제를 활성화하기 위하여 또는 민주주의를 창달하기 위하여 관련된 정책들을 다른 가치보다 우선할 것을 요구할 때, 그것을 받아들이든 아니든 간에 그 요구의 개념자체는 명확하였을 것이다. 그러나 행복가치를 우선으로 하는 국정운영은 어찌 보면 개인의 사적인 감정이 중심이 되어 이것을 하나로 수렴하기가 어려운 개념이 될 수 있다. 이것을 하나로 모을 수 있는 개념, 즉 예를 들어 '복지' 또는 '번영'이라고 한다면 복지(번영)증진에 국정운영의 최우선순위를 두도록 해야 할 것이다. 행복을 가능하게 하는 복지의 개념은 다음 세 부문으로 나누어 생각할 수 있을 것이다.

1. 소득수준의 지속적 향상

행복가치를 객관화할 때 제일 먼저 떠오르는 개념이 현재보다 더 많은 소득, 즉 소득수준의 향상이 될 것이다. 부자든 가난한 사람이든 인간은 누구나 현재보다 더 높은 소득수준을 원하게 된다. 이러한 소득수준의 향상은 근본적으로 지속적인 경제성장에서 비롯될 수 있다. 지속가능한 경제성장이 국정운영의 우선순위가 되어야 하는 이유가 될 것이다.

2%대의 경제성장률을 가지고 국민의 소득수준 향상을 기대할 수 없음은 당연하다. 그러나 한국경제의 잠재성장률은 2%대로 내려와 있고, 앞으로 이것이 개선되기를 기대하기 어려운 상황이라는 것이 앞서의 설명이었다. 인구는 노령화되고, 생산가능인구는 줄어들고 있고, 수출시장은 점점 협소하여지고 있다. 대졸청년실업은 늘어만 가고 있다.

김대중, 노무현 정권이야 그렇다 치고 이명박 정부는 최소 성장력 확대전략을 마련하였어야 했다. 성장력 확대는 경제 각 부분의 생산성 확대에서 출발하여야 한다. 생산성 향상의 종합된 전략을 마련하지 않고, 기껏 한 것이 소위 자원외교라는 이름의 대외정책이었다. 그러나 그것도 실패로 끝나고 집권 5년 동안 3%도 안 되는 성장률을 실현하고 말았다. 박근혜 정부도 지금 이런 국정운영을 계속하는 한 한국경제의 잠재성장력을 향상시킬 가능성은 보이지 않는다. 지금이라도 잠재성장력 향상을 위한 정부적인 전략수립이 필요한 이유이다. 정부적 작업단이 필요하다고 할 것이다.

2. 복지향상

행복가치의 증진을 위한 국정운영의 제1차적인 대상은 현재 행복하지 못한 계층이고, 이들에 대한 지원이 국정운영의 우선순위가 될 것이다. 행복하지 못한 계층의 일차적인 대상은 경쟁의 일탈에서 오는 경제적 취약계층이고, 이들에 대한 국가적 지원, 즉 복지증진이 요구되는 계층이 그 대상이 될 것이다.

한국사회는 이들을 중심으로 한 복지증진을 위한 제도적 기반을 어느 정도 갖추었다고 할 수 있다. 절대빈곤에서 벗어난 한국경제는 국민연금, 건강보험, 고용보험, 산재보험 등 소위 '사회 4대 보험'이 이미 정착되어 있다. 이들 사회보험 대상에서 제외 된 계층을 위한 공적부조도 제도적으로 갖추어져 있고, 특히 독거노인의 생활지원제도도 마련되어 있다.

그러나 문제는 제도의 인프라 구축보다는 지원의 수준이 아직 충분하지 못하다는 것이 문제가 되고 있다. 단적인 예가 한국 독거노인의 지원 수준이 OECD 국가 중 최하위에 있고, 일반 복지수준도 세계평균 수준에 머무르고 있다는 점이다.

여기서 국민의 행복추구 국정운영은 많이 부족한 상태의 복지수준을 하루 빨리 개선하는 것이라고 해야 할 것이다. 이 취약부문에 대한 국가지원이 대폭 늘어나 명실상부한 선진경제의 모습을 갖추어야 할 것이다. 문제는 한국경제의 능력이고 다음은 이에 대한 정부적 노력의 확대에 있다고 할 것이다.

지난 대통령선거 캠페인에서 현 박근혜 대통령은 세수증대 없는 복지개선을 선거공약으로 들고 나왔다. 이러한 공약이 가능한 것은 두 가지 이유에서일 것이다. 하나는 국민을 우롱하고 속이고 넘어가기 위한 방도이고, 다른 하나는 너무 무식한 소치일 것이다. 당시 설명에 의하면 지하경제를 활성화하고 예산을 절감하면 복지증대를 할 수 있다고 하였다. 물론 지하경제를 활성화하여 세금을 징수하면 어느 정도의 재원마련이 가능할 것이다. 예산의 절감도 어느 정도의 재원마련에 기여할 것이다. 이런 정책을 마련한 입안자들은 아마도 정부의 일을 전연 모르는 인사들이었을 것이다.

지하경제를 활성화하여 단번에 몇 십조의 세 수입이 늘어나고, 예산절감으로 그 많은 돈을 지원할 수 있는지 초등학교 산수 같은 정책을 마련하였었다. 그것을 지금도 박근혜 정부는 믿고 있는 것 같다. 사회복지비 예산이 전체 예산규모에서 얼마나 차지하는지도 생각하지 않고 있는 듯 복지비 증대를 위한 세법개정은 절대 손도 대지 않고 있다.

다음 저자는 사회복지비 지원을 위하여 자본소득 계층에 대한 법인세 등을 개편하여 세수증대를 연차적으로 해 나가도록 제안하고 싶다. 토마 피케티(Thomas Piketty)가 그의 저서 '21세기자본'에서 주장한 것처럼 복지증진을 위하여 자본수익률이 경제성장률보다 높은 한(자본수익률 > 경제성장률) 자본수익에 대한 세금부과를 통하여 세수증대를 기하자는 논리를 한국경제도 도입을 검토할 필요가 있을 것이다. 물론 여기에는 많은 문제와 이와 연관된 검토가 함께 따라야 할 것이다. 대부분 기업 그것도 대기업에 대한 법인세 등이 그 대상이 되고 이렇게 될 경우 경제전체의 위축이 우려되고 수출이 더 어렵게 될 것이라는 점이 문제가 될 것이다.

그러나 현재 한국 대기업들 가지고 있는 상상을 초월하는 사내유보금을 보유한채 투자를 하지 않고 앉아 있는 상황인데 왜 법인세 인상을 고려하면 되지 않을지 문제를 제기하고 싶다. 물론 문제는 많다. 우선 우리나라 법인세율(25.2%)이 세계 일반기준보다 낮지 않다는 점, 법인세가 논리적으로 종합소득세와 함께 이중 과세라는 점, 글로벌 경제하에서 지나친 법인세 부담으로 기업의 엑소더스가 일어날 수 있다는 점 등 문제가 많은 것도 인정된다. 무엇보다 기업의 엑소더스를 가지고 반대자의 입장은 정부를 위협할 것이다. 대기업의 사내유보금이 그리 많다는 것은 그만큼 기업활동을 통하여 이윤이 많이 났다는 이야기이고 이제 다른 투자처를 찾는데 아직 찾지 못하였다는 이야기인데, 이것은 사내유보의 불이익이 새 투자기회의 기대이익보다 크다는 이야기가 된다. 그렇다면 그 중간에 조세부과의 여유가 있다고 판단할 수도 있을 것이다.

그래서 이들에 대한 조세부과를 한 번에 대폭하자는 것이 아니라 점진적으로 그리고 그 증수되는 부분은 그대로 특정 복지비, 예를 들면 독거노인지원비 등과 연계시켜 목적세 비슷하게 함으로써 이들의 사회기여를 자랑스럽게 하는 방법 등이 강구될 수 있지 않을까 판단한다. 간단하게 계량화할 수 있지만 일부러 하지 않는 것은 이 일을 위하여는 보다 넓은 여론수렴이 먼저라고 판단해서이다.

결론적으로 사회복지비 지원을 위한 세제개혁은 불가피하다고 판단한다. 그것이 하기 싫다 하여 안 할 수 있는 일이 아니기 때문이다. 세금의 부담이 부담자의 단순한 일방적 지출이 되지 않도록 정부는 시장을 활성화하고 시장의 자율을 더욱 확대하는 방안도 함께 검토해야 할 것이다.

3. 선진사회상 정립

행복가치 추구의 국정운영은 종국적으로 한국사회를 선진된 사회의 모습으로 변화시키도록 하는 것이라고 할 수 있다. 2015년 9월 24일자 중앙일보는 한국의 매력도 강화방법이라는 기사를 다루면서 두 가지 점을 강조하였다. 하나가 한국인의 개방적 자세이고, 다른 하나가 관용정신을 강조하였다.

앞에서 말한 것처럼 한국경제는 이미 '50, 30클럽'에 가입되는 수준이 되었다. 세계에서 일곱 번째로 가입된 이 클럽의 모습은 경제발전수준도 높고, 이를 운영하는 사람도 세계에서 적지 않게 많은 수준이라는 의미이다. 사실 대한민국이 동방 최북단에 위치한 작은 나라이고 그것도 제2차 세계대전 이후 남북으로 나누어져 남쪽의 대한민국은 작은 섬나라 같은 처지에 있지만, 그래도 인구가 5천만이면 세계에서 제법 인구수가 큰 나라가 아닌가? 거기다 소득수준이 3만 달러 수준이면 제2차 세계대전 이후 선진국이 된 일본 다음으로 대한민국이 선진국으로 격상된 나라가 된 것이다.

이씨 조선 말 대원군의 쇄국정책에 대하여 부정적 개념만 강조해서 그렇지 열강들의 앞 다툰 침탈 앞에 당시 조선을 지키려는 대원군의 우국노력은, 즉 풍비박산되는 조선천지를 하나의 나라로 어렵게나마 유지한 결과는 평가되지 않았다. 우여곡절을 거쳐 일본제국주의에 복속된 이씨 조선은 1945년 광복을 하였다. 다시 1950년 김일성의 남침으로 패망직전까지 망가뜨려진 대한민국이 미국을 비롯한 열강들의 지원으로 겨우 살아나, 70년의 세월을 보내면서 이제 어느 정도 선진된 나라로 발전하였다. 얼마나 대견한 일인가? 우리 앞에 일본이 선진경제를 이루었지만 사실 일본은 한국전쟁 시 그리고 전후 회복기 정말 많은 경제적 이득(free ride)을 한국과 관련하여 얻은 경제이다.

그런 대한민국이 1960년대와 1970년대 개발연대 '경제 우선'의 시대를 지나면서 당시 한국인들은 엄청난 노력을 하였다. 그리고 다시 이제 시장경제운영으로 방향을 바꾼 한국경제가 안정과 자율 그리고 개방을 앞세워 세계시장에 진출하였다. 1980년대 말 군사독재정권의 퇴진을 외친 민주화 세력들도 많은 우여곡절을 거쳐 대한민국에 민주화를 이루었다.

경제선진화와 민주화를 동시에 이룬 나라라는 영예를 안고 있는 대한민국은 그 뒷면에 많은 갈등구조가 정착되어 갔다고 할 수 있다. 무엇보다 북한공산집단을 무비판적으로 따라나선 소위 종북세력들은 이제 한국의 정치, 경제, 사회, 교육 모든 부문에 퍼져있다. 이들은 한국의 번영보다는 갈등을 부추기고 있다. 한국경제는 1970년대 중화학공업개발과 관련하여 대기업이 탄생하고 이들이 연계되어 재벌이라는 계층이 형성되기 시작하였다. 이들 재벌들이 규모의 이점으로 한국시장을 그리고 세계시장으로 뻗어나가는 과정에서 대기업노조가 형성되

고, 이들은 다시 민주화 정치세력과 연계하여 거대 정치세력으로 발전
하였다.

전후 서독경제는 재벌이 존재하지 않은 가운데 동독과 통일을 이
루고 어렵게 세계에 우뚝 선 경제로 발전하였다. 대만도 재벌이 존재
하지 않은 가운데 세계시장을 상대로 경제발전을 해 나갔다. 그러나
한국경제는 대기업 그리고 재벌이 생성되었다. 재벌이나 대기업의 존
재 자체를 부정적으로만 볼 필요는 없다. 또 발전의 배경이 서로 다
른 나라의 경제구조를 어느 것이 좋다 나쁘다 할 필요가 없다. 다만
한국은 이런 경제구조를 배경으로 하여 재벌과 대기업 그리고 중소기
업이 대칭을 이루고, 또 이들 조직에서 탄생된 대기업노조와 일반기업
의 영세근로자들 간에 대칭을 이루게 되었다. 그들 사이에 간극은 확
대되고, 그것은 다시 갈등의 단초가 되어가기 시작하였다.

한편 정치적으로 이용되고 있는 한국의 농촌은 쌀과 축산을 가지
고 점점 정치세력으로 성장하기 시작하였다. 이들이 소리치고 있는 보
호의 목소리는 한계가 없다. 다른 갈등구조의 출발이다.

이러한 갈등구조들의 형성 앞에 한국사람들은 행복보다는 갈등을
더 선호하는 것 같은 착각이 들 정도로 사회는 변화되고 있다. 어린
아이들은 전교조들의 삐뚤어진 교육으로 현실을 긍정보다는 부정적으
로 평가하려 하고 있다. 이러니 한국사람보고 행복하냐고 물으면 다
불행하다고 대답하게 된다고 할 것이다.

이 복잡한 사회의 갈등구조의 해소 없이 대한민국이 더 앞으로
발전해 나가기는 어려울 것으로 판단한다. 그것이 행복우선의 국정운
영을 불가피하게 하는 원인이다. 무엇보다 대한민국 국민 사이에 존재

하는 가난과 멸시, 절망과 아귀다툼, 질시와 편가르기 등에서 이제 벗어나야 한다. 그것을 위한 국정운영을 하면서 한국사회 전체가 다시 생각해야 할 일이 이제 우리만을 보는 세상에서 세계를 보고, 우리끼리 아웅다웅할 것이 아니라 세계인과 동참하고 함께 가는 자세를 갖는 것이 필요하다고 할 것이다. 그것이 중앙일보가 내세운 한국의 매력도 강화방법이 아닌가 생각한다. 한국사회가, 한국인이 세계인 앞에 매력 있게 되기 위해서는 한국사회가 우선 개방적인 자세와 관용이 함께하는 마음을 가져야 할 것이라는 중앙일보의 분석은 정확하다고 할 수 있다.

개방적인 자세는 나만을 보지 말고, 남도 보고 더불어 사는 자세라고 설명할 수 있다. 한국의 쌀농사가 중요하다고 외치며 한국의 쌀시장 개방은 오늘까지도 개방이 요원하다. 세계에서 경제가 발전된 나라건 아니건 통틀어 쌀 시장개방이 제일 늦은 나라가 필리핀이고, 그 다음 꼴찌에서 두 번째가 한국이다. 그것도 2015년 1월부터 WTO의 요청으로 겨우 한국의 쌀시장이 고 관세로 보호되는 반쯤 개방된 형태로 변화되었다. 엄청난 비용을 부담하고 말이다. 허구 많은 FTA에서 한국의 쌀 시장 개방은 오늘까지도 터부시 하고 있다.

한국의 노동시장은 외국근로자 없이 견뎌내기 힘든지 오래되었다. 소위 3D 업종은 한국노동자만 가지고 어렵다. 그뿐 아니라 가사도우미, 또 외국어 교사 등 인력수요가 엄청나게 늘어나고 있다. 더구나 기술개발을 위한 고급인력의 수요가 늘어나고 있다. 그런데도 한국으로의 이민 길은 거의 막혀있다. 일본과 같다. 인구는 노령화되고 출산율은 최하위인데 이민을 모두 막으면 이 나라는 나중에 어떻게 되

나? 외국인 용역근로자만 가지고 나라가 운영될 수 있나? 또 기왕 외
국인 근로자를 쓰지 않을 수 없으면 아예 이민을 받아 그들을 한국인
으로 만드는 것이 인구정책에도 좋고 경제활동인구를 단기적으로 늘
릴 수 있는 일일 것이다. 이민문호를 개방해야 한다. 이민에 관해서는
정부나 사회 모두가 적극적으로 받아들이는 자세가 필요하다. 개방의
자세를 다시 강조하고 싶다. 선진사회에서 유일하게 인구가 노령화하
지 않고 인구가 축소되지 않고 늘어나는 나라는 미국뿐이다. 미국의
이민정책 때문이다.

　또한 관용의 정신을 강조하고 싶다. 어느 나라던 번영을 통한 선
진된 사회가 되기 위한 요건 중에 제일 중요한 것 중의 하나가 관용의
정신이라고 할 것이다. 중앙일보와 경희대가 빅데이터를 활용하여 얻
은 결론 중 관용의 정신을 제시하고 있다. '우리사회가 한 단계 더 비
상하려면 서로 다름을 받아들이는 관용정신으로 뛰어난 외국인재와
질 좋은 자본을 끌어들여야 한다'는 결론이다. 우리사회가 국내에 들
어온 외국기업이나 외국인재에 친화적인 사회, 경제, 문화환경을 만드
는 것은 매우 중요하다 할 것이다. 관용의 정신이 강조되는 이유이다.
　동 연구에 의하면 실제로 역사를 살펴보면 한 나라가 개방과 관
용, 다양성을 추구해 번영을 이룬 경우가 적지 않다고 지적한다. 폴
케네디 예일대 교수가 '강대국의 흥망'에서 소개한 16~17세기 네덜란
드도 이런 예에 해당한다. 네덜란드는 신·구교 대립의 시대에 종교적
사회적 관용과 개방정책으로 종교박해를 피해 나온 유럽의 인재와 자
본가를 확보하면서 이를 바탕으로 해상무역국가로 성장하였다고 한
다. 자원도 없이 강대국 틈바구니에 낀 네덜란드다. 여기에서 더 나아

가 네덜란드는 당시 금융업 발달에 가장 큰 애로인 이자 문제를 처음으로 국가가 공식 인정함으로써 금융업이 발달하기 시작한 나라이기도 하다.

대한민국도 열린 자세로 개방과 관용의 정신을 함양하여 글로벌 인재와 더 많은 자본을 끌어들일 수 있는 나라가 되어야 할 것이다. 개방과 관용의 정신은 다양성을 인정하게 되고, 이 다양성의 토대 위에 인구문제, 산업구조의 심화, 발전잠재력의 확충 등이 일어날 수 있도록 하여야 할 것이다.

제 2 절　번영학을 토대로 한 행복추구 국정운영의 접근방법

제1편 번영학의 학문적 기초에서 분석한 바를 다시 상기하면서 본 서의 결론을 맺고자 한다. 번영학의 접근방법을 토대로 하여 국정 운영을 하도록 하되 그 국정운영의 우선순위는 국민행복가치 추구에 두자는 논리이다. 이를 달성하기 위한 접근방법을 정리하여 보자.

1. 시장의 능률을 중심으로 한 경제운영

번영학에서는 신자유주의의 중심축인 시장의 능률을 경제정책의 기본가치로 하여야 할 것이다. 시장경제의 기본은 자율, 개방, 안정,

능률 등의 가치에서 찾을 수 있다. 그 중에서도 능률은 시장경제의 기본가치들이 모두 제 기능을 하여 순기능으로 복합된 결과가 능률이라는 가치로 나타나게 된다고 할 수 있을 것이다. 모든 경제주체는 각기의 판단과 자율의 결정에 의하여 경제활동을 영위하게 된다. 타율이나 보호는 시장의 가치가 아니다.

경제주체들의 독자적인 분석과 전망 그리고 판단에 의하여 시장은 움직이게 된다. 여기에 제3자의 판단이나 권유 등이 전제되지 않는다. 정책변수를 활용한 국가의 경제정책이 시장의 제약이 될 수는 있지만 이것은 간접적인 제약이라고 할 것이다. 그러나 점차 이 정책변수의 활용도 제한되고 축소되기를 원한다.

미국의 제40대 대통령 레이건 이전 정부까지 미국경제정책의 우선순위는 성장과 고용이었다고 할 수 있다. 제2차 세계대전이 끝나고 세계는 나라마다 차이는 있지만 케인즈의 일반이론에 따라 정부가 유효수요를 유도하여 성장을 촉진하는 정책이 그야말로 일반적이었다. 미국경제만 하더라고 경제성장과 고용촉진을 위한 세금감면과 재정지출 증대를 반복하는 정책을 전쟁 전 32대 루스벨트에서 39대 지미 카터 대통령 정부에 이르기까지 반복적으로 되풀이하였다고 할 수 있다. 시장의 자율보다는 정부의 적극적인 지원정책으로 경제가 살아나고 고용이 증대되기를 바래왔다고 할 수 있다. 물론 제2차 세계대전 전후 수요감소의 원인도 있었지만 미국경제는 이렇게 답답한 흐름을 30여 년 부침을 지속하였다.

40대 대통령 레이건 정부에 이르러 소위 시장우선의 공급중심 (supply side) 정책으로 경제정책을 변환하기 시작하였다. 재정위주의 경제정책에서 금리와 통화를 세율과 함께 새로운 정책변수로 편입하면서 미국경제는 새로운 변화의 시대를 이루어 갔다. 신자유주의의 탄생이다. 미 연방준비위원회(FRB)를 중심으로 한 미국의 신자유주의 경제운영은 월스트리트를 세계경제의 중심축으로 부상시켰다. 금융은 파생금융상품이 중심이 되어 새로운 시장을 만들어가는 것을 유행하게 되고, 이 상품의 흐름은 쾌속성, 방대성 그리고 비밀성 등으로 미국 이외의 선진국들 그리고 신흥국들 사이에 경이와 환호의 대상으로 발전되어 갔다.

2000년대가 시작되고 7년여의 세월이 흐르면서 미국의 부동산시장이 침체되고, 연이어 부동산금융의 대부격인 패니메이와 프레디맥(Fannie Mae & Freddie MAC)이 2008년 9월 11일 FED의 지원으로 연명하는 신세가 되었고, 거의 같은 시기인 9월 15일 리먼 브라더스가 연방준비은행의 지원거부로 부도가 났다. 미국은 물론 세계경제가 파열음이 나고 휘청이기 시작하는 신호탄이었다. 세계경제는 미국경제의 움직임에 일희일비하고 있고, 미국의 연방은행(FED)은 1천억 달러의 자금살포를 시작으로 기하급수적인 현금살포를 헬리콥터에서 돈 뿌리듯 하기 시작하였다.

이러한 급격한 시장변화와 경제운영의 우선순위의 변화 앞에 세계는 시장경제의 운영스타일이 변화되었음을 인식하게 되고, 이제 신자유주의가 더 이상 작용하지 못하게 되었음을 인식하게 되었다. 월스트리트는 서부활극의 마지막 장면처럼 황량한 벌판에 인적이 없는 폐허를 보는 모습을 연출하였다. 미국을 제외한 세계경제는 기침도 제대로 하지 못한 채 미국경제의 변화추이를 바라보고 있었다.

그리고 그 변화의 바람이 제일 먼저 당도한 것이 EU 국가들이었다. 그 중에서도 스스로 살아가려는 노력은 잊은 채 선조들이 만들어 놓은 부를 계속 이연 확대하고자 하는 그리스 좌파정권에 제일 먼저 다가왔다. 그리고 연이어 이 한파는 스페인, 이탈리아, 포르투갈 등으로 번지기 시작하였고, 세계는 소위 선진국들이라는 이들의 대응을 보면서 다시 실망감을 감출 수 없었다. 일본은 미국 본을 뜬다고 양적완화정책을 계속 확대하고 환율을 저평가하여 경쟁력을 이어가고자 하고 있다. 중국은 2008년 당시만 하더라도 미국에 대한 많은 채권을 가지고 있어 미국을 거꾸로 도와주려는 제스처까지 써가며 여유를 부렸다. G−2 국가로서 미국의 어려움을 오히려 위로하던 중국경제는 세계경기의 지속적인 침체 앞에 드디어 내 코가 석자인 모습으로 전락하고 있다.

7년의 세월 앞에 미국경제는 다시 살아나는 모습이고 중국경제는 또 침체의 늪으로 가라앉는 분위기이다. 석유를 비롯한 자원가격은 떨어지고, 중국경제는 6% 아래로 떨어질 것을 걱정하고 있다. 영국, 프랑스 등 국가경제는 이제 독일경제에게 EU 경제운영의 주도권을 넘겨준 채 뒷전으로 물러앉아 있다. 그래도 스페인, 포르투갈 등은 다시 경제가 살아날 듯한 희망을 보여주고 있지만 기타 이탈리아, 그리스 등은 캄캄한 밤중이다. 중국경제의 침체 앞에 자원보유국들은 모두 엄청난 시련에 빠져있고 소위 신흥국이라는 나라 경제들도 모두 휘청거리고 있다. 유독 TPP 협상타결, 자위권 회복 등에 성공한 아베 일본수상만 좀 여유를 부리는 모습이다.

이러한 세계경제의 흐름 앞에 분명하게 된 것은 이제 더 이상 신자유주의는 유지될 수 없다는 컨센서스가 이루어지고 있다. 국가의 개입과 지원 없이 이 위기를 넘길 수 없고, 경제의 구조개혁을 위하여 시장자율에 입각한 신자유주의는 수정되어야 한다는 논리가 일반화되어 가고 있다.

2. 정부역할이 강조되는 경제운영

신자유주의의가 퇴보하는 과정에서 그리스의 정부주도 경제운영 또한 얼마나 황당한 일을 만들어내는지를 세계에 보여주고 있다. 그리스를 보면서 다다익선의 복지요구에 익숙한 좌파정권의 국정운영에 오늘 그리스를 세계의 '철부지' 나라로 만들었다는 점을 알게 되었다. 모든 젊은이 늙은이 말할 것 없이 노력의 대가를 바라기보다는 남이 이루어 놓은 경제혜택만 보려는 볼썽사나운 나라로 전락한 배경에는 정부주도의 국정운영의 잘못된 결과의 표본이 되었다고 할 수 있다. 물론 그리스 좌파정권의 잘못된 운영의 결과만 가지고 정부주도 경제 운영방식 모두가 잘못된 것으로만 평가할 수는 없다.

미국의 신자유주의 경제운영이나 좌파중심 정부의 인기영합적 경제운영이나 모두 이 시대에는 맞지 않는다는 것을 배우게 되었다. 정부주도 경제운영의 제일 큰 병폐는 능률이나 생산성과 같은 가치가 오히려 인기영합적인 정치에 의해 배제된다는 점이다. 이것은 현대 시장경제에 살아남을 수 없는 국정운영이 된다.

따라서 개발연대에 국정운영 중 정부가 능률이나 생산성 같은 가치를 시장에 거꾸로 불어넣었던 경제운영 기법을 다시 찾아보는 노력이 필요하다고 할 것이다. 이 이야기는 결국 집권자가 국정운영을 어떻게 하느냐로 귀결된다. 같은 정부주도의 경제운영이라 할지라도 그리스의 좌파 집권당처럼 국민을 일 안 하고 남의 덕이나 보게 만드는 데 익숙하게 인기영합적 국정운영을 하면 나라는 망하게 되는 것은 자명하다 할 것이다.

반대로 1960년대나 1970년대 대한민국의 집권자들이 하였듯이 능률과 생산성과 연계하여 '경제하려는 의지(will of economize)'를 국민에게 불어넣는 경제운영을 기본으로 하는 경우는 전연 다른 반대의 결과를 만든다는 것도 알 수 있게 한다.

번영학을 기초로 한 국정운영은 이러한 개발연대의 정부주도 국정운영의 철학과 가치를 살려 경제가 지속가능하고 성장이 가시화되도록 정부의 역할이 강조되는 국정운영을 하자는 것이다. 그러나 정부 역할의 강조 범위(tolerance)를 찾아가는 길이 쉽지만 않을 것이라는 점을 먼저 지적하고자 한다. 문제는 시장의 능률과 정부역할의 가치가 서로 상충되지 않는 접합점을 찾아가야 한다는 점이다. 번영학이 가지는 취약점이기도 하다.

여기서 한 가지 사족을 붙인다면 요즘은 '빅데이터'의 시대이다. 보다 많은 여론수렴과 과학적인 여론 여과나 처리방식을 국정운영에 활용할 가능성을 저자는 생각하고 있다. 정부주도가 집권자의 편향된 철학이나 무식의 발로로 시대에 맞지 않거나 비능률을 스스로 만들어가는 시행착오를 가져올 수 있다고 할 경우 앞으로 빅데이터가 이 문제를 많이 해결하여 줄 수 있다고 평가한다. 왜냐하면 많은 현상의 문제들을 풀어가는 데 가장 형상화하기 쉬운 방법을 빅데이터가 제공할 수 있기 때문이다.

아무튼 번영학을 기초로 한 국정운영은 이상과 같이 신자유주의의 시장우선과 개발경제학의 정부역할이 강조되는 경제운영이 함께 할 공간을 찾아가는 것이 가능하다는 결론이 된다. 시장의 능률을 경제정책의 기본으로 하고, 정부기능의 재정립을 통하여 정책변수의 능동적 활용과 함께 경제발전이 지속가능하도록 하는 정부역할을 주문하는 것이 번영학의 국정운영전략이라고 할 수 있다.

제 3 절) 국민생활의 기본수요에 대한 정부책임

번영학은 국민생활의 기본수요를 정부가 책임지고 해결해 가야 한다고 요구한다. 개발연대에 절대빈곤의 퇴치 과제를 한국정부는 책임졌다. 그 결과 한국경제의 절대빈곤 퇴치는 1970년대 중반을 넘기며 해결되었다고 평가할 수 있다. 번영학이 요구하는 정부역할의 다른 책임은 이제 국민의 기본수요에 대응하는 책임이라고 할 것이다. 헌법 제10조는 '모든 국민은 인간으로서의 존엄과 가치를 가지며, 행복을 추구할 권리를 가진다.'고 되어 있다. 인간으로서의 존엄과 가치를 갖기 위해서 최소한 국민이 갖추어야 할 것은 인간으로서의 기본수요가 충족되는 것이라고 하여야 할 것이다.

국민생활의 기본수요를 정부가 책임진다는 이야기는 다음 두 가지로 해석할 수 있을 것이다. 무엇보다 적정한 경제성장과 고용, 사회

안정, 즉 치안과 국가안보를 국가가 책임지고 이루어야 한다는 의미로 보아야 할 것이다. 이를 통하여 국민의 일상생활에 필요한 기본수요가 해결되고, 인간으로서의 존엄과 가치를 유지할 수 있게 된다. '가난은 나랏님도 못 구한다'는 옛말은 현대 국가운영에는 더 이상 맞지 않는 개념이다. 다시 말하면 정부는 지속 가능한 경제발전과 경제성장을 가져오는 경제운영을 통하여 국민의 소득이 지속적으로 증가하고 이를 통하여 생활의 질이 향상되도록 할 책임을 진다. 성장을 늘리고 고용을 늘려 국민행복이 증진되도록 하여야 한다. 여기에 전제되는 국가안보와 치안의 안정은 전적으로 국가와 정부의 책임임은 말할 필요가 없다.

다음 시장경제의 운영은 경쟁을 전제로 하는 것이고, 경쟁의 전제는 경쟁탈락자의 배출을 전제로 한다. 경쟁탈락자의 일상의 기본수요도 같은 논리로 국가가, 정부가 책임을 지고 해결해야 한다. 그것이 현대국가의 책무이고 번영학의 가치이념이기도 하다. 복지나 사회지원이 시혜의 개념보다는 경쟁체제를 전제로 한 시장경제운영의 비용부담이라는 개념에서 보다 적극적으로 접근해야 할 것이다. 이것이 번영학의 철학이다.

대한민국은 4대 사회복지체계가 이미 구축되었다. 국민연금, 실업보험, 의료보험 그리고 산업재해보험 등의 체계가 1900년대, 즉 2000년대 이전에 이미 갖추어져 있다. 물론 아직 그 지원의 수준은 충분하지는 못하지만 그래도 한국만큼 이런 제도가 제대로 갖추어져 있는 나라도 많지 않다고 할 것이다. 의료보험의 하나인 미국의 소위 '오바마 케어'를 실행하는데 미국정부가 얼마나 어려웠고 그것도 겨우 금년 들어 완결되는 것을 보면서, 그래도 한국의 사회보험체계는 비록 그 수준은 아직 미흡하지만 다른 나라보다 오히려 신속하게 이루었다고 할 것이다. 그 지원의 수준도 그리 열악하다고만 할 수는 없을 정도이다.

그러나 이게 다가 아니다. 아직도 이런 사회보험의 범주에 들지 못하는 또는 그 수혜의 정도가 너무나 부족한 그런 계층이 남아있다. 소위 공적 부조의 대상이다. 특히 '독거노인'이나 소년 소녀가장으로 대표되는 저소득가정이 많이 있다. 물론 여기에 정부가 최대한 지원을 하기 위한 노력을 하지만 많이 부족한 상황이라고 할 수 있다. 절대빈곤은 아니지만 상대적인 저소득 가계의 정부지원은 아직 많이 부족하다고 할 수 있다. 특히 독거노인들의 지원수준은 비단 경제적인 지원뿐만 아니라 생활보호의 방법이 아직 미흡하다고 할 것이다. 분석에 의하면 OECD 국가 중 한국의 독거노인 지원수준이 최하위로 나와 있다. 결론적인 대안은 이들 공적 부조의 대상에 대한 지원을 확충하고 돌보는 일을 국가가 책임을 져야 한다는 점이다.

제 4 절) 국민행복 중심의 국정운영

번영학을 토대로 한 국정운영은 접근방법에서는 시장경제의 능률을 토대로 시장우선적인 국정운영을 해야 한다. 그 무슨 이유로도 시장에 대한 근본적인 간섭이나 개입은 하지 말아야 한다. 신자유주의의 정신을 계승 발전시켜야 하는 이유이다.

그러나 정부가 신자유주의 경제운영처럼 방관자적인 자세만을 가질 수는 없다. 정부역할이 강조되는 대목이다. 국정운영자는 국정운영의 우선순위에 경제발전을 제일 높은 정책가치를 두고 나라를 운영하여야 한다. 경제성장을 통하여 국민의 지속적인 소득증가가 이루어지도록 하고, 고용기회가 확대되도록 해야 한다. 이를 위한 경제운영의 책임은 정부가 져야 한다.

다음 같은 논리로 정부는 경쟁탈락자에 대한 책임도 시혜가 아닌 시장경제 운영의 책임자로서 최선을 다해 짊어지고 가야 하는 책임이 있다. 국정운영자는 경제발전에 대한 책임과 함께 경쟁탈락자에 대한 책임도 동시에 가지고 있음을 분명이 해야 한다.

결론은 번영학을 토대로 한 국정운영은 국민행복을 최우선가치로 하여 사회전체가 국민행복을 만들어가는 '행복조성자'가 되는 국정운영을 목표로 하여야 할 것이다.

저자 소개

이형구(李炯九)

서울대학교 정치학학사
아주대학교 경제학석사
단국대학교 경제학박사
미국 프린스턴대학교 Woodrow Wilson School 수료

제14회 고등고시 행정과 합격하여 관에 입문
경제기획원 정책조정국장
경제기획원 경제기획국장
재무부 이재국장
재무부 제1차관보
건설부 차관
재무부 차관
경제기획원 차관
한국산업은행 총재
노동부 장관

남북한경제포럼 대표
아주대학교 석좌교수
세종대학교 교수

주요저서

한국경제발전론(한국능률협회, 1980)
한국경제론(박영사, 1982)
21세기경제정책의 대전환(고려원, 1992)
The Korean Economy(State University of New York Press, 1996)
조세·재정정책 50년증언 및 정책평가(대표집필 한국조세연구원, 2003)
번영의 조건(2008, 박영사)

번영학 — 행복추구를 위한 정치경제학

초판인쇄	2016년 3월 25일
초판발행	2016년 3월 30일
지은이	이형구
펴낸이	안종만
편 집	전채린
기획/마케팅	조성호
표지디자인	권효진
제 작	우인도·고철민
펴낸곳	박영books
	서울특별시 종로구 새문안로3길 36, 1601
	등록 1959. 3. 11. 제300-1959-1호(倫)
전 화	02)733-6771
f a x	02)736-4818
e-mail	pys@pybook.co.kr
homepage	www.pybook.co.kr
ISBN	979-11-303-0279-9 03320

정 가   25,000원